Terror vor Europas Toren

Wilfried Buchta ist promovierter Islamwissenschaftler. Von 2005 bis 2011 arbeitete er in Bagdad als politischer Analyst für die UNO-Mission im Irak.

Wilfried Buchta

Terror vor Europas Toren

Der Islamische Staat, Iraks Zerfall und Amerikas Ohnmacht

Campus Verlag
Frankfurt/New York

Bibliografische Information der Deutschen Nationalbibliothek
Die Deutsche Nationalbibliothek verzeichnet diese Publikation in der Deutschen Nationalbiblio-
grafie; detaillierte bibliografische Daten sind im Internet unter http://dnb.d-nb.de abrufbar.
ISBN 978-3-593-50290-8

Umschlaggestaltung: Guido Klütsch, Köln
Umschlagmotiv: Beobachter der Gefechte zwischen Kämpfern des »Islamischen Staates« und kur-
dischen Peschmerga nahe der Stadt Kobane (26. Oktober 2014) © Bülent Kilic/AFP/Getty Images
Satz: Campus Verlag GmbH, Frankfurt am Main
Druck und Bindung: Beltz Bad Langensalza GmbH
Gedruckt auf Papier aus zertifizierten Rohstoffen (FSC/PEFC).
Printed in Germany

Dieses Buch ist auch als E-Book erschienen.
www.campus.de

Die Schiiten sind das unüberwindbare Hindernis, die lauernde Schlange, der listige und bösartige Skorpion, der spähende Feind und das einsickernde Gift [...] Der Schiismus ist eine Religion, die nichts mit dem Islam gemein hat [...]. Sie ist voll von offenem Polytheismus, sie gebietet es, Gräber zu verehren, Heiligenschreine zu umwandern und die Genossen des Propheten Ungläubige zu nennen [...] Wenn es uns glückt, sie in einen Religionskrieg hineinzuziehen, wird es möglich sein, die schlafenden Sunniten aufzuwecken, weil sie dann die unmittelbare Gefahr spüren, ausgelöscht zu werden. [...] Sie sind der nahe und gefährliche Feind der Sunniten, auch wenn die Amerikaner ein Erzfeind bleiben.

Aus einem von den US-Geheimdiensten im Februar 2004 abgefangenen Brief von Abu Musab al-Zarqawi, dem Führer der IS-Vorläuferorganisation Al-Qaida in Iraq (AQI), an Usama Bin Ladin, den Führer von Al-Qaida

Inhalt

SECHS

Wahlen, eine totgeborene Verfassung und Bürgerkrieg: Machttransfer im Irak   211

SIEBEN

Malikis Comeback, der US-Truppenabzug und die Ausgrenzung der Sunniten: Die Regierung Nuri al-Malikis   257

EINS

Wie Phönix aus der Asche: Die Rückkehr des »Islamischen Staates«

Der Angriff auf Mossul im Juni 2014

Der 9. Juni 2014 markiert einen Wendepunkt in der langen Geschichte blutiger Auseinandersetzungen im Nahen Osten. An diesem Tag – einem Donnerstag, an dem sich die Muslime überall auf der Welt auf den religiösen Ruhetag der Woche vorbereiteten – begann die dschihadistische Terrormiliz »Islamischer Staat im Irak und Syrien« (ISIS) unter ihrem Anführer Abu Bakr al-Baghdadi einen gut vorbereiteten Angriff auf die irakischen Regierungstruppen in und um Mossul. Für die von Schiiten dominierte Regierung in Bagdad kam die von 1.500 ISIS-Kämpfern ausgeführte Blitzoffensive gegen Mossul, die Hauptstadt der fast rein sunnitischen Provinz Ninawa, wie aus heiterem Himmel. Die militärische Gesamtstärke des ISIS hat man für Juni 2014 auf 6.000 Mann geschätzt – eine verschwindend kleine Zahl, zumal wenn man sie mit Bagdads Streitkräften vergleicht. Diese wiesen damals – zumindest auf dem Papier – eine Mannschaftsstärke von 350.000 Mann auf, von denen 50.000 Soldaten in Mossul stationiert waren. Dass der »David« des ISIS ungeachtet des Überraschungsmoments etwas gegen den »Goliath« aus Bagdad würde ausrichten können, wäre keinem Beobachter in den Sinn gekommen.

Al-Baghdadis Vorgänger, der Jordanier Abu Musab al-Zarqawi, hatte die Organisation 1999 unter dem Namen »Gotteseinheit und Heiliger Krieg« (*al-tauhid wa al-jihad*) gegründet, bevor er in den Kampf gegen die US-Besatzungsmacht zog, die das Land an Euphrat und Tigris nach dem Irakkrieg von 2003 beherrschte. Nachdem Zarqawi gegenüber dem Führer von Al-Qaida, Usama Bin Ladin, einen Treueschwur (*baia*) abgelegt hatte, entschloss er sich im Oktober 2004, seine Organisation in

»Al-Qaida im Irak« (AQI) umzubenennen. Mit der zumindest nominellen Anbindung an die legendäre Al-Qaida von Bin Ladin verfolgte Zarqawi ein ganz bestimmtes Ziel: Er wollte sein Renommee unter anderen dschihadistischen Gruppen im Irak heben und ihnen Sympathisanten und Kämpfer abspenstig machen. Sein Kalkül ging auf, machte ihn jedoch zu einem Hauptgegner der US-Truppen im Irak: Im Juni 2006 gelang es US-Spezialeinheiten, Zarqawi zu töten. Sein erster Nachfolger, Abu Omar al-Baghdadi (2006–2010), setzte jedoch den Kampf fort und benannte die Organisation in »Islamischer Staat im Irak« (ISI) um. Seit 2008 militärisch erheblich geschwächt, verlor ISI stark an Einfluss im Irak. Nach dem Ausbruch des syrischen Bürgerkriegs im April 2011, in dem es neuen Bedarf an Kämpfern für den Heiligen Krieg, den Dschihad, gab, verlagerte ISI deshalb einen Großteil seiner Aktivitäten nach Syrien. Zu dieser Zeit benannte Abu Bakr al-Baghdadi die Organisation, dem erweiterten Wirkungsgebiet entsprechend, in »Islamischer Staat im Irak und Syrien« (ISIS) um. Mit der Blitzoffensive gegen Mossul stieg ISIS wie Phönix aus der Asche und kehrte machtvoller und effektiver als je zuvor wieder in sein Stammland zurück.

Bei seiner Offensive stützte sich ISIS nicht nur auf Geheimberichte lokaler Informanten, sondern auch auf die massive Hilfe mehrerer hunderttausend lokaler Sympathisanten und Unterstützer. Wie war das möglich? Mossul, mit knapp zwei Millionen Einwohnern die zweitgrößte Stadt des Irak, war seit den 1960er Jahren eine Hochburg der Anhänger des Regimes von Saddam Hussein. Und sie blieb es bis heute. Ein großer Teil der Führungskader der Saddam ergebenen Baath-Partei sowie der Militärkräfte und Nachrichtendienste stammte aus Mossul und seinem Umland. Nach dem Irakkrieg und dem Fall Saddam Husseins im April 2003 tauchten Tausende von Baath-Kadern in den Untergrund ab, sehr viele von ihnen in Mossul. Unter ihnen waren auch Saddam Husseins Söhne Qusay und Uday. Aufgespürt von US-Spezialeinheiten, lieferten sie sich in Mossul im Juli 2003 mit ihren amerikanischen Verfolgern ein letztes tödliches Gefecht.

Von 2006 bis 2008 tobte im Irak ein konfessioneller Bürgerkrieg zwischen bewaffneten Milizen der Schiiten und Sunniten, den beide Seiten mit großer Grausamkeit führten. Sein Hauptschlachtfeld war die sechs Millionen Einwohner zählende Hauptstadt Bagdad. In diesem urbanen Häusermeer, das nach Fläche und Einwohnerzahl fast doppelt so groß ist wie Berlin, kam es während jener zwei Jahre zu blutigen religiösen Säuberungen ganzer Stadtviertel. Am Ende der Kämpfe hatten die Schiiten Bagdads ihre Wohngebiete und ihren Einfluss auf Kosten der unterlegenen Sunniten erheblich ausgedehnt – mit der Folge, dass schätzungsweise mehr als eine Million Sunniten, freiwillig oder gezwungenermaßen, Bagdad verließen. Mehrere hunderttausend verbitterte und verarmte Sunniten fanden in Mossul eine neue Heimat oder wurden dort im Einklang mit uralten Traditionen tribaler Solidarität von Stammesverwandten aufgenommen. Ihr Zuzug vergiftete noch vollends die bereits vorhandene Atmosphäre in Mossul und den anderen sunnitischen Provinzen im Nordirak – dort herrschte eine Stimmung, die von tiefem Misstrauen, Ablehnung und Hass gegenüber der schiitisch dominierten Zentralregierung in Bagdad beherrscht war.

Zwei weitere Geschehnisse spielten ISIS in die Hände. Der erste Faktor war der erneute Seitenwechsel vieler Milizionäre der islamischen Erweckungsräte (*sahwa*). Die Bezeichnung *sahwa* ist ein Sammelbegriff für diverse sunnitische Stammesmilizen, die sich ab Ende 2006 von »Al-Qaida im Irak« (AQI), der Vorläuferorganisation von ISIS, abgewendet hatten. Washingtons Versprechen von größerer politischer Teilhabe und regelmäßigen monatlichen Soldzahlungen Glauben schenkend, waren sie auf die Seite der US-Okkupationstruppen und der von ihnen unterstützten irakischen Regierung übergetreten. Die Unterstützung durch die Sahwa-Milizen war einer der Gründe, warum die US-Armee den Bürgerkrieg 2008 beenden konnte. Als jedoch Washingtons Generäle ab 2009 im Zuge des vereinbarten schrittweisen Abzugs der US-Truppen die militärische Verantwortung für das Land schrittweise der irakischen Zentralregierung übergaben, begann auch der Stern der Sahwa-Milizen langsam wieder zu sinken. Iraks neuer starker Mann, Premierminister Nuri al-Maliki, kam seinem gegenüber den USA abgegebenen Versprechen nur halbherzig nach. Anstatt sämtliche Sahwa-Milizen in die irakischen Streitkräfte zu integrieren, geschah dies nur für einen kleinen Teil von ihnen, und selbst das nur befristet und unter Vorbehalten. Als die USA Ende 2011 ihre Truppen ganz abgezogen hatten, entzog Maliki vielen der in die irakischen Streitkräfte integrierten Sahwa-Milizionäre den Monatssold.

Der zweite Umstand war die gezielte Politik der Ausgrenzung von wichtigen sunnitischen Politikern, die Premierminister Maliki nach seiner Wiederwahl 2010 noch entschiedener als zuvor praktizierte. Einige dieser Politiker, die Maliki vermutlich als Rivalen und Hemmnisse ansah, wurden unter fadenscheinigen Vorwürfen ihrer politischen Ämter enthoben und gerichtlich verfolgt. Malikis autoritärer Regierungsstil brachte ihm auch von Seiten zivilgesellschaftlicher Gruppen den Vorwurf des Machtmissbrauchs ein. Daraufhin kam es 2012 und 2013 zu zahlreichen friedlichen Protestdemonstrationen in sunnitischen Städten gegen seine Regierung. Nicht gewillt, dieser Welle an Protesten mit Zugeständnissen die Spitze zu nehmen, verlegte sich Maliki auf einen Kurs der Repression und befahl den Sicherheitskräften, die Demonstrationen gewaltsam aufzulösen – was im April 2013 in einem Massaker an Unschuldigen kulminierte. Maliki-treue Sicherheitskräfte töteten in Hawija 41 friedliche Demonstranten, die sich in einem Akt zivilen Ungehorsams in einem Friedensprotestcamp auf den Boden gesetzt hatten. Mehrere hundert andere wurden verletzt.

Damit hatte Maliki unwissentlich den Rubikon überschritten. Denn seither betrachtete die große Masse der irakischen Sunniten Premierminister Maliki als ihren Feind. Dass der erneute Aufschwung von ISIS im Irak just Ende 2013 einsetzte, ist somit keine Laune des Schicksals: Er fällt zusammen mit Fehlentwicklungen beim Aufbau der Armee des Irak, der Ende 2003 begann, nachdem die USA die alte irakische Armee aufgelöst hatten. Die neue Armee, die mit US-amerikanischer Hilfe entstand, wurde als eine weitgehend schiitische Armee aufgebaut. Das hatte damit zu tun, dass die Amerikaner sich seit Ende 2003 einem weitgehend sunnitischen Aufstand gegenübersahen und Schiitenparteien die Wahlen von 2005 und damit die Regierungsmacht gewannen. Der 2010 neugewählte Premierminister Maliki sah die Schiiten als seine Machtbasis an und handelte dementsprechend, indem er die Schiitisierung der Armee weiter vorantrieb. Die neuen Offiziere wurden nach dem Kriterium politischer Loyalität zu Maliki ausgesucht – sie erwiesen sich als ebenso unfähig wie korrupt. In den sunnitischen Landesteilen verhielt sich diese Armee wie eine Besatzungsarmee. Sie bewirkte dadurch, dass die arabischen Sunniten des Nordwestens des Irak zuerst ein Jahr lang protestierten. Später gingen sie, provoziert durch die Haltung der Regierung und ihrer Armee, zum bewaffneten Widerstand über. Entscheidende Unterstützung fanden die durch ISIS dominierten sunnitischen Dschihadisten des Widerstands im Untergrund. Insgesamt verstärkte Maliki mit seiner Politik den Groll und die große Unzufriedenheit unter vielen Sunniten, die sich ohnehin als gedemütigte Verlierer der unter der Ägide der USA erfolgten politischen Neuordnung des Irak fühlten. Das sollte sich für Maliki schließlich im Juni 2014 rächen. Mehrere unterschiedliche Gruppierungen und Kräfte der Sunniten, die nichts außer ihrer gemeinsamen Ablehnung des Machtmonopols der Schiiten einte, trieb er mit seinem unnachgiebigen Vorgehen in die Arme von ISIS. Es bildete sich nun ein sunnitisches Dreierbündnis aus dschihadistischen Glaubensfanatikern, frustrierten Moderaten aus der urbanen Mittelklasse, den Stämmen und Sahwa-Milizen sowie aus entmachteten Baath-Parteikadern und entlassenen Offizieren: ISIS sollte hierbei den Ton angeben.

Das Feld war also bereitet, als die ISIS-Offensive im Juni 2014 auf Mossul zurollte. Innerhalb von zwei Tagen hatte ISIS die gesamte Stadt, die mehr Einwohner als Hamburg hat, sowie große Gebiete nördlich, westlich und südlich von ihr erobert. Eine erstaunliche Tatsache, denn den ISIS-Kämpfern standen doch in und um Mossul mehr als 50.000 Mann der Regierungstruppen gegenüber, die ihnen zahlenmäßig haushoch überlegen und zudem noch mit modernsten amerikanischen Waffen ausgerüstet waren! Doch der Entschlossenheit ihrer hochmotivierten, disziplinierten Gegner, die zudem noch von einer Welle der Unterstützung von Teilen der lokalen Bevölkerung getragen waren, hatte Bagdads Armee nichts entgegen zu setzen.

Anders ausgedrückt: Der ISIS-Vormarsch ging mit einer gegen Bagdad gerichteten sunnitischen Volkserhebung einher. Diese Volkserhebung machte sich ISIS zunutze, indem sie sich an ihre Spitze stellte, sie koordinierte und bald auch dominierte. Dagegen war Iraks Armee machtlos. Ihre mehrheitlich schiitischen Soldaten verfügten zudem über eine geringe Kampfmoral und hatten nur eine lediglich rudimentäre militärische Ausbildung. Außerdem wurden sie von äußerst korrupten Offizieren geführt. So verwundert es nicht, dass binnen weniger Stunden nach dem Einmarsch der ISIS Einheiten die irakischen Offiziere und Soldaten das Weite suchten. In panischer Furcht warfen sie ihre Uniformen weg und überließen ihre Waffen kampflos dem Feind. Bei der Plünderung des Hauptquartiers des dritten Armeeregiments in Mossul fiel dem ISIS neues und hocheffizientes Kriegsgerät aus US-Rüstungsschmieden im Wert von etwa 1,5 Milliarden US-Dollar in die Hände, darunter schwere konventionelle Waffen wie Panzer, Schützenpanzer, Haubitzen und Flakwerfer. Von diesem gewaltigen Bestand erbeuteter Waffen, die der ISIS bald sowohl im Kampf gegen die kurdischen Peschmerga im Irak und in Syrien als auch in den Auseinandersetzungen mit rivalisierenden Dschihadisten in Syrien anwenden sollte, konnte die Truppe noch lange zehren.

Die Offensive von Mossul markiert den Beginn eines zweiten konfessionellen Bürgerkriegs im Irak. Doch obwohl auch dieses Mal vor allem Sunniten gegen Schiiten kämpften, war der interne Aufbau der gegnerischen Lager ein anderer. Anders als im ersten Bürgerkrieg von 2006 standen sich nicht zahlreiche nichtstaatliche Akteure in Gestalt von zumeist unkoordiniert operierenden sunnitischen und schiitischen Milizen gegenüber, die vor allem in wenigen dichtbesiedelten Großstädten gegeneinander fochten. Stattdessen kämpfte dieses Mal auf der einen Seite ein von ISIS geführtes sunnitisches Bündnis gegen die von Schiiten dominierte Zentralregierung, deren Ausgrenzungspolitik einen Großteil der Sunniten zu Feinden gemacht hatte. Im Unterschied zum Bürgerkrieg von 2006 fanden die Kämpfe nun sowohl in dünnbesiedelten ländlichen Regionen wie auch in Großstädten statt. Und anders als 2006 richtete ISIS seine Offensiven nun auch gegen die Kurden, was die Kurden wiederum in ein gemeinsames Abwehrbündnis mit Bagdad zwang. Und noch ein weiterer wichtiger Unterschied zu 2006 zeigte sich: Durch den transnationalen Akteur ISIS, dessen Operationsgebiet sich sowohl auf irakisches wie auch syrisches Territorium erstreckte, war der zweite Konfessionskrieg im Irak nun direkt mit dem Bürgerkrieg verknüpft, der seit 2011 in Syrien herrschte. Die Konflikte im Irak und Syrien befeuerten sich also gegenseitig, was angesichts der gewachsenen Zahl externer und interner Akteure ein Entwirren dieses transnationalen Problemknäuels extrem erschwerte.

Im Zuge der Eroberung von Mossul ergriff eine halbe Million der Stadtbewohner die Flucht, unter ihnen auch Athil al-Nujaifi, der Gouverneur der Provinz. Die allermeisten wandten sich jedoch nicht in den überwiegend schiitischen Süden, sondern brachten sich auf dem autonomen Territorium der kurdischen Regionalregierung von Massoud Barzani in Sicherheit. In Mossul befreite ISIS mehrere tausend unter Terrorverdacht einsitzende sunnitische Häftlinge aus den Gefängnissen. In Badoush, Mossuls Hauptgefängnis, luden ISIS-Kämpfer am 10. Juni 2014 etwa 1.550 Insassen auf Lastwagen und fuhren sie zu einer nahegelegenen Schlucht. Dort schieden sie die Gefangenen in Sunniten und Schiiten. Die Schiiten wurden mit einer Eins beginnend nummeriert und mussten sich mit hinter dem Nacken gefalteten Händen an der Bruchkante der Schlucht niederknien. Dann befahlen die ISIS-Kämpfer jedem Gefangenen, seine Nummer laut auszurufen, woraufhin er mit Schüssen in Kopf und Genick getötet wurde. Nach Angaben der US-amerikanischen Menschenrechtsorganisation Human Rights Watch (HRW) und dem Menschenrechtsbüro der United Nations Assistance Mission in Iraq (UNAMI) in Bagdad, die sich beide auf Aussagen von Augenzeugen und Überlebenden stützen, hat ISIS an diesem Tag zwischen 600 und 750 Gefangene ermordet. Die allermeisten von ihnen waren Schiiten neben einer kleinen Zahl von Yeziden und Kurden.[1]

Bei der Plünderung von staatlichen und privaten Banken erbeutete der ISIS in Mossul einen Betrag von 600 Millionen US-Dollar. Das Gesamtvermögen von ISIS (in Geld und Waffen) soll schon vorher bei 875 Millionen US-Dollar gelegen haben. Nun waren die Kriegskassen so gut gefüllt, dass der ISIS sie auch dazu verwenden konnte, um quasi-staatliche Funktionen und soziale Dienstleistungen zu finanzieren, die dem ISIS den notwendigen Rückhalt in Teilen der lokalen Bevölkerung sicherten.

Nach den Siegen im Nordirak hielt der ISIS nicht inne, sondern setzte seinen Eroberungszug nach Süden fort und eroberte fast kampflos am 12. Juni 2014 Takrit, die Hauptstadt der Provinz Salahudin und zugleich der Geburtsort des früheren irakischen Diktators Saddam Hussein. Nach der Einnahme von Takrit hatten 3.000 irakische Soldaten vor den ISIS-Truppen kapituliert und sich in der vormals US-amerikanischen Militärbasis »Camp Speicher« ergeben. Als sie unbewaffnet und in Zivilkleidung aus ihrer Kaserne heraustraten, um sich in Gefangenschaft zu begeben, teilten die ISIS-Kämpfer sie in sunnitische und schiitische Gefangene ein. Danach wurden alle Schiiten in drei aufeinander folgenden Exekutionswellen erschossen und in Massengräbern verscharrt. Ein im September 2014 veröffentlichter Bericht von Human Rights Watch, der sich auf Zeugenaussagen und Luftbildaufnahmen der Gräber stützt, geht von bis zu 770 Ermordeten aus.[2] Wenige Tage nach dem Fall von Takrit hatten ISIS-Einheiten schon die weiter südlich liegende, ökonomisch wichtige Ölraffinerie-Stadt Baidschi, knapp 80 Kilometer nördlich von Bagdad, erreicht und große Teile der Anlagen in ihre Gewalt gebracht. Erst im Gebiet zwischen Baidschi und Takrit brachten irakische Regierungstruppen und zu Hilfe geeilte Kampfverbände schiitischer Milizionäre aus Bagdad den ISIS-Vormarsch zum Stehen. Während sich im Süden die Front zu stabilisieren begann, übernahm die Terrormiliz-Gruppe im Norden und Westen die Kontrolle über mehrere Ölfelder und den größten Staudamm des Irak, die Talsperre von Mossul.

Dass sich Unheil ankündigte, hätte die Maliki-Regierung bereits im Frühjahr 2014 ahnen können, als ISIS in der notorisch unruhigen Westprovinz Anbar wieder aufgetaucht war. Im März 2014 hatten kleine hochmobile und mit wendigen Pritschenwagen ausgestattete ISIS-Kampftrupps eine Reihe von kleinen Ortschaften und militärischen Außenposten eingenommen. Zudem waren seit Jahresbeginn Hunderte sunnitischer Soldaten in der an Syrien grenzenden Provinz desertiert und zu ISIS übergelaufen. Im April fiel Falluja, die alte Hochburg sunnitischer Rebellen, in die Hände von ISIS: Spätestens dort zeigte sich, dass die ISIS-Einheiten den immobilen Regierungstruppen deutlich überlegen waren. Wenig später machte al-Baghdadis Terrortruppe weitere Geländegewinne und konnte sogar mehrere Stadtviertel von Ramadi, der Provinzhauptstadt, unter ihre Kontrolle bringen und den Regierungstruppen gefährlich nahe auf den Leib rücken. Falluja und Ramadi eröffneten ihnen ein potenzielles Einfallstor nach Bagdad, wo ISIS-Truppen sich bis Mai in die unmittelbare Nähe des im Westen von Bagdad gelegenen internationalen Flughafens der Hauptstadt vorkämpften. Im Zuge der ISIS-Offensive musste die Zentralregierung im April 2014 sogar das im Westen Bagdads gelegene berüchtigte Gefängnis von Abu Ghraib räumen lassen, da es mitten im Kampfgebiet stand. Vor der Räumung war es ISIS-Kommandoeinheiten bei einem Überfall geglückt, knapp 1.000 inhaftierte dschihadistische Gesinnungsgenossen zu befreien.

Kurzum: Mitte Juni 2014 hatte ISIS mit seinem Vormarsch die Karten im Spiel um die Macht im Irak völlig neu gemischt. ISIS verdankte seinen Sieg der Zusammenarbeit mit Ex-Baath-Offizieren und einem Teil der Stammeserweckungsräte, die unter Führung des ISIS ein gegen die Schiiten in Bagdad gerichtetes Bündnis schlossen. Ohne die Unterstützung der Baath-Aktivisten hätte der ISIS auch die Millionenstadt Mossul niemals einnehmen können. Seit 2003 im Untergrund aktiv und den Blicken offizieller Stellen entzogen, hatten Parteigänger der alten Baath-Partei in Teilen der Stadt eine parallele Schattenregierung aufgebaut, die mit effizienten Nachrichtennetzwerken und Verwaltungsstrukturen agierte.

Darauf konnte ISIS aufbauen. Geheime Finanzdokumente des ISIS, die später westlichen Nachrichtendiensten in die Hände fielen, belegen, dass die Organisation in Mossul bereits vor der Juni-Offensive durchschnittlich 10–12 Millionen US-Dollar monatlich aus Schutzgelderpressung einnahm. Obendrein fanden sich auch unter den führenden ISIS-Kommandeuren auffällig viele frühere hochrangige Baath-Offiziere der alten Armee und der Republikanischen Garden, die beide 2003 von den USA aufgelöst worden waren. Ohne deren Kampferfahrung, militärtaktisches Geschick und Professionalität hätte ISIS nicht in so kurzer Zeit derart große Geländegewinne machen können.

Ein neuer »Kalif« erhebt Anspruch auf die Führerschaft im globalen Dschihad

Am 29. Juni 2014 verkündete ein ISIS-Sprecher öffentlich die Gründung des Kalifats (im Arabischen: *khilafa*). Zugleich gab er bekannt, dass sich der Führer des ISIS, der bislang unter dem Kriegsnamen Abu Bakr al-Baghdadi bekannt gewesen war, fortan den Titel »Kalif Ibrahim – Befehlshaber der Gläubigen« zulege. Darüber hinaus verkündete der Sprecher, dass der neue offizielle Name der Organisation ab sofort schlicht »Islamischer Staat« (IS) laute. Wenige Tage später, am 4. Juli 2014, zeigte sich der IS-Chef »Kalif Ibrahim« in der großen Zentralmoschee von Mossul zum ersten Mal in der Öffentlichkeit. Er hielt eine längere Predigt vor seinen Anhängern, in der er alle Muslime der Welt aufforderte, sich dem »Islamischen Staat« anzuschließen und ihm den Gefolgschaftseid (arabisch: *baia*) zu schwören, der den klassischen Kalifen gebührt.

Die Ausrufung eines eigenen Kalifats war ein Paukenschlag. Denn dadurch erhob der selbsternannte Kalif den Anspruch, der Anführer aller Muslime weltweit zu sein. Das Wort »Kalifat« hat seinen Ursprung in dem arabischen Begriff *khilafa* (Nachfolge), womit die legitime Nachfolge Mohammeds als politischer und geistig-spiritueller Führer aller Muslime gemeint ist. Die Frage, wer Kalif (arabisch: *khalifa*), also legitimer Nachfolger des Propheten, sein sollte, spaltete schon wenige Jahrzehnte nach dessen Tod (632) die islamische Gemeinde; sie führte zu der bis heute nicht aufgehobenen Spaltung zwischen Sunniten und Schiiten.

Nach den vier »rechtgeleiteten Kalifen« oder Nachfolgern des Propheten – Abu Bakr, Omar, Othman und Ali – folgte das Kalifat der Omaijaden (661 bis 750) von Damaskus. Ihm schloss sich das der Abbasiden
(751 bis 1258) von Bagdad an, das zeitweise vom Maghreb bis nach Indien und Mittelasien hinein reichte und heute gemeinhin als die Epo-
che des größten Glanzes der islamischen Zivilisation gilt. Die Mongolen unter ihrem Khan Hülagu eroberten 1258 Bagdad und zerschlugen
das Abbasiden-Kalifat, das als politischer Schatten seiner selbst überlebte,
verkörpert in angeblich nach Kairo entkommenen Abbasiden-Nachkom-
men. Als die Osmanen-Sultane 1517 Ägypten eroberten, ließen sie sich
die Kalifatswürde übertragen und führten sie zusammen mit dem Amt
des Sultans fort. Seit dieser Zeit war das osmanische Vielvölkerreich ein
Kalifat, und der Sultan in Istanbul betrachtete sich selbst als legitimen
Nachfolger des Propheten Mohammed. Obwohl die muslimischen Araber 400 Jahre unter der Fremdherrschaft der osmanischen Türken lebten, atmete deren Kalifats-Reich dennoch weiterhin den Geist des Islam,
wie sie ihn deuteten. Dann geschah das, was viele heutige Islamisten als
die »Ursünde« des Westens gegen den Islam ansehen: die Zerschlagung
des Osmanischen Reiches nach dem Ersten Weltkrieg in den Jahren zwischen 1922 und 1924. Kemal Atatürk, der Gründervater der modernen
Türkei, schaffte das altersschwache Sultanat und Kalifat ab. 1923 proklamierten die Türken die Republik, ein Jahr später wurde auch die Institution des Kalifats für aufgehoben erklärt.

Zwar legte kein westlicher Staat selbst die Axt an den Stamm des Kalifats. Doch der Übeltäter, der es an ihrer Stelle tat, Kemal Atatürk, war
in seinem Denken und Handeln von den in Europa entstandenen Konzepten wie Säkularismus und Volkssouveränität beherrscht. Dies führte,
so die Ansicht der Islamisten, im Gleichklang mit den kolonialen Expan-
sionsbestrebungen der großen christlichen Mächte Europas zwangsläufig
dazu, dass im Nahen Osten unabhängige Nationalstaaten auf den Trümmern des Osmanischen Reiches entstanden. Der Identitätskern dieser
Staaten ist das Konzept der Nation, ein Konzept, dessen Akzeptanz den
heutigen Islamisten und Dschihadisten als Götzendienst (arabisch: *shirk*)
gilt: Dabei wird die Nation anstelle Gottes angebetet und zum höchsten Wert erklärt. In den Augen der meisten heutigen Islamisten, Salafisten und Dschihadisten bedeutet das Bejahen von Volkssouveränität und

Nation nichts anderes als *shirk*, die »Beigesellung« anderer Wesen neben Gott, und damit eine der Todsünden, die der Islam kennt. Nach Ansicht der Dschihadisten muss die von Atatürk und den britischen und französischen Kolonialmächten zwischen 1918 und 1924 im Nahen Osten geschaffene Ordnung der Nationalstaaten durch Gründung eines Kalifats zerschlagen und rückgängig gemacht werden. Dies gilt umso mehr, weil jene Ordnung im »schändlichen Gewand« des säkularen arabischen Nationalismus daherkam. Die säkulare Trennung von Staat und Religion ist für Salafisten und Dschihadisten Gottesfrevel, da die Souveränität allein Allah, nicht dem Volk, gebührt. Den allermeisten sunnitischen Islamisten und Dschihadisten gelten der säkulare Nationalismus und die Schiiten gleichermaßen als die größten Übel der islamischen Welt.

Der »Islamische Staat«, ein Konkurrent der Al-Qaida

Mit der Proklamation des neuen Kalifats hatte al-Baghdadi den Anspruch erhoben, der Anführer der bewaffneten dschihadistischen Internationale zu sein. Das eröffnete eine weitere Front. Denn damit warf »Abu Bakr al-Baghdadi« der Al-Qaida in Pakistan den Fehdehandschuh hin. Terrorismusexperten bewerteten diesen Schritt als wichtigste Entwicklung im internationalen Dschihadismus seit dem 11. September 2001. Er richtete sich explizit gegen das alte dschihadistische Terrornetz von Al-Qaida, das nach der Tötung von Usama Bin Ladin durch US-Spezialkräfte im Mai 2011 von Ayman al-Zawahiri geleitet wird. Die Operationsgebiete von Zawahiris Kern-Al-Qaida liegen inzwischen allenfalls an der Peripherie des Nahostkonflikts, nicht jedoch inmitten der aktuellen Auseinandersetzungen im Irak, Syrien und Libanon. IS-Chef al-Baghdadi konnte ab 2013 bedeutende finanzielle und materielle Erfolge erzielen. Darüber hinaus vermochte er bis Herbst 2014 im Norden und Westens des Irak sowie im Osten Syriens ein Territorium in seine Gewalt bringen, das etwa so groß wie Bayern ist.

Damit hatte al-Baghdadi beeindruckende territoriale Fakten geschaffen, den Anspruch auf Führerschaft im globalen Dschihad nachhaltig unterstrichen und unter den Gefolgsleuten und Sympathisanten des IS Begeisterung ausgelöst. All das, worauf sie seit Jahrzehnten gewartet hatten, der Aufbau eines rein sunnitisch-islamistischen Staates und die Restauration des Kalifats, schien nun wahr zu werden. Auch die Kern-Al-Qaida hatte jahrelang das Fernziel beschworen, das Kalifat wieder zu errichten. Allerdings war es ihrem konspirativen Untergrundnetzwerk niemals auch nur ansatzweise gelungen, wichtige Regionen der islamischen Welt dauerhaft und fest in ihre Gewalt zu bringen. Stattdessen musste sich die alte Generation der Al-Qaida-Kämpfer in kaum zugänglichen, entlegenen Bergregionen oder Wüsten verstecken. Erschwerend kam hinzu, dass sie zumeist auf Gedeih und Verderb auf das Wohlwollen ihrer jeweiligen Gastgeber angewiesen waren, seien es die Taliban-Regierung in Afghanistan, die lokalen Paschtunen-Stämme in der unregierbaren Northwest-Frontier Area von Pakistan oder der von radikalen Islamisten beherrschte »Inter Service Intelligence« (ISI), der mächtige pakistanische Militärgeheimdienst. Die Protektion ihrer Gastgeber verschaffte ihnen Schutz, machte sie teilweise aber auch zum Spielball von deren durchaus wechselnden Interessen. Als Ergebnis dessen waren der Freiheit und dem Aktionsspielraum von Kern-Al-Qaida stets erhebliche Grenzen gesetzt.

Ganz anders war hingegen die Strategie von al-Baghdadi. Seine Kämpfer gaben das Versteckspiel mit den Sicherheitskräften in Syrien und dem Irak auf und modifizierten ihre alte Taktik grundlegend, die zumeist darauf abgehoben hatte, mit möglichst rücksichtslosen Bombenanschlägen Aufsehen zu erregen und Angst und Schrecken zu verbreiten. Statt sich wie früher auf kleinere Angriffe zu beschränken, unternahmen sie Blitzoffensiven und versuchten – wie Perlen auf einer Perlenschnur – nacheinander feindliche Stellungen zu überrennen. Im Norden und Westen des Irak konnten sie damit fulminante Erfolge erzielen, die irakische Armee in die Flucht schlagen und staatliche Strukturen aufbauen, die jenen in ihrer ostsyrischen Hochburg Raqqa glichen. Die Kontrolle über große Territorien und wirtschaftliche Ressourcen sowohl in Syrien als auch im Irak machten den IS-Führer mächtiger, als es Usama Bin Ladin jemals gewesen war.

Bis Ende August 2014 hatte der IS nach und nach alle wichtigen syrischen Ölfelder unter seine Kontrolle gebracht – sowohl das Tanak-Ölfeld in der Provinz Deir al-Zor als auch das bereits Monate zuvor eroberte Ölfeld al-Omar, das größte und ergiebigste in ganz Syrien. Nach dem nordsyrischen Raqqa war Deir al-Zor schon die zweite syrische Ölprovinz, in der die IS-Terrormiliz weite Territorien kontrolliert. Der militärische

Sieg im ostsyrischen Deir al-Zor, das an den Irak grenzt, beruhte vor allem auf den Waffen, die der IS bei der Mossul-Blitzoffensive im Juni erbeutet hatte. Die Eroberung der syrischen Ölfelder erwies sich für den IS als überaus gewinnbringend, da er durch die Einnahmen aus den Ölverkäufen seine Kriegskasse dauerhaft füllen konnte. Das wiederum stärkte seine Position als militärisch und finanziell potenteste Dschihadisten-Organisation in Syrien und im Irak. Bereits seit 2013 hatten Kader der Terrormiliz Öl an Mittelsmänner des syrischen Machthabers Baschar al-Assad verkauft. Zugleich führten sie auch große Mengen auf dem Landweg in die Türkei aus, wo es von türkischen Mafia-Organisationen aufgekauft wird. Im Gegenzug für die Treibstofflieferungen versorgte das Regime in Damaskus Raqqa und die umliegenden Gemeinden mit Strom. Ein beträchtlicher Teil des IS-Finanzvolumens stammt bis heute aus Erlösen von Ölverkaufen.

Diese Finanzquellen waren notwendig, denn der IS brauchte sie, um funktionierende staatliche Strukturen aufzubauen, die ihm bei der Mehrheit der Bevölkerung in seinem Herrschaftsbereich ausreichend Legitimität und Wohlverhalten einbringen sollten. Seit der Einnahme von Raqqa 2013 und später auch nach der Eroberung von Mossul bemühte sich der IS darum, ein gewisses Maß an gesellschaftlicher Normalität zu bewahren, wofür die Aufrechterhaltung infrastruktureller und sozialer Basisdienstleistungen die Grundlage bildete. So übernahm der IS alltägliche Aufgaben der Verwaltung und sorgte durch regelmäßige Patrouillen seiner Ordnungswächter für die Wahrung von Recht und Ordnung auf den Straßen. Ferner kümmerte sich der IS um Strom- und Wasserversorgung sowie um die Müllabfuhr und beaufsichtigte die Märkte, das Handelswesen und die Banken. Blanker Terror war also nur die eine Säule, auf der die IS-Macht in den von ihnen beherrschten Gebieten ruhte, die Aufrechterhaltung von Sicherheit und sozialen Diensten die andere.

Die Ausrufung des Kalifats war jedoch nicht nur eine Kampfansage an Kern-Al-Qaida. Sie richtete sich auch gegen die westlichen Staaten. Die ehemaligen Kolonial- und Mandatsmächte Großbritannien und Frankreich hatten mit dem Sykes-Picot-Geheimabkommen 1916 und im Vertrag von Sèvres 1920 die Grenzen der heutigen Staaten gezogen und mit Gewalt durchgesetzt. Die territoriale Begrenzung des IS auf den Irak und das historische Großsyrien in der Levante war aber nun für al-Baghdadi passé. Jetzt war die Eroberung der Levante für ihn nur noch

ein Etappenziel auf dem Weg zur langfristigen Perspektive einer Eroberung des gesamten Nahen Ostens. Das wiederum bedeutete eine weitere
Kampfansage: dieses Mal gegen die konservativen sunnitisch-arabischen
Monarchien am Persischen Golf, an ihrer Spitze Saudi-Arabien, dessen
wahabitisches Königshaus mit den Vereinigten Staaten kooperiert. Den
IS-Ideologen gelten die Golfmonarchen daher als Ungläubige und Feinde. Schon seit Beginn des Irak-Krieges 2003 rekrutierte sich ein großer
Teil der dschihadistischen Gotteskrieger im Irak, die gegen die US-Besatzung und die Bagdader Regierung kämpften, aus saudischen Freiwilligen. Nach der Ausrufung des IS-Kalifats gerieten die Machthaber in
Saudi-Arabien und den verbündeten Golfmonarchien jetzt in ernste Sorge, mussten sie doch fürchten, dass durch saudische IS-Rückkehrer nicht
nur der innere Frieden, sondern auch ihre eigene Macht bedroht sein
könnte.

Leben und Sterben unter dem schwarzen Banner des Propheten

Nachdem die IS-Kämpfer Mossul erobert hatten, verloren sie nicht viel
Zeit, alle Kennzeichen und Institutionen des zivilen, säkularen Staates
zu tilgen und ein islamisches Terrorregime zu errichten. Sie hissten Tausende von schwarzen Fahnen in allen Größen auf den Dächern der Gebäude und schlossen die staatlichen Gerichte, weil diese von Menschen
gemachten Gesetzen dienten und nicht der göttlichen Scharia. An ihre
Stelle traten neue Scharia-Gerichte, in denen vom IS vorher ausgewählte
Religionsgelehrte Rechtsstreitigkeiten aller Art schlichteten, Strafurteile
bei Verbrechen verhängten und dabei alles aus ihren eigenen schlichten
Gesetzen herleiteten. Zudem ernannten sie für jeden Stadtbezirk einen
sogenannten Emir, bei dem die Bewohner Klagen einreichen können.
Auf der Grundlage systematischer Pläne und zuvor zusammengestellter
Namenslisten errichteten die IS-Kämpfer an Straßenkreuzungen und
Zufahrtsstraßen Kontrollpunkte, an denen sie Fahrzeuge nach Soldaten
und Polizisten überwachten, die Mossul verlassen wollten. Diejenigen,
die sie ergriffen, hatten die Gelegenheit, Reue zu zeigen und sich vom
Staat loszusagen. Wer es nicht tat, landete vor einem Standgericht oder
wurde enthauptet oder gekreuzigt.

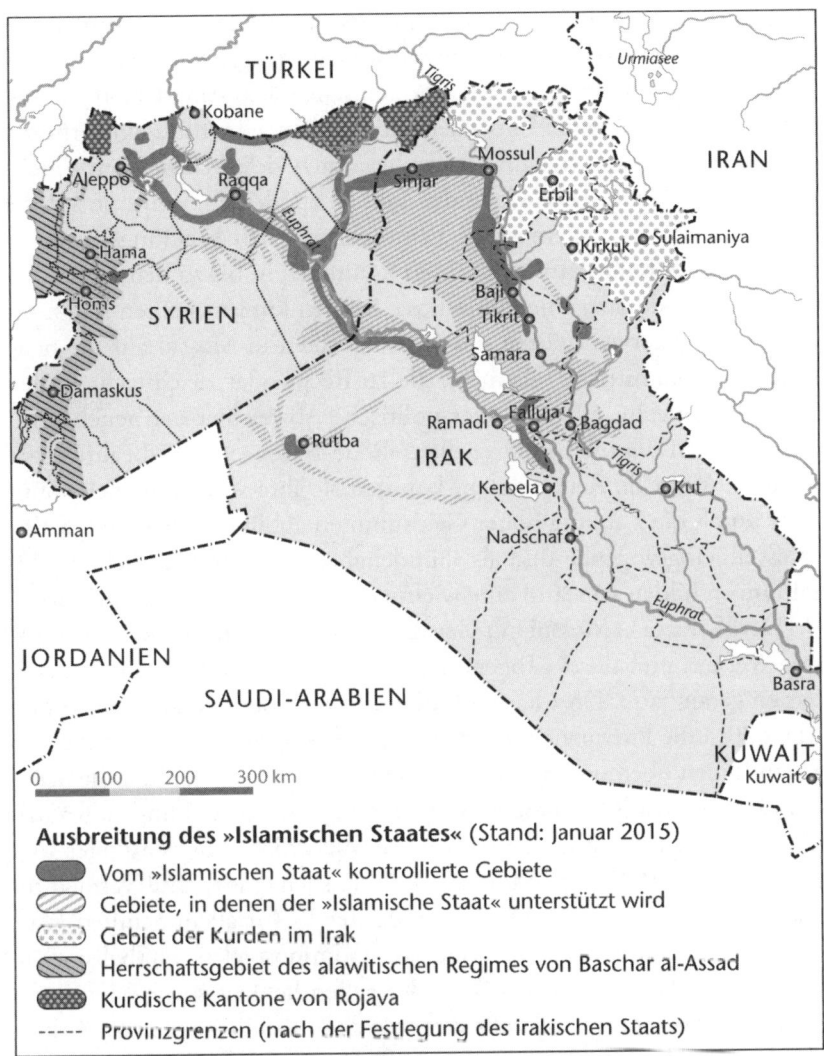

Ausbreitung des »Islamischen Staates« (Stand: Januar 2015)

⬤ Vom »Islamischen Staat« kontrollierte Gebiete

▨ Gebiete, in denen der »Islamische Staat« unterstützt wird

▨ Gebiet der Kurden im Irak

▨ Herrschaftsgebiet des alawitischen Regimes von Baschar al-Assad

▨ Kurdische Kantone von Rojava

---- Provinzgrenzen (nach der Festlegung des irakischen Staats)

Karte 1: Herrschaftsgebiete des »Islamischen Staates« in Syrien und im Irak (Januar 2015)

Kurz nach der Eroberung von Mossul führten sie zudem das Beutege-setz ein, nach dem im Kriegsfall der gesamte Besitz von Personen, die nach den extremen Maßstäben des IS als Ungläubige gelten, an die Er-oberer fällt. Auf dieser Grundlage plünderten sie den Besitz von Regie-rungsbeamten und Offizieren, die aus der Stadt geflohen waren. Deren

Häuser wurden in Besitz genommen, damit sich dort IS-Kämpfer mit ihren Familien niederlassen konnten. Binnen weniger Wochen veränderte sich der Lebensalltag grundlegend, einschließlich der Kleiderordnung für Frauen und Männer. Entweder weil sie die neue Ordnung begrüßten oder aus Opportunismus und Angst begannen viele Männer sich zunehmend nach afghanischer Mode der Taliban zu kleiden, wenn sie auf die Straße gingen. Vor allem junge Leute ahmten den Kleidungsstil nach, den sie bei IS-Kämpfern beobachten konnten: ein bis zu den Knien reichendes Hemd, dazu eine Pluderhose. Binnen kurzem stellten sich zahlreiche Schneiderwerkstätten und Textilfabriken in Mossul auf die neue Mode ein. Sunnitische Gläubige, die zu Recht oder zu Unrecht in den Verdacht gerieten, religiöse oder politische Abweichler der neuen Ordnung zu sein, wurden in speziellen »Reue-Büros« von IS-Beauftragten verhört. Wenn sie Reue zeigten, konnten sie ihre vermeintlichen »Sünden« durch die Zahlung hoher Geldsummen abbüßen. Diese im großen Maßstab eingezogenen und als »Sündenablass« deklarierten Schutzgeldzahlungen bilden seit 2013 eine wichtige Finanzquelle der Terrormiliz.

Der IS setzte in Mossul mit Gewalt auf ebenso harte und kompromisslose Weise ein religiöses »Tugendregime« durch, wie er es zuvor bereits in Syrien getan hatte. Dort hatten Einheiten von Abu Bakr al-Baghdadi im März 2013 die Provinzhauptstadt Raqqa erobert. Seitdem gilt in der von Flüchtlingen überquellenden Millionenmetropole am Euphrat die Scharia. Dies umfasst Körperstrafen wie öffentliche Auspeitschungen, Kreuzigungen und Enthauptungen ebenso wie willkürliche Hinrichtungen und die brutale Verfolgung sunnitischer Andersdenkender und vermeintlicher Ungläubiger und Apostaten, worunter IS vor allem Schiiten fasst. Der Verkauf und Genuss von Alkohol, Dominospielen, Fußballspielen, Tanzen, das Hören von Musik in der Öffentlichkeit sowie Musizieren sind seither verboten. Ebenfalls verboten sind Aufführungen von Zirkusakrobatik und Zauberkunststücke etwa mit Karten, weil sie die Gläubigen vom Gebet abhalten. Für die Frauen gilt eine rigide Kleiderordnung, die sie zum Tragen von Kopftuch und Körperschleier verpflichtet. Verstöße werden mit drakonischer Strenge geahndet.

Zu den am stärksten betroffenen Gruppen gehörten auch die nichtmuslimischen Minderheiten, insbesondere die Yeziden und Christen. Hatte es der IS anfänglich noch bei Einschüchterungen und Berufsverboten belassen, verschärfte er einige Wochen später die Gangart gegen die religiösen Minderheiten um ein Vielfaches. Am 18. Juli wurden die christlichen Einwohner Mossuls über an den Moscheen befestigte Lautsprecher aufgefordert, die Stadt zu verlassen. Im Falle der Weigerung drohe ihnen »das Schwert«. Wenige Tage zuvor hatte der IS von ihnen verlangt, zum Islam zu konvertieren oder – wie in der klassischen Zeit des Islam üblich – eine Sondersteuer, die sogenannte *jizya*, zu zahlen, um der Ausweisung zu entgehen. Zudem begannen IS-Kämpfer damit, alle Häuser von Christen der syrisch-katholischen und chaldäischen Richtung in Mossul und den anderen Teilen von Ninawa mit einem *N* für *Nasrani*, dem Wort für Christ (arabisch: *nasrani*; nach Jesus dem Nazarener), zu markieren. Damit wurde festgelegt, dass sie dem IS zufallen sollten. Außerdem wurde Ende Juli 2014 der Bischofssitz der syrisch-katholischen Kirche in Mossul von IS-Milizionären in Schutt und Asche gelegt. Neben der Vertreibung syrisch-katholischer und chaldäischer Christen aus der Region kam es im Juli und im August 2014 zur Flucht von Anhängern der religiösen Minderheit der Yeziden, die in die kurdischen Autonomiegebiete, die umliegenden Berge des Sindschargebirges und zu ihrem Heiligtum Lalesch nordwestlich von Mossul zu entkommen versuchten.

Mit Beginn des neuen Universitätssemesters im Oktober 2014 machten die Kulturverantwortlichen des IS deutlich, welchen Werten und Zielen sie in Wissenschaft und Kultur huldigen. In einer Bekanntmachung im Umfang einer einzigen DIN-A4-Seite verkündete das sogenannte »Amt für Schulwesen« den Professoren, Dozenten, Mitarbeitern und Angestellten der Universität in Mossul neue Regularien, die deren schlimmste Befürchtungen noch übertrafen. Der IS ordnete an, dass zahlreiche Fakultäten und Abteilungen abgeschafft werden, weil sie »gegen die Scharia« verstießen. Dazu zählen die Fakultäten für Jura, Politologie, Kunst, Archäologie, Sportwissenschaft und Philosophie. Aufgezählt wurden außerdem die Tourismusschule und die Hotelfachschule. Ferner enthielt die Bekanntmachung eine Liste moderner Fächer und säkularer Themen, die von nun an verboten sind: Demokratie, Kultur, Freiheit, Rechte und Rechtswissenschaft. In den Abteilungen der Anglistik und Romanistik ist es jetzt nicht mehr erlaubt, über Romane und Theaterstücke zu sprechen. Ferner dürfen im Fachbereich Geografie Fragen der Nationalität, der Ethnien und der Geschichte sowie jene der »geografischen Aufteilung« nicht mehr thematisiert werden. Für Studentinnen ist die Vollverschleierung Pflicht.

Zugleich setzte der »Islamische Staat« neue Sprachregelungen durch, etwa indem er den in amtlichen Universitätsdokumenten üblichen Begriff »Irakische Republik« durch »Islamischer Staat« ersetzen ließ. In gleicher Weise wurde der säkulare Begriff »Ministerium für Hochschulwesen« durch den islamischen Begriff *diwan al-Taalim* (Amt für Erziehung) ausgetauscht. Die Bekanntmachung betonte, dass Zuwiderhandelnde streng bestraft würden. Wie bekannt wurde, sind in der Tat schon die ersten Exempel statuiert und mehrere Personen hingerichtet worden, die gegen die neuen Bestimmungen verstoßen haben sollen.[3]

Iraks Kurden – die Gewinner des Konflikts?

Der IS-Vormarsch veränderte auch nachhaltig das Kräftegleichgewicht zwischen der autonomen kurdischen Regionalregierung (Kurdistan Regional Government, KRG) in Erbil und der Zentralregierung in Bagdad. Beide Seiten lagen seit 2005 in bitterem Streit miteinander. Der größte Zankapfel war der politische Status einer Vielzahl von Distrikten, Bezirken und Städten in den südlich und westlich an das Gebiet der KRG grenzenden arabischen Provinzen Ninawa, Salahudin, Tamim und Diyala. Die kurdischen Peschmerga-Einheiten hatten diese Regionen mit ihrer gemischt kurdischen, arabischen und turkmenischen Bevölkerung im April 2003 besetzt, als sich nach dem Sturz des Baath-Regimes von Saddam Hussein ein Machtvakuum auftat. Seither hielten die Kurden diese Regionen in ihrem Besitz, die nicht nur große Teile von Ninawa, sondern auch die Provinzhauptstadt von Tamim, Kirkuk, umfassten.

Kirkuk war für die Kurden sowohl historisch und kulturell als auch wirtschaftlich von höchster Bedeutung. Die Stadt war bis in die 1970er Jahre eine überwiegend von Kurden bewohnte Metropole und galt über Jahrhunderte hinweg als das wichtigste politische und kulturelle Zentrum der im Irak lebenden Kurden. Außerdem befinden sich in und um Kirkuk herum die ergiebigsten Öl- und Gasfelder des gesamten Nordirak. Um die notorisch rebellischen Kurden dauerhaft zu schwächen und zu demoralisieren, führte Saddam Hussein in den 1970er Jahren gewaltsame Umsiedlungskampagnen in und um Kirkuk durch. Er ließ Hunderttausende Kurden vertreiben und stellte die freiwerdenden Ländereien, Grundstücke und Häuser sunnitisch-arabischen Familien zur Verfügung, die er mit dem Versprechen von billigem Land und weiteren Privilegien aus anderen Provinzen angelockt hatte.

Der Fall von Mossul ließ die Militärs und Administratoren der Zentralregierung in den umstrittenen Gebieten in Panik geraten. Wenige Tage nach der Machtübernahme des IS in Mossul flüchteten Zehntausende von Soldaten der Bagdader Zentralregierung aus Kirkuk in die kurdischen Gebiete, um nicht von den Dschihadisten getötet zu werden. Die Flucht der Regierungstruppen bot der kurdischen Regionalregierung von Präsident Massoud Barzani eine überaus günstige Gelegenheit: Denn dadurch konnte sie den seit Jahren schwelenden Gebietskonflikt mit der Zentralregierung um die seit 2005 umstrittene Vielvölkerstadt ein für allemal lösen. Binnen einer Woche nach Beginn der IS-Offensive befahl Barzani seinen Peschmerga-Einheiten, das nun von Bagdads Truppen entblößte Kirkuk und die anderen, zwischen Bagdad und der KRG umstrittenen Territorien zu besetzen. Die Grenzposten zwischen dem KRG-Gebiet und der ölreichen Gegend rund um die Provinzhauptstadt wurden über Nacht aufgelöst. Doch schon bald lieferten sich Peschmerga-Einheiten Gefechte mit IS-Kämpfern südlich und westlich von Kirkuk, deren Vormarsch sie aber zum Stehen brachten. Nach Angaben der Kurdenregierung in Erbil waren innerhalb weniger Tage mehr als 140.000 Soldaten desertiert, die Bagdad in den Provinzen Ninawa, Salahudin und Kirkuk stationiert hatte. Mit einem Schlag hatten sich damit sechs der 16 irakischen Armee-Divisionen aufgelöst. Damit war klar: Eine Rückkehr der Regierungseinheiten aus Bagdad in die umstrittenen Territorien war undenkbar geworden. Fortan war die kurdische Regionalregierung in Erbil die neue Ordnungsmacht in diesen Gebieten.

In den Becher der Freude, den die Kurdenführer in Erbil nach dem IS-Vormarsch in vollen Zügen genossen, mischte sich aber bereits Mitte Juni ein Wermutstropfen. Berichte über Massenhinrichtungen durch die Dschihadisten hatten Hunderttausende aus den Gegenden um Takrit, Samara und Mossul zur Flucht in die kurdische Autonomieregion veranlasst. Diese Fluchtbewegung sollte in den kommenden Monaten anhalten. Zusätzlich verstärkt wurde sie noch durch Flüchtlinge aus Mossul und seinem Umland stammenden Christen und Yeziden, die vor religiösen Säuberungskampagnen Reißaus nahmen. Bis Anfang Oktober hatte die zuvor fünf Millionen kurdische Einwohner zählende KRG schätzungsweise 1,5 Millionen Flüchtlinge aufgenommen. Finanziell, sozial und wirtschaftlich bescherte dieses humanitäre Flüchtlingsdesaster der autonomen Region eine gewaltige Bürde, durch die sie an die Grenze ihrer Belastbarkeit gelangte.

Ungeachtet des riesigen Elends der Flüchtlinge hatte der IS-Vormarsch den Kurden zunächst einmal gewaltige politische Vorteile verschafft, da sich nun eine territoriale Neuordnung mit großer Reichweite vollzogen hatte. Fast alle Gebietsansprüche, die die Kurden jemals gegenüber der Zentralregierung erhoben hatten, waren nun erfüllt. Die ab Mitte Juni 2014 fortan von den Peschmerga kontrollierten Gebiete reichten seither weit über das eigentliche Territorium der Kurdenrepublik hinaus. Das Territorium der KRG hatte sich innerhalb einer Woche um 40 Prozent vergrößert. Im Falle einer zukünftigen Unabhängigkeit der von Barzani geführten KRG, die ursprünglich die drei Provinzen Erbil, Dohuk und Sulaymaniya umfasste, wären wohl auch Kirkuk und das ölreiche Umland der Vielvölkerstadt Kirkuk mit dabei. Sollte also einmal ein selbständiger Kurdistanstaat entstehen, wäre dessen ökonomische Potenz immens gestärkt.

Malikis unaufhaltsamer Machtverlust

Der Fall Mossuls schockierte die Politiker der irakischen Exekutive und Legislative in Bagdad, zumal sich der IS-Vormarsch bedrohlich schnell Bagdad näherte. Als der IS-Pressesprecher Mitte Juni 2014 verkündete, dass die Eroberung Bagdads – die Stadt war als Hauptstadt der Kalifen vom 8. bis zum 13. Jahrhundert eine der wichtigsten Städte der islamischen Welt gewesen – und die Einnahme der heiligen Stätten der Schiiten in Kerbela und Nadschaf Ziel des IS sei, fühlte sich auch die Masse der Schiiten ernsthaft bedroht. Diese Wahrnehmung wurde durch die Nachrichten über die Massenhinrichtungen in Takrit noch verstärkt, sodass die Einwohner Bagdads sich auf einen Angriff vorbereiteten. Am 13. Juni legte das religiöse Oberhaupt der irakischen Schiiten, Großayatollah Hussein Ali al-Sistani, seine Zurückhaltung in politischen Fragen ab und rief zum Kampf gegen die sunnitischen Extremisten auf. Er forderte jeden, der eine Waffe tragen könne, dazu auf, sich den irakischen

Sicherheitskräften anzuschließen. Besondere Wirksamkeit erlangte Sistanis Aufruf auch deshalb, weil ihn sein wichtigster religiöser Vertreter im Irak, Sheikh Abdul Mehdi Karbalai, während der Freitagspredigt in der Imam-Hussein-Moschee in Kerbela verlesen hatte. Binnen weniger Tage meldeten sich Zehntausende von schiitischen Freiwilligen zu den Waffen. Auch Muqtada al-Sadr, der Anführer der ungemein mitgliederstarken Sadr-Bewegung, rief seine Anhänger zum Widerstand auf. Der IS-Vormarsch bot dem einflussreichen Schiiten-Führer auch eine willkommene Gelegenheit, seine alte Miliz, die »Mahdi-Armee«, die er 2008 demobilisiert hatte, zu reaktivieren. Die »Mahdi-Armee« hatte gegen die US-Besatzungstruppen gekämpft, wobei Teile von ihr im großen Machtspiel zwischen den USA und dem Iran zum verlängerten Arm der iranischen Revolutionswächter auf irakischem Boden geworden waren. Nun mischte Sadr mit seiner auf 60.000 Mann geschätzten Privatarmee, die er in »Friedensbrigaden« (*saraya al-salam*) umbenannt hatte, im irakischen Machtpoker wieder kräftig und an vorderster Stelle mit. Irreguläre schiitische Milizen und nicht die reguläre irakische Armee, die teilweise aufgelöst, desorganisiert und kampfunfähig geworden war, tragen seit Juni 2014 die Hauptlast der Kämpfe gegen den »Islamischen Staat«.

Angesichts des Vormarschs sunnitischer Extremisten im Irak hatte der iranische Präsident Hassan Rohani in einer live im Fernsehen übertragenen Ansprache versichert, Iran werde alles zum Schutz der heiligen Stätten Kerbela, Nadschaf, Kazimiya und Samara im Nachbarland tun. Es hätten sich bereits zahlreiche Freiwillige gemeldet, um »die Terroristen in ihre Schranken zu weisen«. Iran tritt seit jeher als regionale Schutzmacht der Schiiten auf, die im Irak die Mehrheit der Bevölkerung stellen. Einschränkend fügte Rohani hinzu, die Teheraner Regierung habe keine Truppen in den Irak geschickt und werde das sehr wahrscheinlich auch nie tun. Zu diesem Zeitpunkt gingen Beobachter allerdings davon aus, dass Iran bereits Militärberater der Elite-Einheit der Revolutionären Garden ins Nachbarland entsandt hatte, um die schiitischen Milizen für den Kampf gegen den IS zu schulen.

Der Verlust von Mossul und das militärische Debakel der irakischen Regierungstruppen brachten Premierminister Maliki in ernste Bedrängnis. Viele Kräfte in Iraks Parlament und Regierung lasteten das Mossul-Debakel ihm an und drängten auf seinen Rücktritt. Im innenpolitischen Machtkampf um den Erhalt seines Premierministeramtes musste Maliki ab Mitte Juni einen schweren Schlag nach dem anderen einstecken. Nach und nach rückten die meisten seiner Unterstützer von ihm ab. Den Anfang machte am 20. Juni die US-Regierung unter Präsident Barack Obama, die bis dahin ebenso wie die Vorgängeradministration Maliki trotz aller Kritik und Vorbehalte gestützt hatte. Ihr Sprecher verkündete, dass »die Regierung, einschließlich des Ministerpräsidenten zu wenig für eine politische Beteiligung aller Volksgruppen getan habe« und so »zu der heutigen Krise im Irak beigetragen habe«. Damit wurde deutlich, dass sich in Washington die Auffassung durchgesetzt hatte, dass Maliki zu der geforderten Versöhnung nicht willens oder in der Lage sei und man auf jemand anderen setzen müsse, um die Lage zu stabilisieren.

Die Kritik der USA kam für Maliki zur Unzeit. Denn seine Wiederwahl war auch mehrere Monate nach den Parlamentswahlen alles andere als gesichert. Maliki hatte mit seinem Block aus zwei verbündeten Schiitenkoalitionen die Parlamentswahl im April mit klarem Vorsprung gewonnen. Im Wahlkampf hatte er erneut eine Mehrheit der schiitischen Wähler für sich gewinnen können, weil er die »schiitische Angst-Karte« gezogen und im Wahlkampf hemmungslos Ängste vor einer sunnitischen Konterrevolution geschürt hatte. Dennoch verfügte er im 328 Sitze zählenden Parlament über keine absolute Mehrheit. Seit April konnten sich die politischen Lager auf keinen neuen Ministerpräsidenten einigen.

Malikis schiitische »Rechtsstaat«-Koalition hatte 92 Sitze erhalten, die andere Schiitenkoalition der »Nationalen Allianz« 63, was zusammen 155 der 328 Mandate ausmachte. Für eine absolute Mehrheit fehlten dem Schiitenblock aus den zwei Koalitionen entscheidende Stimmen aus den kurdischen und sunnitischen Parteien, die aber nicht gewillt waren, Maliki zu unterstützen. Als dessen Gegner profilierten sich vor allem drei Politiker. Der erste von ihnen war der frühere Vorsitzende der schiitischen Daawa-Partei, Ibrahim al-Jaafari, den Maliki 2006 aus dem Amt gedrängt hatte. Bei dem zweiten handelte es sich um den sunnitischen Politiker Salih Mutlaq, der Maliki vorwarf, die Schiiten bevorzugt zu haben. Als dritter im Bunde ist der Kurde Fuad Masum zu nennen, den das Parlament am 24. Juli zum neuen Staatspräsidenten wählen sollte. Sie alle verband ein gemeinsames Ziel: eine dritte Amtszeit Malikis zu verhindern.

In dem monatelangen Tauziehen um die Macht konnte sich das Parlament immerhin Anfang Juli auf einen neuen Parlamentspräsidenten einigen. Eine Mehrheit wählte daraufhin den Sunniten Salim al-Dschu-buri. Laut der inoffiziellen, seit 2006 gültigen Tradition der Machtver-teilung gebührt das Amt des Parlamentspräsidenten einem Sunniten, das Präsidentenamt einem Kurden und das Premierministeramt einem Schi-iten. Laut Verfassung war die Wahl des Parlamentspräsidenten Vorausset-zung für die Abstimmung über das Amt des Präsidenten. Dessen Wahl erfolgte nach längerem Streit am 24. Juli. Das Parlament wählte Fuad Masum zum Staatsoberhaupt, dessen Wahl wiederum laut Verfassung erst den Weg für die Bildung einer neuen Regierung freimachte.

Mit der Wahl Masums schwanden die Chancen Malikis, sich in sei-nem Amt zu halten, zumal auch der Druck gewachsen war, seinen Rück-tritt zu erklären. Bis Anfang August hatten sich 38 Abgeordnete seiner schiitischen »Rechtstaat«-Koalition von ihm losgesagt und waren auf die Seite der anderen Schiitenkoalition, der »Nationalen Allianz«, überge-laufen. Damit war Maliki nicht mehr der Führer des größten einzelnen Blocks. Das aber war wiederum laut Verfassung die Voraussetzung, dass ihn der Präsident gegenüber dem Parlament als Kandidat für das Amt des Premierministers nominieren konnte. Den Ausschlag dafür, dass vie-le seiner eigenen Abgeordneten von ihm abrückten, gab vermutlich ein Schreiben Sistanis, in dem der mächtige Großayatollah betonte, dass kein Politiker zu Lasten des Wohls der Nation an seinem Amt kleben dürfe. Sistanis nur schwach verhüllte Kritik an Maliki dürfte auch den Iran bewogen haben, Maliki, den er bis dahin voll unterstützt hatte, fal-len zu lassen.

Am 10. August brach der innerirakische Machtkampf offen aus. Prä-sident Fuad Masum nominierte auf Vorschlag der schiitischen Parteien in der »Nationalen Allianz«, die nun den größten Einzelblock im Parlament bildete, den Politiker Haidar al-Abadi mit der Regierungsbildung. Damit war der Staatschef auf Konfrontation zu Ministerpräsident Maliki ge-gangen. Dieser konterte postwendend, indem er in Bagdad die Armee an strategisch wichtigen Stellen Position beziehen ließ, womit er seine Ent-schlossenheit untermauerte, auf das Amt des Regierungschefs nicht ver-zichten zu wollen. Militär und andere Sicherheitskräfte fuhren auf Befehl Malikis an wichtigen Straßen und Brücken auf. Panzerwagen sperrten die Zugänge zur Grünen Zone, dem stark gesicherten Regierungs- und Par-lamentsviertel, und umstellten auch den Amtssitz des Staatspräsidenten.

Es entspann sich in den folgenden drei Tagen ein zäher Nervenkrieg, in dem Maliki auch ankündigte, eine Verfassungsklage gegen den Präsidenten beim Verfassungsgericht einzureichen. Doch letztendlich wurde Maliki immer stärker in die Defensive gedrängt. Selbst die schiitischen Milizen, von denen Maliki einige unter seine Kontrolle gebracht hatte und die nach dem Versagen der Armee die Hauptlast der Kämpfe gegen den IS trugen, wollten nicht mehr für ihn in einen risikoreichen Kampf ziehen und unterstützten offen die Einsetzung Abadis. Als sich am 12. August der amerikanische Außenminister John Kerry öffentlich voll und ganz hinter Präsident Masum als den »Garanten der irakischen Verfassung« gestellt hatte, dämmerte es auch Maliki, dass er dem Druck nicht mehr würde standhalten können. Einen Tag später, am 13. August, verkündete er, auf seinen Anspruch auf eine weitere Amtszeit zugunsten des designierten Nachfolgers Haidar al-Abadi verzichten zu wollen. Damit war der Machtkampf beendet.

Amerikas widerwilliges Engagement

Die Eroberungen des IS im Nordirak hatten die US-Regierung kalt erwischt und bei ihr erneut beträchtliche Sorge ausgelöst, dass der Irak zerfallen oder in die Hände des IS fallen könnte. Die rasche Auflösung eines Großteils der 350.000 Mann starken irakischen Streitkräfte war für Washington ein Desaster, hatten doch die USA für deren strukturellen Aufbau, deren militärische Ausbildung und waffentechnische Ausrüstung allein seit 2011 mehr als 41,6 Milliarden US-Dollar ausgegeben – von den anderen gigantischen Ausgaben für den Neuaufbau des Irak seit 2003 ganz zu schweigen. Das Desaster führte der US-Administration von Barack Obama eindrücklich vor Augen, dass ihre bisherige Irak-Politik in Scherben lag. Die Rückzugsstrategie Obamas, die der Präsident 2009 eingeleitet hatte, war gescheitert.

Der kampflose Zusammenbruch der Armee bewies aber auch, dass die überwiegend schiitischen Offiziere der neuen irakischen Armee beratungsresistent waren. Unter ihnen blühten Günstlingswirtschaft und Korruption, mit der sie die zwischen 2004 und 2013 mühsam gezimmerte multi-konfessionelle Kommandostruktur konsequent umgingen hatten. Die vom Pentagon entsandten Ausbilder hatten dies bereits lange zuvor ihren militärischen Vorgesetzten gemeldet, aber die politischen Leitungsgremien in Washington hatten die Warnsignale schlicht ignoriert. Obamas Verhältnis zu Premierminister Maliki war schlecht, wenn nicht gar zerrüttet. Das rührte vor allem von Malikis Weigerung her, Obamas Bedingungen für eine fortdauernde amerikanische Truppenstationierung über 2011 hinaus zuzustimmen. Als er einsah, dass er damit bei Maliki auf taube Ohren stieß, bewies Obama sein Geschick als gerissener und pragmatischer Politiker. Kurzerhand deklarierte er den wegen Malikis Hartleibigkeit in die Wege geleiteten Totalabzug von 2011 in der Öffentlichkeit um und bezeichnete ihn als einen Erfolg seiner Politik, Kriege »verantwortlich« zu beenden. In den folgenden Jahren fiel Maliki in Washington vollends in Ungnade, als er die Konfrontation mit den Sunniten verschärfte. Malikis Forderungen nach rascher Lieferung militärischer Güter, die die USA im Rahmen eines 14-Milliarden-Dollar-Hilfspakets dem Irak vertraglich zugesichert hatten, kam die US-Administration nicht oder nur sehr zögerlich nach. Sie ließ sich deswegen so viel Zeit, weil Maliki auf das Verlangen Obamas nach sofortiger Versöhnung mit den Sunniten und Kurden nicht einging.

Angesichts der erneuten Irak-Krise erklärte Obama am 13. Juni 2014 in einer Grundsatzrede im Weißen Haus, keine Bodentruppen in den Irak senden zu wollen, verwies auf »andere Optionen« und erläuterte, dass das Problem nicht militärisch zu lösen sei. Was er damit meinte, machte er auch klar. So übte er scharfe Kritik an der irakischen Führung. Sie habe es trotz der Gestaltungsspielräume, die ihr das opferreiche Engagement der US-Truppen im Bürgerkrieg von 2007 eröffnet hatte, nicht geschafft, das Misstrauen und die konfessionellen Gräben zwischen den Volksgruppen zu überwinden. Obama sah die Ursache des Vormarsches von IS vor allem im Versagen der irakischen Staatsführung unter Maliki und wollte, solange dieser im Amt war, Bagdad auch nur bedingt helfen. Die Hilfeersuchen Malikis, der Luftschläge der USA gegen IS-Stellungen erbat, stießen deshalb auf taube Ohren.

Anfänglich genoss Obama mit dieser Haltung breite Unterstützung in der US-Bevölkerung, die zu diesem Zeitpunkt kriegsmüde von den langen militärischen Engagements im Irak und in Afghanistan war. Zudem scheute Obama angesichts der finanziellen Krise der USA eine erneute Verschleuderung von Steuergeldern in einem weiteren irakischen

Militärabenteuer ohne absehbares Ende. Deshalb gingen die USA auch nur vorsichtig voran: Sie verlegten Kriegsschiffe und einen Flugzeugträger in den Persischen Golf und entsandten 300 Militärberater in den Irak, vornehmlich zur Sicherung ihrer Botschaft im Irak und ihres Generalkonsulats in der KRG-Hauptstadt Erbil. Dazu verstärkten sie die nachrichtendienstliche Aufklärung im Irak, belieferten die irakischen Sicherheitskräfte mit mehr Informationen und verlegten vorsichtshalber vermehrt militärische Ausrüstung in die Region.

Die USA befanden sich also in einer Zwickmühle. Zum einen wollten sie einen Machtzuwachs des IS im Irak mit allen Mitteln verhindern. Andererseits wollten sie es vermeiden, durch einen massiven militärischen Einsatz zugunsten der von Schiiten dominierten Zentralregierung den Eindruck zu erwecken, sie stünden im innerirakischen Konfessionskrieg auf der Seite der Schiiten. Hinzu kam die Aussicht, dass ein solches einseitiges Engagement zugunsten Bagdads den Einfluss des schiitischen Irans im Irak, der in den letzten Jahren ohnehin schon zu Lasten der USA gewaltig gewachsen war, noch weiter stärken würde. Auch das wollte Washington vermeiden. Dabei besaßen sowohl der Iran als auch die USA eine Reihe übereinstimmender Interessen im Irak. Beide Seiten wollten weder, dass der Irak als Staat zerfiel, noch die Machtübernahme dschihadistischer Extremisten in Bagdad, die beide für das größte denkbare Übel hielten. Deshalb intensivierten Präsident Obama und sein als moderater Pragmatiker bekannter iranischer Gegenspieler, Präsident Hassan Rohani, den informellen Meinungsaustausch über eine Kooperation in der Irak-Krise. Ungeachtet der partiellen Interessenkongruenz führte dies letztlich doch zu keiner konkreten Anti-Terror-Koalition – zumindest zu keinem Bündnis, über dessen Ziele, Aufgaben und Lastenverteilungen beide Seiten präzise Absprachen erreichten und zu dem sie sich offiziell bekannten. Zu groß waren die Widerstände, die die Gegner einer Zusammenarbeit der beiden Erzfeinde in dem jeweils anderen Land ins Feld führten. Außerdem drohte eine solche Allianz überfrachtet zu werden, zumal damit sowohl Teheran als auch Washington implizit oder explizit Sonderinteressen verbanden – besonders im Hinblick darauf, dass sich so die Position der jeweils anderen Seite bei den Wiener Verhandlungen um das iranische Atom-Programm ändern ließe. Kurzum: Die Sondierungen über eine gemeinsame amerikanisch-iranische Anti-Terrorfront gegen den IS verliefen im Sande.

Im Hinblick auf ein militärisches Eingreifen im Irak modifizierten die USA ihre abwartende Haltung erst Anfang August 2014. Starke IS-Einheiten waren auf Erbil, die Hauptstadt der kurdischen Autonomieregion, und die um Kirkuk gelegenen ölreichen kurdischen Provinzen zugerückt und drohten die kurdischen Peschmerga-Kämpfer, die ihren Angreifern nach Waffen und Feuerkraft deutlich unterlegen waren, zu überrennen. Erst als ihr verlässlichster Verbündeter im Irak, die KRG, in ernster Gefahr war, entschlossen sich die USA zum Handeln und unternahmen ab dem 8. August die ersten Luftschläge gegen IS-Stellungen im Nordirak. Viele weitere sollten folgen.

ZWEI

Vergangenheit, die nicht vergehen will: Glaubensspaltungen im Islam

Beobachter der Ereignisse im Irak und in Syrien stoßen immer wieder auf den Gegensatz von Sunniten und Schiiten[1] – Namen zweier Gruppen, die als ewige Antagonisten in latenten oder offen ausgefochtenen Konfessionskriegen agieren. Dabei handelt es sich um eine Sorte von Kriegen, die man in Europa seit Mitte des 17. Jahrhunderts kaum noch kennt (mit Ausnahme des Nordirland-Konflikts). Der Dreißigjährige Krieg (1618–1648) war mit dem Westfälischen Frieden und den Verträgen von Münster und Osnabrück zu Ende gegangen. Sein Ausgangspunkt war der religiöse Wettstreit zwischen dem universalen Heiligen Römischen Reich deutscher Nation mit dem katholischen Kaiser an der Spitze und seinen protestantischen Fürsten, die sich unversöhnlich gegenüberstanden. Mitteleuropa, insbesondere Deutschland, wurde zum Schlachtfeld dieses Wettstreits, der einen mörderischen Krieg auslöste und durch Kämpfe, Hunger und Krankheiten ein Viertel der Bevölkerung Europas auslöschte. Dort war es in erster Linie um konfessionelle Bekenntnisse und die Solidarität der Glaubensbrüder über die Reichsgrenzen hinaus gegangen. Nach und nach traten die konfessionellen Triebkräfte jedoch in den Hintergrund und wurden von nationalen, geopolitischen Großmachtinteressen und Ambitionen ihrer Herrscher überlagert.

Am Ende mussten die in den Kämpfen erschöpften Führer des katholischen und protestantischen Lagers erkennen, dass keine Seite die andere besiegen oder auslöschen konnte und es damit keinen absoluten Sieger oder Verlierer geben würde. Damit ging auf beiden Seiten die Einsicht einher, dass sich alle Ansprüche auf Universalität des eigenen Glaubensbekenntnisses oder der konfessionellen Solidarität ebenso zerschlagen hatten wie der Glaube, dass nur ein einziges Machtzentrum al-

lein vollständig legitim sei und allen anderen durch Gottes Willen über-
geordnet sei. Als Ergebnis wurde der Westfälische Frieden geschlossen,
der zum Wendepunkt in der europäischen Geschichte wurde. Denn er
führte Elemente ein, die den Weg zum Aufbau einer neuen internationalen Staatenordnung ebneten, einer Ordnung, die bis heute die Basis
der Weltgemeinschaft ist. Anstelle eines universellen Bekenntnisses und
eines universalen Gesamtreiches wurde nun der einzelne Staat als Grund-
baustein der europäischen Ordnung bestätigt. Damit wurde auch das
Konzept der staatlichen Souveränität verankert, aus dem sich in den folgenden Jahrzehnten – nach der Überwindung der Vormachtstellung der
Aristokratie und des Klerus – der Gedanke der Volkssouveränität entwickelte. Jeder der beiden Vertragsparteien wurde das Recht bestätigt,
ihre innere und ihre konfessionelle Ordnung selbst und ohne äußere Einmischung zu bestimmen. Gleichzeitig garantierten Toleranzedikte, dass
auch religiöse Minderheiten ihren Glauben in Frieden und ohne Gefahr, diskriminiert oder zwangsbekehrt zu werden, ausüben konnten. Die
europäischen Staaten räumten fortan ihrer Staatsräson den Vorrang ein
und machten das Gleichgewicht der Mächte zum Ordnungsprinzip Europas. Konfessionskriege, die bislang unter dem Banner religiöser Universalismen geführt worden waren, wurden weitgehend durch nationale
Territorial- und Kolonialkriege abgelöst. Staatssouveränität und Glau-
bensfreiheit sorgten – insbesondere im Zeitalter der Aufklärung des 18.
Jahrhunderts – für den Siegeszug des Säkularismus, der Trennung von
Staat und Religion. Der Säkularismus wurde zum elementaren Prinzip
der europäischen Moderne, das heute als Eckpfeiler der innerstaatlichen
Ordnung und Stabilität aller westlichen und vom Westen geprägten Staaten gilt.

Der Orient hat keine vergleichbare Entwicklung erlebt. Hier ist die
Bedeutung des Islam und damit auch des islamischen Universalismus
ungebrochen. Der Universalismus des Islam, derzeit am stärksten verkörpert im Kalifat des »Islamischen Staats«, ist eine Triebfeder der aktuellen
Konflikte in Syrien und im Irak. Eine andere sind die sich gegenseitig
ausschließenden religiösen Universalismen von Schiiten und Sunniten,
die seit mehr als tausend Jahren um die Vorherrschaft ringen. Verstärkt
werden diese Konflikte durch die Rivalität Saudi-Arabiens und Irans,
zweier Staaten, die als Schutzmächte der Sunniten bzw. der Schiiten auf-
treten. Ein Weg, diese Konflikte zu entschärfen, wäre die Einführung

und Durchsetzung der Trennung von Staat und Religion. Doch eine Säkularisierung, die von innen kommt und dem Volk nicht von nationalistischen oder sozialistischen Militärdiktatoren aufgezwungen wird, ist in der arabischen Welt derzeit nicht in Sicht. Ebenso fern scheinen eine Renaissance, Reformation, Aufklärung oder ähnliche politische oder religiös-kulturelle Entwicklungen, die alte Glaubensdogmen relativieren, abschwächen oder überwinden könnten. Sie hat es im Orient bis heute nicht gegeben. Das Denken und die Vorstellungswelt der Mehrheit der Muslime sind weiterhin von alten religiösen Dogmen, Traditionen, Kulten und Erinnerungskulturen in ihren jeweiligen sunnitischen oder schiitischen Spielarten durchdrungen. Das wiederum bestimmt auf vielfältige Art und Weise das heutige Leben der meisten Menschen des Nahen Ostens.

Was folgt daraus? Die Mehrheit der Muslime betrachtet die aktuellen Konflikte zwischen Sunniten und Schiiten immer noch durch eine religiöse Brille. Dies lässt einen unmittelbaren Bezug auf die Vergangenheit nicht nur zu, sondern erzwingt ihn häufig geradezu. Anders ausgedrückt: Im Nahen Osten ist der Bezug auf die Vergangenheit nicht – wie im Westen – durch den aufgeklärten Säkularismus oder den hegelianisch-marxistischen Historismus relativiert und gebrochen, sondern wirkt unverändert fort. Diese Quicklebendigkeit erklärt auch, weshalb Schiiten und Sunniten auch heute noch erbittert über den Ausgang und die Folgen von Glaubensschismen streiten, die zwar 1.300 Jahre zurückliegen, ihnen aber noch heute oft sehr präsent sind. Aus jeweils entgegengesetzter Perspektive betrachtet, machten diese Schismen die einen zu Tätern, Siegern und »Guten« und die anderen zu Opfern, Verlierern und »Bösen«. Im Gegensatz dazu haben sich im Westen die Glaubenskonflikte zwischen Katholiken und Protestanten im Dreißigjährigen Krieg durch Toleranz bzw. Gleichgültigkeit weitgehend überlebt. Im Orient hingegen will diese Vergangenheit nicht vergehen, lebt fort und schürt aktuelle Bürgerkriege, wie die zwischen Sunniten und Schiiten im Irak und in Syrien.

Schiiten und Sunniten

Die Entstehung der Schia, der Glaubensrichtung der Schiiten, wurzelt in dem innerislamischen Richtungsstreit, der im arabischen Milieu von Medina nach Mohammeds Tod zwischen den engsten Prophetengenossen ausgebrochen war. Sunniten und Schiiten berufen sich bis heute gleichermaßen auf Mohammed und beanspruchen, dass nur sie und sie allein das wahre religiöse und politische Erbe des Propheten bewahren.[2] Doch worin besteht dieses Erbe, und was hat es mit dem Schisma zwischen Schiiten und Sunniten zu tun? Um dies zu beleuchten, lohnt sich ein kurzer Blick auf die historischen Anfänge, ohne die die heutige Situation in den levantinischen Nachfolgestaaten des Osmanischen Reiches – vor allem in Syrien und im Irak – nicht zu verstehen ist.

Zu Beginn des 7. Jahrhunderts entstand auf der arabischen Halbinsel der Islam, die jüngste der drei monotheistischen Offenbarungsreligionen. Sein Stifter war der Prophet Mohammed (um 570–632), ein Mitglied der Banu-Haschim-Sippe des arabischen Stammes der Qoreisch. Zentrum der Qoreisch war die Wüstenstadt Mekka, ein bedeutender Umschlagplatz an der Handelsstraße zwischen Südarabien und dem »Fruchtbaren Halbmond«, dem Winterregengebiet am nördlichen Rand der Syrischen Wüste, das sich in einem sichelförmigen Bogen von der Mittelmeerküste im Westen bis zur Küste des Persischen Golf des heutigen Irak im Südosten erstreckt. Durch Fernhandel mit den angrenzenden Kulturländern reich geworden, bildeten die verschiedenen Sippen der Qoreisch in Mekka eine auf ihre Traditionen stolze Kaufmannsoligarchie. Ihr Glaube stützte sich auf einen vorislamischen Polytheismus, der sich mit der Lehre von dem einen Gott (*Allah*) nicht vertrug, die Mohammed ab etwa 610 verkündete.

Die zunehmende Feindschaft der Bewohner seiner Heimatstadt zwang Mohammed schließlich 622, aus Mekka zu fliehen. Mit einigen wenigen mekkanischen Getreuen, den späteren Prophetengenossen, wanderte er in die Oasenstadt Medina aus. Das Jahr seiner Auswanderung (*hijra*) nach Medina ist der Beginn der islamischen Zeitrechnung. Unter den Bewohnern Medinas fand seine Lehre begeisterte Anhänger, mit deren Hilfe er ein politisches und religiöses Gemeinwesen (*umma*) schuf, das rasch expandierte. Nach wechselhaften Kämpfen kehrte Mohammed

630 in einem Triumphzug nach Mekka zurück. Darüber hinaus gewann er die meisten Stämme der arabischen Halbinsel teils mit Gewalt, teils durch Überzeugungskraft für den Islam und einigte sie unter dem Banner der siegreichen Glaubenslehre. Die den arabischen Stämmen von Mohammed aufgezwungene *pax islamica* hatte weitreichende Folgen. Sie machte nicht nur den internen Blutfehden unter den Stämmen ein Ende, sondern befähigte diese auch zum ersten Mal, ihre Kräfte zu bündeln und sie gegen die äußeren Feinde des Islam zu richten.

Mohammed starb 632, ohne einen Sohn hinterlassen oder einen Nachfolger für die von ihm geschaffene *umma*, die islamische Gemeinde, benannt zu haben. Aufgrund ihrer früheren Verdienste um die Durchsetzung des Glaubens waren die Prophetengenossen die führenden Mitglieder der Gemeinde von Medina. Sie entzweiten sich jedoch über die Frage, wer Mohammeds Nachfolger als Führer der *umma* sein solle. Eine von Abu Bakr und Omar, den beiden Schwiegervätern Mohammeds, geführte Mehrheitsfraktion ging davon aus, dass Mohammed keine Nachfolgeregelung getroffen und eine solche daher durch Wahl aus ihren Reihen zu erfolgen habe. Dagegen behauptete eine Minderheitsfraktion, Mohammed habe seinen Vetter Ali Ibn Abi Talib zum Kalifen, also zu seinem »Nachfolger« (*khalifa*), bestimmt. Nach islamischer Überlieferung gehörte Ali zu den ersten Anhängern Mohammeds, die die Offenbarungsbotschaft des Propheten angenommen hatten und Muslime geworden waren. In den Jahren 622 bis 632, in denen Mohammed in Medina die organisatorischen und religiös-politischen Grundlagen des späteren islamischen Weltreichs gelegt hatte, war Ali sein engster Mitarbeiter gewesen. Außerdem war Ali durch die Heirat mit dessen Tochter, Fatima, Schwiegersohn des Propheten geworden.

Die Mehrheitsfraktion der Prophetengenossen setzte sich schließlich durch und kürte Abu Bakr (632–634) zum ersten Kalifen, der kurz vor seinem Tod Omar (634–644) zu seinem Nachfolger bestimmte. Nach Omars gewaltsamem Tod wählten die verbliebenen Prophetengenossen, darunter auch Ali, Othman (644–656) aus dem mekkanischen Clan der Omaijaden zum neuen Kalifen. Unter den drei ersten Kalifen erweiterte sich das Reich der muslimischen Araber in einem atemberaubenden Tempo. So entrissen die Araber in wiederholten Eroberungszügen dem Kaiserreich von Byzanz die Provinzen Ägypten und Syrien und unterwarfen das Reich der persischen Sassaniden im heutigen Iran und auch in Mesopotamien, dessen Süden die Araber *Iraq* nannten (arabisch: *al-Iraq*). Einige ihrer Heerführer stießen bereits in das Gebiet des heutigen Maghreb, nach Zentralasien und Indien, vor.

Die islamische Urgemeinde, die *umma*, wurde zum Zentrum eines neuen Weltreichs, das sich nach außen rasend schnell ausdehnte. Gleichzeitig begann es im Inneren des Reiches zu gären. Es kam zu heftigen Spannungen zwischen einzelnen Prophetengenossen, Clans und Gruppierungen, die im gewaltsamen Tod Othmans gipfelten: Er wurde 656 in Medina von Aufrührern umgebracht. Entzündet hatte sich der Zorn am Nepotismus Othmans, der bevorzugt Verwandte aus seiner Sippe, der Banu Omaija, zu Führungspositionen in den neu eroberten Provinzen verholfen hatte. Ali wurde 656 in Medina von den versammelten Führern zum vierten Kalifen gewählt.

Doch schon am Tag der Wahl fochten Mitglieder der Omaija, die sich nach Syrien zurückgezogen hatten, Alis Machtanspruch an. Ihr Führer war Moawiya, Vetter Othmans und mächtiger Gouverneur der Provinz Syrien. Moawiya bezichtigte Ali der Komplizenschaft mit den Mördern Othmans und wollte dessen Blut rächen. Zwischen Moawiya und Ali brach ein Bürgerkrieg aus. Aus Alis Anhängern, die sich fortan »Partei Alis« (arabisch: *shi' at Ali*) nannten, wurden später »die Schiiten«. In diesem Krieg hatte Ali, abgesehen von den am Euphrat gelegenen Garnisonstädten Kufa und Basra im Irak und den ostiranischen Provinzen, eine kaum nennenswerte Machtbasis. In den anschließenden Schlachten und Intrigen verlor er seinen Einfluss weitgehend an Moawiya. Schließlich wurde Ali 661 in seiner Residenz Kufa von einem Bluträcher der Rebellengruppe der Kharidschiten (wörtlich: »die Ausziehenden«) erstochen.

Die Kharidschiten waren ursprünglich Ali ergebene Verbände arabischer Stammeskrieger gewesen. Sie siedelten in der Umgebung der Garnisonstadt Kufa, zogen jedoch nach einem Zerwürfnis mit Ali aus der Garnison aus. Den Anlass dazu hatte Ali zuvor selbst geliefert, als er sich auf dem Höhepunkt des Krieges mit Moawiya einem Schiedsgericht unterworfen hatte. Der Schiedsspruch des Gerichts nutzte ihm allerdings nicht, da es seinen Herrschaftsanspruch weder bestätigte noch verwarf. Mit seiner versöhnungsbereiten und wankelmütigen Haltung hatte sich Ali aber einen Teil seiner Anhänger, die späteren Kharijiten, zu Todfeinden gemacht. Tief verletzt in ihrem Gerechtigkeitsempfinden, erhoben sie sich gegen Ali. Sie warfen ihm vor, kein Vertrauen in Gott und dessen oberstes Gebot der Gerechtigkeit zu haben, was ihn ebenso unwürdig wie Moawiya mache, über die Muslime zu herrschen. Allein Gott, so die Meinung der Kharidschiten, entscheide, was gerecht sei, indem er in einem Krieg der einen Partei den Sieg, der anderen die Niederlage zuteile. Als Ali einwilligte, diese Entscheidung einem irdischen Schiedsgericht zu überlassen, hatte er nach Ansicht der Kharidschiten Gottesfrevel begangen, weil er damit Gottes Allmacht und Gerechtigkeit bezweifelte. In ihren Augen hatte Ali so seinen Anspruch auf den Thron des Kalifen und auch sein Leben verwirkt. Anspruch auf den Kalifenthron habe nur der Gerechteste und Frommste unter den Muslimen. Wenige Monate nach dem Abfall der Kharidschiten erstickte Ali deren Rebellion in einem blutigen Feldzug, doch einige Kharidschiten überlebten und sannen auf Rache.

Die Kharidschiten gelten als die frühesten puritanischen Glaubensfanatiker des Islam. Sie schöpfen ihre Identität aus einem radikalen, kompromisslosen Widerstand gegen all jene Muslime, die Glaubenstreue nur heucheln, aber in Wirklichkeit gegen Gottes offenbarte Gebote verstoßen. Diese Abweichler müssen, so die Kharidschiten, ungeachtet ihres öffentlichen Bekenntnisses zum Islam aus der Gemeinschaft der Muslime verbannt und mit dem Schwert verfolgt werden. Die Kharidschiten sind neben den Sunniten und Schiiten die dritte wichtige Glaubensrichtung im Islam. Ihr religiös-ethischer Rigorismus ließ sie freilich in die politische Bedeutungslosigkeit fallen, sodass ihre Gemeinschaft heute weltweit nur wenige Millionen Anhänger zählt. Abgedrängt in entlegene Wüstenoasen und gebirgige Randzonen der islamischen Welt, haben gemäßigtere Nachfolgegemeinden der Kharidschiten die Zeitläufte überdauert, wie in Libyen oder im Oman.

Historisch bedeutsam bis in die Gegenwart sind die Kharidschiten dennoch. Denn sie waren die erste Gruppe fanatischer »Puritaner«, die andere Muslime, die sie für religiöse Abweichler hielten, als Ungläubige (arabisch: *kuffar*, Singular: *kafir*) brandmarkten und exkommunizierten (arabisch: *takfir*, wörtlich: »zum Ungläubigen machen«). Jüngster Nachfolger der Ahnenreihe der Kharidschiten ist die heute im Irak und Syrien operierende sunnitische dschihadistische Terrormiliz »Islamischer Staat«. Aufgrund seines rigorosen Puritanismus betrachten viele Muslime – unter ihnen auch Sunniten – den IS als Wiedergänger der Kharidschiten. Bemerkenswert ist sicherlich der Umstand, dass selbst im derzeitigen

Bürgerkrieg kämpfende radikale Dschihadistengruppen den IS, der in ihren Augen zu grausam und fanatisch ist, als Wiedergeburt der Kharidschiten verurteilen und ihn ablehnen.[3]

Mit Alis Ermordung war für Moawiya das letzte Hindernis auf dem Weg zum Kalifat beseitigt. Er wurde zum Begründer der Omaijaden-Dynastie (661–750) und machte Damaskus zur Hauptstadt des islamischen Weltreichs. Nach der Ermordung Alis zogen sich seine beiden Söhne Hassan und Husein nach Medina zurück. Hassan, der ältere von beiden, verzichtete 661 zugunsten Moawiyas vertraglich auf seinen Herrschaftsanspruch. Husain, sein jüngerer Bruder, hielt sich an den Vertrag, den Hassan mit Moawiya geschlossen hatte, und blieb bis zu dessen Tod 680 politisch passiv. Ähnlich abwartend verhielten sich die Anhänger der nach Alis Tod fortbestehenden »Partei Alis«, der Schia, die ihre Hochburg im Südirak rund um die Stadt Kufa besaßen und auf eine Schicksalswende hofften.

Das kurze Kalifat Alis gilt den Schiiten bis heute als die einzige Phase rechtmäßiger Herrschaft des Islam nach Mohammeds Tod. Die vor Ali herrschenden drei Kalifen, Abu Bakr, Omar und Othman, betrachten sie dagegen als unrechtmäßige Thronräuber. Sie verfluchen diese drei Kalifen zusammen mit den anderen Gegnern Alis seit Jahrhunderten bei volkstümlichem Festen und Zeremonien. Mit Alis Tod begann für die Schiiten eine lange Kette von Märtyrer-Imamen, die erst im Jahr 873 zu Ende ging. In der Legendenbildung der Schia nimmt Ali, dessen Bild idealisiert und verklärt wird, einen herausragenden Platz ein. Ali gilt der Schia als Verkörperung des jugendlichen, mit übermenschlichen Kräften ausgestatteten Helden. Er zeichnete sich durch meisterhafte Beherrschung der arabischen Sprache, durch Weisheit, aber vor allem auch durch Gerechtigkeit, Güte und Menschenliebe aus. Im 10. Jahrhundert, 250 Jahre nach Alis Tod, begannen schiitische Traditionssammler, die ihm zugeschriebenen Predigten, Aussprüche und Briefe in einem Buch zu sammeln, dem Nahj al-Balagha (wörtlich: Pfad der Beredsamkeit). Die darin enthaltenen Botschaften an die Gläubigen haben bis heute nichts von ihrem zeitlosen Wert verloren und gelten vielen Mystikern, aber auch gewöhnlichen Schiiten als fast gleichrangig mit dem Koran. Sie zeigen einen Islam, der vor allem von philosophischer Weisheit, Güte, Menschenliebe und einem zutiefst humanen menschlichen Ethos geprägt ist.

Alis Grab in der Nähe Kufas wurde ab dem 8. Jahrhundert zur beliebtesten Wallfahrtsstätte der Schiiten. Sie bildete die Keimzelle für die heutige Stadt Nadschaf, dem zusammen mit Qom im Iran bedeutendsten geistigen Zentrum der Schia. Das theologische Ausbildungs- und Lehrzentrum von Nadschaf, die *hauza* (arabisch: »Bezirk« im Sinne von Campus), war vom 9. Jahrhundert bis zum Ende des 19. Jahrhunderts die mit Abstand wichtigste theologische Kaderschmiede der schiitischen Geistlichkeit.

Die zwölf Imame der Schiiten

Der erste Imam, Ali, hatte mit Muhammeds Tochter Fatima zwei Söhne: Hassan und Husein. Hassan verzichtete auf seinen Machtanspruch und führte in Medina das Leben eines reichen Müßiggängers, der mit den Ehefrauen seines Harems eine stattliche Zahl von Nachkommen zeugte und 678 starb. Schiiten glauben, Moawiya habe eine von Hassans Ehefrauen angestiftet, diesen zu vergiften.

Als der im Sterben liegende Moawiya seinen Sohn, Yazid, 680 zum neuen Kalifen ernannte, hielt Husein seine Stunde für gekommen. Ermuntert durch seine Anhängerschaft in Kufa, die ihn als legitimen Kalifen betrachtete, verweigerte er Yazid öffentlich den Gehorsam. Kurz darauf zog Husein mit einer kleinen Gefolgschaft zunächst in den Irak nach Kufa und dann weiter nördlich nach Kerbela an den Euphrat. Dort wurden Husein und seine Kämpfer 680 von einem übermächtigen omaijadischen Heer umzingelt und nach blutigem Kampf getötet. Aus schiitischer Sicht hatte damit der nach Ali und Hassan dritte legitime Nachfolger Mohammeds als Führer der islamischen Gemeinde, Imam Husein, den Märtyrertod gefunden. Das Martyrium Huseins ist der zentrale Gründungsmythos der Schia. Ashura, sein Todestag, der auf den zehnten Tag des Monats Moharram fällt, bildet den Höhepunkt des schiitischen Festkalenders. Huseins Tod ließ die Schia, die bis dahin lediglich als eine Fraktion unter vielen in den innerislamischen Machtkämpfen aufgetreten waren, zu einem religiösen Phänomen werden.

In der Schlacht von Kerbela überlebte nur ein einziger von Huseins Söhnen, nämlich Ali, das Massaker. Er wurde vom Omaijaden-Kalifen

Yazid an dessen Hof nach Damaskus gebracht und später in das ehrenvolle Exil nach Medina entlassen. Ali, den die Schiiten als vierten Imam anerkennen, hielt sich bis zu seinem Tod um 713 in Medina aus der Politik heraus. Auch sein Sohn Mohammed al-Baqir, der fünfte Imam (gestorben 733 in Medina) ließ zeitlebens keinen politischen Ehrgeiz erkennen. Gleiches trifft auch auf dessen Sohn, den sechsten Imam der Schia, Jaafar al-Sadiq (gestorben 765) zu. Statt sich aktiv in die politischen Umbrüche, die mit dem Sturz der Omaijaden-Dynastie und deren Ablösung durch die Abbasiden-Dynastie verbunden waren, einzumischen, betätigte er sich als Privatgelehrter in Medina. Hier machte er sich als Sammler und Kommentator der Überlieferungen des Propheten einen Namen und ging später als Begründer des Rechts der zwölferschiitischen »Rechtsschule« (*madhhab*), die nach ihm auch *Jaafariyya* genannt wird, in die Geschichte ein. 756 lösten die Abbasiden die Omaijaden gewaltsam auf dem Kalifen-Thron ab und verlagerten den politischen Schwerpunkt von Syrien in den Irak, wo sie eine neue Hauptstadt gründeten: Bagdad. Anfänglich unterstützten die Schiiten die Machtergreifung der Familie der Abbasiden. Doch blieben die Abbasiden ihnen, die sie rasch wieder in die Opposition verwiesen, jeden Lohn schuldig. Vielmehr betrachteten die Abbasiden-Kalifen die Führer der Schiiten weiterhin als potenziell gefährliche Thronrivalen. Ebenso wie zuvor die Omaijaden ließen auch die Abbasiden die schiitischen Imame auf Schritt und Tritt überwachen.

Furcht vor eventuellen Machtansprüchen der im Volk populären schiitischen Imame veranlasste die Abbasidenkalifen, sie ab 795 von Medina nach Bagdad zu bringen. Fortan mussten sie als »Hofgefangene« in Privatpalästen nahe am Kalifenhof leben. Musa al-Kazim (»der Zurückhaltende«), der siebte Imam der Schia, war der erste dieser aufgrund ihrer Prophetenabstammung ehrenvoll behandelten Hofgefangenen der Abbasiden. Seinen frühen Tod, 799, führen die schiitischen Traditionsüberlieferer auf eine Vergiftung durch den Kalifen Harun al-Rashid, einen Zeitgenossen Karls des Großen, zurück. Die Schiiten begruben ihn in einer nördlichen Vorstadt Bagdads, die nach ihm al-Kazimiyya benannt wurde. Dort entstand über seinem Grab ein berühmter Pilgerschrein. Der Nachfolger Harun al-Rashids, der Abbasiden-Kalif al-Mamun, residierte an der nordöstlichen Peripherie des Reiches, nahe der heutigen Stadt Mary in Turkmenistan. Dorthin ließ er 816 auch den achten Imam, Ali al-Ridha (»der Wohlgefällige«), deportieren. Nachdem der Kalif gezwungen war, sich nach Bagdad zu begeben, um dort eine Hofrevolte niederzuschlagen, musste Ali al-Ridha als »Ehrengast« ihn im Tross begleiten. Doch Ali al-Ridha starb auf dem Weg 818 in der ostiranischen Stadt Tus, in deren Nähe er auch begraben wurde. Um seinen Grabschrein, der den Namen Mashhad (»Stätte des Märtyriums«) erhielt, entstand binnen weniger Jahrzehnte die gleichnamige Stadt Mashhad. Sie ist seither der wichtigste Wallfahrtsort der Schiiten im Iran, weil sich dort das einzige Grab eines Schia-Imam auf iranischem Boden befindet.

Der zweitwichtigste Wallfahrtsort der Schiiten im Iran ist der Schrein von Fatima al-Masuma (»die Unfehlbare«), der Schwester von Imam Ali al-Ridha. Sie erkrankte auf der Reise zu ihrem Bruder in den Zentraliran und starb 817 in Qom. Über ihrem Grab erhebt sich ein von einer goldenen Kuppel überwölbter Moscheenschrein, der zum Mittelpunkt des theologischen Wissenschaftszentrums Qom geworden ist. Al-Mamuns Nachfolger, al-Mutasim, ließ den neunten Imam, Mohammed al-Jawad, im Jahr 835 von Medina nach Bagdad bringen. Dort starb Jawad noch im selben Jahr erst vierundzwanzigjährig und wurde im Schrein seines Großvaters, Musa al-Kazim, in Kazimiya begraben. Al-Mutasim gründete 836 etwa hundert Kilometer nördlich von Bagdad die neue Hauptstadt Samara, in die die Imame den Kalifen fortan zu folgen hatten. In Samara starben 868 auch der zehnte Imam der Schia, Ali al-Hadi, und 873 dessen Sohn, der elfte Imam, Hassan al-Askari (arabisch: etwa »der im Heerlager Lebende«). Sie wurden im Wohnhaus der Familie beigesetzt, an dessen Stelle sich heute der Schrein der beiden Imame erhebt.

Der Tod des elften Imams führte zu Spaltungen innerhalb der Schiiten. Nach Meinung der sunnitischen Muslime, die sich anfänglich auch die Mehrheit der Schiiten zu eigen machte, war Hassan al-Askari kinderlos gestorben. Dagegen behauptete eine der schiitischen Splittergruppen, er habe einen 869 geborenen Sohn aus einer Verbindung mit einer byzantinischen Sklavin gehabt, genannt Mohammed al-Mahdi (»der von Gott Rechtgeleitete«). Die Anhänger dieser schiitischen Richtung sollten sich später durchsetzen und fast alle anderen verdrängen. Sie erklärten, sein Vater habe den zwölften Imam zum Schutz vor Nachstellungen des Kalifen vor der Öffentlichkeit verborgen. Lediglich einige wenige auserwählte Familienangehörige und Vertraute hätten, so ihre Ansicht, das Antlitz des zwölften Imams gesehen, bevor Gott den Knaben 874 durch ein Wunder im Keller des Familienwohnhauses in eine geheimnisvolle Verborgenheit (arabisch: *ghaiba*) entrückt habe. Im Glauben der Schia lebt al-Mahdi in der Verborgenheit weiter und kehrt eines unbekannten Tages aus ihr wieder zurück.

Das Konzept der »Großen Verborgenheit«

Nach der Vorstellung der Schia wird der zwölfte Imam, der Mahdi, dereinst als ein messianischer Endzeitherrscher und Erlöser wiederkehren. Er wird die Tyrannen und Usurpatoren auf Erden vernichten, die Spaltung der Muslime aufheben und den Schiiten zum Sieg über ihre Feinde verhelfen. Der Wiederkehr des Mahdi sollen im Glauben der Schia apokalyptische Ereignisse und Phänomene vorausgehen, wie Sonnenfinsternisse, Heuschreckenplagen, Erdbeben und verheerende Orkane. Nach seiner Rückkehr, die in Mekka stattfinden soll, werde der Mahdi (so die schiitische Überlieferung) ein dem irdischen Paradies gleiches Reich der Gerechtigkeit errichten, das sich über den gesamten Erdball ausdehnen und sieben oder 19 Jahre dauern werde. Danach, so vermuten die schiitischen Traditionsüberlieferer, werde möglicherweise der Tag des Jüngsten Gerichts für die vom Tode Auferstandenen anbrechen.

Für einige Jahrzehnte, und zwar von 874 bis 941, soll der verborgene zwölfte Imam durch vier Botschafter noch eine Verbindung zu seiner Gemeinde aufrechterhalten haben. Die Periode wird die »Kleine Verborgenheit« genannt. Danach riss jedoch auch diese Verbindung ab, und es brach die Phase der »Großen Verborgenheit« (*al-ghaiba al-kubra*) an, die bis heute andauert.

Innerhalb von zwei Jahrhunderten etablierten die frühesten schiitischen Theologen, die Schia-Kirchenväter, zwei Doktrinen, die die Schia zu dem machten, was sie heute ist. Die erste betrifft das Konzept der Verborgenheit des zwölften Imams, während die zweite den Glauben an eine genealogische Linie von zwölf Imamen behandelt. Andere konkurrierende Schia-Bewegungen hatten mit ihren Doktrinen das Nachsehen.

Der Kampf der Schia-Kirchenväter richtete sich vor allem gegen zwei Strömungen. Die erste ist die Gruppe der Schia-Sekten, die sie als Schwärmer und extreme religiöse »Übertreiber« (*ghulat*) betrachteten.

Sie wurden sowohl von der Sunna als auch von der orthodoxen Zwölferschia wegen ihres Hangs zur ketzerischen Vergöttlichung der Imame bekämpft. Diese »Übertreiber« verbanden den Glauben an die Imame mit Vorstellungen von Seelenwanderung und Erlösung. Jene Ideen besaßen ihren Ursprung in vorislamischen religiösen Lehren, vor allem in der hellenistischen Gnosis, wobei sie in den apokalyptischen Schriften der »Übertreiber« den Imamen selbst zugeschrieben wurden.

Die wichtigsten historischen Nachfahren dieser »Übertreiber« sind die Nusairier. Sie werden wegen ihrer Vergöttlichung des Imam Ali auch Alawiyya oder Alawiten genannt. Die schiitische »Übertreiber«-Sekte der Alawiten ist heute vor allem im nordwestsyrischen Küstengebirge und in der Südtürkei zwischen Adana und Tarsus beheimatet. In Syrien spielt sie seit dem Putsch von 1970, der den militärischen Flügel der syrischen Baath-Partei an die Macht brachte, eine wichtige Rolle. Während der französischen Mandatszeit in Syrien (1923–1948) wurden die Alawiten gezielt begünstigt und stellten im syrischen Militär seither traditionell einen Großteil der Offiziere. Das verhalf den Mitgliedern der von der sunnitischen Mehrheit der Araber in Syrien verfemten Minderheit zum politischen Aufstieg. Alawiten beherrschen seit den 1960er Jahren den syrischen Partei- und Staatsapparat. Ex-Präsident Hafiz al-Assad und sein Sohn und Nachfolger Baschar al-Assad gehören zur Alawiyya, die etwa zwölf Prozent der syrischen Bevölkerung umfassen.

Die zweite, letztlich unterlegene Strömung der Schia erwuchs aus dem Streit unter den Schiiten über die Frage, welche genealogische Linie als legitim angesehen werden könne. Dabei handelt es sich vor allem um die Fünferschia (Zaidiyya) und die Siebenerschia (Ismailiyya). Während die Zaidiyya die Reihe der göttlich inspirierten Imame schon beim fünften Imam abrechen lässt, glauben die Ismailiten, dass die Linie erst mit dem siebten Imam endet. Die Zaidiyya hat ihre Hochburg heute unter den arabischen Gebirgsstämmen des nördlichen Jemen. Im Unterschied dazu hat sich die Ismailiyya von ihren arabischen Ursprüngen weitgehend gelöst und ist zu einer multikulturellen Religionsgemeinschaft mit internationaler Verbreitung geworden. Kleinere Kolonien von Ismailiten finden sich in Indien, Ostafrika, in Pakistan, in Syrien, im Iran und in Großbritannien, genauer gesagt in London, wo auch das Zentrum der Ismailiyya unter ihrem gegenwärtigen Oberhaupt Agha Khan liegt.

Die Schia unter den sunnitischen Kalifen

Seit 874 ist nach schiitischer Vorstellung nicht nur die Schia, sondern die gesamte islamische Weltgemeinschaft ohne legitimes Oberhaupt. Prinzipiell galten den Schiiten lange alle etablierten Obrigkeiten, also sämtliche Kalifen, Sultane, Emire und Schahs, als illegitime Usurpatoren. Gefördert wurde diese rigorose Position nicht zuletzt durch ihre historische politische Stellung am Rande der Gesellschaft. Die Schiiten waren unter den sunnitischen Kalifen aus den Dynastien der Omaijaden (661–750) und der Abbasiden (750–1258) – wie auch unter den meisten der anderen ihnen nachfolgenden lokalen und regionalen sunnitischen Herrscherdynastien – eine politisch und gesellschaftlich unterdrückte oppositionelle Minderheit. Zwar betonten die Schiiten stets, dass sie in Abwesenheit des Mahdi jede Herrschaft als prinzipiell illegitim betrachteten. Dennoch duldeten sie in der politischen Praxis zumeist die jeweiligen Machthaber als kleineres Übel, um ein größeres Übel in Form von Bürgerkrieg und Anarchie zu vermeiden. Auf diese Weise distanzierte sich die Schia von allen eigenen Herrschaftsambitionen und konnte – wenn auch nur als unterdrückte Minderheit – in einer feindlichen sunnitischen Umwelt überleben.

Auch dieser Verzicht auf politische Ambitionen, der die Schia bis in die siebziger Jahre des 20. Jahrhunderts insgesamt ausgezeichnet hat, resultierte aus dem Konzept der »Großen Verborgenheit«. Als ab der Mitte des 9. Jahrhunderts der Kontakt des verborgenen Mahdis zum letzten Botschafter abriss, gab es für die Zwölferschia keine Gelegenheit mehr, den Imamen zur Macht zu verhelfen. Infolgedessen schwor die Schia allem Machtstreben ab, wandelte sich zu einer rein religiösen Gemeinschaft und nahm eine quietistische Position ein, eine passive Geisteshaltung also, die sich besonders durch das Streben nach einer gottergebenen Frömmigkeit und Ruhe des Gemüts auszeichnet. Dieser politische Quietismus wurde seitdem zur beherrschenden Geisteshaltung der meisten Schiiten. Hand in Hand mit dem fortschreitenden Schwinden aller Hoffnungen auf ein schiitisches Kalifat nahm die Gestalt des Imam Mahdi immer stärker eschatologische, also endzeitlich orientierte Züge an. So wurden ihm – und auch den anderen zwölf Imamen – von der Schia fortan schrittweise ein besonderes Charisma, übernatürliche Kräfte und Eigenschaften zugeschrieben, wie etwa das Wissen um Vergangenheit und Zukunft, Unfehlbarkeit in allen Entscheidungen und Sündlosigkeit. Bisweilen entstehen bei der engeren und weiteren Bedeutung des Wortes Imam Missverständnisse. In der weiteren, allgemeineren Bedeutung des Wortes ist der Inhalt des Wortes Imam bei Sunniten und Schiiten gleich und bezeichnet lediglich einen gewöhnlichen Vorbeter oder Vorsteher in einer sunnitischen oder schiitischen Moschee. In der engeren, exklusiveren Bedeutung, die nur bei den Schiiten gültig ist, meint Imam einen der zwölf mit dem Erbcharisma des Propheten ausgestatteten Imame der Zwölferschiiten.

Verstreut über die islamische Welt entstanden zwischen dem 7. und dem 9. Jahrhundert mehrere kleine, zumeist lokal oder regional bedeutsame städtische Hochburgen und Siedlungszentren der Schia. An ihrer Spitze standen die bereits erwähnten Gebiete des Süd- und Zentralirak um Basra, Kufa, Nadschaf, Kerbela, Kut, Hilla und einige Stadtviertel der Kalifenhauptstadt Bagdad. Daneben gab es kleinere zwölferschiitische Hochburgen im nordsyrischen Aleppo und im Gebiet des heutigen Libanon, vor allem in den südlichen Küsten- und Gebirgszonen um die Städte Amal, Sidon und Tyros. Dank der von den Militärgarnisonen in Kufa und Basra ausgehenden Eroberungszüge fasste die Schia auch im iranischen Hochland Fuß, wo Qom zu ihrem wichtigsten Bollwerk wurde. Mit der Errichtung des Schreins der Fatima al-Masuma, der Schwester des achten Schia-Imams, festigte Qom seine Position als (neben Mashhad) bedeutendste Zitadelle des Schiitentums im Iran.

Die Unterschiede zwischen Sunniten und Schiiten

Sunniten und Schiiten teilen eine Reihe elementarer religiöser Vorstellungen. Zugleich sind sie jedoch durch bestimmte religiös-politische und kultisch-rechtliche Differenzen getrennt. Der wichtigste Streitpunkt betrifft die Frage des Imamats, des wichtigsten theologischen Grundprinzips der Schia. Im Glauben der Schia haben die Imame vom Propheten Mohammed eine Art Erbcharisma erhalten, dank dessen sie mit einer göttlichen Lichtsubstanz ausgestattete, unfehlbare und sündlose Wesen sind. Gemäß der Schia war die staatliche Herrschaft in der neuen isla-

mischen Gemeinschaft auch immer eine geistliche Aufgabe, die ein eso-
terisches Element in sich trug. So konnten Muslime dann und *nur* dann
in die richtige Beziehung zur Offenbarung des Propheten treten und das
religiöse Heil erfahren, wenn sie von spirituell begnadeten Oberhäuptern
aus der Blutslinie von Mohammed und Ali abstammten. Folglich sind
die Imame in den Augen der Schiiten jene, die die verborgene Bedeutung der Offenbarungsreligion als alleinige Garanten des wahren Glaubens bewahren. Das grenzt für Sunniten an Blasphemie, da für sie nur ein
Mensch, nämlich Mohammed, sündlos gewesen sein könne – weshalb
die Sunniten auch die schiitische Lehre vom verborgenen zwölften Imam
und dessen Endzeitherrschaft am Jüngsten Tag entschieden ablehnen.

Auf den Glauben an die Unfehlbarkeit der schiitischen Imame gestützt, rangieren für die Schiiten die überlieferten Aussprüche (*hadith*)
der zwölf Imame *de facto* gleichwertig neben den Aussprüchen des Propheten Mohammed. Die prinzipielle Gleichrangigkeit von Propheten-
hadith und Imam-*hadith* in der Schia ist für die Sunniten unannehmbar.
Das ist deshalb so wichtig, weil der *hadith* neben dem Koran die unver-
zichtbare Grundlage für das islamische Recht (*sharia*) ist – eine Erklärung
dafür, warum es zwischen Sunna und Schia beträchtliche Meinungsverschiedenheiten im Hinblick auf die Rechtsinhalte und die korrekten
Methoden der Rechtsfindung gibt. So regelt das islamische Recht nicht
nur das Verhältnis des Menschen zu Gott, also Fragen der Herkunft von
Kultus und Ritus (*ibadat*), sondern auch die sozialen Interaktionen der
Menschen untereinander (*muamalat*). Die *ibadat* betreffen in erster Linie die sogenannten »Fünf Säulen«: Das meint die Fragen der Pilgerfahrt
(*hajj*), des Gebets (*salat*), des Fastens (*saum*), des Gebetsrufes (*adhan*), der
Gebetszeiten und des Glaubensbekenntnisses (*shahada*). Die *muamalat*
hingegen erstrecken sich primär auf Fragen des Erb-, Familien-, Ehe-,
Scheidungs- und Vormundschaftsrechts. Es ist wichtig zu wissen, dass es
zwischen Sunniten und Schiiten in Rechtsfragen des Kultus und Ritus
(*ibadat*) kaum Unterschiede gibt, während sie im Sozialrecht beträchtlich voneinander abweichen.

Einen weiteren wichtigen Stein des Anstoßes zwischen Sunniten und
Schiiten bilden Ausdrucksformen schiitischer Volksfrömmigkeit, insbesondere die Moharram-Feierlichkeiten. Die Sunniten verurteilen die
Moharram-Rituale als Ausdruck eines religiösen »Übertreibertums« mit
ausgeprägt sunna-feindlicher Stoßrichtung. Im Mittelpunkt der sunniti-

schen Kritik stehen dabei die blutigen Selbstgeißelungen mit Schwertern, Messern und Ketten – ein Umstand, der in Ländern wie Pakistan, Libanon und Irak, in denen Sunniten und Schiiten in enger Nachbarschaft leben, immer wieder für böses Blut sorgt. Dort kam und kommt es deshalb anlässlich der alljährlichen Moharram-Feiern zwischen Anhängern beider Seiten immer wieder zu blutigen Zusammenstößen.

Kern der Moharram-Feiern sind von lautem Weinen und Wehklagen begleitete Buß- und Trauerzeremonien aus Anlass des Martyriums des dritten Imams Husein. Zweck dieser Trauerübungen ist es, den einfachen Gläubigen zu befähigen, an Huseins Leiden persönlich Anteil zu nehmen und einen Teil seiner individuellen Sünden und der historischen Kollektivschuld der Schia durch Buße abzutragen. Die Moharram-Trauerrituale sind der religiöse Kern des schiitischen Islam, der im Wesentlichen eine Religion der Trauer und des Wehklagens ist. Der Zusammenhalt, die Selbstvergewisserung und die kollektive Identität der schiitischen Gemeinde gründen in erster Linie darauf, dass deren Mitglieder die Passionsrituale vollziehen. Ähnliche Formen der Religiosität kennt auch das katholische Christentum, etwa die Passionsspiele in Oberammergau, wo das Leiden und Sterben Christi nachgespielt wird. Ähnlich blutig wie die schiitischen Passionsrituale sind auch die der Flagellanten in katholischen Ländern wie den Philippinen oder Mexiko.

Es ist ebenfalls wichtig zu wissen, dass die Schiiten weltweit mit zehn bis 15 Prozent aller Muslime eine Minderheit sind, während die restlichen Muslime überwiegend Anhänger der Sunna sind (arabisch: *sunna* = »Brauch«). Das Wort Sunna meint die vorbildliche, Taten und Worte umfassende Lebenspraxis des Propheten in allen Lebensbereichen (aus Sunna leitet sich der Kollektivname Sunniten ab). Darunter verstehen die Sunniten besonders jene Überlieferungen und Verhaltensnormen, die auf den Propheten Mohammed und seine frühen Anhänger zurückgehen. Entgegen der esoterischen und schwärmerischen Imam-Doktrin der Schiiten ist die Herrschaftsdoktrin der Sunniten sehr nüchtern. Sie gehen davon aus, dass Mohammeds Beziehung zu Gott einmalig und endgültig war. Die Hauptaufgabe seiner Nachfolger als Träger des Kalifats war es, das zu bewahren, was Mohammed offenbart wurde und was er erbaut hat. Eine Blutsverwandtschaft mit dem Propheten war dabei kein erforderliches Qualifikationsmerkmal. Deshalb setzte sich bei den Sunniten der Brauch durch, dass die Gemeinschaft den Kalifen unabhängig von seiner Abstammung aus ihrer Mitte wählt und er sich allein durch seine Herrschaftstalente qualifiziert. Freilich soll er dem Stamme Mohammeds, den Qoreisch, angehören oder zumindest seine Abstammung auf die Qoreisch zurückführen können. Wie wichtig diese Bestimmung auch heute noch ist, lässt sich daran ablesen, dass der selbsternannte Kalif des »Islamischen Staates«, Kalif Ibrahim, behauptet, von den Qoreisch abzustammen. Dieser Kalif ist Richter und Heerführer, doch religiöse Lehrautorität genießt er in den Augen der Sunniten nicht. Außerdem akzeptieren die Sunniten den Verlauf der Geschichte – insbesondere jene des frühen Islam –, so wie sie abgelaufen ist. Dies bedeutet, dass die Sunniten die vier ersten sogenannten »rechtgeleiteten Kalifen«, also die Personen, die zu den engsten Prophetengenossen gehörten (Abu Bakr, Omar, Othman und Ali), alle gleichermaßen als legitim anerkennen. Auch die Sunniten erkennen Ali als den letzten in der Reihe der »vier rechtmäßigen Kalifen« aus den Reihen der Prophetengenossen an, billigen ihm aber – anders als die Schiiten – keinen höheren Rang zu. In scharfem Gegensatz dazu betrachten die Schiiten die drei Kalifen vor Ali als illegitime Thronräuber, als Usurpatoren. Weil die Schiiten die Legitimität der drei ersten sunnitischen Kalifen bestreiten, belegen extremistische Sunniten die Schiiten mit dem für Häretiker benutzten arabischen Kollektivnamen *rafidha* (deutsch: Ablehner, Verweigerer). Seit der US-Invasion 2003 im Irak verwenden sunnitische Dschihadisten den Terminus *rafidha* sehr häufig, um gemäßigte Sunniten gegen Schiiten aufzuwiegeln und ihre Massenmorde an Schiiten mit dem Ketzervorwurf zu rechtfertigen.

Alle Kalifen, die Ali nachfolgten, gehörten so nicht mehr zu den »rechtgeleiteten« Prophetengenossen: Sie waren daher bei Schiiten und Sunniten weniger legitim und zudem aufgrund ihrer zumeist gewaltsamen Methoden der Machteroberung umstritten. Mit Moawiya, der sich nach Imam Alis Ermordung zum Kalifen gemacht hatte, wurde eine Erbfolge eingeführt, mit der die Kalifen-Dynastie der Omaijaden entstand. Ihr folgten die Dynastie der in Bagdad herrschenden Abbasiden sowie Gegenkalifate wie etwa das der schiitischen Fatimiden in Kairo. Das bislang letzte existierende Kalifat war das der Osmanensultane. Der Laizist und Modernisierer Kemal Atatürk als Führer der türkischen Regierung schaffte es 1924 endgültig ab. Alle anderen muslimischen Könige, die seither das Kalifat beanspruchen sollten, konnten ihren Anspruch indes nicht durchsetzen.

Unter den Sunniten gibt es vier Rechtsschulen, die die Sunna unterschiedlich auslegen – wobei sie aber alle als rechtgläubig angesehen werden. Eine extrem konservative, dogmatische und gegenüber Schiiten und Anhängern anderer Religionen feindselige Spielart des sunnitischen Glaubens ist die Wahhabiya. Die Wahhabiten sind Verfechter einer puristischen und traditionalistischen Richtung des sunnitischen Islam, deren Gründer Mohammed ibn Abd al-Wahhab war. Er begann Anfang des 18. Jahrhunderts in Najd, der Zentralregion Saudi-Arabiens, seine Lehre zu verbreiten. Er und seine Anhänger sahen den ursprünglichen, reinen Islam des Propheten Mohammed von unzulässigen Neuerungen und theologischen Irrlehren und Praktiken überwuchert. Bestrebt, die authentische reine islamische Lehre Mohammeds wieder zu etablieren, verwarfen sie alle Formen der islamischen Mystik (Sufismus), der rationalen Theologie und ebenso sämtliche Richtungen des schiitischen Islam. Außerdem wandten sie sich strikt gegen alle Manifestationen volksislamischer Frömmigkeit, wie die Verehrung lokaler Heiliger, die Pilgerfahrten zu deren Gräbern, aber auch die Feier des Prophetengeburtstages. Wahhabiten verdammen in der Regel andere islamische Glaubensauffassungen, die ihnen mit dem authentischen Islam Mohammeds unvereinbar dünken, als unislamisch. Diese religiöse Unduldsamkeit brachte den Wahhabiten in der gesamten islamischen Welt den Ruf ein, engstirnige Fanatiker zu sein. Am Ende des 18. Jahrhunderts gelang es den Wahhabiten, die Führer des einflussreichen Stammesclans der Saud zu ihrer Lehre zu bekehren und mit ihnen ein Bündnis zu schließen. Nachdem die Herrscherfamilie der Saud Anfang des 20. Jahrhunderts die Macht im größten Teil der arabischen Halbinsel an sich reißen konnte, gründeten sie dort das Königreich Saudi-Arabien und erhoben die Wahhabiya zur offiziellen, von der Regierung geförderten Staatsreligion.

Ähnlich konservativ sind die Salafisten. Sie sind Sunniten, die eine staatliche und gesellschaftliche Ordnung errichten wollen, die der *umma*, der idealisierten islamischen Gemeinde des 7. Jahrhunderts zu Lebzeiten des Propheten Mohammed und seiner Prophetengenossen, gleichen soll. Einige Salafisten wollen dieses Ziel zunächst auf friedlichem Weg, etwa durch Überzeugung und gewaltlose Bekehrung erreichen. Andere Salafistengruppen, die ideologisch mit den Wahhabiten eng verbunden sind, wollen die idealisierte islamische Urgemeinde dagegen mit Gewalt errichten. Das Mittel dazu ist der »Heilige Krieg«, von dem sich auch die ihnen von anderen gegebene Bezeichnung, Dschihadisten, ableitet.

Die besondere Stellung der schiitischen Geistlichen

Angesichts der Abwesenheit des zwölften Imam tauchte bei den Schiiten immer wieder eine zentrale Frage auf: Wer sollte an seiner Stelle Autorität ausüben und bestimmte Aufgaben erfüllen? Konkret ging es zum Beispiel darum, wer die im Koran vorgesehenen Strafen verhängen und die von den Gläubigen zu entrichtenden religiösen Steuern erheben und über deren Verwendung entscheiden solle. Auf der Suche nach einer Antwort entwickelte sich in der Schia im Laufe vieler Jahrhunderte ein hierarchisierter kollektiver Stand von Religionsgelehrten, die *olama* (arabisch: »Wissende«). Es gibt jedoch auch sunnitische *olama* in arabisch-islamischen Ländern. Die sunnitischen *olama* waren und sind allerdings immer von der Gnade der jeweiligen politischen Machthaber und deren Sold abhängig, sodass ihr Status deshalb der von willfährigen Marionetten der jeweiligen Machthaber, Könige und Regierungen war (und ist).

Ganz anders hingegen ist die Stellung der schiitischen *olama*. Sie vermochten es, sich zu einem machtbewussten Klerus zu entwickeln, dem es schrittweise gelang, gegenüber den politischen Machthabern ein hohes Maß an Autonomie zu erlangen. Ihren Ausgang nahm diese Entwicklung im Iran, als 1501 die Herrscher des kriegerischen Sufi-Ordens der Safawiden die Macht eroberten. Die Safawiden-Schahs (1501–1722) bekannten sich zur Schia und erhoben diese Glaubensrichtung zur Staatsreligion. Um dem Land eine schiitische Infrastruktur zu geben und ihre eigene Machtposition als Beschützer des neuen Glaubens zu stärken, riefen die Safawiden-Schahs arabische Gelehrte aus dem Südlibanon, dem Irak und von der Golfküste in den Iran. So entstand im Iran ein dichtes Netz schiitischer Institutionen – Schulen, Moscheen, Stiftungen, Stellen für Professoren, Gelehrte, Richter und Prediger –, und der Iran wurde auf diese Weise »schiitisiert«. Dank politischer Protektion durch den Schah und reichlich sprudelnder Einnahmen aus religiösen Ämtern wurde der schiitische Gelehrtenstand bald zur zweitmächtigsten Institution im Land. Das Verhältnis zwischen den schiitischen *olama* und den weltlichen Machthabern war bis zum 18. Jahrhundert vor allem von gedeihlicher Zusammenarbeit bestimmt. Danach wechselten sich bis zum 20. Jahrhundert längere Phasen der Kooperation und kurze Phasen der Konkurrenz ab. Der Grund dafür war der Machtzuwachs der iranischen Schia-Geistlichkeit, die immer größeren sozialen Einfluss und finanzielle Autonomie gewonnen hatte. Das erlaubte es den Klerikern (zumal in solchen Zeiten, wenn die Regierung eher schwach war), den Machthabern als Rivale oder Korrektiv entgegenzutreten. Konfrontationen zwischen dem Schah und dem Klerus gab es sowohl unter den Kadscharen (1796–1924) als auch unter den Pahlawis (1925–1979).

Doch wie kam es zu diesem Machtzuwachs des Schia-Klerus? Um Antworten darauf zu finden, ist es ratsam, ins 16. Jahrhundert zurückzugehen, als die schiitischen *olama* im Iran und Irak damit begannen, eine hierarchisch gegliederte und finanziell autonome Geistlichkeit herauszubilden. An ein Ende gekommen war dieser Prozess schließlich im 19. Jahrhundert. Seitdem existiert eine scharfe Zweiteilung der schiitischen Gläubigen. Auf der einen Seite stehen die wenigen *modschtaheds* (deutsch: »Der sich Anstrengende«), die zum *edschtehad* (wörtlich: »Anstrengung«) befähigten hochqualifzierten Experten des religiösen Establishments. Sie allein sind durch langjährige intensive theologische Schulung befähigt, das Prinzip selbständiger rationaler Rechtsbestimmung in der Auslegung der heiligen Texte und des damit verbundenen zwölferschiitischen Rechts anzuwenden. Auf der anderen Seite stehen alle anderen. Zu ihnen gehören nicht nur die Mehrheit der Laiengläubigen, die den *modschtaheds* in der religiösen Praxis und der allgemeinen Lebensführung folgten, sondern auch die Mitglieder des niederen Klerus. Laien und Geistliche niederen Ranges sind verpflichtet, sich den Weisungen und den religiösen Rechtsgutachten (*fatwa*) der *modschtaheds* zu fügen. Sie üben sich also in *taqlid* (deutsch: »Imitation«), der Nachahmung des Vorbildes der besser Qualifizierten. Eine relativ kleine Zahl hoher Geistlicher zerfällt wiederum in untere und obere Grade. Die unteren Grade haben heute den Ehrentitel Hodschatoleslam (»Beweis des Islam«), während die jeweils höheren Grade *modschtaheds* sind und den Ehrentitel Ayatollah (»Wunderzeichen Gottes«) tragen. Über ihnen stehen die Träger des Titels Ayatollah Ozma (»Größtes Wunderzeichen Gottes«), das heißt die Großayatollahs. Ein Großayatollah wird auch *marja* (arabisch, im Deutschen: »Referenzpunkt«) genannt, was eine Verkürzung des längeren Ehrentitels »Referenzpunkt der Nachahmung« (*marja al-taqlid*) ist.

An der Spitze der schiitischen Geistlichkeit steht im Idealfall ein einziger von allen Gläubigen einmütig als »absolute Instanz der Nachahmung« (*marja al-taqlid al-motlaq*) anerkannter Großayatollah. Doch nur äußerst selten können sich alle Laiengläubigen auf einen einzigen Großayatollah einigen, der als der Gelehrteste und Frommste gilt. Deshalb amtieren im Regelfall mehrere Großayatollahs nebeneinander, die in ihrer Gesamtheit die Spitze der geistlichen Hierarchie bilden. Unter den Großayatollahs gibt es eine unausgesprochene Rangordnung, die auf der jeweiligen Anzahl ihrer laienreligiösen Nachahmer beruht. Je größer die Zahl ihrer Nachahmer, desto höher sind die finanziellen Einkünfte und desto größer ist auch sein Einfluss. Die Hauptquelle dieser Einkünfte ist der *khoms* (»Fünftel«), eine religiöse Abgabe, die sich auf ein Fünftel des Nettojahreseinkommens eines Gläubigen beläuft und die dem Gesetz nach dem verborgenen Imam Mahdi gebührt. Seit dem 19. Jahrhundert gilt, dass die einfachen Gläubigen den *khoms* allein an den Großayatollah ihres Vertrauens oder an dessen vor Ort autorisierte Vertreter zu entrichten haben. Der als Treuhänder des Imam fungierende jeweilige Großayatollah verwendet die Hälfte des *khoms*, den sogenannten »Anteil des Imam« (*sahm al-imam*), für religiös-karitative Zwecke. Er sieht einen bestimmten Teil dieses Geldes für Monatsstipendien zum finanziellen Unterhalt bei ihm lernender Theologiestudenten vor. Sie sollen nach der Beendigung ihrer Ausbildung, nach der Rückkehr in ihre Heimatorte oder nach der Entsendung in ihnen fremde Teile der schiitischen Welt das Ansehen ihres alten Förderers und Großayatollahs nach Kräften mehren. Viele ehemalige Schüler dieser »Quellen der Nachahmung« kommen aus weit entfernten und sehr unterschiedlichen Regionen wie Zentralindien, Afghanistan, Libanon, Aserbaidschan, Ostafrika und Saudi-Arabien. Dieser Umstand war nicht nur dem Entstehen eines kosmopolitischen Korpsgeistes unter den Theologiestudenten und Dozenten der schiitischen Theologiezentren, den *hauzat*, zuträglich. Er half den Großayatollahs darüber hinaus oft, ihren Einfluss auch jenseits der Landesgrenzen geltend zu machen. Durch ihre eigenen finanziellen Ressourcen waren die anhängerstärksten Großayatollahs traditionell vom Staat unabhängig. Dank ihrer großen Gefolgschaft aus Geistlichen und Laiengläubigen waren sie zudem stets ein potenziell mächtiger politischer

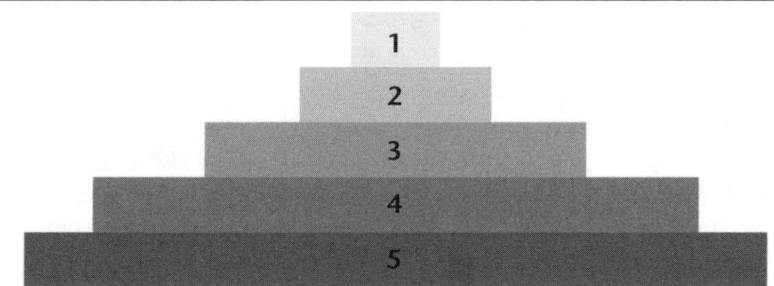

1 marja e-taqlid-e motlaq
(»absolute Instanz der Nachahmung«, »Schia-Papst«)
Der *marja e-taqlid-e motlaq* ist ein Großayatollah, der die übrigen Großayatollahs, die miteinander konkurrieren, an Rechtsgelehrtheit und vorbildlicher Frömmigkeit überragt und ihnen als Primus inter pares vorsteht. Seine Autorität als »absolute Instanz der Nachahmung« in religiös-sozialen Fragen erlangt er durch einen informellen Konsens, der sich im Laufe von mehreren Jahrzehnten unter seinen Zunftgenossen und der Masse der schiitischen Laiengläubigen in aller Welt herauskristallisiert. Nachdem der letzte Amtsinhaber, Mohammad Hosein Borujerdi, 1961 in Qom starb, konnten sich die Schiiten auf keinen geeigneten Nachfolger mehr einigen; das Amt wurde seither nicht mehr besetzt.

2 Großayatollah
Ayatollah Ozma (»Größtes Zeichen Gottes«)
Weltweit gab es 1997 etwa 20 Großayatollahs, davon 14 im Iran. Einige von ihnen sind Gegner des Theokratiekonzepts der wilayat al-faqih im Iran; sie hüllen sich aber aus Furcht um ihr Leben in Schweigen. Auch Khomeini war ein Großayatollah. Nach der usuli-Doktrin der Schia muss sich jeder schiitische Laiengläubige einen besonderen Großayatollah wählen, ihn als seinen persönlichen *marja-e taqlid* (»Instanz der Nachahmung«) annehmen und seinen *fatwas* (religiösen Rechtsgutachten) in religiös-sozialen Angelegenheiten folgen; an ihn führen sie auch den *khoms* ab, eine religiöse Abgabe, die ein Fünftel des Nettojahreseinkommens der Gläubigen beträgt und die de jure dem verborgenen Imam Mahdi gebührt. Der als Treuhänder fungierende *marja-e taqlid* verwendet die Abgaben für religiös-karitative Zwecke und zum Unterhalt von Moscheen, theologischen Schulen und der bei ihm lernenden Theologiestudenten aus verschiedenen Ländern. Zur Erlangung des *marja-e taqlid*-Titels bedarf es einer *resale-ye amaliye*, einer zum Abschluss von mindestens vierzig Jahren theologischen Studiums und praktizierter Lehre geschriebenen großen theologischen Abhandlung. Die oft auf mehrere Staaten verteilte jeweilige Anhängerschaft eines bestimmten Großayatollahs reicht von einigen zehntausend bis zu mehreren Millionen Gläubigen. Im Irak gibt es vier Großayatollahs, unter denen der Quietist Hosein Ali al-Sistani der einflussreichste ist. Sein Einfluss reicht bis in den Iran, wo ihm auch sehr viele Schiiten folgen.

3 Ayatollah
(»Zeichen Gottes«)
Es gibt heute im Iran etwa 5.000 Träger des Ayatollah-Titels. 80 von ihnen, etwa Ayatollah Khamenei, haben offizielle Staatsämter oder unterstützen das Regime indirekt; die übrigen sind Quietisten.

4 Hojjatoleslam
(»Autorität des Islam«)
Der Hojjatoleslam ist der am meisten verbreitete Rang für Absolventen theologischer Seminare und kommt im Iran etwa 28.000 Personen zu. Ungefähr 2.000 Hojjatoleslam sind politische Regimegeistliche.

5 Einfache Geistliche
Sie verfügen über wenig (theqatoleslam) oder kein theologisches Seminarwissen.

Grafik 1: Die Hierarchie des Schia-Klerus im Iran

Faktor, den es zu berücksichtigen galt – auch wenn sie sich, was bis 1979 unter den Schia-Geistlichen generell üblich war, nur selten direkt in die Politik einmischten.

Allerdings erreichen nur wenige Ayatollahs, also *modschtaheds*, die höchste Rangstufe einer »Instanz der Nachahmung«. Die Hürden auf diesem Weg sind sehr hoch: So muss sich ein Aspirant mindestens 40 Jahre lang dem theologischen Studium und der praktizierten Lehre gewidmet und zum Abschluss eine große theologische Abhandlung verfasst haben, eine sogenannte *risala amaliya* (wörtlich: »praktisches Traktat«). Dazu darf – um ein weiteres Charakteristikum der Klerikerhierarchie zu nennen – kein Großayatollah einem anderen folgen, sondern ist verpflichtet, selbst zu urteilen. Daher sind die Lehren eines Großayatollahs nur für seine Anhänger maßgeblich, wobei allerdings über die meisten und grundlegenden Fragen unter den Großayatollahs Einigkeit herrscht. Einen *ex cathedra* Dogmen verkündenden »Papst« wie im Katholizismus kennt die Schia nicht.

Trotz seiner hierarchischen Struktur ist der Schia-Klerus weder zentralisiert noch durchgängig straff organisiert. Vielmehr zeichnet er sich durch Organisationsprinzipien aus, die dem Pluralismus, der Koexistenz und der Konkurrenz unter den Geistlichen förderlich sind. Augenfällig ist dieser Pluralismus an der Struktur einer jeden *hauza*, dem aus verschiedenen Schulen und Seminaren bestehenden religiösen Wissenschaftszentrum. So genießt in der *hauza* jedes einzelne theologische Seminar administrative Autonomie. Naturgemäß haben diese »anarchisch-demokratischen« Organisationsprinzipien der schiitischen Geistlichkeit auch ihre Schattenseiten. So sind Meinungsverschiedenheiten aller Art und erbitterte persönliche Rivalitäten fester Bestandteil der klerikalen Alltagskultur. Oft haben diese Rivalitäten ihre Wurzel in der Größe der Gefolgschaft klerikaler Nebenbuhler und ihrer damit verbundenen finanziellen Einkünfte, die entsprechend Neid und Eifersucht blühen lassen. Eine andere Wurzel dieser Rivalitäten entspringt der Frage, wem die administrative Verfügungsgewalt über religiöse Stiftungen oder nationale Grabheiligtümer zukommt. Da dies allesamt Einrichtungen sind, die ihren Verwaltern nicht nur Prestige, sondern auch Geld und damit sozialen und wirtschaftlichen Einfluss einbringen, ist die Kontrolle darüber ein ewiger Zankapfel zwischen den Klerikern.

Nadschaf im Irak und Qom im Iran sind seit Jahrhunderten die wichtigsten *hauzas*, die religiösen Ausbildungsstätten der Schia. Der Fächerkanon in den theologischen Seminaren der *hauzas* zerfällt in zwei große Abteilungen: in die Koran- und Überlieferungswissenschaften einerseits sowie die rationalen Wissenschaften andererseits. Ohne auf die einzelnen Fächer und Inhalte, die gelehrt werden, näher eingehen zu können, ist doch ein Hinweis wichtig: Die rationalen Wissenschaften haben in den theologischen Ausbildungsstätten der Schiiten seit alters her einen weitaus wichtigeren Rang als in den Lehrinstituten der Sunniten. Das beruht vor allem auf der prinzipiell anderen Einstellung der Schia zum Intellekt. Die Gelehrten der Schia unterlagen in wesentlich größerem Ausmaß dem Einfluss der *mutazila*, jener zwischen dem 8. und 12. Jahrhundert besonders starken rationalistischen Denkströmung im Islam, die auf der griechischen Philosophie fußte. Die Schia-Gelehrten vertraten die Meinung, dass sich der menschliche Intellekt wesensmäßig nicht von dem Gottes unterscheide. Daher folgerten sie, dass der Mensch in der Lage sei, die wesentlichen Prinzipien der von Gott gesetzten Weltordnung zu erfassen. Während bei den Sunniten die Skepsis gegenüber den Fähigkeiten des Verstandes stets überwog, hielten die schiitischen *olama* die menschliche Ratio für fähig, auch in Glaubensfragen Erkenntnisse erlangen zu können. Aus diesem Grunde sind schiitische Religionsgelehrte nicht nur oft innovativer als ihre sunnitischen Berufskollegen, sondern auch flexibler im Umgang mit neu auftauchenden Problemen und Herausforderungen der westlichen Moderne.

In die *hauzas* von Nadschaf und Qom zieht es schiitische Seminaristen aus Bahrain und den anderen Golfmonarchien, aus dem Irak, Iran, Afghanistan, Pakistan, Nordindien und dem Libanon, um bei den dort residierenden Großayatollahs und anderen schiitischen Geistesgrößen zu studieren. Vor allem in Nadschaf, das sowohl von der arabischen als auch von der iranischen Kultur geprägt ist, entwickelten die Kleriker seit jeher einen Nationalitäten übergreifenden Korpsgeist, der jedoch (wie beschrieben) Rivalitäten nicht ausschließt. Dadurch, dass ausländische Theologiestudenten oft länger oder gar dauerhaft in Nadschaf blieben und dort in arabische Familien einheirateten, aber ihre alten Familienbande mit ihrer Heimat nicht aufgaben, entstanden kosmopolitische Theologenfamilien mit Zweigen in zwei, drei oder sogar mehr Ländern. Ein Beispiel ist die mächtige und alte Nadschafer Theologendynastie der al-Sadr, die neben mehreren Zweigen im Irak auch Familienzweige im Iran und im Libanon hat.

Die Existenz zweier Zentren im Iran und im Irak, noch dazu in zwei Ländern, zwischen denen häufig politische Spannungen herrschten, hat die Autonomie der Schia-Geistlichkeit noch gestärkt. Wurden sie verfolgt, fanden die Schia-Geistlichen eines Landes im religiösen Zentrum des anderen Landes Asyl und konnten sich so dem Zugriff der weltlichen Macht entziehen. Ein gutes Beispiel ist Ayatollah Ruhollah Khomeini (1902–1989), der von 1965 bis 1978 im Nadschafer Exil weilte und den Widerstand gegen den Schah Reza Pahlewi von dort aus organisierte.

Khomeinis Prinzip der »Herrschaft des Rechtsgelehrten«

Vor und während der Revolution des Jahres 1979 tobten in den Reihen der mehrheitlich konservativ-apolitischen Schia-Geistlichen Irans heftige Machtkämpfe. Als Sieger ging daraus ein von Ayatollah Khomeini geführter radikaler politisierter Flügel der Geistlichkeit hervor. Dabei überwand er Widerstände sowohl liberal-islamischer, links-säkularer und nationalistischer politischer Gruppen als auch konservativer und gemäßigter Strömungen der Schia-Geistlichkeit. Khomeini und seinen Anhängern gelang es im Herbst 1979, das von ihm entwickelte Prinzip der »Herrschaft des Rechtsgelehrten« (arabisch: *wilayat al-faqih*) durchzusetzen.

Die *wilayat al-faqih*, von Khomeini bereits 1970 in seinem Exil in Nadschaf entworfen, ist für die Schia ein revolutionäres Novum. Denn es bedeutet die radikale Abkehr von einer bis dahin vorherrschenden quietistischen Grundhaltung des Klerus gegenüber politischen Fragen. Als Grundlage diente Khomeini seine auf Jahrzehnte des Studiums und der Abwägung gegründete Interpretation bestimmter Koranverse und *hadithe* der Imame und des Propheten Mohammed. Als Quintessenz dieser Anstrengungen entwarf Khomeini ein Konzept, das es rechtfertigt, die Herrschaft des Rechtsgelehrten einzuführen: Dabei handelt es sich um eine Herrschaft, die das Reich der Gerechtigkeit des verborgenen zwölften Imam, des Mahdi, vertritt und vorwegnimmt. Zwar hatten die Kleriker der Schia, die den verborgenen Imam als Kollektiv vertreten, bereits seit Jahrhunderten die Rolle eines mächtigen Gegenspielers der weltlichen Macht gespielt. Dennoch beschränkten die Kleriker ihre Macht-ansprüche bis 1979 darauf, bestimmte Maßnahmen der Regierung zu kontrollieren oder zu korrigieren. Die Forderung, selbst die Regierung zu übernehmen, erhoben die Kleriker nie.

Das änderte sich mit Khomeini und seinem Konzept der *wilayat al-faqih*. Entstanden ist es in den 1960er und 1970er Jahren unter dem Eindruck einer forcierten Modernisierungs- und Säkularisierungspolitik des Schahs, die von einem Flügel des Schia-Klerus als existentielle Bedrohung empfunden worden war. Tatsächlich versuchte der Schah, den Einfluss und die soziale Stellung des schiitischen Klerus mindestens zu schwächen. Mehr noch: Sein Ehrgeiz richtete sich darauf, die schiitischen Geistlichen durch schnelle und brachiale Modernisierungsschritte im Erziehungswesen sowie in der Verwaltung und der Wirtschaft als Stand überflüssig zu machen. Vor diesem Hintergrund radikalisierten sich die politischen Positionen eines Teils des iranischen Klerus mit Ayatollah Khomeini an der Spitze. Nachdem Khomeini im Juni 1963 in Qom eine äußerst scharfe Philippika gegen den Schah und seinen Verbündeten, die USA, gehalten hatte, ließ ihn der Schah zum ersten Mal verhaften. Einige Zeit später wieder freigelassen, kam es nach einigen Monaten zu erneuten Auseinandersetzungen zwischen dem rebellischen Khomeini und dem Schah-Regime, das ihn schließlich 1964 in die Türkei auswies.

Von Oktober 1965 bis Oktober 1978 lebte Khomeini im irakischen Exil in Nadschaf, wo er seine Kritik am Schah schrittweise verschärfte. Aufgrund seiner engen Anbindung an die USA hatte sich Irans Schah in den Augen Khomeinis wie auch der gesamten Opposition als Instrument fremder Kolonialmächte diskreditiert. Das veranlasste Khomeini 1970 in seiner Schrift *Die Islamische Regierung*, endgültig mit der 2.500 Jahre alten Tradition der Monarchie zu brechen. Er erklärte die Monarchie nun zum anti-islamischen Prinzip und rief seine Anhänger auf, sie zu stürzen und durch die »Herrschaft des Rechtsgelehrten« zu ersetzen. Das von ihm nach seiner Rückkehr in den Iran im Februar 1979 befürwortete System der *wilayat al-faqih* wurde schließlich in der Verfassung der Islamischen Republik Iran vom 31. November 1979 – die in einem anschließenden Plebiszit bestätigt wurde – als Staatsprinzip fixiert. Gemäß Artikel 56 geht die Souveränität nicht vom Volke, sondern von Gott bzw. dem verborgenen Imam als dessen rechtmäßigem Stellvertreter aus. In Abwesenheit des zwölften Imam liegen, so Artikel 5, die Regierungsgewalt (*wilayat al-amr*) und die Leitung der islamischen Gemeinde in der Hand des frommen, gerechten, auf der Höhe der Zeit stehenden und zur Leitung befähigten Rechtsgelehrten (*faqih*). In Artikel 107 wird Ayatollah Khomeini namentlich als der politische Führer (*rahbar*) bestimmt. Mit dem Amt des *rahbar*, einer präzedenzlosen, revolutionären Neuerung in der Schia, hat sich Khomeini, bestätigt durch die Volksabstimmung über die Verfassung am 2. und 3. Dezember 1979, ein *De facto*-Imamat zuerkennen lassen. Khomeinis revolutionäre Umdeutung der Schia in eine Revolutionsideologie wird von einem bedeutenden Teil des gemäßigten und konservativ-apolitischen schiitischen Klerus innerhalb und außerhalb Irans kritisiert und abgelehnt.

Der Dschihad bei Sunniten und Schiiten

Spätestens seit dem 11. September 2001 ist im Westen bekannt, dass bestimmte militante islamistische Organisationen einen Dschihad gegen die USA und ihre westlichen Verbündeten führen. Seither ist der Terminus zu einer vertrauten Vokabel geworden. Angesichts der zahlreichen blutigen Konflikte, die seit Jahrzehnten verschiedene Länder und Regionen der islamischen Welt erschüttern, kann dies nicht verwundern. Dabei hat die Verwendung des Terminus »Dschihad« einerseits inflationär zugenommen; andererseits hat er an begrifflicher Schärfe verloren, zumal ihn unterschiedlichste islamistische und dschihadistische Gruppen zur Rechtfertigung ganz verschiedener Ziele und Kampfhandlungen heranziehen. Unzählige militante islamische Gruppen und Organisationen führten (oder führen) einen Heiligen Krieg. Oft richtete er sich gegen externe koloniale oder imperiale Mächte, sei es im Krieg gegen Frankreich in Algerien (1956), gegen die UdSSR in Afghanistan (1979), gegen Russland in Tschetschenien (1996) oder gegen die USA im Irak (2003). Ebenso oft aber richtet er sich auch gegen muslimische Glaubensbrüder, wie etwa derzeit der Dschihad des »Islamischen Staates« gegen die schiitischen Alawiten in Syrien und die Zwölferschiiten im Irak.

Kaum einem Beobachter aber fällt auf, dass die Gruppen, die den Dschihad ausrufen und praktizieren, ausnahmslos sunnitische Islamisten sind. Bedeutet das im Umkehrschluss, dass schiitische Islamisten *per se* friedfertiger und daher nicht willens sind, den Dschihad auszurufen? Nicht unbedingt. Auch heute führen militante schiitische Organisationen (beispielsweise die libanesische Hizbullah) Kämpfe und Kriege gegen innere und äußere Feinde, unter anderem gegen Israel. Allerdings bezeichnen sie diesen Kampf nicht als Dschihad, sondern als Verteidigungskrieg. Der Grund dafür ist, dass den Schiiten durch ihre Theologie, ihre Dogmen und die internen Organisationsstrukturen ihres Klerus Fesseln auferlegt sind, die es ihren religiösen Führern sehr schwer machen, einen Dschihad auszurufen.

Aber was ist nun der Dschihad? Der arabische Terminus *Dschihad* (im Deutschen: Anstrengung, Bemühung, Kampf) ist ein im 7. Jahrhundert entstandenes wichtiges Glaubensprinzip des Islam und meint die »Anstrengung auf dem Wege Gottes«. Die Grundlage des Dschihad ist das klassische islamische Konzept einer binären Weltordnung, das im ersten Jahrhundert nach Mohammeds Tod entstanden und integraler Bestandteil des islamischen Universalismus ist. Nach diesem Konzept besteht die ganze Welt aus zwei Sphären oder »Häusern« (arabisch: *dar*). Auf der einen Seite steht das als einzige politische Einheit gedachte Friedensreich des »Haus des Islam« (*dar al-islam*), das aus den eroberten Gebieten oder den zu Tributzahlungen verpflichteten Ländern besteht. Das »Haus des Islam« wurde vom Kalifen regiert, dem in der Rechtsnachfolge des Propheten Mohammed stehenden einzig legitimen Herrscher. Der Kalif war es, der die gleiche irdische, politische Macht ausübt wie der Prophet und auch die spirituelle Einheit des gesamten Islam verkörpert. Auf der anderen Seite werden alle Länder, die nicht zum »Haus des Islam« gehören, als »Haus des Krieges« (*dar al-harb*) bezeichnet. Sie liegen außerhalb der legitimen Weltordnung und die Mission des Islam ist es, sie in die Weltordnung einzugliedern und dadurch den universalen Frieden zu schaffen.

Um dieses universale System nun herbeizuführen, benötigt man eine Strategie. Diese Strategie ist der Dschihad, der die Verpflichtung der Gläubigen einschließt, ihren Glauben durch Kampf zu verbreiten. Derjenige, der den von Gott vorgeschriebenen, für ihn geführten und von ihm belohnten Dschihad kämpft, ist ein *Mudschahid*, ein heiliger Gotteskrieger. Dabei ist festzuhalten, dass der Islam neben der klassischen militärischen Variante des Dschihad als offensiver militärischer Strategie auch andere Dschihad-Varianten kennt, mit denen der Gläubige dafür kämpfen kann, den Islam zu verbreiten. Dazu zählen beispielsweise der innere, spirituelle Kampf oder richtiges moralisches Verhalten. Diese friedliche Variante, die zumeist muslimische Reformdenker der Moderne und islamische Mystiker bevorzugen, wird der »große Dschihad« (*al-jihad al-akbar*) genannt. Bei ihr bemüht sich der Gläubige darum, im Ringen mit der »bösen Triebseele« der Verführung zu moralisch verwerflichen Taten und Untugenden zu widerstehen und moralische Läuterung zu erreichen. Unter den heutigen militanten islamistischen Gruppen und Organisationen in der sunnitischen Welt, und hier besonders den Salafisten und Dschihadisten, hat die reformorientierte und mystische Auffassung des Dschihad-Konzepts allerdings kaum Anhänger.

Seit der Gründung des Islam hat das binäre gnostische Weltordnungskonzept und damit die Dschihad-Strategie ihre theoretische Gültigkeit nie verloren. In der Praxis jedoch war der Islam durchaus flexibel, sodass es immer wieder längere Phasen einer auf Handel und Wirtschaftsaustausch gegründeten Koexistenz zwischen dem »Haus des Islam« und dem »Haus des Krieges« gab. Auch Nichtangriffspakte mit nicht-muslimischen Gesellschaften waren keine Seltenheit, allerdings beruhten sie stets auf pragmatischen Übereinkünften von begrenzter Dauer. Der prinzipielle Antagonismus und die Ungleichheit der beiden Sphären wurden dadurch nie aufgehoben. Unzulässig ist bis heute gemäß der islamischen Rechtsvorschriften die Anerkennung eines auf Dauer angelegten internationalen Ordnungssystems, in dem der islamische Staat unter gleichen Bedingungen mit souveränen nicht-muslimischen Staaten interagiert, da letztere als nicht legitim gelten. Für einen Austausch mit dem Islam auf der Grundlage von Gleichheit und Gegenseitigkeit fehlen diesen Staaten die ethischen und rechtlichen Grundlagen, da sie auf Prinzipien beruhen, die nicht von Gott verordnet wurden, beispielsweise dem Prinzip der Volkssouveränität.

Diese klassische Sichtweise einer binären Weltordnung wird allerdings in der heutigen Welt in ihrer puristischen Form nur noch von wenigen islamischen Staaten praktiziert. Nach der Abschaffung des Kalifats fehlte der dafür notwenige klassische Ausgangspunkt und die Führerschaft für das »Haus des Islam«. Außerdem haben die meisten heutigen arabischen Staaten zumindest äußerlich die auf den sogenannten »Westfälischen Grundsätzen« beruhenden Konzepte westlicher nationalstaatlicher Souveränität übernommen und ihren Frieden mit der modernen internationalen Staatenordnung gemacht. Allerdings gibt es einige muslimische

Staaten, an ihrer Spitze das äußerst reiche und mächtige Saudi-Arabien, die in einem Zwiespalt leben. Formal und in seiner Außenpolitik bekennt sich das wahhabitische Saudi-Arabien zur modernen internationalen Staatenordnung, da dadurch seine Sicherheit und Anerkennung als souveräner und legitimer Staat gestützt wird. Auf der anderen Seite durchdringt seine gesamte Innenpolitik und sein Gesellschaftsleben ein erbarmungsloser religiöser Purismus, der auf dem klassischen binären Weltordnungskonzept fußt. Dieser Purismus in Verbindung mit den ständigen Appellen, den radikalen Islamismus weltweit zu fördern, legt den Schluss nahe, dass Saudi-Arabien ein Grenzgänger zwischen den Welten und damit ein Förderer des weltweiten Dschihad ist.

Bei den Zwölferschiiten, die ja mit 90 Prozent die große Mehrheit der Schiiten weltweit stellen, war lange Zeit die Lehre vorherrschend, dass während der Abwesenheit des zwölften Imams der Dschihad überhaupt nicht legitim sei. Denn nur der Imam Mahdi, der noch in der Verborgenheit bei Gott weilt und dessen Rückkehr unbestimmt ist, sei berechtigt, einen Dschihad zur Erweiterung des islamischen Territoriums zu erklären und zu führen.[4] Später, ab dem Beginn des 19. Jahrhunderts, wurde dies eingeschränkt: Der Dschihad im engeren Sinne einer Verteidigungshandlung wurde nun doch erlaubt. Die führenden schiitischen Rechtsgelehrten befanden 1809, dass sie während der Abwesenheit des Imams Mahdi das Recht hätten, festzustellen, ob die Situation eines Dschihad gegeben sei, und ihn notfalls auch auszurufen. Ihnen oblag es auch, den jeweiligen schiitischen Herrscher zu ermahnen, einen Verteidigungs-Dschihad zu führen. Ein solcher Fall trat zu Beginn des 19. Jahrhunderts auch ein, als die Truppen des russischen Zaren nach und nach große Teile des Kaukasus, der damals noch vom persischen Qajarenreich beherrscht war, zu erobern. Nach Ansicht der führenden schiitischen Rechtsgelehrten des Irak rechtfertigte die russische Expansion einen Verteidigungs-Dschihad. Zu ihrem Verdruss stand indes der damalige Qajaren-Schah, Fath Ali Schah, diesem Treiben untätig gegenüber. Nachdem er viele Jahre dem Drängen der Schia-Geistlichkeit widerstanden hatte, gab Fath Ali Schah nach und folgte ihrem Wunsch, einen Dschihad gegen das zaristische Russland zu führen. Das Ergebnis war verheerend: Der Qajaren-Schah erlitt eine Niederlage und verlor 1828 in einem Friedensschluss mit dem Zarenreich die drei vormals iranischen Provinzen Georgien, Armenien und Aserbaidschan. Seither haben schiitische Geistliche, unter

denen die Geisteshaltung des politischen Quietismus wieder die Oberhand gewann, nie wieder zu einem Dschihad aufgerufen.

In den 1960er Jahren modifizierte der spätere Revolutionsführer,
Großayatollah Khomeini, das Dschihad-Konzept der Schiiten, um den
bewaffneten Kampf gegen innere Feinde, sprich gegen die Schah-Mo-
narchie der Pahlewis, zu rechtfertigen. Er erklärte die Monarchie zu einer verbrecherischen Tyrannei, was es notwendig mache, den politischen
Quietismus aufzugeben und den Schah auch mit Hilfe des aktiven militärischen Dschihad zu stürzen.[5] Nachdem die iranische Revolution
1979 gesiegt hatte und er zur unumschränkten politischen und religiösen
Autorität des Iran aufgestiegen war, hat Khomeini dieses Dschihad-Konzept nie wieder angewendet, selbst im Krieg gegen den Irak von 1980 bis
1988 nicht. Das wirft die Frage auf, warum Khomeini keinen formellen,
individuellen Dschihad-Aufruf gegen den Irak und seinen Machthaber
Saddam Hussein erließ. Schließlich hatte Saddam einen Angriffskrieg
vom Zaun gebrochen, und obendrein war auch das säkular-nationalistische Baath-Regime von Khomeini doch stets als Regime von Ungläubigen verurteilt worden.

Was waren die Gründe für Khomeinis Zurückhaltung? Da weder
Khomeini selbst noch seine Anhänger nach dessen Tod darüber Aus-
kunft gaben, kann man hierüber nur mutmaßen. Als sehr wahrscheinlich kann gelten, dass Khomeini bei einem Dschihad-Aufruf befürchten musste, schärfsten Widerspruch anderer schiitischer Großayatollahs,
die ihm rangmäßig und theologisch ebenbürtig waren, hervorzurufen.
Einer von ihnen war der führende Großayatollah des Irak, Abolqasem
al-Khoei, der in Nadschaf saß. Khoei war ein Verfechter des politischen
Quietismus und besaß im Iran zahlreiche Anhänger, auch unter schiitischen Predigern und Gelehrten und (zumeist getarnt) selbst unter Re-
gierungsgeistlichen. Anders als im Kaukasus-Krieg gegen die orthodoxen
zaristischen Russen wäre es bei einem Dschihad im Iran-Irak-Krieg auch
um einen Dschihad gegen einen Staat mit mehrheitlich muslimischer
Bevölkerung gegangen, selbst wenn die Führer des Baath-Regime in den
Augen der Teheraner Führung als Ungläubige galten. Die Soldaten waren
ja in der Tat fast alle Muslime, unter denen die Schiiten zudem die Mehrheit stellten. Zwar hatte es in der Geschichte auch gelegentlich Dschihads
von Muslimen gegen Muslime gegeben. Doch waren diese meistens mit

erheblichen Risiken verbunden, hatten unerwünschte Nebenwirkungen und waren stets ohne dauerhaften Erfolg geblieben. Khomeini wusste um die Schwierigkeiten, in der Dschihad-Frage einen Konsens unter allen Großayatollahs herbeizuführen. Und selbst für den fast allmächtigen Herrscher Irans war es wohl zu riskant, einen individuellen Dschihad-Aufruf zu erlassen, weil dies womöglich seine eigene Autorität beschädigt und damit die Machtgrundlage des Regimes gefährdet hätte. Die übrigen Großayatollahs im Iran und Irak hätten auf jeden Fall nur zugestimmt, wenn es sich um einen kollektiven Aufruf mit ihrer Beteiligung gehandelt hätte. Dem standen einerseits Organisationsprinzipien des schiitischen Klerus entgegen, in dem immerfort Rivalitäten zwischen den Großayatollahs herrschen, und andererseits partikulare Interessen, zumal auch Großayatollahs im Irak residierten und damit dem Zugriff des Feindes und dessen Einfluss ausgesetzt gewesen wären.

Die Auseinandersetzung Europas und des Westens mit dschihadistischen Terrormilizen hält die Welt in Atem. Angesichts dessen ist zu fragen: Hat es im aktuellen Kontext eine Bedeutung, ob Schiiten einen Dschihad erklären oder nicht erklären können? Die Antwort lautet: ja. Denn so lässt sich plausibler erklären, von welcher Seite größere Gefahren drohen – und zwar auch dann, wenn nicht unterschlagen werden darf, dass es militante schiitische Organisationen gibt (wie die Hizbullah im Libanon oder Schia-Milizen im Irak), die im Kampf gegen ihre Feinde auch Verbrechen und Morde begehen. Das sind verwerfliche Taten, die nicht zu rechtfertigen sind und geahndet werden müssen. Doch erstens werden diese Morde den Schiiten nur ausnahmsweise offiziell von religiösen Führern befohlen, als verdienstvolles Glaubenswerk gutgeheißen oder legitimiert. Zweitens tragen diese Morde der Schiiten nicht den Charakter der Entgrenzung in sich, wenn man ihre territoriale Ausdehnung (»Haus des Krieges«) und das Ausmaß der ins Visier genommenen Personengruppen betrachtet. Anders ausgedrückt: Schiitische Kleriker versuchen weiterhin die Reichweite eines erlaubten Dschihad in Bezug auf die erlaubten Gegner und in Bezug auf die zulässigen Kampfmethoden einzudämmen, also keine Eskalation der Brutalisierung zuzulassen. Genau das Gegenteil praktiziert der IS. Denn fortwährende gesteigerte Brutalität und Entgrenzung der Gewalt ist es, was das barbarische Morden des »Islamischen Staats« kennzeichnet: Es geht weit über alle bisher praktizierten, von Moral und Tradition vorgegebenen Einschränkungen des klassischen Dschihad hinaus. Der Dschihad des »Islamischen Staats« ist zeitlich unaufhebbar und damit ewig fortdauernd. Zudem greift er nicht nur über die Grenzen von Ländern und Kontinenten hinaus, wie bestimmte geplante oder durchgeführte IS-Aktionen in Australien und Kanada zeigen, sondern er nimmt eine fortlaufend größer werdende Zahl von Gegner und Opfern ins Visier. Die Führer des IS führen heute einen Dschihad gegen den Westen oder vermeintliche muslimische Abweichler, den sie in einer Weise interpretieren, die von vielen Muslimen weltweit abgelehnt und verurteilt wird (wobei sich unter ihnen sogar militante sunnitische islamistische Gruppen befinden). Die Deutung, die der »Islamische Staat« seinem Dschihad unterlegt, ist die eines Gottesdienstes, der es seinen Kämpfern erlaubt, alle moralischen Standards außer Kraft zu setzen. Folglich maßen sie sich das Recht an, auch die abscheulichsten Verbrechen und Greueltaten zu begehen, sei es die Versklavung und der Verkauf von Mädchen, die Ermordung wehrloser Kriegsgefangener oder schutzloser Frauen, Kinder und Greise. Damit tun sich zwischen den Dschihadisten des »Islamischen Staats« und den Schiiten Welten auf.

DREI

Von Monarchen, Diktatoren und Kriegen: Der Irak im 20. Jahrhundert

Der dschihadistische Terror des »Islamischen Staates«, der heute Europa und den Westen bedroht, nahm seinen Anfang im Irak. Der selbsternannte Kalif des »Islamischen Staates«, Abu Bakr al-Baghdadi, stammt ebenso aus dem Irak wie der engste Kreis seiner militärischen Führungskader und Berater. Von allen 22 Staaten der arabischen Welt ist der Irak in ethnischer und konfessioneller Hinsicht der am meisten heterogene. Das machte ihn seit seiner Gründung 1921 anfällig für konfessionelle und ethnische Spannungen und Grabenkämpfe. Der Irak gilt heute zu Recht als gescheiterter Staat, also als ein Staat, der zu wenig oder überhaupt keine Staatlichkeit hat und dessen auseinanderstrebende Volksgruppen keine gemeinsame nationale Identität teilen. Wenn die Staatsstrukturen eines solchen Landes sich aufzulösen beginnen, wie das ab 2003 im Irak nach der US-Invasion der Fall war, bilden sich Machtvakuen. Das wiederum bietet einen idealen Nährboden für radikale religiöse oder nationalistische Gruppen, wie zum Beispiel den »Islamischen Staat«, derartige Machtvakuen für die eigenen Zwecke zu nutzen. Um zu verstehen, wie der »Islamische Staat« entstehen und gedeihen konnte, ist daher ein historischer Überblick über den Irak unabdingbar.

Der Irak bis 1918

Die fruchtbare Region des alten Mesopotamiens zwischen Euphrat und Tigris gehört zu den ältesten Kulturlandschaften der Erde. In Mesopotamien entstanden die altorientalischen Hochkulturen und Reiche der

Sumerer, Akkader und Babylonier, und dort entwickelte sich mit der
Keilschrift auch eine der ersten Schriften der Menschheit. Außerdem entstanden dort die ersten Rechtskodizes der Welt, die Grundlagen von Mathematik und Astronomie und vieles mehr, ohne die die moderne Na-
turwissenschaft, Kunst, Kultur, Philosophie und Religion nicht denkbar
wären. Den Babyloniern folgte die Herrschaft des persischen Achamä-
nidenreiches, das mit der Eroberung Babyloniens durch Alexander den
Großen 331 v. Chr. ein Ende fand. Mit Alexander dem Großen begann
die hellenistische Ära des Gebiets mit verschiedenen griechischen Dia-
dochenreichen. Im 3. Jahrhundert n. Chr. wurde Mesopotamien zum
Zentrum des sassanidischen Perserreiches, das schließlich unterging, als
die muslimischen Araber, die nach dem Tod Mohammeds rasch weite
Gebiete des Nahen Ostens und Nordafrikas erobert hatten (seit 635),
ihren Siegeszug begannen. Seit der Mitte des 7. Jahrhunderts wurde das
ehemalige antike Mesopotamien, dessen südlichen Teil die Araber den
Namen Irak (arabisch: *iraq*) gaben, eines der Kerngebiete des islamischen
Weltreichs. Bagdad wurde unter den sunnitischen Abbasiden-Kalifen
762 zur Residenz erhoben. Knapp 500 Jahre lang erlebte Bagdad eine
glanzvolle Zeit als Zentrum der arabisch-islamischen Welt, eine Ära, die
1258 mit der Eroberung und Zerstörung Bagdads durch die Mongolen
endete. Auf dem Höhepunkt ihrer Macht eroberten die Osmanen 1534
Bagdad und gliederten das Zweistromland dem Osmanischen Reich ein.
Die Sultane in Istanbul beherrschten das Gebiet, das sie in die drei Teil-
provinzen Basra, Bagdad und Mossul aufteilten, bis zur Auflösung des
Reichs 1918.

Konfessionell und ethnisch war der Irak Anfang des 20. Jahrhunderts
ein Flickenteppich. Die große Mehrheit der Bevölkerung waren städtische, nomadisierende oder bäuerliche Araber. Sie stammten von einem
der etwa 150 Stämme ab, die seit der Antike in immer neuen Wellen aus
den Wüsten der arabischen Halbinsel ins fruchtbare Zweistromland gezogen waren. Daneben lebten im Norden und Nordosten überwiegend
sunnitische kurdische Stämme. Sie sprachen Kurdisch, eine vom semiti-
schen Arabischen deutlich unterschiedene indo-europäische Sprache, die
eng mit dem Persischen verwandt ist. Ebenfalls im Norden, in und um
Kirkuk, siedelten seit dem 13. Jahrhundert turkmenische Stämme, die
mit Ausnahme der schiitischen Shabaka überwiegend sunnitisch waren.
Darüber hinaus lebten im Nordirak zahlreiche kleine ethnische und reli-

Karte 2: Konfessionelle Verteilung der Schiiten und Sunniten im heutigen Irak

giöse Minderheiten, darunter Orientchristen verschiedener Kirchen wie der chaldäischen, nestorianischen oder armenischen Richtung. Doch fanden sich im Norden auch kurdischsprachige Yeziden, Anhänger einer aus Quellen des Zoroastrismus, der hellenistischen Gnosis, der Schia und autochthonen Volksreligionen schöpfenden synkretistischen monotheistischen Religion. Ein zentraler Bestandteil ist die Verehrung des Melek Taus, eines von Gott aus Licht geschaffenen Engels und Mittlerwesens zwischen Schöpfer und Erdenmenschen. Symbol von Melek Taus ist ein blauer Pfau. Seine Verehrung brachte den Yeziden seit alters her immer wieder den Vorwurf der Teufelsanbetung ein, da viele Muslime Melek Taus mit dem Satan gleichsetzen. Diffamierung, Verfolgung und Mord waren die Folge, wie auch derzeit im Herrschaftsgebiet des »Islamischen Staats« im Nordirak. Im Süden und Zentrum gab es noch kleinere Gemeinden der Mandäer und Sabäer. In Bagdad lebten zudem aus dem Iran geflohene Anhänger der Bahai, einer Abspaltung der Zwölferschia, sowie einige tausend Juden, letzte Nachfahren der von Nebukadnezar in die babylonische Gefangenschaft verschleppten Juden Israels.[1]

Der Irak war seit alters her eine Hochburg der arabischen Schia. Deren Anhänger konzentrierten sich im Wesentlichen um die Hafenstadt Basra sowie um die Schia-Theologenzentren Nadschaf und Kerbela. Sie waren seit jeher politisch und sozial an den Rand gedrängt. Seit Beginn des 19. Jahrhunderts waren die meisten der nomadisierenden und halbsesshaften arabischen Beduinenstämme zur schiitischen Richtung des Islam übergetreten.[2] Zum Ende der Osmanen-Herrschaft war die Schia bereits mit ungefähr 60 Prozent der Bevölkerung zur zahlenmäßig größten Glaubensrichtung der Araber des Irak aufgestiegen. Die sunnitischen Osmanen-Gouverneure stützten sich in Armee, Handel und Verwaltung traditionell allein auf arabische oder türkische Sunniten. Den Schiiten hingegen misstrauten sie: Sie standen im Verdacht, insgeheim mit dem Iran, der Schutzmacht der Schiiten, im Bunde zu sein. Das Osmanische Reich verstand sich als Schutzmacht der Sunniten und rivalisierte seit dem 16. Jahrhundert mit den schiitischen Herrscherdynastien der Safawiden und Qajaren im Iran um die Vorherrschaft im Nahen Osten.

Von der Monarchie zu Saddam Hussein

Während des Ersten Weltkriegs rückten britische Truppen in Mesopotamien ein und besetzten 1917 Bagdad. Zu diesem Zeitpunkt war das Osmanische Reich bereits stark geschwächt. Im Inneren des Vielvölkergebildes rumorte es schon seit Jahren, vor allem in den unruhigen arabischen Provinzen. Dort forderten verschiedene arabische Führer lokaler oder regionaler nationalistischer Bewegungen die staatliche Unabhängigkeit. Großbritanniens Diplomaten und Geheimagenten, allen voran

Einflusszonen der Mandatsmächte Großbritannien und Frankreich gemäß dem Sykes-Picot-Abkommen (1916)

Karte 3: Der Nahe Osten nach dem Zerfall des Osmanischen Reiches

Thomas Edward Lawrence (»Lawrence von Arabien«) und Gertrude Bell, hatten zu diesen arabischen Führern Verbindungen angeknüpft. Im Auftrag Londons versprachen sie den Arabern, sie nach dem Sieg über das Osmanische Reich beim Aufbau eines unabhängigen arabischen Staates zu unterstützen. Die Bedingung lautete, dass sie den Briten im Krieg durch bewaffnete Aufstände gegen die Osmanen zur Seite stünden – was die Araber auch taten. Doch als Großbritannien Ende 1918 den Irak besetzt und unter seine direkte Herrschaft gestellt hatte, war die Empörung der nationalistischen Araber groß. Sie fühlten sich um ihren Lohn betrogen und verraten.

Und in der Tat hatten die Kolonialmächte Großbritannien und Frankreich, vertreten durch ihre Diplomaten Mark Sykes und Charles François Picot, bereits im Mai 1916 ein Geheimabkommen zu Lasten der Araber geschlossen. Gemäß dem Sykes-Picot-Abkommen wurde die territoriale

Konkursmasse des Osmanischen Reiches zwischen der Levante und Mesopotamien in zwei Einflusszonen aufgeteilt. Frankreichs Zone umfasste den größten Teil der Region, die von den Arabern al-Sham genannt wird, also Großsyrien. Dazu zählten auch das heutige Syrien und Libanon sowie das Gebiet von Mossul. Großbritanniens Einflusszone umfasste Palästina, das heutige Jordanien und die osmanischen Provinzen Basra und Bagdad. Unter Verletzung des Sykes-Picot-Abkommens besetzte London am Ende des Jahres 1918 die ölreiche Provinz Mossul, um sich die Kontrolle über die nordirakischen Ölquellen zu sichern. Nach dem Ende des Ersten Weltkriegs bestätigte der Völkerbund 1920 die künstliche Grenzziehung ohne Rücksicht auf ethnische und kulturelle Kontinuitäten. Er machte Großbritannien und Frankreich zu Mandatsmächten über die nun von ihnen verwalteten Territorien, verbunden mit der vagen Auflage, die Mandatsgebiete – irgendwann, irgendwie – in die Unabhängigkeit zu führen.

Mitte 1920 kam es im Irak zu einer Volkserhebung der Araber gegen die britische Mandatsherrschaft. Zum ersten Mal vereinten sich Führer der sunnitischen Araber und der schiitischen Bevölkerungsmehrheit unter einer gemeinsamen Führung. Die Kurden im Norden beteiligten sich nicht, denn deren Führer hofften, die Briten würden ihnen in naher Zukunft, wie von London versprochen, die Gründung eines unabhängigen Kurdenstaats ermöglichen. Die Briten benötigten drei Monate für die Niederschlagung des Aufstandes, was weitaus höhere Kosten an Geld und Menschenleben forderte, als London veranschlagt hatte. Zum Sieg trug auch bei, dass die Briten politische Zugeständnisse an die nationalistischen sunnitischen Führer des Aufstands gemacht und sie damit zur Kampfaufgabe bewegt hatten. Damit hatten sie die Erhebung von innen geschwächt. Nach dem Aufstand gaben die Briten das Konzept der kostspieligen direkten Herrschaft auf und leiteten den Übergang zur indirekten Herrschaft über den Irak ein.

London stützte sich dabei auf den sunnitischen Hashimiten-Prinzen Faisal I., ursprünglich Herrscher eines kurzlebigen Großsyrien von Englands und Frankreichs Gnaden. Die Briten inthronisierten ihn im August 1921 in Bagdad und etablierten damit eine Monarchie unter britischem Mandat. Faisal brachte aus Damaskus eine ihm ergebene Gruppe nationalistisch orientierter arabisch-sunnitischer Offiziere und Beamter mit. Mit ihnen formte er ein Kabinett und bildete den Kern der neuen Militär- und Verwaltungselite. Die Briten behielten das letzte Wort: Sie zwangen Faisal und seine Getreuen, im Oktober 1922 einen britisch-irakischen Bündnisvertrag zu unterzeichnen, der vorsah, den Irak noch auf Jahrzehnte hinaus zu einem britischen Vasallen zu machen. Dagegen erhob sich 1923 starker Widerstand unter den arabischen Schiiten. Einzelne führende Schia-Geistliche erließen sogar *fatwas*, in denen sie die Gläubigen zum Widerstand gegen diesen Vertrag aufriefen. Als die Briten daraufhin prominente Führer der schiitischen Protestbewegung verhafteten, flüchteten einige ranghohe Schia-Geistliche in den Iran. Doch ihre Hoffnung, von dort aus durch fortgesetzten Widerstand eine Massenerhebung der Schiiten auszulösen und damit das Kabinett Faisals sowie die Briten zum Nachgeben zu bewegen, trog. Erst Jahre später erlaubte man diesen rebellischen Schia-Geistlichen die Rückkehr, allerdings erst nachdem man ihnen den Eid abgenommen hatte, fortan jeglicher Einmischung in die Politik zu entsagen. Diese Widerstandsepisode der Schia-Geistlichen sollte fatale Folgen für die Machtbeteiligung der Schiiten im Irak haben. Damit hatten sie sich nicht nur die Briten zum Feind gemacht, sondern sich auch den arabischen Sunniten entfremdet. Diese betrachteten es als Verrat, dass die arabischen Schia-Geistlichen den Schutz und die Rückendeckung des persischen Iran in Anspruch genommen hatten, was ihr Misstrauen gegen die Schiiten weiter vertiefte.[3]

Das Mandatsgebiet verabschiedete im Jahre 1925 eine Verfassung, und noch im selben Jahr sprach der Völkerbund dem Irak das Gebiet von Mossul zu. Damit konnten die Briten ihre Ansprüche auf die dortigen Ölquellen sichern. Zugleich bedeutete dies aber auch, dass die Kurden im Nordirak keinen eigenen Staat erhalten und ihre dortigen Siedlungsgebiete Teil des Irak würden – was die Kurden enttäuschte. Umso härter forderten sie ab 1926 im Rahmen des Irak weitreichende Autonomie in ihren Siedlungsgebieten, was sowohl Bagdad als auch London entschieden ablehnten. Das notorisch aufsässige und freiheitsliebende Bergvolk wurde seither zu einem permanenten Unruheherd im Irak: In jedem Jahrzehnt flackerten im kurdischen Norden fortan Unruhen und Rebellionen auf, ganz gleich wer gerade in Bagdad regierte.[4] Bis zur US-Invasion von 2003 bildeten diese Kurdenrebellionen eine historische Konstante im modernen Irak. Ein weiteres Kontinuum war die politische und soziale Benachteiligung der schiitischen Bevölkerungsmehrheit.

Beides verweist darauf, dass die Briten 1921 zwar einen Staat schufen, dieser jedoch ein künstliches Gebilde blieb – und zwar weil er kein einiges Staatsvolk hatte und seine politische Klasse es nicht vermochte, eine auf gemeinsamen Visionen gegründete nationale Identität zu schaffen. Die Gegensätze zwischen Arabern und Kurden beziehungsweise zwischen Schiiten und Sunniten blieben die prägenden Momente der irakischen Nationalgeschichte. Und weder der Monarchie noch den darauf folgenden Republiken gelang es, die Gegensätze zwischen Kurden, Schiiten und Sunniten auszugleichen und die Volksgruppen dauerhaft zu versöhnen. Für wie vergeblich er selbst dieses Unterfangen hielt, machte König Faisal I. in einem 1932 an die politische Klasse des Landes gerichteten Memorandum deutlich. In ihm schrieb er: »In dieser Angelegenheit ist mein Herz mit Trauer gefüllt, denn ich muss sagen, dass ich glaube, es gibt gar kein irakisches Volk innerhalb des Irak. Es gibt nur unterschiedliche Gruppen ohne jedes Nationalgefühl. Sie sind erfüllt von Aberglauben und falschen religiösen Traditionen und es gibt nichts, was sie eint. […] Der Irak ist eines jener Länder, denen die Grundvoraussetzung einer gesellschaftlichen politischen Einheit fehlt, nämlich einheitliche Ziele und Visionen und ein Gemeinschaftsgefühl.«[5]

Iraks Nationalisten trotzten den Briten 1930 den Vertrag von Bagdad ab. Er bescherte dem Irak – zusammen mit der Aufnahme in den Völkerbund – formal seine Unabhängigkeit. Britische Privilegien und die Militärpräsenz blieben jedoch bestehen: So erlangte die britisch dominierte Iraq Petroleum Company (IPC) faktisch ein Monopol über die irakische Erdölwirtschaft. Außerdem entstand eine vor allem von sunnitischen Offizieren, Beamten, Großgrundbesitzern und Vertretern der neuen Mittelschicht dominierte politische Klasse. Die sunnitische Staatselite war indes gespalten. Auf der einen Seite stand die politisch eher liberale pro-britische »Hof- und Kabinettselite«, die als Macht- und Finanzoligarchie von der britischen Vormachtstellung im Irak am meisten profitierte und diese daher beibehalten wollte. Auf der anderen Seite bewegten sich diverse Gruppen radikaler sunnitischer Nationalisten. Sie setzten sich aus Offizieren, Intellektuellen und Repräsentanten moderner Berufe zusammen, die bestrebt waren, die pro-britische Monarchie zu stürzen und die volle Unabhängigkeit zu erreichen. Während des Zweiten Weltkriegs versuchten im April 1941 nationalistische Offiziere im Bündnis mit dem nationalsozialistischen Deutschland, das Land durch einen Staatsstreich von Großbritannien zu lösen. Britische Truppen vereitelten das Vorhaben, verhafteten die Putschisten und richteten sie hin.

Unter der Monarchie lebte die Mehrheit der schiitischen Bevölkerung politisch und sozial am Rande der Gesellschaft. Sie waren und blieben die Ärmsten der Armen. Daneben gab es aber eine kleine, sehr aktive urbane Elite schiitischer Händler, Großgrundbesitzer und Vertreter des Mittelstands. Ihr gelang es, sich mit der machthabenden monarchischen Elite und deren britischen Protektoren zu verbünden. Das verschaffte ihr Zugang zur Geld- und Machtoligarchie des Irak und damit die Chance, finanziellen Wohlstand und politischen Einfluss zu erlangen. Seit den dreißiger Jahren stieg die Zahl schiitischer Politiker in den Kabinetten der Monarchie dann stetig an. Beispielhaft hierfür ist der Aufstieg der Familie Chalabi, eine der säkularen modernen Mittelschicht angehörende Familie wohlhabender schiitischer Banker und Großgrundbesitzer in Bagdad. Die Chalabis stiegen zu den wichtigsten Ratgebern und finanziellen Gönnern der Hashimiten-Könige auf – eine Beziehung, die beiden Seiten nutzte und die Chalabis bis zum Ende der Monarchie (1958) zu einer der reichsten schiitischen Familien des Irak machte.[6]

Die Gründung der Republik Irak

Am 14. Juli 1958 kam es in Bagdad zu einem blutigen Staatsstreich. Eine Gruppe nationalistischer sunnitischer Offiziere unter Führung von General Abdalkarim al-Qasim unternahm einen Militärputsch und stürzte den letzten Hashimiten-Monarchen von Londons Gnaden, König Faisal II., seinen Sohn und die engsten königlichen Berater: Sie hängten sie am Torbogen des Königspalasts auf und riefen die Republik aus. Die Revolution von 1958 markierte das Ende der liberal-demokratischen Monarchie und den Beginn einer Reihe autoritärer, von sunnitischen Militärs geführter Regimes, die schließlich ab 1968 in der Baath-Diktatur gipfelten.

Qasim war ein Gegner des sozial-konservativen, pro-britischen Kurses der Monarchie. Unter seiner Herrschaft trat der Irak 1959 aus dem Bagdad-Pakt pro-westlicher Staaten des Nahen Ostens aus, der unter der Ägide Washingtons 1955 ins Leben gerufen worden war. Zugleich forderte er die westlichen Ölkonzerne heraus. Zwar ließ er deren Förderrechte an alten Lagerstätten unangetastet, erzwang aber die Rückgabe von Konzessionen für neu zu erschließende Felder an Bagdad. Außerdem ging er auf Konfrontation zu den Großgrundbesitzern. Er leitete eine Landreform ein, baute Schulen, Krankenhäuser und in den Großstädten neue Wohnviertel für die landflüchtigen, verarmten Slumbewohner. Unter ihm entstand 1958 auf der Ostseite des Tigris der vor allem von Schiiten aus dem Süden bewohnte Stadtteil »Revolution-City«, der bald ein Drittel aller Bewohner Bagdads beherbergte. Qasims Politik machte ihn populär, er avancierte zum Liebling und Idol breiter Schichten des Volkes, die unter ihm einen beachtlichen gesellschaftlichen und politischen Aufstieg erlebten.[7]

Anfänglich stützte sich Qasim auf zwei starke politische Gruppen, die Kommunisten und die Kurden. Iraks Kommunisten waren seit den 1940er Jahren immer stärker geworden und hatten unter der Industriearbeiterschaft und Teilen der aufstrebenden Mittelschicht eine solide Anhängerschaft gefunden. Die Kurden erhofften sich von Qasim rasche und weitreichende Konzessionen für die von ihnen angestrebte Autonomieregion im Norden. Kurden und Kommunisten verteidigten Qasim gegen seine Feinde, unter denen die Nasseristen und die Baath-Partei die gefährlichsten waren. Die in viele Gruppen gespaltenen Nasseristen waren Anhänger des nationalistischen Präsidenten Ägyptens Gamal Abd al-Nasser. Dessen anti-imperialistischer arabischer Sozialismus fand in den 1960er Jahren in vielen arabischen Ländern Anhänger und Nachahmer und zielte darauf ab, möglichst viele arabische Staaten unter einer gemeinsamen, sprich ägyptischen Führung zu verschmelzen. Die Baath-Partei wiederum war in den 1940er Jahren in Syrien von säkularen christlichen und muslimischen Intellektuellen gegründet worden. Angeführt von dem christlichen Intellektuellen Michail Aflaq hatte sie sich zu einer nationalistischen pan-arabischen Kaderpartei entwickelt, die auch ideologische Elemente des deutschen Nationalsozialismus in sich aufnahm. Die Ideologie der Partei verbindet in eklektischer Manier Elemente des Panarabismus, des Säkularismus und des Sozialismus. Das angestrebte Ziel ist die Vereinigung aller arabischen Staaten unter einer politischen Führung.[8] Schon früh bildeten sich in Syrien und im Irak unterschiedliche Flügel der Partei, die sich seit den 1960er Jahren erbittert bekämpfen. Der irakische Baath-Flügel trachtete Qasim von Anfang an nach dem Leben, und einige seiner Mitglieder, darunter auch der junge Saddam Hussein, verübten 1959 in Bagdad einen Mordanschlag auf ihn. Das Attentat schlug fehl, und Saddam, der dabei verwundet wurde, floh ins ägyptische Exil. Das misslungene Attentat förderte Qasims Popularität im Volk, zugleich aber auch sein Misstrauen gegenüber politischen Weggefährten und Partnern, von denen er mehr und mehr abrückte. In der Folge wurde es einsam um Qasim, und seine Regierung wurde schrittweise zu einer Autokratie.

1961, kurz nachdem Großbritannien seine Schutzherrschaft über das Scheichtum Kuwait aufgegeben hatte, provozierte Qasim eine außenpolitische Krise mit dem Westen und den Nachbarstaaten. Kuwait war bis 1918 als Unterbezirk der Provinz Basra nominell ein Teil des Osmanischen Reiches. Mit dem Argument, dessen Rechtsnachfolger zu sein, verlangte Qasim in einem Brief an den Scheich von Kuwait die Einwilligung, das ölreiche Kuwait als dessen 19. Provinz dem Irak einzuverleiben. Das verweigerten sowohl der Emir von Kuwait als auch Großbritannien, das zum Schutz des Emirats seine Truppen zurückbeorderte. Die fehlgeschlagene Kuwait-Annexion konnte Qasim aufgrund des damit verbundenen erheblichen Verlusts an Renommee nicht verwinden.

Ohnehin hatte Qasim zum Zeitpunkt der Kuwait-Krise seinen politischen Zenit bereits überschritten. Mit der kommunistischen Partei, deren Forderung nach mehr Staatssozialismus in der Wirtschaft er nicht nachkommen wollte, hatte er sich überworfen. Aber auch mit den Kurden hatte Qasim gebrochen. Als er deren Autonomiebegehren zurückgewiesen hatte, entbrannte ein erbitterter Aufstand, der zwei Drittel seiner Armee im Norden des Irak band. Im Februar 1963 kam es, angeführt von General Abdelsalam al-Arif, einem ehemaligen Weggefährten Qasims, zu einem erneuten Offiziersputsch von Nasseristen und Baathisten. Am Ende des zweitägigen Putsches, der als einer der blutigsten in der Geschichte des Nahen Ostens gilt, töteten die Putschisten Qasim und viele seiner Anhänger auf besonders grausame Weise. Doch nur wenige Monate nach Qasims Sturz entzweiten sich die Sieger. Im Streit um die Alleinherrschaft im Staat zogen die Baathisten den Kürzeren und mussten erneut in den Untergrund abtauchen. Abdelsalam al-Arif erklärte sich zum Präsidenten und übernahm, gestützt auf Teile des Offizierskorps und die irakischen Nasseristen, die alleinige Macht. Als er 1966 bei einem mysteriösen Flugzeugabsturz starb, übernahm sein Bruder, Abdelarif al-Salam, die Macht und konnte sich knapp zwei Jahre lang behaupten.

Der Irak unter der Baath-Herrschaft

Im Juli 1968 putschte sich General Ahmad Hassan al-Bakr, ein Mitglied des Militärflügels der Baath-Partei, an die Macht. Er übernahm die Regierung und ließ sich zum Präsidenten ernennen. Nachdem sich Bakr innerhalb von zwei Wochen aller Mitverschwörer, die ihm gefährlich werden konnten, gewaltsam entledigt hatte, übernahm er die Macht vollständig. Neben dem Präsidentenamt übte er nun auch die Ämter des Ministerpräsidenten und des Oberbefehlshabers der Streitkräfte aus. Zum höchsten Organ des Regimes wurde der Revolutionäre Kommandorat, der von Bakr als Vorsitzendem geleitet wurde und mit Spitzenkadern der Baath-Partei besetzt war. An der Seite von Bakr stand von Anfang an sein Verwandter und politischer Ziehsohn, Saddam Hussein. Beide stammten aus Tikrit, einer Kleinstadt nördlich Bagdads, einem traditionell sunnitischen Gebiet, und beide gehörten dem Bu-Nasir-Stamm an, dessen zehn Sub-Clans in und um Tikrit siedelten. Im Schatten Bakrs stieg Saddam zum zweitmächtigsten Mann des neuen Regimes auf und übernahm den stellvertretenden Vorsitz des Revolutionären Kommandorats und der Baath-Partei sowie die Kontrolle des Geheimdienstapparats.

Die Machtergreifung der Baath-Partei leitete den Aufbau eines totalitären Herrschaftssystems ein. Das strategische Ziel der Baath-Partei war die Eroberung eines Machtmonopols. Aus taktischem Kalkül kooperierte sie eine Zeit lang mit politischen Konkurrenten wie den Kommunisten, nur um sie, wenn ihre eigene Position gefestigt war, von der Macht auszuschließen und zu verfolgen. Um ihre Macht auf ein breiteres Fundament zu stellen, öffnete sich die Baath-Partei, die vordem als geheime Untergrundpartei nur wenige tausend Mitglieder zählte, für Neumitglieder. Sie wurde zu einer Massenpartei, die mit ihren vielfältigen neuen Zweig- und Unterorganisationen so gut wie alle sozialen, wirtschaftlichen und administrativen Bereiche des Lebens durchdrang und beherrschte. Gegen Anfang der 1990er Jahre zählte sie knapp 1,5 Millionen Mitglieder. Gegen politische Rivalen ging das Baath-Regime unbarmherzig vor, indem es jegliche politische Aktivität außerhalb der Baath-Partei unter Todesstrafe verbieten und Oppositionelle durch die Geheimdienste verfolgen ließ. Zehntausende wahrer oder vermeintlicher Gegner wurden hinterrücks ermordet, öffentlich hingerichtet oder ins Gefängnis geworfen. Vom Beginn des Baath-Regimes 1968 bis zu seinem Sturz im Jahre 2003 flohen zahlreiche Iraker ins Ausland.

Um seine Macht abzusichern, setzte das Baath-Regime aber nicht allein auf Terror und Repression. Als ebenso wichtiges Mittel nutzte es Erfolge beim wirtschaftlichen Aufbau. Konsequent trieb das Regime die technische und gesellschaftliche Modernisierung des Landes voran, womit auch eine Stärkung der Frauenrechte in Familie und Arbeitsleben verbunden war. Der Schlüssel des Erfolgs lag in der Kontrolle der Einnahmen aus der Erdölförderung. Der Irak verfügt mit rund 112 Milliarden Barrel über die weltweit zweitgrößten nachgewiesenen Erdölreserven der Welt. Nur Saudi-Arabien besitzt mit 220 Milliarden Barrel mehr Erdölvorkommen. 1960 gründete der Irak zusammen mit dem Iran, Kuwait, Saudi-Arabien und Venezuela die OPEC, die Vereinigung Erdöl produzierender Länder. Ziele des Zusammenschlusses waren der Abbau der Übermacht ausländischer Ölkonzerne, die Revision ungerechter Konzessionsverträge, die Erlangung der Kontrolle über die nationalen Rohstoffvorkommen und ein stärkerer Einfluss auf Produktionsmengen und Preisgestaltung. Bagdad hatte es 1972 gewagt, die Iraqi Petroleum Company (IPC) zu verstaatlichen, die bis dahin größtenteils von westlichen Ölkonsortien, und hier vor allem von britischen und amerikanischen, beherrscht worden war. Fortan sollten die Einnahmen der IPC ungeschmälert der Staatskasse in Bagdad zufließen. Ein knappes Jahr später (1973) setzte ein gewaltiger Preisanstieg bei Rohöl ein, der einen regelrechten Öl-Boom auslöste (während diese Entwicklung im Westen zur ersten »Ölpreisschock«-Krise führte). Mit seiner Hilfe konnte das Regime seine Herrschaft dauerhaft stabilisieren: Lagen die jährlichen Einnahmen Bagdads aus dem Ölverkauf zu Beginn der 1970er Jahre noch bei 600 Millionen US-Dollar, so erreichten sie 1980 26 Milliarden US-Dollar. 95 Prozent der Exporterlöse wurden in den 1980er Jahren durch Erdöl erzielt.

Dieser sich aus den Ölverkäufen speisende Geldregen gab der Regierung die Mittel in die Hand, um die letzten Teile der Industrie zu verstaatlichen und umfangreiche Wohlfahrtsprogramme aufzulegen – eine Strategie, um den sich angesichts der stalinistischen Unterdrückungsmethoden in Teilen des Volks regenden Unmut abzumildern. Zugleich forcierte der Staat erfolgreich Infrastrukturprojekte und Modernisierungsprogramme, was ihn binnen weniger Jahre zum größten Arbeitgeber des Landes machte. Der Irak erzielte in atemberaubendem Tempo Fortschritte bei der Alphabetisierung, im Bildungs- und Universitätswesen, in der Agrarwirtschaft und der Infrastruktur sowie im Gesundheitswesen. 1980 hatte der Irak in allen diesen Bereichen eine Spitzenstellung in der arabischen Welt inne. Kurzum: Anfang 1980 stand der Irak an der Schwelle zum Industrieland.

Der Ölreichtum finanzierte das Wachstum einer breiten, staatstreuen Mittelschicht von Lehrern, Ärzten, Ingenieuren und Beamten. Anfang der 1990er Jahre beschäftigte die Regierung mehr als 20 Prozent der arbeitenden Bevölkerung, wobei schätzungsweise 40 Prozent aller irakischen Haushalte ihr Einkommen von staatlichen Regierungsorganisationen bezogen. Infolge dieser Expansion wurde die Baath-Partei zur Massenpartei, in die viele Iraker auch aus opportunistischen Erwägungen eintraten. Die Segnungen des sozialistischen Wohlfahrtsstaates der Baath-Regierung, das Wirtschaftswachstum und das Versprechen sozialer Modernisierung beeinflussten auch viele frühere Kritiker aus den Reihen der Kommunisten, Kurden und schiitischen Islamisten. Etliche von ihnen ließen sich von den Sirenengesängen des Regimes betören und fanden sich bereit, partiell oder zeitweise mit ihm zu kooperieren.

Innenpolitisch hatte das Regime aber noch das Hindernis der Kurden zu überwinden. Sie standen der Konsolidierung seiner Macht weiter im Wege. Die irakischen Kurden unter der Führung der Kurdish Democratic Party (KDP) hatten bereits unter den vorhergehenden Regimen mehrfach Bürgerkriege gegen Bagdad geführt, um ihre Forderung nach weitreichender Autonomie durchzusetzen. All diese Kämpfe endeten jedoch in einem militärischen Patt und ohne, dass eine der beiden Seiten sich politisch durchsetzen konnte. 1969 flammten erneut Kämpfe auf: Sie endeten, als Bagdad im März 1970 ein Abkommen mit den Kurden schloss, das diesen nach einer vierjährigen Übergangszeit Autonomie versprach. Die Atempause kam dem Regime gelegen, um seine Machtposition innenpolitisch zu festigen und sich auch militärisch auf weitere Waffengänge vorzubereiten. Als probates Mittel erwies sich hierbei der außen- und sicherheitspolitische Schwenk, den Bagdad ab 1970 in Richtung Sowjetunion und ihrer Satellitenstaaten vollführte. Die Annäherung des Irak an Moskau gipfelte 1972 in der Unterzeichnung eines bilateralen Abkommens über Freundschaft und Zusammenarbeit, in dessen

Folge der Irak fast unbegrenzt militärische Ausrüstungsgüter und Waffen aus dem Ostblock erhielt.

Als 1974 erneut ein Bürgerkrieg mit den Kurden ausbrach, war Bagdad dank Moskaus Militärhilfe bestens gerüstet. Diesmal stützten sich die Kurden auf die massive Unterstützung des iranischen Schahs. Seit dem Machtantritt der Baathisten hatte sich die Rivalität zwischen Bagdad und Teheran um die Position der führenden Regionalmacht verschärft. Der Konflikt um den umstrittenen Grenzverlauf am südlichen Zusammenfluss von Euphrat und Tigris, dem Schatt al-Arab, war der prominenteste, wenngleich nicht der einzige Zankapfel zwischen Teheran und Bagdad. Doch im Frühjahr 1975 einigten sich beide Seiten auf ein Abkommen, das als Gegenleistung Irans für territoriale Zugeständnisse des Irak ein Ende der iranischen Unterstützung für die irakischen Kurden vorsah. Der Wegfall der iranischen Waffenhilfe führte zu einer empfindlichen Niederlage der Kurden, auf die das Baath-Regime mit drakonischen Vergeltungskampagnen reagierte. Viele tausend kurdische Widerstandskämpfer, die Peschmerga, fanden den Tod, Hunderttausende kurdischer Zivilisten wurden in die Berge getrieben oder zwangsweise umgesiedelt. Das Ende der kurdischen Revolte bildete den Auftakt zu mehreren großen, von Bagdad initiierten Bevölkerungsbewegungen mit dem Ziel einer dauerhaften Arabisierung des kurdischen Nordirak. Angespornt und finanziell verlockt vom Regime, zogen Zigtausende arabischer Familien aus anderen Landesteilen in den Norden, wo sie Ländereien und Häuser der Kurden übernahmen und auf kurdischem Territorium siedelten, vor allem in und um Kirkuk.

Saddams Alleinherrschaft und der Krieg gegen den Iran

Im Juli 1979 fühlte sich Saddam stark genug, die Alleinherrschaft an sich zu reißen. Ohne einen Anflug von Sentimentalität zwang Saddam Präsident Hassan al-Bakr zum Rücktritt und übernahm das Präsidentenamt sowie alle Führungspositionen Bakrs in Partei und Revolutionärem Kommandorat. Um möglichen Widerstand der Führungselite bereits im Ansatz zu ersticken, ließ er in den Wochen nach Bakrs Rücktritt mehr als 500 hochrangige Baath-Parteikader hinrichten. Ex-Präsident Bakr starb

1982 in Bagdad. Gerüchten zufolge soll er auf Betreiben Saddams vergiftet worden sein, um jede Gefahr eines Comebacks im Keim zu ersticken. Saddam stand 1979 im Zenit seiner Macht. Er und Bakr hatten in den Jahren zuvor den Irak zu einer waffenstarrenden Militärmacht am Golf aufgerüstet. Darüber hinaus legte Saddam in diesen Jahren den Grundstein für ein ABC-Waffenprogramm, das in den kommenden zwei Dekaden im Westen und in den arabischen Golfstaaten für Schrecken und Kopfzerbrechen sorgen sollte. Beim Aufbau einer Industrie für biologische und chemische Kampfstoffe sowie der Beschaffung von Anlagen für Atomreaktoren halfen ihm Firmen aus Ost und West gern, denn schließlich zahlte Bagdad gut, zuverlässig und pünktlich.

Doch während Saddam seine persönliche Macht innenpolitisch zementierte, braute sich außenpolitisch mit dem Sieg der von Ayatollah Ruhollah Khomeini angeführten islamischen Revolution im Iran eine Gefahr für den Irak zusammen. Der oppositionelle Kleriker und Monarchie-Gegner Khomeini war 1964 vom Schah des Landes verwiesen worden und hatte von 1965 an im irakischen Nadschaf im Exil gelebt. Auf Druck des Schahs hatte Saddam Hussein den Ayatollah im August 1978 aus seinem Exilort nach Paris ausgewiesen. Im Triumphzug in den Iran zurückgekehrt, übernahm Khomeini in Teheran die Macht und unterstützte den Export der islamischen Revolution in andere Staaten. Ein Hauptadressat des iranischen Revolutionsexports waren die politisch aktiven Gruppen der irakischen Schiiten. Teherans Aufforderung, sich zu erheben und das »gottlose« säkulare Baath-Regime zu stürzen, nahm Saddam als direkte Bedrohung seiner Herrschaft wahr. Gleichzeitig entging es Saddam nicht, dass der Iran angesichts heftiger nachrevolutionärer Wirren und Machtkämpfe sowie Säuberungsaktionen in den Streitkräften geschwächt schien. Im September 1980 sah er eine günstige Gelegenheit gekommen, die islamistische Gefahr im Iran durch einen Präventivkrieg auszuschalten. Um zwei Fliegen mit einer Klappe zu schlagen, suchte er zugleich Khuzistan, die ölreiche, größtenteils von Arabern bewohnte iranische Grenzprovinz, dem Irak einzuverleiben. Saddams Kalkül ging jedoch nicht auf. Nach anfänglichen Geländegewinnen der irakischen Armee konnten die iranischen Truppen ihre Gegner unter hohen Verlusten zurückschlagen. Zwei Jahre nach Kriegsbeginn hatten sich die Fronten weitgehend entlang des alten Grenzverlaufs stabilisiert. Der Krieg war zum Stellungskrieg mit ständig wachsenden hohen Verlusten an Menschen und Material geworden. Saddam legte im Sommer 1982 Iran ein Angebot vor, Frieden zu schließen und den *Status quo ante* wiederherzustellen, was Khomeini jedoch ablehnte. Stattdessen befahl Irans Revolutionsführer, den Krieg fortzuführen und die Regierung in Bagdad zu stürzen, um die islamische Revolution in den Irak zu tragen. Die folgenden sechs Jahre waren von einem militärischen Patt gekennzeichnet, das von Jahr zu Jahr für jedes der beiden Länder kräftezehrender wurde.

Mit der Verwandlung des Konflikts in einen Angriffskrieg des Iran veränderte sich auch das geopolitische Kalkül der amerikanischen Regierung. In dem vom Irak 1980 gegen den Iran begonnenen Krieg wahrten die USA anfänglich Neutralität, da Washington beide Seiten gleichermaßen als Gegner betrachtete. Das Moskau-freundliche totalitäre und nationalistische Baath-Regime in Bagdad wurde in Washington seit Mitte der 1970er Jahre als latente Bedrohung der Sicherheit pro-westlicher Nachbarstaaten angesehen. Dementsprechend spannungsgeladen waren die Beziehungen zwischen Bagdad und Washington, die 1977 schließlich ganz abgebrochen wurden. Angesichts der Gefahr durch den revolutionären Iran, den Washington als größte Bedrohung der Stabilität am Golf ansah, näherte sich Washington allerdings ab 1982 Bagdad rasch wieder an. Höhepunkt dieser Annäherung war die Bagdad-Reise von Donald Rumsfeld als Sondergesandter Präsident Reagans 1983. Das weltberühmte Foto von Rumsfelds Händedruck mit Saddam war das Symbol für einen Neuanfang zwischen den USA und dem Irak, zu dem Washington 1984 wieder volle diplomatische Beziehungen aufnahm. Entgegen rhetorischer Neutralitätsbekundungen unterstützten die USA fortan Bagdad im Krieg gegen Teheran, sei es mit Lieferungen ziviler und militärischer Güter, sei es mit Satellitenaufklärungsbildern. Das hinderte Washington allerdings nicht daran, auch den Iran mit Waffen zu beliefern – wenngleich in deutlich geringerem Umfang. Washingtons Kalkül war offensichtlich: Beide Kriegsparteien sollten sich im Krieg aufreiben und militärisch schwächen, was sie zu einer geringeren Bedrohung für die von den USA garantierte Stabilität am Golf machen würde.

Der Iran war dem Irak zwar an territorialer Größe und Bevölkerungszahl überlegen. Doch genoss der Irak dank großzügiger Waffenlieferungen der UdSSR, Frankreichs und der USA eine waffentechnische Überlegenheit – gegen die auch der religiöse Opfermut unzähliger freiwilliger Revolutionsmilizionäre des Iran, der Basidsch, nichts ausrichten konnte. Sie stellten den Löwenanteil der iranischen Soldaten, die zwischen 1982 und 1988 von ihren Vorgesetzten zu Zehntausenden sinnlos als Kanonenfutter verheizt wurden. Die meisten starben in Menschenwellenattacken gegen starke irakische Stellungen. Nennenswerte, dauerhafte Geländegewinne erzielte der Iran mit seinen Offensiven nicht. Der Irak hingegen versetzte dem Iran empfindliche Schläge gegen seine Infrastruktur im Hinterland. Von Moskau gelieferte Scud-Raketenbomben des Irak trafen regelmäßig Teheran, richteten großen Schaden an und lösten Panik aus, die die Kampfmoral der Zivilbevölkerung untergrub. Irakische Kampfpiloten, von Frankreich ausgebildet und mit französischen Kampfjets ausgestattet, verursachten mit ihren Angriffen weit hinter der Front gewaltige Schäden an Irans Infrastruktur, vor allem an Ölförder- und Verladeeinrichtungen.

Ungefähr in der Mitte des Jahres 1988 begann sich das Blatt zugunsten des Irak zu wenden. Im Zuge des eskalierenden Öltanker-Krieges zwischen Iran und Irak im Persischen Golf hatten die USA die Zahl ihrer Seestreitkräfte in der Region massiv verstärkt. Als im Juli 1988 ein US-Schlachtschiff irrtümlich ein iranisches Zivilflugzeug mit 300 Passagieren an Bord zerstörte, vergößerte dies in Teheran die Furcht, die USA stünden kurz vor einem Kriegseintritt an der Seite Bagdads. Weitverbreitete Kriegsmüdigkeit in der Bevölkerung, bedrohliche militärische Rückschlage, Engpässe bei der Versorgung mit Munition und Kriegsgerät, leere Staatskassen und eine insgesamt dramatische Wirtschaftskrise bewirkten auch unter hartnäckigen Kriegsbefürwortern in der iranischen Führung ein Umdenken. Widerwillig begriff Khomeini, dass der international weitgehend isolierte Iran den Krieg gegen den dank massiver Unterstützung aus West und Ost militärtechnisch überlegenen Irak nicht gewinnen konnte. Schlimmer noch: Bei Kriegsfortsetzung drohte womöglich ein Systemkollaps. Daher sah sich Khomeini am 16. Juli 1988 gezwungen, in einem internen, an führende Regimefunktionäre gerichteten Schreiben einzugestehen, dass die Annahme der zuvor von der UNO verabschiedeten Friedensresolution 598 unvermeidbar sei. Seine Entscheidung zur Einstellung des Krieges kleidete Khomeini in die Worte: »Diese Entscheidung kam mir so bitter an wie der Trunk eines Bechers Gift« (*in tasmim baraye man tschon zahr keschandeh ast*). Und er begründete den Schritt mit dem Vorrang, den »die Erhaltung der Islamischen Republik« (*hefazat az jomhuri-ye eslami*) gegenüber allen anderen Zielen genieße[9] – ein Hinweis darauf, dass Irans Führung das ideologische Konzept des militärischen Revolutionsexports auf dem Altar der Staatsräson geopfert hatte.

In den letzten Tagen des Juli 1988 trat der Waffenstillstand zwischen Irak und Iran in Kraft. Mit ihm endete der längste Krieg des 20. Jahrhunderts, der auf irakischer Seite schätzungsweise 150.000 Soldaten und auf iranischer Seite etwa 300.000 Soldaten das Leben gekostet hatte. Die materiellen Schäden waren gewaltig, insbesondere auf iranischer Seite. Der spätere Staatspräsident Ali-Akbar Hashemi Rafsanjani (1989–1997) bezifferte 1994 öffentlich die Kosten Irans auf 1.000 Milliarden US-Dollar. Aus dem selbst angezettelten Krieg gegen die Schiiten des Iran ging Saddam Hussein mit einem blauen Auge hervor, und nicht nur das: Er schien innenpolitisch gestärkt. Denn obwohl die Mehrheit des eigenen Volkes und die meisten der einfachen Soldaten seiner Armee Schiiten waren, die gegen ihre schiitischen Glaubensbrüder im Iran hatten kämpfen müssen, hatte die »Heimatfront« gehalten. Weder hatte es im Inland Rebellionen gegeben, noch desertierten nennenswerte Kontingente seiner Soldaten. Doch warum blieb es bei den Schiiten des Irak hinter der Front ruhig? Darauf soll uns das nächste Kapitel eine Antwort geben.

Iraks Schiiten zwischen Anpassung und Rebellion

Die irakischen Schiiten verharrten zwischen der Gründung der Republik 1958 und dem Beginn des Kuwait-Krieges 1991 weitgehend in politischer Passivität. Zwar wandte sich ihnen eine kleine, politisch aktive und vor allem urbane Minderheit zu, darunter linke und säkular-nationalistische Parteien wie Kommunisten und Baathisten. Doch änderte das nichts an der Orientierung der Mehrheit auf dem Lande, in den Kleinstädten und in den Elendsquartieren der rasch wachsenden Vororte der Großstädte, allen voran in Bagdad. Sie folgten weiterhin den quietistischen Großayatollahs in Nadschaf und Kerbela. Diese Strömung verwirft jegliche direkte Einmischung der Kleriker in politische Fragen. Letztere widmen sich stattdessen eher weltabgewandten theologischen Studien sowie der Aufgabe, die Masse der religiösen Laiengläubigen in rechtlichen, sozialen und sakral-religiösen Fragen zu leiten. Auch heute, 2015, folgt nur eine

Minderheit der Schiiten bedingungslos islamistischen Parteien, die seit 2003 in der Gunst der Schiiten an die Stelle der Linken und Säkularen getreten sind. Die große Mehrheit dagegen hält wie ehedem den quietistischen Großayatollahs die Treue.

Die 1950er und 1960er Jahre waren von der beherrschenden Persönlichkeit des Großayatollah Muhsin al-Hakim bestimmt. Hakim war ein Quietist, dem bis zu seinem Tod (1970) die meisten Schiiten des Irak folgten. Doch angesichts politischer Turbulenzen und sozialer Umwälzungen im Gefolge der Militärputsche war es für Hakim und die anderen führenden Quietisten immer schwerer geworden, sich zurückgezogen im Elfenbeinturm der Askese und Theologie in Nadschaf zu verschanzen. Besondere Sorge bereitete ihm die wachsende Attraktivität säkularer und atheistischer Parteien unter der schiitischen Jugend und in der urbanen Mittelschicht. Um sich diesem Trend entgegenzuwirken, bezog Hakim schließlich widerwillig Position. 1960 erließ er eine *fatwa*, die die Mitgliedschaft in der Kommunistischen Partei als mit dem Glauben unvereinbar erklärte. Eine ähnliche, gegen die Mitgliedschaft in der Baath-Partei gerichtete *fatwa* soll Hakim 1969 wenige Monate vor seinem Tod erlassen haben. Diese Stellungnahmen vertieften das Misstrauen der Baath-Regierung gegen den hohen Schia-Klerus, in dem sie eine potentielle Bedrohung ihres Machtmonopols erblickte. Und so nahm sie die *fatwas* zum Anlass, die Überwachung und Gängelung der Geistlichen in den *hauzas* von Nadschaf und Kerbela zu intensivieren. Doch ungeachtet der *fatwas* von Hakim hielten die Kleriker in Nadschaf am Dogma der politischen Abstinenz fest.

Das erklärt auch den Misserfolg der Revolutionspropagandisten Teherans, die nach dem Sieg der iranischen Revolution 1979 begannen, die irakischen Schiiten zum Sturz ihres Regimes aufzufordern. Lag die fehlende Resonanz an den harten Repressalien von Seiten des Baath-Regimes? Das ist allenfalls teilweise zu bejahen. Denn schon zur Zeit seines Nadschafer Exils (1965–1978) hatte Khomeini mit seiner radikalen politischen Botschaft kaum Widerhall bei den irakischen Schiiten gefunden. Die Hauptursache war Khomeinis Gegnerschaft zu den beiden führenden quietistischen Schia-Klerikern des Irak, den Großayatollahs Muhsin al-Hakim und Abolqasem al-Khoei. Mit ihnen hatte Khomeini einen verdeckten Krieg geführt, der sich im Schatten der Wandelgänge der theologischen Seminare der *hauza* abspielte und sich hinter Konventionen geheuchelter gegenseitiger Respektbezeugungen verbarg. Khoei und Hakim pflegten zum revolutionären Außenseiter Khomeini ein höfliches, gleichwohl distanziertes Verhältnis. Und beide machten keinen Hehl daraus, dass sie Khomeinis revolutionäre Thesen entschieden ablehnten.[10] Nur wenige Schiiten, vorwiegend junge, politisch radikalisierte Kleriker von mittlerem Rang unter Führung des charismatischen Chefideologen der Daawa-Partei, Ayatollah Muhammad Baqir al-Sadr, folgten dem Ruf Khomeinis – wenngleich erst ab Anfang 1979.[11] Sie bildeten den Kern der Schia-Opposition, die 1979 und 1980 den bewaffneten Kampf gegen das Baath-Regime aufnahm, doch gefährdeten sie aufgrund ihrer fehlenden Massenbasis das System nicht ernsthaft. Als Saddam Hussein im Frühjahr 1980 viele Aktivisten und politisch-religiöse Führer der Schia-Opposition, an ihrer Spitze Ayatollah Muhammad Baqir al-Sadr, hinrichten ließ, flohen die meisten der überlebenden Kader ins iranische Asyl.

Die Jahre zwischen 1970 und 1992 standen ganz im Zeichen des aus dem Iran stammenden Abolqasem al-Khoei. Er war nach dem Tode von Großayatollah Muhsin al-Hakim (1970) nicht nur von den meisten Schiiten des Irak als ihr führender Großayatollah anerkannt worden, sondern besaß auch im Iran wegen seiner theologischen Gelehrsamkeit zahlreiche Anhänger. Doch nach Khomeinis Machtübernahme in Teheran und dem Ausbruch des Iran-Irak-Kriegs stand Khoei auf gefährlich schwankendem Grund. Die Kriegsjahre zwangen ihn zu einem Balanceakt zwischen Bagdad und Teheran. Saddam Hussein versuchte in dieser Zeit den Schia-Klerus zu kooptieren, dessen interne Autonomie aufzuweichen und ihn zur Parteinahme für den Krieg gegen Iran zu zwingen. Dabei setzte er mal auf blanke Gewalt, mal auf finanzielle Verlockungen. Doch blieb diese Politik von Zuckerbrot und Peitsche erfolglos. Ungeachtet aller Einschüchterungsversuche wahrte Khoei während des Krieges seine neutrale Haltung gegenüber beiden Seiten.

Die Propaganda der Bagdader Staatsführung setzte ganz auf die panarabische Staatsideologie und stellte den Krieg als vaterländischen Abwehrkampf der »irakischen Araber« gegen die fremden »Perser« dar. Und in der Tat verfing diese auf Patriotismus abgestellte Strategie bei der Mehrheit der nationalbewussten irakischen Schiiten: Nur ein winziger Bruchteil der schiitischen Soldaten der Armee des Irak, in der sie 80 Prozent der einfachen Soldaten und Unteroffiziere stellten, lief zum Feind über. Die überwältigende Mehrheit von ihnen hingegen stand, obschon sie keine Parteigänger des Baath-Regimes waren, loyal zu ihrem Land. Der Grund war ihr Patriotismus: In der Regel verstanden sich Iraks Schiiten zunächst als irakische Araber und erst dann als Schiiten, woran sich bis zur Gegenwart nichts Wesentliches geändert hat.[12]

Um diese Haltung zu verstehen, muss man tiefer in das komplexe Beziehungsgeflecht zwischen beiden Völkern hineinblicken. Arabisch sprechende irakische Schiiten und ihre Persisch sprechenden Glaubensbrüder im Iran verbindet eine komplizierte Hassliebe. Ihr Verhältnis ist und bleibt voller Ambivalenzen, Widersprüche und Paradoxien. Dieses Verhältnis pendelt beständig zwischen den Polen von Abgrenzung und Selbstbehauptung einerseits und Solidarität, Anlehnung und Schutzbedürfnis andererseits. Zumeist überbetonen westliche Beobachter die Aspekt von Solidarität, Anlehnung und Übereinstimung in religiös-rituellen Fragen. Das verleitet sie oft zu dem falschen Schluss, arabisch-irakische und iranische Schiiten seien de facto ein homogener Block. Vergessen wird dabei stets, wie stolz irakische Schiiten darauf sind, dass ihr Land, der Irak, die historische Wiege der Schia ist und die schiitischen Imame alle Arabisch sprachen. Allergisch reagieren die meisten Schiiten des Irak daher auf Vormundschaftsansprüche der persischen Schiiten, die sie zurückweisen.

Gänzlich unberücksichtigt lassen westliche Beobachter auch eine andere, ungemein wichtige Quelle, aus denen sich die Distanz und Antipathie vieler irakischer Schiiten gegenüber den persischen Schiiten speist. Unter den meisten Iranern, gleich ob religiös oder nicht, gibt es seit alters her die weitverbreitete Vorstellung, als Nachfahren der indogermanischen Arier ein »einzigartiges Volk« zu sein. Im kollektiven kulturellen Bewusstsein der meisten Iraner spielt es eine wichtige Rolle, dass ihre Vorfahren bereits in der vorislamischen Ära glanzvolle Reiche und hochstehende Kulturen, wie die der Achamäniden und Sassaniden, geschaffen hatten. Aus dem Stolz auf diese Vergangenheit erwuchsen rassistische Vorurteile und kulturelle Überlegenheitsansprüche gegenüber den Völkern der regionalen Nachbarschaft im Allgemeinen und gegenüber den Arabern im Besonderen. So bedenkt der Volksmund im Iran bis heute die Araber, gleich ob Schiiten oder Sunniten, gern mit ehrenrührigen Schimpfworten, die auf deren »primitiven« kulturellen Entwicklungsstand vor dem Siegeszug des Islam verweisen. Zu den harmloseren zählt beispielsweise der gängige Begriff des *malakh-khor* (persisch: »Heuschreckenfresser«), der auf Essgewohnheiten nomadisierender Beduinenaraber verweist. Selbstredend ist und bleibt dieser latente nationalistische und kulturelle Überlegenheitsdünkel vieler Iraner ein Faktor, der das Verhältnis zwischen Irakern und Iranern eintrübt.[13]

Kurzum: In Anbetracht dieser alten kulturellen Ambivalenzen verwundert es kaum, dass es Saddam im Iran-Irak-Krieg gelang, die meisten Schiiten des Inlands mit einer Mischung aus finanziellen Anreizen, patriotischer Propaganda und Repression gefügig zu machen, zu verführen oder zum Schweigen zu bringen. Doch was war mit den schiitischen Politrebellen, die 1980 ins Exil geflohen waren?

Die Daawa-Partei

Die islamische Daawa-Partei (arabisch: *al-daawa al-islamiya,* »der Ruf zur Annahme des Islam«) ist die älteste der schiitisch-islamistischen Parteien des Irak. Dessen Regierungen werden seit 2005 von wechselnden Koalitionen rivalisierender schiitisch-islamistischer Parteien und Organisationen dominiert. Unterstützt durch die Autorität der führenden traditionalistischen Großayatollahs in Nadschaf, an ihrer Spitze Ayatollah Sistani, bestimmen sie die politischen Geschicke des neuen Irak. Die drei mächtigsten schiitisch-islamistischen Kräfte in diesen Koalitionen sind dabei die Sadr-Bewegung, der »Hohe Islamrat des Irak« (»Islamic Supreme Council of Iraq«, ISCI) und die Daawa-Partei. Letztere stellte von 2004 bis 2015 drei der vier Premierminister des Irak.

Alle diese Kräfte haben eine islamistische Orientierung. Ihr Ziel ist es demnach, eine islamische Staats- und Gesellschaftsordnung zu begründen. Doch ließen die Umstände der US-Invasion von 2003 und die neue, von den US-Besatzern geschaffene demokratische Ordnung dieses Ziel in weite Ferne rücken. Realpolitischer Pragmatismus angesichts der militärischen Überlegenheit der US-Besatzer veranlasste die Islamisten zu Kompromissen und taktisch motivierter Anpassung. So erklärten sie das Projekt eines Islamstaates zu einem Fernziel, das sich nur mit Zwischenetappen in Gestalt demokratischer, frei gewählter Regierungen erreichen ließe. Ob jedoch die islamistischen Wölfe nur Kreide fraßen und ob ihr Bekenntnis zur Demokratie aufrichtig war, ist bis heute mehr als unklar. Im Folgenden sollen zwei dieser islamistischen Kräfte, die Daawa-Partei und der ISCI, die sich bis zur Invasion von 2003 die meiste Zeit im Exil befanden, näher beschrieben werden. Die ideologisch und programmatisch diffuse Sadr-Bewegung formierte sich erst gegen Mitte der 1990er Jahre, wurde dann in den Untergrund abgedrängt und trat erst nach der US-Invasion von 2003 als mächtiger Akteur auf die politische Bühne. Bis heute ist die Sadr-Bewegung vor allem eine populistische Widerstandsbewegung geblieben, in der destruktive Tendenzen überwiegen. Deshalb wird sie erst später thematisiert.

Unter vielen irakischen Schiiten, auch denen, die sie nicht wählen, genießt die Daawa-Partei beträchtliches Ansehen. Der Grund dafür ist, dass sie vier Jahrzehnte lang Widerstand gegen das Baath-Regime geleistet und dafür mit zahllosen Märtyrern bezahlt hat. Einer ihrer Gründungsväter und ihr wichtigster geistig-spiritueller Mentor war der schiitische Reformtheologe Ayatollah Baqir al-Sadr. Er war es auch, der die Daawa mit einer kleinen verschworenen Anhängerschar aus schiitischen Laien 1958 in Nadschaf aus der Taufe hob.[14] Die Daawa war von Anfang an eine konspirative, im Untergrund operierende Kaderpartei, deren interne Organisationsstruktur sich an die Struktur der irakischen Kommunisten und Baathisten anlehnte. Als gelehrige Schüler der Baathisten übernahm die Daawa auch deren subversive Techniken zur Eroberung und Absicherung der Macht, Techniken, die ihr bis heute einen strategischen Vorteil gegenüber ihren Konkurrenten verschaffen. Im Laufe der Zeit entwickelte die Daawa ein eng verwobenes Netz von Geheimzellen und eine hierarchisch organisierter Parteistruktur. Im Zentrum stand (und steht) eine kleine Kerngruppe aus Vollmitgliedern und leitenden Parteikadern, deren Mitglieder sich – ähnlich wie die Fraktion der Bolschewiki unter Lenin – als elitäre ideologisch-politische Avantgarde von Berufsrevolutionären betrachten.

Gestützt auf die religiös-philosophischen und ökonomischen Theorien Baqir al-Sadrs, erarbeitete die Daawa in den 1970er Jahren eine eigene Ideologie. Sadr sah den Islam durch die geistige Immobilität des quietistischen Schia-Klerus bedroht. Geistig erstarrt, organisatorisch verkrustet und fixiert auf politische Abstinenz um jeden Preis, offerierte der Klerus keine Antworten mehr auf die Herausforderungen der Moderne. Deshalb verlor er auch immer größere Teile der Jugend an die säkularen und nationalistischen Parteien. Dem wollte Sadr entgegenwirken. Sein Gegenmittel war eine ideologische Synthese, in der theologische Konzepte der Schia mit demokratischen und sozialistischen Konzepten der Moderne verschmolzen und als Alternative zu Kommunismus und Baathismus dargestellt wurden. Ihre Adressaten waren vor allem religiöse Laien der modernen Mittelschicht und der technisch-wissenschaftlichen Elite. Diese Laienaktivisten der Daawa besaßen den Auftrag, diese islamische Reformideologie durch geheime, aber gewaltfreie pädagogische Arbeit und Propaganda im Volk zu verbreiten, etwa durch Unterwanderung von Gewerkschaften und Berufsverbänden. Mit dieser Methode der »Wühlarbeit von unten nach oben« wollte die Daawa den Boden für eine »Re-Islamisierung« der Gesellschaft bereiten, die letztlich zum Aufbau einer islamischen Regierung führen sollte.

Doch zwei Umstände verhinderten, dass die Daawa mit ihrer Propagandaarbeit eine große Anhängerschaft unter den Schiiten gewinnen konnte. Der eine war die Skepsis und Ablehnung, auf die ihre Ideologie bei den sozialkonservativen und apolitischen Großayatollahs stieß, der andere die harte und erfolgreiche Repression der Geheimdienste des Baath-Regimes. Sie drängten die Daawa so tief in den Untergrund, dass die große Mehrheit der Schiiten des Irak erst 1974 zum ersten Mal von ihrer Existenz erfuhren, als das Regime in einer öffentlichen Erklärung die Hinrichtung von zwölf Daawa-Oppositionellen bekannt gab.

Doch die Geburtswehen der islamischen Revolution im Iran verschafften der Daawa im Irak Auftrieb. Der spätere Führer der iranischen Revolution, Ayatollah Khomeini, hatte während seines vierzehnjährigen Exils in Nadschaf auch Baqir al-Sadr in seinen Bann gezogen und ihn mit seinen radikalen Revolutionsthesen beeinflusst. Als es 1978/79 zu organisierten Anti-Regierungsprotesten unter den Schiiten des Südirak kam, war die Daawa die treibende Kraft. Saddams Sicherheitskräfte schlugen die Unruhen mit aller Härte nieder und suchten die politischen Aktivisten der Schia zu töten. Das beförderte die Radikalisierung der Daawa, die ab Ende 1979 offen den bewaffneten Umsturz zum Ziel erklärte und einen militanten Arm aufbaute. Als dieser ab Jahresbeginn 1980 Terroranschläge auf Regierungsfunktionäre verübte, entfesselte das eine Gewaltspirale von Terror und Gegenterror. Zur Vergeltung für einige Anschläge der Daawa ließ Saddam Hussein im April 1980 Baqir al-Sadr und seine Schwester, Bint al-Huda, eine bekannte Frauenaktivistin, verhaften. Beide wurden in ein Geheimgefängnis nach Bagdad gebracht, gefoltert und ohne jede vorherige Gerichtsverhandlung hingerichtet. Die Exekution Sadrs war der Anfang einer landesweiten Terrorkampagne gegen echte und vermeintliche Mitglieder und Sympathisanten der Daawa, von denen Tausende in den Folterkellern des Baath-Regimes zu Tode kamen. Zehntausende andere entkamen der Verfolgung durch Flucht. Viele von ihnen mischten sich unter die Flüchtlingstrecks der 40.000 irakischen Schiiten, die Saddam 1980 wegen vermeintlicher politischer Illoyalität aus dem Irak vertreiben und in den Iran abschieben ließ. Unter den Daawa-Kadern, die fliehen konnten, befanden sich vor allem laienreligiöse Führungskader wie Ibrahim al-Jaafari, Nuri al-Maliki und Haidar al-Abadi. Dazu zählten aber auch junge klerikale Schüler und Mitarbeiter von Ayatollah Baqir al-Sadr, wie Hashimi-Shahrudi oder die Brüder Baqir und Abdulaziz al-Hakim, Söhne des Großayatollahs Muhsin al-Hakim. Der gewaltige Aderlass an Aktivisten und Führungskadern der Jahre 1978–1980 sollte die Partei auf Jahrzehnte hin schwächen. Lediglich einige isolierte Untergrundzellen entgingen im urbanen Dickicht der Großstädte der Entdeckung und Vernichtung. Sie wurden die organisatorische Basis sporadischer Anschläge auf Regimevertreter, mit denen die Daawa bis zu ihrer Rückkehr 2003 dafür sorgte, unter den Schiiten des Irak nicht in Vergessenheit zu geraten.

Den Schergen Saddam Huseins entronnen, mussten die überlebenden Daawa-Kader rasch feststellen, dass sie auch im iranischen Exil nicht auf Rosen gebettet waren. Die Teheraner Machthaber verlangten für politischen Schutz und finanzielle Förderung eine Gegenleistung: Die Daawa-Kader sollten sich in einen vom Iran 1982 aufgebauten und von ihm gelenkten Dachverband einfügen, der aus einer Vielzahl anderer im Teheraner Exil versammelter irakisch-schiitischer Oppositionskräfte bestand. Der Name dieses Dachverbands war Programm: »Hoher Rat für die Islamische Revolution im Irak« (»Supreme Council for Islamic Revolution in Iraq«, SCIRI). Dieser wurde 2007 umbenannt in den »Islamic Supreme Council of Iraq« (ISCI). Zu dessen Leiter bestimmte Teheran Baqir al-Hakim, einen Geistlichen, den es der Daawa abgeworben hatte. Baqir al-Hakim und nach ihm sein Bruder Abdulaziz wurden zu Gesicht und Stimme des Hohen Rats, dessen Führungsriege aus einer eng verwobenen Gruppe exilierter schiitischer Laien und Kleriker aus Nadschaf und Bagdad bestand. Khomeini treu ergeben, befürwortete die Hakim-Gruppe das von Khomeini 1979 zum obersten Staatsprinzip des Iran erhobene theokratische Konzept der »Herrschaft des Rechtsgelehrten« (*wilayat al-*

faqih). Folglich strebte der ISCI nicht nur den Sturz Saddam Husseins an, sondern forderte auch die Einführung einer Theokratie im Irak nach dem Muster der islamischen Revolution im Iran.

Das Verhältnis von Daawa und dem ISCI war von Anfang an von Rivalität und Feindschaft geprägt. Da sich die Daawa weder dem Führungsanspruch der al-Hakim-Familie beugen, noch den politischen Modellcharakter der *wilayat al-faqih* für den Irak anerkennen wollte, weigerte sie sich hartnäckig, dem Hohen Rat beizutreten. Als Ergebnis tat sich zwischen der Daawa und ihrem Gaststaat Iran eine wachsende Kluft auf. Diese vergrößerte sich noch, als der Iran 1983 den Anspruch des ISCI unterstützte, die einzige und legitime schiitisch-irakische Opposition zu sein. Um die Daawa auf ihre Linie einzuschwören, erhöhte Teherans Regierung den Druck auf die Daawa. Angestiftet von Teheran, entbrannten in der Daawa zwischen 1980 und 1990 immer wieder erbitterte Flügelkämpfe, die zu häufigen Wechseln in der Daawa-Führung und zu verschiedenen Abspaltungen Iran-loyaler Splittergruppen führten. Das minderte den organisatorischen Zusammenhalt und den Bewegungsspielraum der Partei erheblich. Doch um des Überlebens willen waren ihre Führer gezwungen, mit Teheran eine begrenzte Kooperation einzugehen; Argwohn und kritische Distanz zu Teheran überwogen bei ihnen jedoch weiterhin.

Aus Furcht, eine politische Marionette des Iran zu werden, eröffnete der verbliebene unabhängige Hauptflügel der Partei unter der Leitung von Ibrahim al-Jaafari 1990 ein zweites Daawa-Hauptquartier in London. Ibrahim al-Jaafari, geboren als Ibrahim al-Aschaiqir in Kerbela, war Arzt und in Mossul promoviert worden. Gleichzeitig übernahm ein anderer, nicht pro-iranischer Führungskader, Nuri al-Maliki, die Führung des Regionalbüros der Daawa in Damaskus. Maliki, der mit dem Daawa-Hauptflügel in London kooperierte, galt als durchsetzungsstarker Organisator. Ihm gelang es trotz aller Widerstände, die Unabhängigkeit des Daawa-Büros in Syrien gegen Beeinflussungsversuche von Teheran und dem syrischen Baath-Regime in Damaskus zu verteidigen.

Nach dem Ende des Iran-Irak-Kriegs und der partiellen Emanzipierung vom Iran mäßigte die Daawa in den 1990er Jahren ihren anti-westlichen und anti-demokratischen Kurs. Das machte die Daawa am Vorabend der US-Invasion auch für die amerikanischen Kriegsplaner attraktiv, die nach potentiellen Kooperationspartnern für den Wiederaufbau des Irak nach Saddam Hussein suchten. Als Washington begann, unter den exilierten irakischen Oppositionsparteien eine Auswahl zu treffen, nahmen sie Mitte 2002 deshalb auch die Daawa in den Kreis der politischen Schützlinge der USA auf.

Der »Islamic Supreme Council of Islamic Revolution in Iraq« (ISCI)

Erster Vorsitzender des »Islamic Supreme Council of Islamic Revolution in Iraq« (ISCI) war der Nadschafer Geistliche Hojjatoleslam Mahmud al-Hashimi-Shahrudi. Shahrudi war Schüler und enger Vertrauter Baqir al-Sadrs, der ihm 1979, kurz vor seiner Flucht in den Iran, eine wichtige theologische Weihe in Form einer schriftlichen Lehrbefugnis, einer *idschaza*, erteilt hatte. Shahrudi leitete den ISCI bis 1985 und widmete sich danach theologischen Studien, um Großayatollah zu werden. Ab Mitte der 1980er Jahre wurde er zu einem engen Freund und zum theologischen Mentor des damaligen iranischen Staatspräsidenten Ali Khamenei (1982–1989). Diese enge Verbindung war für Shahrudis späteren Aufstieg ungemein förderlich, zumal Khamenei 1989 die Nachfolge des verstorbenen Khomeini als Revolutionsführer antrat. Khamenei ernannte Shahrudi 1997 zum Leiter der iranischen Justiz. Damit übernahm für mehr als ein Jahrzehnt ein gebürtiger irakischer Araber das nach der iranischen Verfassung drittwichtigste Amt im Iran.[15]

Der Mann, der im ISCI von Beginn an die Fäden zog, war allerdings ein anderer: nämlich der erste Vizevorsitzende des ISCI, Ayatollah Baqir al-Hakim. Er war einer der jüngeren Söhne irakischen Großayatollahs Muhsin al-Hakim. Angeregt durch Baqir al-Sadr in Nadschaf, war auch Baqir al-Hakim früh im Widerstand gegen das Baath-Regime aktiv, was ihm wiederholte Gefängnisstrafen eintrug. Im Sommer 1980 entlassen, floh er kurz nach Kriegsausbruch in den Iran. 1985 übernahm er auch formell den Vorsitz des ISCI und wurde von Khomeini gleichsam als irakischer Revolutionsführer *in spe* anerkannt. Aus Rache für al-Hakims Aktivitäten ließ das Bagdader Regime 1985 18 enge Verwandte Hakims hinrichten. Die meisten von ihnen kamen aus Nadschaf und der umliegenden gleichnamigen Provinz, eine Region, die (weil sie Stammland der al-Hakim-Familie ist) zur Hochburg des ISCI wurde. Zeitlich fiel die vom Iran initiierte Gründung des ISCI mit der ersten von mehreren

Bodenoffensiven der iranischen Armee gegen Basra zusammen. Damals begann Irans Propagandamaschine zu verkünden, dass der Iran im Falle eines militärischen Erfolges den ISCI als provisorische Regierung in Basra oder (bei einem totalen Zusammenbruch der Feindeslinien) in Bagdad anerkennen werde.

Analog zu anderen konventionellen Befreiungsbewegungen in der Dritten Welt etablierte auch der ISCI 1983 einen militärischen Arm, die sogenannte Badr-Brigade. Sie bestand aus exilierten Schia-Aktivisten und in der Gefangenschaft umgedrehten schiitischen Soldaten der irakischen Armee. Die Mannschaftsstärke der Badr-Brigade, die vom Iran ausgerüstet und finanziert wurde, betrug am Vorabend der US-Invasion im Irak 2003 etwa 15.000 Mann. Während des Iran-Irak-Krieges kämpfte die Badr-Brigade Seite an Seite mit den Einheiten der Pasdaran, den iranischen Revolutionswächtergarden. Offiziere der Revolutionswächter waren es auch, die bis 2003 das Kommando in der Badr-Brigade innehatten. Da der ISCI politisch, finanziell und militärisch von Anfang an vollständig vom Iran abhing, war die Beziehung zwischen Iran und ISCI offenkundig eine zwischen Patron und Klient. Das wiederum spielte Bagdads Propagandaapparat in die Hände, der ISCI zwei Jahrzehnte lang als gekauften Landesverräter und willfährigen Büttel des Erzfeindes Iran brandmarkte. Diese Propaganda wirkt auch 2015 noch nach. Wie keine andere schiitische Organisation zieht der ISCI bis heute Ablehnung, Hass und gewalttätige Angriffe vieler nationalbewusster Iraker auf sich, und dies beileibe nicht nur der Sunniten. Auch viele Schiiten sehen im ISCI eine Organisation gekaufter Verräter, die dem persischen Erzfeind die Schlüssel zur Macht im arabischen Irak in den Schoß legen will.

Mit Khomeinis Tod (1989) endete im Iran die Ära der kompromisslosen, vor allem von Revolutionsdogmen bestimmten Außenpolitik. In der Zeit danach ließ Teheran das Konzept des militärischen Revolutionsexports ohne große Worte fallen. Als Irans neuer Präsident, Ali-Akbar Hashemi Rafsanjani behutsam damit begann, Irans Außenpolitik abzumildern, und vorsichtige Entspannungssignale gen Westen aussandte, änderte auch der ISCI seine Strategie. Baqir al-Hakim setzte fortan ganz auf realpolitischen Pragmatismus. Als Teil dieser neuen Orientierung strebte ISCI an, sich gegenüber der arabischen Welt als legitimer Vertreter der irakischen Opposition und als politische Alternative zum Saddam-Regime zu profilieren. Zu diesem Zweck gründete der ISCI in verschiedenen westlichen und nahöstlichen Hauptstädten politische Vertretungsbüros, darunter in Washington, London, Paris, Wien, Kuwait und Damaskus. Dank iranischer Finanzhilfe und professionellem Management glichen diese Dependancen in Größe und Repräsentativität Botschaften mittelgroßer Staaten. Diese langfristige Investition des Iran zahlte sich 2003 aus.

Zugute kam dem ISCI obendrein, dass er auf tüchtige Vertreter zurückgreifen konnte, mit denen er Brücken zu westlichen Hauptstädten mitsamt ihrer jeweiligen politischen Klasse baute. Die wichtigste Mittlerfigur war wohl der Leiter des Pariser ISCI-Büros, Adil Abd al-Mahdi. Mahdi, ein in Frankreich ausgebildeter und promovierter Ökonom, sprach perfekt Englisch und Französisch und unterhielt engste Beziehungen zur Hakim-Familie. Mahdi entstammte einer angesehenen Familie schiitischer Notabeln und Kleriker aus Bagdad. Sein Vater war sogar zum Minister in einem der letzten Kabinette der Monarchie aufgestiegen. In seiner Jugend besuchte Mahdi das renommierte, von amerikanischen Jesuiten geleitete Bagdad-College, das auch ein Dutzend anderer, später im Irak zu Einfluss gekommener Politiker besuchte. Mahdi galt (und gilt) vielen Beobachtern als ein politisches Allround-Talent mit den Fähigkeiten eines Chamäleons. Seine geschmeidige Anpassungsfähigkeit ist phänomenal und stellt ihn in eine Ahnenreihe mit berühmten Vorläufern, wie etwa dem ebenso genialen wie opportunistischen französischen Diplomaten Charles-Maurice de Talleyrand. Im vorrevolutionären Frankreich hatte Talleyrand seine Karriere als katholischer Bischof begonnen, um dann aus der Kirche auszutreten, da er ab 1789 die Französische Revolution unterstützte. Dann schwor er ihr ab, um Napoleon als Außenminister zu dienen. Schließlich verriet er Napoleon, um, nun als Außenminister Ludwigs XVIII., auf dem Wiener Kongress die Restauration der französischen Monarchie auszuhandeln. Ähnlich wie Talleyrand bemühte sich auch al-Mahdi, überall dabei zu sein. So war er unbeschadet seiner Herkunft aus einer pro-monarchischen Familie des schiitischen Geld-Adels in den 1960er Jahren zunächst ein feuriger Anhänger der Baath-Partei. Danach wandte er sich dem Kommunismus zu und war 20 Jahre lang aktiver Propaganda- und Führungskader der irakischen kommunistischen Partei – zunächst im Inland und später im Pariser Exil. Doch dort verfiel er der Aufbruchsstimmung und dem religiösen und revolutionären Sog der iranischen Revolution. 1980 schwor er dem Kommunis-

mus ab und wandte sich erneut den religiösen schiitischen Wurzeln seiner Jugend zu, um seither all seine Kraft dem ISCI zu widmen. Mahdis
Verhandlungsgeschick und seine Anpassungsfähigkeit zahlten sich auch
nach 2003 durch hohe politische Ämter aus: Von 2004 bis 2014 war er
Finanzminister und zweimal Vize-Präsident des neuen Irak. Auch heute,
2015, steht Mahdi wieder auf der Sonnenseite: Als Ölminister liegt seine
Hand auf den gewaltigen Einnahmen aus den Ölverkäufen, die 90 Prozent der irakischen Staatseinnahmen ausmachen.

In den 1990er Jahren gelang es Mahdi die ersten tragfähigen Kontakte zu Vertretern der Nachrichtendienste der USA und Großbritanniens
zu knüpfen. Offiziell durfte es diese Kontakte allerdings gar nicht geben. Denn die Schutzmacht des ISCI, der Iran, und die USA waren seit
1979 verfeindet, politische und diplomatische Kontakte und Beziehungen waren tabu. Doch ungeachtet rhetorischer Feindschaft betrachteten
die USA und der Iran den Irak unter Saddam Hussein gleichermaßen als
Bedrohung. Das führte ab dem Beginn der 1990er Jahre zu regelmäßigen
informellen Gesprächen zwischen dem ISCI und Vertretern westlicher
Staaten. Neben diesen Kontakten pflegte der ISCI intensive Verbindungen zu säkularen Gruppen der irakischen Auslandsopposition – wobei
ideologische Antagonismen im Interesse der gemeinsamen Gegnerschaft
zu Saddam in den Hintergrund traten. Ausgesprochen enge Beziehungen
entwickelte der ISCI in den 1990er Jahren zu den zwei wichtigsten kurdischen säkularen Oppositionsparteien, der KDP und der PUK: Der Iran
hatte es beiden Kurdenparteien gestattet, Vertretungsbüros in Teheran
zu eröffnen, wofür sie als Gegenleistung nach dem Ausbruch des Iran-
Irak-Krieges partiell mit Teheran bei militärischen Operationen zusam-
menarbeiteten. Unbemerkt von westlichen Beobachtern schmiedeten die
zwei Kurdenparteien und der ISCI vor der US-Invasion eine strategische
Allianz. Wie stark dieses Bündnis war, zeigte sich im Sommer 2005, als es
den Kurdenparteien und dem ISCI glückte, bei den Verhandlungen über
die neue irakische Verfassung eine Föderation durchzusetzen.

Der Krieg um Kuwait und der Aufstand der Schiiten

Der Iran-Irak-Krieg endete im Juli 1988 mit einem Patt, das von Saddam Hussein aufgrund seiner erfolgreichen Militäroffensiven in der Schlussphase jedoch als Erfolg verbucht wurde. Entsprechend stolz und machtbewusst gerierte er sich ab August 1988 gegenüber dem In- und Ausland als Sieger. Den scheinbaren Triumph nutzte Bagdad vor allem gegenüber seinen regionalen arabischen Unterstützern am Golf weidlich aus. Schließlich hatten vor allem die Golfstaaten mit Krediten von über 60 Milliarden US-Dollar Iraks Kriegsmaschine finanziert. Nun pochten sie gegenüber Bagdad auf deren Rückzahlung, was von Saddam wiederum mit aggressiven Drohgebärden quittiert wurde. Damit hoffte er, zwei Dinge erreichen zu können: erstens einen Schuldenerlass und zweitens Wohlverhalten gegenüber Bagdads Regionalmachtanspruch. Die USA respektierten nach dem Kriegsende des Irak neuen Status als größte Militärmacht der Region, doch rätselten Pentagon und CIA darüber, weshalb der Irak nach Kriegsende seine Streitkräfte nicht zumindest teilweise demobilisierte.

Zu Beginn des Iran-Irak-Krieges hatte Bagdad 220.000 Mann unter Waffen, am Ende des Krieges knapp eine Million. Damit war der Irak zu einem militärischen Koloss geworden. Laut irakischer Propaganda hatte diese Streitmacht ihre Kraft vor allem zum Schutz der arabischen Golfmonarchien eingesetzt und sie durch einen heroischen Abwehrkampf gegen die »Perserhorden Khomeinis« vor der Woge der islamischen Revolution gerettet. Nun glaubte sich Saddam Hussein berechtigt, von den arabischen Golfmonarchien materielle Zugeständnisse zu fordern, da sie in Bagdads Schuld stünden. Ein Schuldenerlass der Golfaraber war umso nötiger, als Saddam Hussein klar war, dass der militärische Koloss Irak wirtschaftlich auf tönernen Füßen stand. Der Krieg hatte die Wirtschaft zerrüttet, beträchtliche Teile der industriellen Infrastruktur zerstört und dem Land eine drückende Schuldenlast hinterlassen. Aus Sorge vor innenpolitischer Instabilität hatte Bagdad im Krieg darauf geachtet, die Bevölkerung vor den gröbsten Folgen dieser Schuldenlast zu schützen, und zwar durch massive Subventionen der Grundnahrungsmittel sowie Investitionen in Infrastruktur und Industrie. Damit konnte Bagdad während des Krieges Ruhe im Hinterland schaffen und den Ausbruch sozialer und wirtschaftlicher Unruhen verhindern. Doch als nach dem Ende des Krieges die ausländische Finanzhilfe versiegte und die »undankbaren« Golfaraber zudem auf eine rasche Schuldentilgung drängten, sah sich Saddam Hussein aufgrund ökonomischer und finanzieller Probleme mit der Gefahr innenpolitischer Unruhen konfrontiert.

Trotz allen Wohlwollens registrierte Washington, dass Bagdads erstarktes politisches Selbstbewusstsein auch seine Schattenseiten hatte. Besondere Sorge bereitete Washington Saddams zunehmend aggressivere Rhetorik gegenüber Kuwait, Saudi-Arabien und Israel. Ebenso wenig entging es Washington, dass Saddam sein im Krieg zeitweise gedrosseltes Programm zur Entwicklung von Massenvernichtungswaffen wieder forcierte. Ungeachtet dessen hielt Washington an seiner freundlichen Haltung gegenüber Bagdad fest und suchte seit 1988 die wechselseitigen Wirtschafts- und Handelsbeziehungen zu vertiefen. Fortan importierten die USA irakisches Öl und lieferten im Gegenzug Agrarprodukte. Im Allgemeinen herrschte in der US-Administration die Meinung vor, das säkulare Baath-Regime in Bagdad sei trotz radikaler Rhetorik letztlich doch eine rational agierende und vielversprechende Entwicklungsdiktatur. Damit verbunden war die Hoffnung, den Irak Saddams durch Einbindung in ein Geflecht enger bilateraler politischer und wirtschaftlicher Beziehungen zähmen und politisch mäßigen zu können. Um diesen »Zähmungskurs« nicht zu gefährden, zeigten sich die USA betont langmütig und kompromissbereit. Das betraf vor allem Washingtons Haltung zu den massiven Menschenrechtsverletzungen des Saddam-Regimes. Bagdad hatte zwischen 1987 und 1989 einen Kurdenaufstand brutal niedergeschlagen. Während und nach den Kampfhandlungen wurden schätzungsweise 200.000 Kurden getötet und 1,5 Millionen zwangsweise umgesiedelt. Auf dem Höhepunkt der Kämpfe am 15. März 1988 hatte Saddams Cousin Ali Hassan (der unter dem Namen »Chemical Ali« traurige Bekanntheit erlangte) alle 5.000 Einwohner der kurdischen Kleinstadt Halabja durch Giftgasangriffe von Hubschraubern aus töten lassen. Washington ignorierte diese gut dokumentierten, grauenhaften Verbrechen und hemmte im In- und Ausland sämtliche Bemühungen, sie zu publizieren oder zu ahnden. Da der Irak für die USA zu wichtig war, lag dies nicht in ihrem nationalen Interesse.

Im Juli 1990 steigerte Saddam seine rhetorischen Drohungen gegen Israel und Kuwait noch einmal. Zugleich ließ er in einer martialischen

Geste der Entschlossenheit 100.000 Mann der Republikanischen Garden an der Grenze zu Kuwait aufmarschieren. Nun kam auch die US-Administration von George Bush senior nicht mehr umhin, Bagdad deutlich zu warnen. Die US-Botschafterin der USA in Bagdad, April Glaspie, erklärte Saddam in einem Gespräch am 26. Juli 1990, dass eine Aggression gegen Kuwait politische und wirtschaftliche Sanktionen der USA und ihrer Verbündeten nach sich zöge. Doch schlug Saddam diese Warnungen in den Wind. Wie bereits 1980 setzte der Diktator alles auf eine Karte, trat die Flucht nach vorne an und befahl am 2. August 1990 die Besetzung des militärisch fast wehrlosen Scheichtums Kuwait. Bereits am folgenden Tag erklärte Saddam Kuwait zur 19. Provinz des Irak. Offenbar hatte Saddam kalkuliert, die USA würden die Invasion als *fait accompli* akzeptieren und ihm seine Beute überlassen. Ein folgenschwerer Fehler: Denn mit diesem Schritt bewirkte Saddams die radikale politische Kehrtwende der USA, die den sofortigen Abzug der irakischen Truppen forderten. Die USA konnten auf keinen Fall akzeptieren, dass sich ein Diktator mit der Annexion Kuwaits die Kontrolle über ein Fünftel der damals bekannten Ölreserven der Erde aneignete und die regionalen Verbündeten der USA bedrohte. Wie groß die Bedrohung war, erschließt sich aus dem Hilfsersuchen des Königreichs Saudi-Arabien, dem Washington am 6. August 1990 mit der Verlegung von 20.000 US-Soldaten nach Saudi-Arabien nachkam. Das wiederum beschwor in den kommenden Jahren weitreichende Gefahren für das Königreich und die USA herauf. Denn die Stationierung christlicher US-Soldaten nahe den islamischen »Heiligen Stätten« in Mekka und Medina war für militante Dschihadisten von Al-Qaida und ähnlichen Gruppen eine Provokation und diente ihnen als Rechtfertigung dafür, den Sturz des saudischen Regimes zu fordern und einen weltweiten Dschihad gegen die USA auszurufen.

Als Saddam der Abzugsaufforderung der USA nicht nachkam, schmiedete Washington in wenigen Monaten eine internationale Anti-Irak-Koalition und baute eine von den USA geführte, 500.000 Mann starke Koalitionsarmee auf. Am 15. Januar 1991 begann Washington, mit Billigung der Sowjetunion und gestützt auf das Mandat der UNO, die Kampfhandlungen. Der Krieg um Kuwait endete am 27. Februar 1991 durch die Vertreibung und Vernichtung der irakischen Streitkräfte mit einer totalen Niederlage des Irak.

Der gescheiterte Aufstand von 1991: ein immerwährendes Trauma der Schiiten

Nach der Niederlage der irakischen Streitkräfte befahl Präsident Bush den US-Truppen, an der irakisch-kuwaitischen Grenze Halt zu machen und nicht, wie Teile der politischen Klasse und der Medien in den USA forderten, bis nach Bagdad vorzurücken und Saddam zu stürzen. Noch während des fluchtartigen Rückzugs der geschlagenen irakischen Truppen rief Bush in zwei öffentlichen Ansprachen das irakische Offizierskorps und die Bevölkerung zum Sturz Saddams auf. Und tatsächlich brach am 2. März 1991 in Basra ein Volksaufstand aus. Dort hatten schiitische Zwangsrekruten die Befehle ihrer Offiziere verweigert, und es kam zu einer spontanen Rebellion einzelner Bataillone gegen das Baath-Regime, die wie ein Lauffeuer große Teile der Zivilbevölkerung im schiitischen Süden erfasste. Spontan und unkoordiniert bildeten sich bewaffnete Nachbarschaftswehren und Milizen, die bis zum 20. März sämtliche schiitischen Provinzen des Süd- und Zentralirak in ihre Gewalt brachten. Zeitgleich brach auch im Norden ein Aufstand aus: Die kurdischen Peschmerga-Kämpfer vertrieben die Regierungstruppen aus allen drei kurdischen Provinzen.

14 der 18 irakischen Provinzen verlor Saddam binnen einer Woche im Süden und Norden an die Aufständischen. Doch Saddam hatte für solche Notfälle bereits zum Ende des Kuwait-Kriegs vorgesorgt. So hatte er die loyalsten und kampfstärksten Divisionen, die Republikanischen Garden, während der Kuwait-Besetzung in Bagdad gehalten oder nördlich der kuwaitischen Grenze konzentriert. Die ihm unzuverlässig erscheinenden Truppenteile dagegen, vor allem die aus zwangsrekrutierten Schiiten und Kurden bestehende reguläre Armee, blieben in Kuwait stationiert. Die Alliierten zerrieben den größten Teil dieser Truppen mit Luftschlägen in Kuwait. Die Republikanischen Garden blieben hingegen unversehrt, entweder weil sie rechtzeitig abgezogen worden oder auf irakischem Boden geblieben waren. Als Saddam bemerkte, dass Washington seinen Truppen keinen Befehl gab, den Aufstand zu unterstützen oder gen Bagdad vorzurücken, leitete er eine militärische Gegenoffensive ein, die bis Mitte April zur Rückeroberung des gesamten schiitischen Südens führte.

Der Schiitenaufstand scheiterte aus mehreren Gründen. Erstens war er spontan und ungeplant, und es fehlte ihm sowohl an Führung als auch an Koordination. Die im Ausland versammelte Opposition hatte keinen nennenswerten Anteil an den anfänglich beachtlichen Erfolgen der Revolte. Der Hauptgrund für das Scheitern der Revolte lag jedoch darin, das sie schnell eine konfessionelle Färbung angenommen hatte. Kämpfer der Badr-Brigade des ISCI waren in den ersten Tagen in die aufständischen Gebiete eingesickert und hatten revolutionär-islamistische Spruchbänder Khomeinis, seines Nachfolgers Khamenei und Baqir al-Hakims entrollt, auf denen eine schiitisch-islamische Republik in Basra ausgerufen wurde.[16]

Statt dem Aufstand zum Sieg zu verhelfen, bewirkten die Aktivitäten der Brigade des ISCI genau das Gegenteil: Die Nachrichten über die nach Irak gelangenden kleinen Badr-Brigade-Einheiten und die mit 10.000 Handzetteln von ISCI-Sympathisanten verbreiteten Botschaften, Saddams Ende sei nahe und die Errichtung einer Islamischen Republik stehe bevor, wirkten sich auf zwei Ebenen verheerend aus. Erstens schlug die Nachricht im Irak selbst psychologisch wie eine Bombe ein. Sie wirkte wie ein Weckruf und belebte vor allem den Kampfgeist der sunnitischen Anhänger Saddams in den regimetreuen Republikanischen Garden. Sie fürchteten, der Irak werde den zu Landesverrätern gestempelten schiitischen Aufständischen und ihrer Schutzmacht Iran in die Hände fallen. Angst ergriff vor allem die irakischen Sunniten der Mittelschichten in den Großstädten der mittleren und nördlichen Zentren, ebenso wie die sunnitischen Stämme. Alarmiert von vereinzelten Racheakten der Aufständischen an gefangenen Baathisten, schlossen die Parteikader, aber auch alle sunnitischen Profiteure des Regimes ihre Reihen hinter Saddam und unterstützten die gnadenlose Unterdrückungskampagne im Süden.

Die zweite Ebene des schiitischen Aufstandes war die außenpolitische und betraf dessen Wahrnehmung in den USA. Ein Vordringen pro-iranischer Schiiten belebte in Washington die Sorge, ein schiitisches Islamistenregime könne Saddam ablösen und die regionale Machtbalance damit zugunsten Teherans verändern. Diese Schreckensvision entsprach weder den Vorstellungen des US-Präsidenten noch den Interessen der Golfstaaten, die eine Expansion Irans fürchteten wie der Teufel das Weihwasser. Das erklärt, weshalb Washington – trotz aller Demokratie- und Freiheitsrhetorik – ungerührt und tatenlos zusah, als die Saddam-treuen Republikanischen Garden den schiitischen Aufstand blutig niederschlugen. »Kalte« realpolitische Erwägungen veranlassten die US-Administration, ihr Ziel der Stärkung von Demokratie und Menschenrechten auf dem Altar der regionalen Stabilität zu opfern.

Washingtons demokratischer »Sündenfall« hatte im Irak furchtbare Folgen. Saddam entfesselte im Süden eine in dieser Brutalität nie dagewesene Repressionskampagne gegen militante Aktivisten und Zivilisten. Die Exekutoren dieser Kollektivstrafmaßnahmen wüteten bis Mitte April und töteten schätzungsweise 100.000 Schiiten, davon allein 9.000 schiitische Geistliche und deren Familienangehörige. Hunderte schiitischer Moscheen und Heiligtümer wurden teilweise oder ganz zerstört. Kleinen versprengten Oppositionsgruppen, die in den unzugänglichen Sumpfgebieten des Ahwar zwischen Euphrat und Tigris Zuflucht suchten, rückten Saddams Truppen mit Giftgas zu Leibe. Als auch dies nicht half, begann er in den kommenden Jahren mit Bau- und Meliorationsarbeiten zur Austrocknung der Feuchtgebiete (die mit einer Fläche von etwa 11.000 km² halb so groß wie das deutsche Bundesland Hessen sind). Damit setzte er eine bis heute fortwirkende schleichende ökologische Katastrophe in Gang. Als schiitische Aufständische Anfang März Nadschaf befreiten und ihn zu einer Stellungnahme drängten, musste sogar der hoch betagte Großayatollah Abolqasem al-Khoei widerstrebend seine Zurückhaltung aufgeben: Er ernannte ein Komitee aus fünf Ayatollahs, die in Nadschaf das Gemeinwohl schützen sollten. Zugleich nahm er durch seinen Sohn Abd al-Majid al-Khoei Kontakt zu den US-Truppen in Kuwait auf, um sie zu einer Unterstützung des Schiitenaufstands zu bewegen. Doch vergeblich: Die Amerikaner rührten keinen Finger. Die Schatzreliquien der Schreinstädte Nadschaf und Kerbela wurden geplündert, Bibliotheken und theologische Seminare zerstört, Abertausende alter Manuskripte verbrannt. Saddam Hussein zwang Anfang April 1991 den greisen al-Khoei zu einem demütigenden gemeinsamen Fernsehauftritt und stellte ihn dann bis zu seinem Tode im August 1992 unter Hausarrest.

Bei den Schiiten des Südens verursachte Saddams Unterdrückungskampagne ein kollektives Trauma. Es vertiefte nicht nur ihre Ablehnung des Saddam-Regimes und der ihm ergebenen sunnitischen Macht- und Militäreliten, sondern veränderte auch ihre Selbstwahrnehmung und ihr kollektives Gruppengefühl. Bis dahin hatten die Vernichtungskampagnen Saddams bis 1990 nur zahlenmäßig kleinen schiitischen Oppositionsparteien gegolten, zumeist konspirativen Gruppen, die unter den Schiiten kaum bekannt waren und wenig Rückhalt hatten. Ganz anders

hingegen war die Kampagne beim Aufstand von 1991: Sie zielte tenden-
ziell auf die Gesamtheit aller Schiiten des Irak. Die kollektive Opfererfah-
rung schweißte die Schiiten enger zusammen und verfestigte nachhaltig
ihre gemeinsame Identität. Darüber hinaus fühlten sich die irakischen
Schiiten außenpolitisch von der führenden Demokratie der Welt getäuscht und im Stich gelassen; Verbitterung über Washington war die
Folge. Bis heute glauben viele Schiiten, der Regierung der USA sei nicht
zu trauen, weil Präsident Bush sie 1991 dazu verleitet hatte, ins offene
Messer zu laufen, und sie dann durch seine Untätigkeit scheitern ließ.
Die beiden leidvollen Erfahrungen vom März 1991, Saddams Repression
und Amerikas demokratischer »Sündenfall«, brannten sich tief ins kollektive Gedächtnis der Schiiten ein. Dies machte es 2003 den US-Invasoren
so unendlich schwer, das Vertrauen und die Unterstützung der Schiiten
zu gewinnen.

Die Bush-Regierung hatte sich zwar gegen direkte Interventionen
entschieden, wollte aber den Rest ihrer Glaubwürdigkeit im Irak und in
der arabischen Region nicht vollends verspielen. Daher setzte sie auf humanitäre Hilfe und militärische Aktionen unterhalb der Schwelle krie-
gerischer Eingriffe. Zur Rettung der Kurden proklamierten die USA im
April 1991 bis zum 36. Breitengrad eine von der US-Luftwaffe gesicherte
Flugverbotszone im Norden des Irak, die die Kurden schützen sollte. Zu
einem ähnlichen Mittel griffen die USA auch im August 1992, als sie südlich des 32. Breitengrades eine Flugverbotszone zum Schutz der Schiiten
des Südirak einrichteten.

Das UNO-Sanktionsregime und die Konsolidierung eines kurdischen Nordens

Der Irak durchlief in der Zeit zwischen April 1991 und dem Sturz Saddams im April 2003 eine Periode zermürbender politischer Stagnation
und humanitären Elends. Der irakischen Kapitulation folgte am 3. April
1991 die Verhängung der UNO-Resolution Nr. 687. Sie unterwarf den
Irak weitreichenden Sanktionen, raubte ihm seine Souveränität und unterstellte Bagdad den Anweisungen des UNO-Sicherheitsrats. Die UNO
hatte den Irak bereits während des Kuwait-Kriegs zum internationalen
Paria erklärt und machten nun mit der Resolution 687 Bagdads Rück-

kehr in die Völkergemeinschaft von der Erfüllung zahlreicher Auflagen abhängig. Ein Teil der Auflagen verpflichtete den Irak zur Anerkennung der Souveränität Kuwaits und zur Zahlung von Reparationen an das Scheichtum. Ein anderer Teil verpflichtete Bagdad zur Offenlegung und Vernichtung seiner Bestände und Produktionsstätten chemischer und biologischer Waffen, einschließlich seiner Raketenträger-Kapazitäten. Solange die Auflagen der Resolution 687 nicht erfüllt waren, blieb auch die zuvor verhängte Resolution 661 in Kraft, die alle Ein- und Ausfuhren sowie sämtliche Devisentransfers verbot. Ausgenommen war allein der Import bestimmter lebenswichtiger Güter und Medikamente.

Das Sanktionsregime führte zur Verarmung und Verelendung der großen Mehrheit der Iraker. Entgegen der Absicht ihrer Urheber sorgte das Sanktionsregime dafür, dass sich der angeschlagene Despot nicht nur an der Macht halten, sondern seinen Griff auf das irakische Volk sogar noch festigen konnte. Denn Saddam allein kontrollierte die Rationierung von Waren und Lebensmitteln sowie die Verteilung von Medikamenten, Energielieferungen und Dienstleistungen. Von diesen wiederum hingen mehr als zwei Drittel der Bevölkerung unmittelbar ab. Während Saddam im Laufe der Jahre seine Macht stetig festigen konnte, spitzten sich die Versorgungsengpässe bei Lebensmitteln und Medikamenten immer weiter zu. So kam es, dass aufgrund eklatanter Mängel bei der medizinischen und der Trinkwasserversorgung immer größere Teile der Bevölkerung von Unterernährung, Säuglingssterblichkeit und Epidemien betroffen waren. Aber auch auf anderen Gebieten, etwa bei der Infrastruktur oder der Schulbildung, eine der Stärken des Regimes in den 1970er Jahren, verfiel das Land zusehends. Die Alphabetisierungsrate der Mädchen, die 1990 mehr als 90 Prozent betragen hatte, sank durch Kriege und Sanktionen bis 2003 (laut UNESCO-Angaben) auf nur 24 Prozent.

Im Jahr 2000 sah sich der Irak einer humanitären Katastrophe gegenüber. Zu diesem Zeitpunkt waren nach internationalen Schätzungen bereits 1,4 Millionen Iraker an den Folgen des Sanktionsregimes gestorben. Saddam hatte es in der Hand, das Elend durch Erfüllung der Resolutionen zu mildern oder zu beenden. Doch statt die Auflagen zu erfüllen, leistete er zähen Widerstand und versuchte sich ihnen zu entziehen. In der Hoffnung, das Sanktionsregime werde durch interne Differenzen der Mitglieder des Weltsicherheitsrates der Vereinten Nationen von allein zerbröckeln, spielte er ein zynisches Spiel auf Zeit. Dass er es auf dem Rücken seines darbenden Volkes spielte, störte ihn nicht. Die westlichen Sicherheitsratsmitglieder, allen voran die USA und Großbritannien, wollten das Sanktionsregime dagegen bis zur Erfüllung aller Auflagen aufrechterhalten. Sie hofften, die Sanktionen könnten durch innere Unruhen oder Militärputsche zum Kollaps des Regimes führen oder es zumindest soweit schwächen, dass es für seine Nachbarstaaten keine militärische Bedrohung mehr darstellte. Solange keines dieser Szenarien eintrat, hatten sie kein Interesse an einer Aufhebung der Sanktionen.

Der größte Zankapfel zwischen Saddam und der UNO war das irakische ABC-Waffenprogramm. Um sicherzustellen, dass der Irak diese Auflagen erfüllte und seine ABC-Waffen abrüstete, richtete die UNO eine Sonderkommission ein, die »United Nations Special Commission« (UNSCOM) ein. UNSCOM-Inspektionsteams durchsuchten fortan regelmäßig verdächtige Anlagen und kontrollierten in Zusammenarbeit mit der internationalen Atomenergiebehörde auch die Kernkraftanlagen des Irak. Das Unterfangen, Iraks Bestände und Produktionsstätten für Massenvernichtungswaffen zu untersuchen, erwies sich aber als weitaus langwieriger und mühsamer als gedacht. Saddam leistete zähen und unnachgiebigen Widerstand. Von ihm persönlich angewiesen, verlegten sich die irakischen Behörden auf eine Strategie des gezielten Leugnens, Täuschen und Verschleierns. All dies erschwerte den Inspektoren die Arbeit. Dabei scheute Saddam oft auch nicht vor dem Bruch der Sanktionsauflagen zurück, indem er Inspektionsteams den Zugang zu verdächtigen Anlagen verwehrte. Erst massiver diplomatischer Druck und das Androhen von Militärschlägen brachten Saddam dann vorübergehend zum Einlenken. Doch dauerte es nie lange, bis er das alte Katz- und Maus-Spiel einige Monate später wieder aufnahm. Ungeachtet der massiven Obstruktion von Seiten der irakischen Behörden machten die UNS-COM-Teams bis Mitte 1999 beachtliche Fortschritte. Die Sonderkommission förderte immer weitere, bis dahin unbekannte Dimensionen des irakischen Massenvernichtungswaffen-Programms ans Licht. Der größte Teil der irakischen Bestände und Produktionsanlagen von Massenvernichtungswaffen, darunter auch beachtliche Mengen überaus tödlicher militärischer Nervengase, wurde entdeckt und vernichtet.

Gleichwohl wurde Saddam immer ungebärdiger, und die vom Westen angedrohten Vergeltungsszenarien (inklusive begrenzter militärischer

Schläge) erwiesen sich mehr und mehr als stumpfes Schwert. Im August 1998 kündigte Bagdad die Zusammenarbeit mit der UNSCOM einseitig auf. Damit verloren die USA jede Möglichkeit, den Stand der irakischen Abrüstung verlässlich aufzuklären. Mittlerweile mehrten sich auch die Anzeichen, dass der Irak im Dauerkonflikt mit dem UNO-Sicherheitsrat die Oberhand gewinnen könnte. Als der Sicherheitsrat im Dezember 1999 UNMOVIC, eine neue Inspektionsbehörde für den Irak, ins Leben rief, machten dessen Mitglieder Frankreich, China und Russland durch ihre Enthaltung deutlich, dass es keinen internationalen Konsens für die Fortsetzung des Kontrollregimes mehr gab.

Damit nicht genug: Auch im Ringen um die öffentliche Meinung gewann das Regime beständig an Boden. Durch raffinierte Propaganda machte Bagdad einen großen Teil der Weltpresse Glauben, allein die harten UNO-Sanktionen seien für das humanitäre Elend der Iraker verantwortlich. Kaltschnäuzig setzte Saddam die Propaganda als Druckmittel ein, um den Vereinten Nationen Konzessionen abzuringen. Unter dem Druck der internationalen Kritik hatte der Sicherheitsrat bereits im April 1995 das »Öl-für-Nahrungsmittel«-Programm ins Leben gerufen. Damit war es dem Irak fortan gestattet, Öl zu exportieren, um mit den Erlösen Medikamente, Nahrungsmittel und andere wichtige Hilfsgüter zu importieren. Bis zum Sturz Saddams im April 2003 erzielte Bagdad damit Erlöse von 64 Milliarden US-Dollar. Der Irak durfte 53 Prozent der Einnahmen für den Import humanitärer Güter verwenden, wobei ein mehrstufiges Kontrollsystem der UNO gewährleisten sollte, dass diese Mittel tatsächlich den Notleidenden zukamen. Freilich hatte Saddam es mit Hartnäckigkeit vermocht, dem Sicherheitsrat Zugeständnisse abzuringen. Darunter fiel auch die Erlaubnis, seine Geschäftspartner selbst aussuchen zu dürfen, was ihm Manipulationen des Programms ermöglichte.

Erst zwei Jahre nach der US-Invasion machte ein US-Untersuchungsausschuss in seinem 2005 publizierten Abschlussbericht das volle Ausmaß des politischen Nepotismus deutlich, den Saddam durch seine Manipulationen des »Öl-für-Nahrungsmittel«-Programms in Gang setzte. Der größte Teil der Ölexporte ging an Unternehmen aus Frankreich, Russland und China, also Mitglieder des UNO-Sicherheitsrates, die auch zu den Hauptlieferanten humanitärer Hilfsgüter gehörten. Das erklärt zumindest teilweise auch deren ab 1998 nachlassenden Willen, das Sanktionsregime aufrechtzuerhalten. In Mafia-Manier verlangte Saddam sowohl von Ölkäuferfirmen als auch von den Hilfsgüterlieferanten Bestechungsgelder. Dank der Schmiergeldzahlungen sicherte Saddam sich weiterhin politischen Einfluss und die Loyalität der ihm naheste-henden Clans. Auch außenwirtschaftlich machte der Irak ab 2001 mehr und mehr an Boden gut. Ohne Furcht vor UNO-Sanktionen gaben sich mehr und mehr russische, chinesische und französische Firmenvertreter im irakischen Wirtschaftsministerium in Bagdad die Klinke in die Hand. Der Irak unterlief daneben auch andere UNO-Bestimmungen. So unter-zeichnete Bagdad 2001 Freihandelsabkommen mit Ägypten, Syrien und den Vereinigten Arabischen Emiraten und intensivierte seine Handels-beziehungen zu Libanon und Saudi-Arabien. All diese Schritte unter-strichen, dass der Irak im Begriff war, rehabilitiert und in das politisch-wirtschaftliche Beziehungsnetzwerk der Region wieder aufgenommen zu werden. Am Vorabend des 11. September 2001 mussten die USA erken-nen, dass ihre Irak-Eindämmungspolitik aufgeweicht und in Auflösung begriffen war.

Retribalisierung und Saddams Glaubenskampagne

Die Massenerhebungen der Schiiten und Kurden im März 1991 führ-ten Saddam vor Augen, auf welch schwankendem Grund seine Macht stand und dass im Notfall auf bis dahin als unerschütterlich geltende Pfeiler des Regimes kein Verlass war. Das betraf vor allem die Baath-Par-tei, die seiner Ansicht nach beim Aufstand versagt hatte. Denn trotz ihrer fast zwei Millionen Mitglieder, trotz Dutzender Unterorganisationen in Form von Jugend- und Berufsverbänden, Gewerkschaften und Presseor-ganisationen und trotz zehntausend Parteizellen und lokaler Parteimili-zen konnte die Baath-Partei, als der Aufstand ausbrach, die Wellen des Zorns weder kanalisieren noch eindämmen. Unzählige Baath-Parteibü-ros im ganzen Land wurden während der Aufstände überrannt, geplün-dert und angezündet. Nur mit Hilfe der Republikanischen Garden und der Milizen der Stämme konnte Saddam die Aufstände niederringen. Aus dieser Erkenntnis zog Saddam 1991 mehrere Schlussfolgerungen, wie er seine Macht durch eine Umstrukturierung seines Herrschaftssystems bes-ser absichern konnte. Während er die Baath-Partei als zivile Säule seines

Machtapparats bewusst vernachlässigte, stützte er sich fortan vor allem auf drei andere tragende Säulen: die Sicherheitskräfte, die Stämme und den Islam.

Die Sicherheitskräfte waren zuvor bereits eine tragende Säule seiner Macht gewesen, wurden nun aber noch verstärkt und umgebaut. Saddam schwächte gezielt die Position der Armee, die als Symbol der Einheit des Landes galt, deren Loyalität er sich aber nie ganz sicher war. Gleichzeitig stärkte er durch verbesserte materielle und technische Ausstattung die Positionen der Republikanischen Garden und einiger alter sowie neuer, von ihm ins Leben gerufener Geheimdienste. Dass deren Aufgaben und Kompetenzen sich oft überschnitten, war gewollt. Denn durch die so aufkommende Rivalität sollten sie sich gegenseitig neutralisieren und die Option unwahrscheinlich werden lassen, dass der Chef einer dieser Organisationen mächtig genug für einen Putsch gegen ihn werden könnte. All diese Sicherheitskräfte und Geheimdienste bildeten das Innere eines konzentrisch um den Präsidenten und seine Familie geknüpften Netzes der Macht. Die Mitarbeiter dieser Organisationen rekrutierten sich vor allem aus Saddam-treuen sunnitischen Stämmen des zentralen und nördlichen Irak. Ihre Leiter waren in der Regel sunnitische Angehörige von Saddams engeren Familienclans, langjährige Vertraute, Mitglieder seines Bu-Nasir-Stammes oder verwandter Stämme aus Tikrit und Umgebung.

Die Stärkung dieser Strukturen bedeutete, dass sich ab 1991 ein Großteil der Macht nicht mehr in den formalen Institutionen der sozialistischen Republik Irak konzentrierte, etwa in der staatlichen Bürokratie, der Baath-Einheitspartei oder der Armee. Stattdessen ballte sich die Macht in informellen Netzwerken, deren Schlüsselfiguren Saddam gegenüber loyal oder abhängig bzw. von ihm korrumpiert waren. Die Herrschaftsstruktur des Irak der 1990er Jahre war keine Machtpyramide. An ihre Stelle war ein, allein auf persönliche Bindung an Saddam Hussein gegründeter, »Schatten-Staat« getreten.

Die UNO-Sanktionen der 1990er Jahre beförderten Saddams Umbau des Herrschaftssystems. Denn die Verarmung der Bevölkerung und der Niedergang der Wirtschaft reduzierten die Ressourcen des Regimes für die (kostspielige) Patronage seiner Klientel. Als dessen Folge kehrten Millionen Menschen, die sich zuvor auf die Segnungen des Wohlfahrtsstaates und seiner Institutionen verlassen konnten, der Regierung und Partei den Rücken. In ihrer Not suchten viele Iraker auf lokaler Ebene

Hilfe und wandten sich ihren Familienclans, Stämmen oder den Führern ihrer Religionsgemeinschaft zu – was Saddam Hussein nicht verborgen blieb. Als Reaktion darauf ließ er materielle Zuwendungen und Hilfsgüter primär von Vertretern der lokalen Eliten verteilen, die er durch Gewaltandrohung oder Korruption von sich selbst abhängig machte.

Von Saddams Förderung privater Netzwerke profitierten am meisten die Scheichs der Stämme, die nun vom Regime umworben wurden und eine Renaissance ihrer Macht erlebten. Überhaupt leitete Saddam eine umfassende Hinwendung zu den Stämmen ein. Damit kehrte er einen Trend zur Modernisierung von Staat und Gesellschaft um, der bis dato das Markenzeichen aller autoritär-nationalistischen Regime des Irak seit 1958 gewesen war. Fortan wurden die Stämme hofiert und in der Staatspropaganda als Verkörperung des vitalen Geists des Arabertums gepriesen. Bagdad förderte also jene Stämme, die es bis dahin stets als Relikte des Mittelalters und als Verkörperung der Reaktion geschmäht, marginalisiert und unterdrückt hatte. Saddam tat dies deshalb, weil er beim Aufstand von 1991 bemerkt hatte, dass er sich auf die traditionellen Stammesverbände und ihre informellen Kriegerbünde, vor allem im Umfeld der großen Städte und auf dem flachen Land, verlassen konnte. So erhielt er bei der Niederschlagung des Schiitenaufstands die Hilfe einer Reihe von Stämmen, darunter auch etliche schiitische, um sie anschließend großzügig zu entlohnen. So hob er das strikte Verbot des Gebrauchs von Stammesnamen, wie etwa al-Samarai, al-Juburi oder al-Dulayimi, auf, stellte Stammesangehörige vom Militärdienst frei und erlaubte ihnen, als lokale Milizen zu operieren. Außerdem erhielten die Saddamtreuen Scheichs in ihren Gebieten Polizeigewalt. Darüber hinaus durften die Stammesscheichs Recht sprechen, Steuern eintreiben, erhielten bestimmte staatseigene Ländereien zur persönlichen Nutzung und wurden den führenden lokalen Baath-Parteikadern gleichgestellt.

Ab 1991 wurden die Stämme zur wichtigsten zivilen Säule der Macht des Diktators in allen Gebieten außerhalb Bagdads. Dort agierten sie als vom Regime alimentierte Lokalregierungen, die für Recht und Ordnung sorgten und nach politischen Dissidenten Ausschau hielten, ansonsten aber unbehelligt ihren eigenen, teils illegalen Geschäften nachgehen konnten. Dazu gehörte auch der einträgliche Schmuggel mit knappen Gütern. Saddams Förderung der mehr als 150 Stämme des Landes machte sie für viele Iraker, die vor Jahren oder Jahrzehnten vom Land in die

Städte gezogen und dort Teil der modernen Mittelschicht geworden waren, wieder attraktiv. Angesichts drückender Armut infolge der Kriege und Sanktionen suchten viele Iraker Anschluss, materielle Hilfe und Arbeit bei ihren früheren Stammesbrüdern, was zu einer Revitalisierung der Clanbeziehungen, aber auch zur Wiederbelebung archaischer Kulte und Normen des Stammeslebens führte. Die Retribalisierung schwächte nicht nur die Autorität der Institutionen des Nationalstaats, sondern förderte auch die Atomisierung der Gesellschaft. Das wusste Saddam, doch ignorierte er es, weil ihm sein eigener Machterhalt wichtiger war als Ideologietreue oder Modernisierung.

Die Entstehung eines kurdischen Proto-Staats

Die Kurden im Norden hatten, nachdem die USA im April 1991 die Flugverbotszone nördlich des 33. Breitengrads verhängt hatten, in ihren drei Provinzen Dahuk, Erbil und Sulaiymaniya einen sicheren Hafen gefunden. Das erlaubte den mehr als 600.000 irakischen Kurden, die während des Aufstands in die Nachbarländer geflüchtet waren, die Rückkehr. Vor militärischen Offensiven und Luftangriffen geschützt, machten sich die Kurden daran, ihre Provinzen in eine politisch und wirtschaftlich autonome Region umzuwandeln. Die wirtschaftlichen Grundlagen bildeten – neben der Agrarproduktion und den Zolleinnahmen aus dem Im- und Export mit dem Iran und der Türkei – vor allem auch Finanzhilfen der UNO und der USA für humanitäre Projekte. Zusätzlich erhielten die Kurden noch Gelder aus dem »Öl-für-Nahrungsmittel«-Programm der UNO, das sich aus den mit Saddam vereinbarten Abgaben der Zentralregierung in Bagdad speiste. Die kurdischen Gebiete hatten etwa fünf Millionen fast ausschließlich kurdische Einwohner und umfassten mit einer Fläche von 40.000 km² (was der Größe der Schweiz entspricht), etwa zehn Prozent der Gesamtfläche des irakischen Staates.

Die Kurden nutzten die Chance, die ihnen der militärische Schutzschirm der Amerikaner bot, und hielten im Mai 1992 zum ersten Mal in der Geschichte der irakischen Kurden Wahlen zur Bildung eines Parlaments und einer Regierung ab. Das Ergebnis der Parlamentswahlen erbrachte einen Gleichstand der Stimmen für beide großen nationalistischen säkularen Kurdenparteien, also der von Jalal Talabani geführten

»Patriotic Union of Kurdistan« (PUK) und der »Kurdish Democratic Party« (KDP) Massoud Barzanis. Als zwei Monate später die Regierung des neuen »Kurdistan Regional Government« (KRG) gebildet wurde, einigten sich beide Seiten darauf, nicht nur die Sitze im Parlament, sondern auch die Ministerien zu gleichen Teilen untereinander aufzuteilen. Gleichwohl brodelte es hinter dieser Fassade einer harmonischen Einheitsregierung mit Sitz in der Hauptstadt Erbil bereits seit Mitte der 1970er Jahre. Damals spaltete sich von der KDP ein linker Flügel unter Talabani ab, dessen Gegnerschaft bis heute anhält. Die politisch in die Mitte gerückte PUK, die nach westlichen Maßstäben als sozialdemokratisch gelten kann, hat ihre Machtbasis vor allem im Süden der KRG in der Sorani-sprachigen Provinz Sulaymaniya. Die KDP unter Massoud Barzani ist dagegen im Norden der KRG stark, also in den an der Grenze zur Türkei liegenden Provinzen, deren Einwohner überwiegend Kurmandschi sprechen, dem neben Sorani zweiten großen kurdischen Dialekt im gesamten Nahen Osten. Beide Parteien hatten ihre jeweils eigenen Peschmerga-Milizen, kämpften seit den 1970er Jahren mal getrennt, mal vereint gegen das Baath-Regime in Bagdad und unterhielten gute Beziehungen zur iranischen Regierung.

Als sich im Mai 1994 in einem Unterbezirk der KRG ein unbedeutender Streit um eine Parzelle Land zum offen ausgetragenen Machtkampf (der bereits lange vorher unter der Oberfläche geschwelt hatte) ausweitete, entbrannten heftige Gefechte zwischen den Peschmerga-Einheiten der PUK und KDP. Die Kämpfe dehnten sich bald auf die gesamte KRG aus, ließen die gemeinsame Regierung zusammenbrechen und wuchsen sich zu einem erbitterten Bürgerkrieg aus. Um seinen Gegner Talabani zu besiegen, verbündete sich Barzani sogar mit ihrer beider Nemesis, Saddam Hussein. Doch brachte ihm auch dieses Bündnis keinen dauerhaften Erfolg. Als sich schließlich beide Seiten im September 1998 in Washington durch Vermittlung der USA auf ein Friedensabkommen einigten, hatte der Bürgerkrieg über 4.000 Kämpfer und weitaus mehr Zivilisten das Leben gekostet.

Beide Seiten einigten sich darauf, bei der Verwaltung der KRG und in der Bildungs-, Gesundheits- und Infrastrukturpolitik wieder zu kooperieren, behielten sich aber vor, ihre jeweiligen territorialen Machtbasen unabhängig voneinander zu regieren. Ungeachtet der anhaltenden Rivalität beider Parteien, machte die KRG in den folgenden Jahren nicht nur bedeutende Fortschritte in der Wirtschaft, sondern auch in der Bildungs-, Kultur- und Medienpolitik. In der KRG etablierten die Kurden die ersten freien, nicht von den Parteien beherrschten kurdischsprachigen Zeitungen und Fernsehsender, deren Programme nicht nur im Rest des Irak, sondern auch im Iran, in der Türkei und in Syrien empfangen werden konnten. Parallel dazu wurden die drei ersten Universitäten des kurdischen Nordens ins Leben gerufen und die ersten rein kurdischsprachigen Curricula für Schulen und Hochschulen entworfen. Fortan wurde den Schülern und Studenten die Loyalität zu Kurdistan als ihrem einzigen und wahren Heimatland ans Herz gelegt. Dabei betonten die Lehrbücher, die KRG bestünde nicht nur aus den Provinzen Dahuk, Erbil und Sulaymaniya, sondern auch aus Kirkuk mit seinen Ölfeldern.

Geschichtsmythen umrankten die Stadt Kirkuk, die viele Kurden als »heiligen Gral« des kurdischen Nationalismus ansehen. Seit jeher gilt Kirkuk den Kurden als ihre ursprüngliche politische Hauptstadt und als kulturelles Zentrum nimmt es bei den nationalistischen Kurden etwa jene Stellung ein, die Jerusalem für fromme Juden besitzt. Im Vergleich zum arabischen Rest des Irak, der weiter unter Wirtschaftssanktionen, Geheimdienstterror und politischer Unfreiheit litt, machte die KRG bis 2003 trotz fortbestehender Rivalität zwischen KDP und PUK große Fortschritte beim Aufbau einer politisch und wirtschaftlich autonomen Region. Der Drang nach Sezession wurde stärker, zumal Strukturen entstanden waren, die unabhängig von Bagdad funktionierten. Mit eigenem Parlament, eigener Regionsregierung, eigenem Schul- und Hochschulwesen, eigener Verwaltung und eigenen Sicherheitskräften hatten die Kurden bereits vor der US-Invasion 2003 solide Fundamente für einen kurdischen Quasi-Staat gelegt.[17]

Saddams Glaubenskampagne

Nach dem Ende des Kuwait-Krieges erlebte der Irak ein Wiedererstarken des Islam. Die von Armut und wirtschaftlichem Elend heimgesuchten Menschen suchten vermehrt Trost, Halt und Schutz in der Religion. Die staatliche Propaganda der Baath-Partei, die jahrzehntelang die säkulare Ideologie des Panarabismus verkündet hatte, fand weder im Irak noch im arabischen Ausland mehr Anklang. Die Ideologie des Panarabismus war ausgelaugt und durch die Niederlage im Kuwait-Krieg gründlich diskreditiert. Der panarabische Traum Saddams, die arabische Welt unter seiner Führung zu vereinen, war spätestens nach der Niederlage von 1991 ausgeträumt und hatte sich als Illusion erwiesen. Außenpolitisch in der arabischen Welt isoliert und wirtschaftlich durch die UNO-Sanktionen an den Rand des Staatsbankrotts gedrängt, musste das Regime innenpolitisch seine Machtbasis festigen. Als Mittel dazu diente die symbolische Hinwendung zum Islam, verbunden mit der Schwächung säkularer Normen und Gesetze im öffentlichen Raum – womit jedoch nicht deren Aufhebung einherging. Bis dahin glich das Verhältnis zwischen der national-säkularen Baath-Partei und dem Islam, insbesondere den politisch-aktivistischen Islamparteien, dem zwischen Feuer und Wasser. Wie alle seit der Ausrufung der Republik (1958) regierenden autokratischen Regimes erkannte auch die Baath-Regierung den verfassungsmäßigen Rang des Islam als Staatsreligion an. Dies galt aber nur auf dem Papier. Islamistische Parteien, die das Machtmonopol des Baath-Regimes bedrohten, wurden unbarmherzig verfolgt. Das betraf nicht nur die schiitische Daawa-Partei, sondern auch sunnitische Kräfte, wie etwa den irakischen Zweig der internationalen Muslimbruderschaft, der sich in den 1960er Jahren unter dem Namen »Islamic Iraqi Party« (IIP) formiert hatte.

Erste vorsichtige Schritte einer Hinwendung zum Islam unternahm Saddam bereits kurz nach dem Iran-Irak-Krieg, im Juli 1989. Damals starb Michail Aflaq, der christliche Gründer und Chefideologe der Baath-Partei. Saddam ließ verkünden, dass Aflaq, der zeit seines Lebens als rabiater Säkularist und bekennender Atheist bekannt war, sich auf dem Sterbebett zum Islam bekannt habe. Weitere Schritte folgten: So ordnete Saddam im Januar 1991 auf dem Höhepunkt der Krise um Kuwait an, auf die irakische Staatsflagge die religiöse Formel »Allahu Akbar« (»Gott ist am größten«) zu setzen. Zugleich rief er das irakische Volk auf, den Kampf gegen die USA als Dschihad zu begreifen. Nach dem Krieg ermunterte das Regime das Volk immer öfter und nachdringlicher, sich seinen religiösen Wurzeln und Werten zuzuwenden. Im propagandistischen Personenkult um Saddam Hussein nahmen dessen Teilnahme an religiösen Feiern und Zeremonien sowie dessen Lippenbekenntnisse zum Islam einen immer größeren Raum ein.

Was war der Grund für diese Kehrtwende? Das Regime hatte erkannt, dass ihm durch die wachsende Religiosität im Volk die Erosion seiner

Anhängerbasis drohte. Zudem erkannte es, dass ihm durch die gestiegene Bedeutung der Moscheen als Rückzugs- und Schutzraum der Menschen eine organisierte politische Gefahr erwachsen könnte. Im Wissen darum, diesen Trend nicht aufhalten zu können, versuchte das Regime sich an seine Spitze zu stellen, um ihn so kontrollieren oder zumindest in ungefährliche Bahnen lenken zu können.

Doch wirklich ernst und konkret wurde diese einem Ritt auf einem Tiger gleichkommende Hinwendung erst im Juni 1993, als Saddam offiziell eine breit angelegte, staatlich kontrollierte Glaubenskampagne einleitete. Bemüht, seine erschütterte Autorität im Volk wieder zu festigen, führte das irakische Regime in Schulen, Universitäten und Regierungsverwaltungsbüros verpflichtende Koranrezitationskurse ein und steigerte die Auflage und Verbreitung des Korans im ganzen Land um ein Vielfaches. Gleichzeitig richtete das Regime in Bagdad die Saddam-Universität für religiöse Studien ein, die auch von Söhnen hochrangiger Baath-Parteikader besucht wurde. Damit nicht genug: Saddam befahl den Radio- und Fernsehstationen, mehrmals täglich Programme für Koran-Rezitationen, Predigten und religiöse Erbauungslektionen auszustrahlen. Außerdem baute und finanzierte das Regime zahlreiche neue Schulungszentren für islamische Prediger und Religionslehrer und zahlte deren Absolventen hohe Gehälter, die weit höher waren als die von regulären Lehrern und Hochschuldozenten. Das steigerte die Attraktivität des Berufsstands der Religionsgelehrten, einer Berufsgruppe, die bis dato im säkularen Baath-Staat als Hochburg der Reaktion angesehen und verachtet wurde.[18]

1994 schloss die Regierung die meisten Nachtklubs in Bagdad und verbot den Ausschank und Verkauf von Alkohol in der Öffentlichkeit. Ein Jahr später führte sie islamische Körperstrafen für Kriminelle ein, wie die Amputation von Händen und Füßen. Frauen in Regierungsbehörden legte der Staat nahe, sich zu verschleiern und sich in der Öffentlichkeit gemäß traditioneller islamischer Norm keusch und sittsam zu kleiden. Islamische Symbole und Praktiken dominierten zusehends den öffentlichen Raum, und der Bezug auf den Islam wurde einer der integralen Bestandteile der Staatsideologie. Der Staat baute im gesamten Land Hunderte neuer Moscheen und finanzierte die Renovierung alter Moscheen. Trotz sanktionsbedingter finanzieller Engpässe und trotz des

Hungers der Bevölkerung entstanden so zwischen 1991 und 2003 allein im Großraum Bagdad über 100 Moscheen.

Die Glaubenskampagne sorgte für eine Wiederbelebung des Islam in weiten Teilen des Volkes, was auch das Wiedererstarken von ehemals unnachsichtig verfolgten sunnitischen Islamistenparteien, wie etwa der »Islamic Iraqi Party«, begünstigte. Sie blieb zwar verboten, doch tolerierte der Staat, dass sie halb verdeckt, halb offen ihre Basis im Volk neu organisierte. Als Saddam sich dem Islam zuzuwenden begann, versuchte er vor allem den moderaten, orthodoxen sunnitischen »Mainstream«-Islam und seine offiziellen Vertreter zu stärken. Der Mainstream allerdings war seit Beginn der 1990er Jahre immer schwächer geworden. Hingegen waren militante islamistische Sunnitenbewegungen und -organisationen überall in der islamischen Welt auf dem Vormarsch, in Algerien, im Sudan, in Ägypten und Afghanistan. Vom Aufstieg der militanten Sunniten war bald auch der Irak betroffen, den Saddam von den Tendenzen der übrigen islamischen Welt nicht abschotten konnte. Unbeabsichtigt öffnete Saddams Glaubenskampagne militant-islamistischen Gruppen, allen voran den Salafisten, vorher fest verschlossene Türen und Tore in die Gesellschaft. Irakische Salafistengruppen sickerten in zahlreiche moderate sunnitische Moscheevereine ein, übernahmen sie und wurden auf lokaler Ebene die bestimmende Kraft in vielen ländlichen Gemeinden und Stadtvierteln. Das trug zu einer schrittweisen Radikalisierung des religiösen Diskurses der lokalen sunnitischen Gemeinschaften bei. Diese Aktivitäten blieben auch den Geheimdiensten nicht verborgen. Saddam versuchte die Salafisten zu neutralisieren oder zu lenken, indem er baathistische Armeepolit-Kommissare und Geheimdienstoffiziere der jüngeren Generation als Vertrauensleute in salafistische Gemeinden und Moscheen einschleuste.[19] Bei vielen dieser Infiltranten verwischten sich im Laufe der Jahre nach und nach die Bezugspunkte ihrer ideologischen Loyalität. Unmerklich wurde aus ehedem gefestigten säkularen Nationalisten Sympathisanten oder gar Anhänger salafistischer Spielarten des Islam. Statt die salafistischen Tiger zu reiten, verwandelten sie sich selbst in eben diese Tiger. In diesem missglückten »Tigerritt« liegt auch einer der Gründe, warum der heutige »Islamische Staat« in seiner militärischen und politischen Führungselite so viele jüngere Mitglieder der mittleren Leitungsebene der Baath-Partei hat.

Die Operationen zur Infiltierung und Kooptierung der Salafisten-gruppen wurden von Izzat al-Durri geplant und kontrolliert. Durri war seit den 1980er Jahren der stellvertretende Vorsitzende des Revolutionä-ren Kommandorats und damit zugleich zweiter Mann im Irak. Durri, ein alter Freund und Weggefährte Saddams, war zwar ein Baathist, doch bekannte er sich gleichzeitig auch zum Sufismus. Er stieg in den 1980er Jahren zu einem Führer des (ursprünglich pazifistisch-spirituellen) iraki-schen Zweigs des sunnitischen Naqshbandiya-Ordens auf. Unter Durris Einfluss wandelte er sich schrittweise zu einem militanten antiwestlichen Kriegerorden. Durri war es auch, der Saddam dazu veranlasste, radikale anti-westliche Gruppen sunnitischer Muslime mit Staatsgeldern zu för-dern: Er wurde so zum Repräsentanten des extremistischen sunnitischen Flügels der Baath-Partei, eines Flügels, der mehrere Gruppen umfasste, die sich ideologisch sowohl zum salafistischen Islam als auch zum ara-bischen Nationalismus bekannten. Damit brachte Saddam eine Saat aus, die nach der US-Invasion 2003 aufging, als diese salafistisch-baathisti-schen Islamistengruppen zu den wichtigsten Trägern des bewaffneten Widerstands gegen die US-Besatzer und die neue Regierung in Bagdad wurden. Die Zusammenarbeit zwischen einheimischen irakischen Sa-lafisten, Baathisten und ausländischen Dschihadisten bildet heute, im Jahr 2015, eines der Hauptmerkmale des »Islamischen Staats« und macht auch einen Gutteil seiner militärischen Schlagkraft aus.

Aufstieg und Fall des »Weißen Löwen«

Im Windschatten von Saddams Glaubenskampagne entstand 1992 die schiitische Sadr-Bewegung. Sie ist eine Bewegung der Unterschichten, die vom Regime anfänglich gefördert und von ihm als Gegengewicht ge-gen andere Schia-Kräfte eingesetzt wurde. Als ihr Führer sich dem Griff Saddams entwand, ließ der ihn ermorden. Die Geschichte dieses Mannes gleicht den tragischen Heldenlegenden der schiitischen Märtyrer-Ima-me. Und ebenso wie diese ist sie bestimmt vom Kampf des einsamen und unbeugsamen Gerechten gegen die Übermacht des bösen Tyrannen, steckt voller Dramatik und endet in blutiger Tragik. Zugleich ähnelt sie in Teilen auch der mittelalterlichen jüdischen Sage vom Prager Golem.

In ihr hatte ein Rabbi mit kabbalistischen Zauberritualen einem Riesen aus Lehm (dem Golem) Leben eingehaucht und seine gewaltigen Kräfte zum Schutz seiner Judengemeinde verwendet, bis er ihn, als der Golem Amok lief, tötete – eine Sage, die Goethe zu seinem Gedicht vom Zauberlehrling anregte. Saddams schiitischer Zauberlehrling hieß Großayatollah Mohammed Sadiq al-Sadr, von dem auch die Bewegung ihren Namen herleitet. Sadiq al-Sadr war eine außergewöhnlich schillernde Figur: ein Kleriker, asketischer Mystiker, stiller Religionsgelehrter, politischer Taktiker und sozial-revolutionärer Populist in einem. Seine Botschaften und Taten wirken noch heute nach und hinterließen einen unauslöschlichen Eindruck im Denken und Handeln von Millionen schiitischer Sympathisanten und Anhänger im Irak, die ihn als Heiligen und Märtyrer verehren.

Sadiq al-Sadr wurde Ende 1991 nach sechsmonatiger Haft entlassen, nachdem er auf dem Höhepunkt des Schiitenaufstands 1991 inhaftiert worden war. Saddam versprach sich von dessen Freilassung, dass er in Sadiq al-Sadr einen fügsamen Erfüllungsgehilfen gewönne, mit dessen Hilfe er Iraks Schiiten spalten und vielleicht sogar teilweise kontrollieren könne. Und in der Tat sah es anfänglich so aus, als ginge Saddams Kalkül auf.

Sadiq al-Sadr war ein Cousin von Ayatollah Muhammad Baqir al-Sadr, der als Cheftheoretiker der Daawa unter Iraks Schiiten einen legendären Ruf genoss. Seine Anhänger nannten ihn al-Sadr al-Thani (übersetzt: Sadr II. nach Baqir al-Sadr, Sadr I.); dazu nannten sie ihn wegen seines mächtigen, wildwuchernden schlohweißen Bartes, der einer Löwenmähne glich, und aufgrund seines Todesmutes auch den »Weißen Löwen« (*al-laith al-abyad*). Sadiq al-Sadr, der Spross einer alten Geistlichen-Familie, die ihre Abstammung auf den siebten Schia-Imam zurückführt, durchlief die klassische Klerikerausbildung und studierte in den 1960er und 1970er Jahren bei den führenden Großayatollahs seiner Zeit, Muhsin al-Hakim, Baqir al-Sadr, Abolqasem al-Khoei und auch Ruhollah Khomeini. 1977, mit gerade einmal 34 Jahren, verliehen ihm seine Lehrer den Rang eines Ayatollahs, ein ungewöhnlich junges Alter für eine so hohe Stellung.

Am Widerstand seines Vetters gegen das Baath-Regime beteiligte er sich nicht. Dennoch saß Sadiq al-Sadr 1972 und 1974 zwei Mal für mehrere Monate in Baath-Geheimgefängnissen ein, wo er schwerste Folterungen erlitt und nur knapp überlebte. Die Nahtoderfahrungen der Folter bewirkten bei ihm eine tiefe Hinwendung zum *irfan*, einer mystisch-gnostischen Spielart des schiitischen Islam, der er bis zum Ende seines Lebens treu blieb. Seine Verwurzelung in der Mystik sollte ihm die innere Festigkeit und Unabhängigkeit geben, den Herausforderungen zu trotzen, denen er sich später ausgesetzt sah. Aus dem mystischen Gottesglauben schöpfte er auch seine charismatische Kraft, mit der er vielen armen schiitischen Jugendlichen aus den Elendsvierteln Mut, Selbstbewusstsein und Stärke zusprach.

Die Ermordung seines Lehrers und Cousins Baqir al-Sadr (1980) quittierte Sadiq al-Sadr mit beredtem Schweigen. Er war es auch, dem die Gefängnisbehörden Baqir al-Sadrs Leiche übergaben und der sie nach islamischem Ritus beerdigte. Dennoch ließ er sich nicht provozieren und hielt sich politisch bedeckt. So kletterte er Stufe um Stufe die theologische Karriereleiter hinauf und stieg schließlich Ende der 1980er Jahre durch Vorlage eines »Praktischen Traktats« (arabisch: *risala amaliya*), einer Art theologischer Habilitation, zum Großayatollah auf.

Zum Zeitpunkt von al-Khoeis Tod im August 1992 war Sadiq al-Sadr ein zurückgezogen lebender Großayatollah mit wenigen Anhängern. Die *hauza* war zu dieser Zeit verkümmert und fristete ein Schattendasein. Jahrzehnte der staatlichen Repression, der Iran-Irak-Krieg und die Morde und Zerstörungen während des Schiitenaufstands von 1991 hatten zu einem Aderlass an Theologiestudenten und -dozenten geführt. Die meisten waren nach Qom abgewandert. Ende der 1990er Jahre hatte Nadschaf nur noch wenige hundert Kleriker, während in Qom mehr als 20.000 lebten. Nadschafs *hauza* zehrte vom Glanz und Ruhm vergangener Zeiten und dem theologischen Renommee weniger verbliebener quietistischer Großayatollahs, die allerdings großen Einfluss auch über Iraks Grenzen hinaus besaßen.

Wenn man sein Leben im Nachhinein rekonstruiert, wird deutlich, dass Sadiq al-Sadr zum Zeitpunkt seiner Entlassung offenbar bereits einen sorgfältig ausgearbeiten Plan hatte, um Führer der Schiiten des Irak zu werden. Einige Facetten dieses Planes besaßen eine politisch-aktivistische und sozialrevolutionär-egalitäre Stoßrichtung. Das wiederum machte ihm Feinde unter seinen quietistischen und sozial-konservativen Amtskollegen. So verwarf Sadiq al-Sadr das alte schiitische Konzept der *taqqiya*, die Erlaubnis, bei Zwang oder Gefahr für Leib und Besitz rituelle Pflichten zu missachten und den eigenen Glauben zu verheimlichen. Angesichts dauernder Repression lehrte Sadiq al-Sadr seine Schüler und Anhänger genau das Gegenteil. Demnach müssen die religiösen Führer, gerade wenn die Unterdrückung am härtesten ist, sich öffentlich zu den Symbolen und Prinzipien des Glaubens bekennen. Ferner rief er dazu auf, die Institution des großen gemeinsamen Freitagsgebets wiederzubeleben, damit sich die Großayatollahs und ihre Vertreter mit ihren Thesen und Aufforderungen direkt an das Volk wenden können. Die Wiederbelebung dieser Institution, die seit alters her bei den Sunniten existierte und die Khomeini 1979 auch unter den iranischen Schiiten wieder einführte, stieß bei den irakischen quietistischen Großayatollahs auf heftigen Widerstand. Für sie war es eine Häresie, da nach ihrer Auffassung nur der Imam Mahdi als legitimer Herrscher der *umma* ein Freitagsgebet leiten könne. Ein Freitagsgebet in seiner Abwesenheit zu leiten, hieße die Legitimität der aktuellen irdischen Machthaber anzuerkennen. Als Sadr dennoch die Freitagspredigten wieder einführte, erachteten dies viele seiner Kritiker als endgültigen Beweis für seine Komplizenschaft mit dem Regime.

Besonders erbitterter Widerstand kam von Großayatollah Hussein Ali al-Sistani, dem früheren Meisterschüler al-Khoeis. Sistani war es auch, den die Mehrzahl seiner Schüler als Nachfolger Khoeis und damit als führenden Großayatollah des Irak anerkannt hatte. In scharfem Widerspruch zum althergebrachten quietistischen Kurs Sistanis entwarf Sadiq al-Sadr eine theologische Gegenlehre, die er in das Gesamtkonzept der *marjaiya*, der kollektiven Führerschaft der wichtigsten Großayatollahs, einbettete. Sadiq al-Sadr nannte seine neue Doktrin die »Sprechende marjaiya«, die sich politisch engagiert, und stellte sie der »Schweigenden marjaiya«, also der politisch passiven, gegenüber. Sadiq al-Sadrs Programm gründete auf drei Prämissen: 1. der Neutralisierung des Staates, 2. der Mobilisierung der schiitischen Massen und 3. der Kontrolle über die religiösen Institutionen. Als Saddams Regime ihm eine Zusammenarbeit anbot, sah er seine Stunde gekommen. Er etablierte einen *modus vivendi* mit dem Regime, das diesen Schritt fälschlicherweise so deutete, als beuge sich der »Weiße Löwe« der Tyrannei und akzeptiere ihre Dominanz auf Dauer.[20] Sadiq al-Sadr war jedoch nur daran interessiert, alle Möglichkeiten auszuschöpfen, die der Staat ihm bot, und vermied es, seine wahren Absichten an die große Glocke zu hängen. Denn er begriff, dass er verwundbar war und Zeit brauchte.

Der Aufstieg des »Weißen Löwen« in der klerikalen Hierarchie in den 1980er und 1990er Jahren war von Kontroversen geprägt, da viele seiner innerklerikalen Gegner den Verdacht hegten, Saddam Hussein habe ihn insgeheim schon lange für sich vereinnahmt. Tatsächlich erwies Iraks Regierung wenige Monate nach dem Tod von Großayatollah al-Khoei (1992) Sadiq al-Sadr öffentlich ihren Respekt und verkündete offiziell, dass sie ihn als Großayatollah anerkannte – ein ungewöhnlicher Schritt, da sich Bagdad ansonsten in Fragen der innerklerikalen Hackordnung jeder Stellungnahme enthielt. Damit nicht genug: Die Regierung übertrug Sadiq al-Sadr 1994 auch die Oberaufsicht über die Verwaltung aller theologischen Seminare in Nadschaf und erteilte ihm die Erlaubnis, Aufenthaltsgenehmigungen für ausländische Studenten und Dozenten der *hauza* auszustellen – ein wichtiges Instrument, um mit Sadiq al-Sadr rivalisierende Großayatollahs und deren Anhänger unter Druck zu setzen. Diese Maßnahme verdeutlichte, dass Sadiq al-Sadr sein erstes Ziel, die Neutralität des Staates, zumindest vorerst erreicht hatte. Saddam hatte ihn als seinen Verbündeten ausgewählt, weil er glaubte, durch ihn das religiöse Leben der Schiiten auf die Ziele des Regimes hin ausrichten zu können, statt sie selbst mit eiserner Faust in diese Richtung zu zwingen. Der Ayatollah gab in einem Interview zu, der Staat ermuntere die Schiiten zu größerer Frömmigkeit, solange dies nicht zur Einmischung in politische Angelegenheiten führe. Er umschrieb den Waffenstillstand zwischen ihm und Saddams Regime mit der Formel: »Sie vermeiden es, uns zu schaden, solange auch wir vermeiden, ihnen Schaden zuzufügen.«[21]

Nachdem der »Weiße Löwe« sich der Neutralität des Staates versichert hatte, machte er sich an sein zweites Ziel: die Mobilisierung der Masse der schiitischen Gläubigen. Und wieder kam ihm das Regime entgegen, indem es ihm ab 1996 stillschweigend erlaubte, in Hunderten irakischer Städte und Dörfer Freitagsimame zu ernennen. Er selbst leitete ab 1998 die Freitagspredigt in der zuvor verwahrlosten Kufa-Moschee im Osten Nadschafs, einem symbolträchtigen Ort, weil an dieser Stelle Ali, der erste Imam der Schia, während seines kurzen Kalifats regiert haben soll. Die Freitagspredigten wurden landesweit bald sehr beliebt und zogen an manchen Orten bis zu 10.000 Gläubige an. Die meisten strömten jedoch in die Kufa-Moschee, um den »Weißen Löwen« zu hören, der im südirakischen Dialekt der einfachen Leute eine neue, aktivere Religiosität forderte und die täglichen Probleme der Menschen ansprach: Hunger, Arbeitslosigkeit, Inflation, Gesundheitsversorgung und Kriminalität. Mit seiner Forderung nach mehr sozialer Gerechtigkeit für die Unterprivilegierten sprach er vielen Schiiten aus dem Herzen. Dass ein Großayatollah soziale Alltagsprobleme des Diesseits ansprach und sich dabei nicht nur mit allgemein gehaltenen frommen Unterweisungen begnügte, wie es seine Amtskollegen taten, war höchst ungewöhnlich. Sensationell hingegen war der Umstand, dass ein Großayatollah selbst eine Freitagspredigt hielt. Das hatte es zuvor im Irak nie gegeben, da die Großayatollahs traditionell Abstand zum einfachen Volk hielten – eine Tendenz, die nach dem Machtantritt des Baath-Regimes größer geworden war, weil sich aus Furcht vor Mordanschlägen kaum ein Großayatollah mehr aus seiner Residenz herauswagte und allein dort sorgfältig ausgewählte Besucher empfing. Sadiq al-Sadr war jedoch anders. Seine Volkstümlichkeit, sein asketischer Lebensstil und seine beherzte Kritik an wirtschaftlichen und gesellschaftlichen Missständen sprachen die Köpfe und Herzen der Schiiten an und machten ihn von Jahr zu Jahr populärer: wie sehr, zeigte sich daran, dass Anfang 1999 bis zu 250.000 Menschen zu seinen Freitagspredigten nach Kufa strömten.

Gestützt auf ein Heer engagierter und disziplinierter Novizen, Prediger und Repräsentanten konnte Sadiq al-Sadr seine Schriften und seine auf Kassetten aufgenommenen Predigten vom Regime ungehindert verbreiten. Abnehmer fanden sie zuhauf, vor allem im südlichen und zentralen Irak wie etwa in Basra, Ost-Bagdad, Kufa, Nadschaf und Kerbela. Dort hatte er karitative, soziale und wirtschaftliche Netzwerke etabliert, die sich um von ihm gegründete und geleitete unabhängige Schulen, Moscheen und Stiftungen gruppierten. Zunehmende Massenarmut, Hunger, hohe Arbeitslosigkeit und die galoppierende Inflation ließen Millionen an politischen und sozialen Gewissheiten zweifeln und Zuflucht in der Religion suchen. Dank Zuwendungen aus Allianzen, die er mit einflussreichen schiitischen Eliten der städtischen Mittelklasse und der Bazarhändler geschmiedet hatte, sammelten die karitativen Netzwerke Sadiq al-Sadrs Spendengelder in beachtlichem Umfang. Mit diesen Mitteln befriedigte er die materiellen Bedürfnisse zahlreicher Anhänger und Sympathisanten in Form von Nahrungsmitteln, Medizin usw.

Der »Weiße Löwe« wandte sich verstärkt den Stämmen zu und führte unter ihnen ein besonderes tribales Rechtsprechungssystem ein. Die daraus abgeleiteten *fatwas* waren nah an der praktischen Lebenswirklichkeit der Stämme und versuchten klassisches theologisches Recht mit tribalen Bräuchen und Praktiken zu versöhnen. Damit erntete er viel Zuspruch unter den Stämmen, zumal er damit auch dem von Saddam eingeleiteten Trend zur Retribalisierung der Gesellschaft entgegenkam. Den meisten Anklang fand der »Weiße Löwe« in Saddam-City, einem im Osten Bagdads gelegenen schäbigen Elendsquartier, das zur Heimat vieler schiitischer Stammesangehöriger aus den Südprovinzen Nassiriya, Basra und Maysan geworden war. Dieses Quartier hieß ursprünglich Revolution-City (*madinat al-thaura*) und war 1962 mit dem Ziel erbaut worden, die Massen landflüchtiger, zumeist noch archaischen Stammestraditionen folgender Schiiten aus dem Süden Iraks zu absorbieren und zu assimilieren. Entgegen diesen Plänen entwickelte sich dieses Armenviertel, dessen Infrastruktur jahrzehntelang vernachlässigt worden war, zu einem gigantischen Getto. Hier entstand ein vom Rest Bagdads durch psychologische und konfessionell-kulturelle Barrieren getrennter Mikrokosmos schiitischer Plebejer, der einen weitgehend in sich geschlossenen Wirtschaftskreislauf entwickeln sollte. Es verfügt nur über eine kleine Fläche von etwa 20 km² und ist damit so groß wie der Berliner Bezirk Friedrichshain-Kreuzberg. Dafür hat es aber neun Mal so viel Einwohner wie Kreuzberg, nämlich mehr zwei Millionen, was einem Drittel der Bevölkerung Bagdads entspricht. Begünstigt durch die vorgebliche Hinwendung des Staates zum Islam, begann Sadiq al-Sadr in Saddam-City und überall im Rest des Landes informelle Scharia-Gerichte einzurichten, deren Urteile zahlreiche Streitigkeiten außerhalb der offiziellen säkularen staatlichen Justiz beilegten.

Die größten Hindernisse ergaben sich für Sadiq al-Sadr auf seinem dritten Aktionsfeld, der Kontrolle über die religiösen Institutionen. Hier half ihm auch Saddams Wohlwollen nicht weiter. Bagdads Förderung Sadiq al-Sadrs entsprang einem einfachen Kalkül. Sadr war arabischer Iraker, wohingegen die meisten anderen Großayatollahs in Nadschaf, an ihrer Spitze Sistani, iranischer Abstammung waren. Bagdad wollte durch eine Stärkung ihres Favoriten die irakische Schia gegenüber dem politischen Einfluss ihres Erzfeindes Iran immunisieren. Iraks Propagandaapparat rühmte daher immerfort Sadiq al-Sadrs rein arabische Herkunft als wesentlichen Vorzug gegenüber rivalisierenden Großayatollahs iranischer Herkunft. Damit wollte Bagdad Sadiq al-Sadrs Anziehungskraft auf nationalbewusste irakische Schiiten steigern.

Tatsächlich hatte sich nach al-Khoeis Tod (1992) im schiitischen Klerus eine Kluft zwischen den Generationen aufgetan. Ältere quietistische Kleriker und ihr großer Anhang neigten dazu, al-Khoeis Meisterschüler, dem bereits erwähnten Großayatollah Ali al-Sistani, zu folgen, einem Iraner aus Mashhad, der seit 1952 in Nadschaf lebte. Die zahlenmäßig kleine, relativ einflusslose Generation jüngerer Kleriker und vor allem die Masse der armen und arbeitslosen schiitischen Jugendlichen aus ländlichen Gebieten und den Elendsvierteln der Großstädte hingegen fühlte sich von dem nationalistischen Araber Sadiq al-Sadr angezogen. Zwar reichte die theologische Gelehrsamkeit Sadrs nicht an die von Sistani heran. Doch machte er diesen Mangel durch sein Eintreten für Arme und Unterdrückte, aber vor allem durch seine Unerschrockenheit, die ihn in den Augen vieler Schiiten gegenüber dem vorsichtigen und zurückhaltenden Sistani auszeichnete, mehr als wett. Beim informellen Ringen um die größte Anhängerschaft und damit um die Führerschaft der Schia im Irak hatte sich zwischen al-Sadr und Sistani ein spannungsgeladenes Patt ergeben. Zwischen dem Lager Sistanis, der zurückgezogen lebte und es gemäß quietistischer Tradition vermied, sich durch direkte öffentliche Äußerungen eine Blöße zu geben, und dem Lager al-Sadrs war ein tiefer Graben entstanden. Hinter den Kulissen allerdings entbrannte ab 1995 langsam, aber unaufhaltsam ein Krieg der Worte.

Gegner hatte Sadiq al-Sadr aber nicht nur im Lager Sistanis, sondern auch im Iran, dessen Regime ihm nicht wohl gesonnen war. Der Grund lag darin, dass Sadiq al-Sadr auch zu Khomeinis theokratischem Konzept der »Herrschaft des Rechtsgelehrten« Stellung bezogen hatte. Prinzipiell akzeptierte er die politische Führerschaft des schiitischen Rechtsgelehrten. Hingegen lehnte er den universellen Herrschaftsanspruch eines einzigen Rechtsgelehrten, sprich des iranischen Revolutionsführers, über alle Muslime der Welt ab und ließ ihn nur für die Muslime eines einzelnen Landes gelten. Mit dieser Position erhob er gleichzeitig seinen Führungsanspruch über die Schiiten des Irak und grenzte sich vom Iran ab.[22] Dessen Regierung reagierte prompt: 1998 schloss sie Sadiq al-Sadrs Vertretungsbüros im Iran und wies seine Repräsentanten aus. Auf ebenso grimmige Feindschaft stieß er auch beim irakischen ISCI in Tehe-

ran und dessen Führer, Ayatollah Baqir al-Hakim. Al-Hakim hatte den
»Weißen Löwen« Ende 1998 sowohl in den Parteizeitungen des ISCI im
Iran als auch in Broschüren, die er im Irak unter den Schiiten verteilen
ließ, als Marionette Saddams denunziert, persönlich beschimpft und seinen Rang als Großayatollah in Frage gestellt. Diese Rufmordkampagne
blieb unter den Sadristen unvergessen und markierte den Beginn einer
erbitterten, bis heute währenden Feindschaft zwischen dem ISCI und der
Sadr-Bewegung.

Doch mittlerweile war dem »Weißen Löwen« im irakischen Diktator ein viel gefährlicherer Feind erwachsen. Anfänglich hatte sich Sadr
noch bemüht, seine politisch-aktivistische Neigung zu verbergen, um
Saddams Misstrauen einzuschläfern. Bagdad wiederum hatte ihm großen Spielraum eingeräumt, um die Schiiten durch ihn zu kontrollieren
oder sie durch Spaltung zumindest zu schwächen. Anfangs war Sadiq al-
Sadr darauf bedacht, seine Friedfertigkeit zu betonen. Deshalb widmete er sich primär sozialen und wirtschaftlichen Problemen und bemühte
sich, jede politische Aussage zu vermeiden, die den Argwohn des Regimes (das Informanten in Sadrs Büro platziert hatte) hätte nähren können. Und so spielte er mehrere Jahre lang das Spiel Saddams mit. Dabei
bot die antiwestliche Haltung des Regimes noch den größten Raum für
Gemeinsamkeiten. Schließlich war Sadiq al-Sadr ein überzeugter irakischer Nationalist, der das böse Imperium der USA für die Sanktionen
verantwortlich machte, die unsägliches wirtschaftliches Elend über seine
schiitischen Landsleute gebracht hatten. Sadiq al-Sadrs Freitagspredigten
leitete er stets mit einer festen Abfolge ritualisierter Slogans ein, die in
Sprechchören von Zehntausenden Gebetsteilnehmern aufgegriffen und
zurückgeworfen wurden: »Ja, ja zum Islam; Ja, ja zum Glauben; Nein,
nein zur Ungerechtigkeit; Nein, nein zu Israel; Nein, nein zu Amerika;
Nein, nein zum Teufel!« Gegen diese Slogans konnte das Regime nichts
einwenden. Allerdings fehlte jeder Hinweis auf den irakischen Führer
oder ein Aufruf, ihn zu unterstützen. Was Sadiq al-Sadr stattdessen skan-
dieren ließ, war eine subtile und wohldurchdachte Negation des konventionellen Regime-Slogans, der stereotypisch lautete: »Ja, ja zum Führer
Saddam Hussein«.

Allmählich dämmerte es Saddam, dass Sadiq al-Sadr ihn hinter das
Licht geführt und sein »Instrument« ein Eigenleben entwickelt hatte. Al-
Sadr Massenbasis und seine stetig gewachsene Eigenständigkeit machten

ihn in Saddams Augen schließlich zu einer unberechenbaren Gefahr für den Machterhalt seines Regimes. Im Vertrauen auf seinen Rückhalt im Volk wagte al-Sadr es ab 1998 immer häufiger, Saddam Hussein durch Trotzgesten die Stirn zu bieten. Die wichtigste war seine beharrliche Weigerung, Saddams Forderung zu erfüllen, die Prediger in den von ihm kontrollierten Moscheen anzuweisen, im Freitagsgebet Allahs Schutz für das Staatsoberhaupt zu erflehen. Gegen Ende 1998 war Saddams Geduld erschöpft. Eine erneute Konfrontation zwischen dem Regime und den Schiiten hatte sich bereits ein halbes Jahr zuvor angekündigt, als zwei bekannte Ayatollahs in Nadschaf auf mysteriöse Weise zu Tode kamen. Während das Regime Unbekannte verantwortlich machte, war den Schiiten klar, dass Polizeiagenten die Hände im Spiel gehabt haben mussten.

Anfang Februar 1999 waren die Spannungen zwischen Saddam und Sadiq al-Sadr auf dem Höhepunkt angelangt. Dass sein Spiel mit dem Feuer ihn das Leben kosten würde, war Sadiq al-Sadr zu dieser Zeit bereits klar. Als Symbol seiner Bereitschaft, den Märtyrertod zu erleiden, trug er in den letzten Monaten seines Lebens über seinem Klerikergewand stets ein *kaffan*, ein für rituelle muslimische Bestattungen obligatorisches weißes Leichentuch. Kategorisch forderte das Regime Sadiq al-Sadr auf, die Zahl der Gebetsteilnehmer bei seinen Freitagsgebeten zu verringern. Als er das ablehnte, ließ das Regime die Büros und Moscheen der Sadr-Bewegung im Südirak und in Bagdad schließen und deren Vertreter verhaften. Dies löste Protestdemonstrationen aus, gefolgt von gewaltsamen Zusammenstößen seiner Anhänger und den Sicherheitskräften. Der Konflikt eskalierte am 18. Februar 1999, als Saddam ihm durch die Leiter der zwei größten Geheimdienste des Landes den Befehl überbringen ließ, die Freitagsgebete einzustellen. Al-Sadr weigerte sich – womit er das Fass zum Überlaufen brachte und Saddams Lust an extremen Problemlösungen weckte. Tags darauf hielt der »Weiße Löwe« trotz einer erneuten letzten Warnung das Freitagsgebet in Kufa. Damit unterschrieb er sein eigenes Todesurteil. Als Al-Sadr danach zusammen mit seinen beiden ältesten Söhnen von der Moschee nach Hause fuhr, lauerten ihnen auf dem Heimweg mitten auf dem größten Verkehrskreisel der Stadt »unbekannte Gewehrschützen« in einem im Verkehrsgewühl wartenden Auto auf. Nach mehreren Maschinengewehrsalven waren der Fahrer und die beiden Söhne auf der Stelle tot. Sadiq al-Sadr hingegen überlebte trotz schwerer Kopfwunden und wurde in das nahegelegene

Zentralkrankenhaus gebracht. Wie die Ärzte später berichteten, untersagten die Sicherheitskräfte ihnen, Sadiq al-Sadr zu behandeln, worauf dieser im Krankenbett verblutete.[23]

Die Nachricht von seiner Ermordung löste eine Lawine von Wut und Hass seiner Anhänger aus, die sich in zahllosen gewalttätigen Unruhen in Bagdad und in den meisten anderen Städten niederschlug. Das Regime schlug die Unruhen nieder und nahm zahlreiche Teilnehmer fest. Binnen eines Monats hatte das Regime 3.000 Sadristen verhaftet, von denen es 450 hinrichtete.

Der jüngste, dem Mordanschlag von Februar 1999 entgangene Sohn des »Weißen Löwen« ist Muqtada al-Sadr. Er ist verheiratet mit der zur Waisen gewordenen Tochter von Mohammed Baqir al-Sadr (Sadr I.), den das Regime 1980 getötet hatte, was ihn somit zum doppelten Erben einer Familientradition des Martyriums macht. Muqtada lebte nach dem Tod seines Vaters zurückzogen im Stammhaus der Familie in Nadschaf, wo er von Geheimdienstmitarbeitern »zum eigenen Schutz« unter Hausarrest gestellt wurde. Doch warum ließ das Regime ihn leben? Der Grund dafür dürfte darin liegen, dass er sich jeder Teilnahme an den Protesten der Sadristen enthielt. Wichtiger noch Muqtada verzichtete auf öffentliche Schuldzuweisungen an die Regierung, die nach der Ermordung seines Vaters und seiner Brüder jede Verantwortung abstritt. Außerdem spielte er seine Rolle im heuchlerischen Schmierentheater des Regimes, das Züge eines Shakespeare-Dramas voll von Intrige, Mord und Lüge annahm. Regierungsvertreter nahmen sogar an der Beisetzung seiner Angehörigen teil und kondolierten ihm, woraufhin Muqtada der Regierung wenig später in einem formalen Dankesbrief für ihre Anteilnahme dankte. Angesichts der Passivität Muqtadas verzichte das Regime darauf, auch ihn zu töten. Zu groß war die Gefahr, dass dies noch größere, womöglich unkontrollierbare Unruhen heraufbeschworen hätte. Mitarbeiter von Muqtadas Vater tauchten jedoch in den Untergrund ab, von wo aus sie das soziale Netzwerk seines Vaters reorganisierten und aufrechterhielten. Nach der US-Invasion sollte die Sadr-Bewegung unter Muqtadas Führung als mächtige Kraft wieder auf der politischen Bühne auftauchen und eine wichtige Rolle spielen.

Die schiitischen Exilparteien traf die Nachricht von Sadiq al-Sadrs Ermordung auf dem falschen Fuß, entkräftete sie doch alle gegen ihn geäußerten Vorwürfe als angebliche Kreatur des irakischen Geheimdienstes. Besonders untröstlich zeigte sich Baqir al-Hakim, der Führer des ISCI, der mit aller Macht seine frühere Rufmordkampagne gegen den »Weißen Löwen« vergessen machen wollte und in der Öffentlichkeit Krokodilstränen über Sadiq al-Sadrs Tod vergoss.

Welche Bedeutung hatte die Entstehung der Sadr-Bewegung und die Ermordung ihres Führers für die politische Entwicklung des Irak nach 2003? Einerseits besteht kein Zweifel, dass mit Sadiq al-Sadrs Abtritt von der religiösen und politischen Bühne eine mächtige Kraft verschwand, die dem Aufstieg anderer Akteure im Weg gestanden hatte. Zu nennen sind dabei vor allem der ISCI, aber auch Großayatollah Sistani, der erst nach Sadrs Tod seine Stellung als unangefochtener führender Schia-Kleriker des Irak zementieren konnte. Zweitens war beim Aufstieg und Fall Sadrs viel böses Blut entstanden, das auch nach 2003 und bis zum heutigen Tag die Ursache vieler Konflikte zwischen der Sadr-Bewegung und ihren schiitischen Opponenten ist.

Die Bewegung Sadiq al-Sadrs war eine religiös-puritanische und politisch-aktivistische Bewegung der schiitischen Unterschicht mit ausgeprägt sozial-revolutionärer Tendenz. Baqir al-Sadrs Schia-Bewegung der Daawa-Partei zielte eher darauf ab, eine von einer kulturellen und intellektuellen Elite geführte klassische Partei zu etablieren, die einen islamischen Staat von oben nach unten aufbauen sollte. Dagegen ging es Sadiq al-Sadr eher darum, die Masse der Armen und Unterprivilegierten anzusprechen, ihren Glauben und ihre Moralvorstellungen zu beleben – in der Hoffnung, eine von unten kommende religiöse Kulturrevolution auszulösen, die auch messianische Heilserwartungen befriedigte. Dies war auch der Grund dafür, dass er sich bis fast zuletzt vor allem sozialen und nicht politischen Fragen widmete. Damit wollte Sadr die unausweichliche Konfrontation mit dem Staat möglichst lange hinauszögern, eine Konfrontation, von der er angesichts der ungleichen Kräfteverhältnisse wusste, dass er sie verlieren würde. Das focht ihn jedoch nicht an: Wiederholt erklärte er seinen engsten Mitarbeitern, dass er mit der von ihm geführten »Sprechenden marjaiya« Zeit gewinnen wolle, um den Weg für die Wiederkehr des verborgenen Imam-Mahdi zu ebnen, der dann alle Unterdrücker der Erde beseitigen werde.[24]

Anders ausgedrückt: Eine klar definierte politische Programmatik für den Aufbau funktionierender, den Realitäten angepasster Regierungsstrukturen hatte die Sadr-Bewegung nicht. Stattdessen überwogen sozial-egalitäre und messianische Botschaften. Diese diffuse Orientierung machte (und macht) die Sadr-Bewegung für viele junge, arme, zornige und kulturell entwurzelte Schiiten attraktiv. In dem von politischem Chaos geprägten neuen Irak nach Saddams Sturz 2003 trug (und trägt) diese Orientierung jedoch dazu bei, den Aufbau geordneter politischer Verhältnisse und fester staatlicher Strukturen zu erschweren.

Zerbröckelte Fundamente: Irak am Ende der Ära Saddam Husseins

Gemeinhin wird angenommen, die zu Recht kritisierte US-Invasion von 2003 habe wesentlich zum heutigen Chaos im Irak und zum Aufstieg des »Islamischen Staats« geführt. Ohne Zweifel liegt darin viel Wahrheit. Übersehen werden dabei jedoch fast immer die tiefen politischen, religiösen und wirtschaftlichen Verwerfungen, die bereits während Saddam Husseins Herrschaft existierten und durch ihn und die verheerenden Sanktionen um ein Vielfaches vertieft wurden. Sie haben mindestens ebenso sehr zum heutigen Chaos beigetragen.

Am Vorabend der US-Invasion von 2003 waren die staatlichen Fundamente des Irak bereits stark erodiert. Die US-Truppen sollten gegen einen von außen betrachtet funktionsfähigen Staat anrennen, hinter dessen Fassaden sich freilich nicht nur die bürokratischen und zentralstaatlichen Strukturen, sondern auch das frühere Machtmonopol der Baath-Einheitspartei in Auflösung befanden. Bis 2003 hatte die Baath-Partei, die nach der Vernachlässigung durch Saddam nur noch als eingeschränkt funktionsfähige Hülle weiter existierte, ungefähr 70 Prozent ihrer früheren aktiven Mitglieder verloren. Das verminderte nicht nur ihre Bedeutung als Instrument der Kontrolle und sozialplanerischen Gestaltung von Staat und Gesellschaft. Die Partei hatte auch jedes Ansehen im Volk und damit jegliche Attraktivität für die Jugend verloren und war zu einem bloßen Vehikel der Jobsicherung und Karriereförderung verkümmert.

Auch der militärische Arm des Staates war weitaus kleiner und schwächer als je zuvor in den vorherigen vier Dekaden geworden. Das militärische Rückgrat des Regimes waren nicht mehr die von Saddam misstrauisch beäugte, vernachlässigte reguläre Armee, sondern allein die etwa 60.000 Mann starken und besser ausgestatteten Republikanischen Garden. Die Streitkräfte konnten ihrer Hauptaufgabe, der Verteidigung der territorialen Integrität und der Landesgrenzen, nicht mehr nachkommen. Im kurdischen Norden waren zehn Prozent der Landesfläche und fast alle Grenzen ihrer Kontrolle entzogen, und im Süden konnten die Streitkräfte zwar noch die Grenzen schützen, aber nur noch unter äußerster Kraftanstrengung die rastlose schiitische Bevölkerung kontrollieren. Zudem hatte der Irak seit 1991 durch die US-Flugverbotszonen die Kontrolle über zwei Drittel seines Luftraums eingebüßt. Zu Jahresbeginn 2003 reduzierte sich die Rolle des Militärs im Wesentlichen darauf, den Schutz des Regimes und des aus Bagdad und den westlichen und nördlichen sunnitischen Provinzen bestehenden Kernterritoriums sicherzustellen.

Saddam hatte seit Ende der 1980er Jahre die Funktion vieler Strukturen der staatlichen nationalen Ordnung und Verwaltung systematisch geschwächt. An deren Stelle hatte er sein eigenes, auf persönliche Kontakte zu ihm und seiner Familie ausgerichtetes Netzwerk gesetzt, das auf zwei Säulen gründete: Korruption und Einschüchterung durch Androhung und Einsatz von Gewalt. Dabei nutzte Saddam geschickt soziale und religiöse Gegensätze aus, um sich als Hüter der Landeseinheit darzustellen. Von außen betrachtet, erschien der Diktator als einzige Kraft, die mit eiserner Faust das innere Chaos sowie das konfessionelle und ethnische Gegeneinander bändigen und so das Land zusammenhalten konnte. Aber das ist allenfalls die halbe Wahrheit. Vollkommen aus dem Blick geriet, dass Saddam zu seinem Machterhalt konsequent eine Politik des *divide et impera* betrieb. Dabei nutzte er sämtliche Möglichkeiten, die ihm kommunale, tribale, ethnische und konfessionelle Gegensätze in der Bevölkerung boten. Der im vorigen Kapitel erläuterte Versuch Saddams, unter den Schiiten die vermeintlich staatsloyale aktivistische Schia-Bewegung der Sadristen zu stärken und gegen die quietistischen Schiiten auszuspielen, war die Regel und nicht die Ausnahme. Das Prinzip des Teilens und Herrschens wandte er auch gegen Kurden, sunnitische Stämme und viele andere Gruppen an. Bis zur US-Invasion von 2003 ließ Saddam vier Mal (1970, 1975, 1990 und 1998) die Verwaltungsgrenzen zwischen den 18 Provinzen des Irak neu ordnen. Nach Belieben zerschnitt, verkleinerte oder vergrößerte er die Mehrheit dieser Provinzen, andere verschmolz er miteinander und benannte sie scheinbar willkürlich um. Skrupellos nutzte er dabei historische, sozio-ökonomische und ethnisch-konfessionelle Gegensätze zwischen Stadt- und Landbevölkerungen, um die ihm treuen auf Kosten der illoyalen Gruppen und Stämme zu stärken. Das Ergebnis war eine zunehmende Spaltung der Bevölkerung, die zusammen mit Korruption und der Liquidierung seiner Gegner das eigentliche Fundament von Saddams Macht war.

Diese Spaltung ging auf Kosten der Funktionsfähigkeit des Irak, die zum Ende der Saddam-Ära bereits stark eingeschränkt war. Eine Ursache dafür war, dass Saddam die Grundlagen eines säkularen arabischen Nationalstaats und einer modernen Gesellschaft geschwächt und um seines Machterhalts willen traditionelle Formen der Gesellschaftsorganisation, des Islam und des Tribalismus gefördert hatte. Zu dessen Schattenseiten gehörten auch anarchischer Zwist um Land, Weidegründe und staatliche Gunst sowie unentwegte bewaffnete Stammesfehden, die seit den 1990er Jahren Hochkonjunktur hatten. Dabei kämpften sunnitische Stämme nicht nur gegeneinander, sondern bisweilen auch gegen die Regierung. Beispiele dafür sind die Erhebungen der Stammesföderation der al-Dschubur 1992 und 1993 sowie der 1995 unternommene Putschversuch von Armeeeinheiten, die dem Stamm der al-Dulaimi angehörten. Auslöser dieser Erhebungen waren entweder Verteilungskämpfe um Beute oder Fragen der Familienehre wie im Fall der al-Dulaimi. Sie war durch Saddams Sohn Uday verletzt worden, als er die Tochter eines Stammesführers ungestraft vergewaltigt hatte. Der archaische und vormoderne Tribalismus war also durchaus ein zweischneidiges Schwert, zumal Saddam sich nie die Loyalität aller sunnitischen Stämme sichern konnte. Und selbst innerhalb seines eigenen Familien-Clans des Bu-Nasir-Stammes rumorte es zwischenzeitlich bedrohlich. So liefen 1995 zwei seiner Schwiegersöhne zu den feindlichen US-Geheimdiensten nach Jordanien über, eine Flucht, die nach der reumütigen Rückkehr der »verlorenen Söhne« mit deren Hinrichtung endete.[25]

Auch wirtschaftlich und gesellschaftlich war der Irak aufgrund der drückenden, 13 Jahre währenden UNO-Sanktionen zu einem wackligen Kartenhaus geworden. Die Sanktionen trafen ausschließlich die Bevölkerung und nicht die politische Elite und die um sie herum entstandene Schicht dubioser Geschäftemacher und krimineller Krisenprofiteure. Letztere Gruppen mehrten ihren persönlichen Wohlstand durch Schwarzmarkt-Geschäfte und staatlich geförderten Schmuggel. Für irakische Normalbürger waren die Sanktionen eine Katastrophe, weil mehr als ein Fünftel der arbeitenden Bevölkerung beim Staat beschäftigt war, der nun kaum mehr Geld hatte, um sie zu bezahlen. Ungezählte Angestellte, Lehrer, Armeeoffiziere und Pensionäre fielen in Armut.

Eine galoppierende Inflation fraß die Einkommen und Vermögen auf, die ihnen noch geblieben waren. War ein irakischer Dinar 1989 noch 3,20 US-Dollar wert, bekam man 1996 für einen US-Dollar umgerechnet 2.600 irakische Dinare. Die Iraker litten unter erheblichen infrastrukturellen Mängeln der Strom- und Wasserversorgung und der Abfallbeseitigung. Das Schulsystem wurde zunehmend lückenhafter, sodass das Bildungsniveau sank und der Analphabetismus stark anstieg. Große Teile der irakischen Mittelklasse sowie der gebildeten und technokratischen Elite emigrierten ins Ausland. Anfang 2003 registrierte Iraks Arbeitsministerium mehr als 50 Prozent Arbeitslose, die meisten von ihnen junge Männer. Nach dem Zensus von 1997 waren 56 Prozent der Bevölkerung unter 18 Jahre alt. Die Jugendlichen waren der größte Verlierer der Sanktionen. Sie erhielten keine oder allenfalls eine rudimentäre Bildung und hatten keine Zukunftsperspektive. Sehr viele Jugendliche wandten sich entmutigt vom Regime ab und der Religion zu, was die weite Verbreitung radikal-islamischen Gedankenguts nach 2003 – sowohl bei jugendlichen Schiiten wie Sunniten – erklärt. Als die US-Invasion Saddam stürzte, fanden die US-Besatzer eine im Vergleich zu den 1970er Jahren vollkommen veränderte Gesellschaft vor, die konfessionell und ethnisch tiefer als je zuvor gespalten und ökonomisch verarmt war. Der Irak hatte eine ungemein junge, stark religiös orientierte Jugend und entbehrte einer ausreichend breiten, säkular orientierten technokratischen Mittelschicht – alles in allem denkbar ungünstige Voraussetzungen für den Aufbau eines neuen, stabilen und demokratischen Irak.

VIER

Von Clinton über George W. Bush bis zur US-Invasion: Washingtons Irak-Politik

Der 11. September 2001 verändert die Welt

Von 1991 bis zum 11. September 2001 amtierten im Weißen Haus mit George Bush senior, Bill Clinton und George W. Bush junior drei Präsidenten unterschiedlicher politischer Couleur und Temperamente, die unterschiedliche außenpolitische Schwerpunkte setzten. In ihrer Irak-Politik jedoch verfolgten sie eine identische Strategie, die sich erst nach »9/11« grundlegend änderte. Durch das Aufrechterhalten der Sanktionen betrieben die USA eine aktive Eindämmungspolitik, die verhindern sollte, dass der Diktator die Region erneut bedrohte. Bei seinem Amtsantritt im Januar 1993 erbte Bill Clinton von seinem Vorgänger George Bush senior diese Ausrichtung. Doch ähnlich wie sein Vorgänger verfolgte auch Clinton gegenüber dem Irak eine Doppelstrategie, die auf eine öffentlich-offizielle und eine verdeckt betriebene Politik setzte. Die offizielle Linie verfolgte die aggressive Eindämmung Saddams durch die Aufrechterhaltung der Flugverbotszone im kurdischen Norden und die Fortsetzung der UNO-Sanktionen. Dagegen führte die im Verborgenen betriebene Politik die von Bush senior bereits im Mai 1991 autorisierte und finanzierte CIA-Langzeitoperation fort, mit dem Ziel, einen Putsch der irakischen Armee anzuzetteln, der Saddam stürzen und an seiner Stelle ein von sunnitischen, anti-iranischen Offizieren geführtes Regime einsetzen sollte. Allerdings wurde diese inoffizielle Irak-Politik nie mit der gleichen Entschlossenheit und Konsequenz wie der offizielle Kurs verfolgt.

Die wichtigsten außenpolitischen Akteure in den republikanischen und demokratischen US-Administrationen zwischen 1991 und 2001 waren allesamt nüchterne, pragmatische Realisten. Typische Vertreter dieser Richtung waren beispielsweise General Colin Powell, während des Kuwait-Krieges Vorsitzender des US-Generalstabs und damit mächtigster US-Militär der Präsidialverwaltung von George Bush senior, sowie Richard Cheney, Verteidigungsminister unter George Bush senior. Beide traten im März 1991 vehement dafür ein, auf einen US-Truppenvormarsch auf Bagdad und eine Unterstützung der schiitischen Aufständischen im Süden des Irak zu verzichten. Beide begründeten, nachdem sie 1993 aus ihren Ämtern ausgeschieden waren, diese Zurückhaltung mehrfach öffentlich mit dem gleichen Argument. Sie meinten, ein Sturz Saddams berge das Risiko eines inneren Chaos und konfessionellen Bürgerkriegs, der der Machtergreifung pro-iranischer Schiiten in Bagdad den Weg ebnen könne.

Außenpolitische Realisten behielten auch unter Clinton die Oberhand und betrachteten den Irak als ein zwar ärgerliches, aber doch letztlich handhabbares Randproblem an. Daran änderten weder der zähe Widerstand Saddams gegen die ABC-Waffenkontrollen noch die allmähliche Erosion des Sanktionsregimes etwas. Die USA gingen in dieser Zeit davon aus, dass Saddam seine Bevölkerung zwar weiterhin tyrannisiere, doch für seine Nachbarn wegen der Schwächung seiner Militärmacht allenfalls nur noch eine latente Bedrohung mehr sei. Ferner glaubten sie, der Irak könne durch militärische Abschreckung und verbesserte Sanktionen auch künftig zu vertretbaren Kosten eingehegt werden – weshalb es von 1991 bis zu »9/11« weder in der Regierung noch im Kongress oder in der Bevölkerung eine Mehrheit für einen militärischen Sturz des Saddam-Regimes gab. Der Grund lag auf der Hand: Die Kosten und Risiken eines solchen Unterfangens stünden in keinem sinnvollen Verhältnis zu seinem Nutzen.

Als im Januar 1993 Bill Clinton die Präsidentschaft übernahm, sah er sich einer republikanischen Opposition gegenüber, in deren Reihen die Neokonservativen zunehmend die außenpolitische Agenda bestimmten. Sie forderten immer unnachgiebiger ein härteres Vorgehen gegen den Irak. Teilweise kam Clinton ihnen entgegen, um den Druck abzufedern. Er verkündete 1994 seine Politik der doppelten Eindämmung des Irak und des Iran (»Dual Containment«), den zwei in Washingtons Augen gefährlichsten Regionalmächten. Mit ihrer Taktik des »steten, den Stein höhlenden Tropfens« hatten die Republikaner 1998 ein weiteres Zwischenziel erreicht. Clinton war zumindest nach außen gezwungen, den Druck zu erhöhen, und setzte so im Oktober 1998 seine Unterschrift unter den »Iraq Liberation Act«. Darin erklärten die USA ihren Wunsch, Maßnahmen zum Sturz Saddams zu unterstützen. Zugleich sollte der Aufbau einer demokratischen Regierung gefördert werden. Die treibenden Kräfte hinter dieser Deklaration waren 40 Kongressabgeordnete, die den Neokonservativen nahestanden und enge Verbindungen zu Teilen der irakischen Exilopposition hatten. Laut diesem Gesetz war die Regierung fortan verpflichtet, demokratischen irakischen Oppositionsgruppen militärische und humanitäre Hilfe zukommen zu lassen und ihre Radio- und Fernsehprogramme mitzufinanzieren. Jährlich stellte der Kongress dafür 97 Millionen US-Dollar zur Verfügung. Andererseits unterstrich dieses Gesetz aber auch, dass der Regimewechsel nicht durch den Einsatz von US-Truppen erzwungen werden dürfe: woran sich Präsident Clinton trotz wiederholter Lippenbekenntnisse gegenüber der republikanischen Opposition bis zum Ende seiner Amtszeit hielt. Auch sein Amtsnachfolger, George W. Bush junior, setzte in den ersten sieben Monaten seiner Präsidentschaft diesen Kurs fest. Erst »9/11« – die Terroranschläge, bei denen Mitglieder von Al-Qaida am 11. September 2011 vier Flugzeuge entführten und in Selbstmordattentaten in wichtige zivile und militärische Gebäude der USA lenkten – läutete eine Kehrtwende ein.

Iraks Exilopposition, eine demokratische Alternative?

Um Saddam stürzen und durch eine demokratische Regierung ersetzen zu können, benötigten die USA eine demokratische Alternative. Das war und blieb indes die Achillesferse der Irak-Politik Washingtons. Außenpolitisch isoliert und wirtschaftlich bankrott, hielt sich Saddams Regime innenpolitisch nur noch durch Terror und Korrumpierung an der Macht. Waren dies prinzipiell nicht ideale Voraussetzungen für die ins Exil gegangene Opposition? Und hätte sie nicht leichtes Spiel haben müssen, Saddams maroden Staat niederzureißen und neu zu erbauen? Doch weit gefehlt: Ohne den 11. September 2001 hätten die exilierten Oppositionskräfte nie eine Chance auf eine Rückkehr an die Macht gehabt. Die irakische Opposition blieb bis Anfang 2003 in einem desolaten Zustand.

Der Aufgabe, das Land politisch umzugestalten, war sie nicht gewachsen, weder organisatorisch und personell, noch politisch oder institutionell.

Ein Grund dafür ist in dem hohen Blutzoll in den Reihen ihrer Führungskader zu suchen, den sie durch ihren Widerstand gegen das Baath-Regime hatten zahlen müssen. Schwerer noch wog ein anderer Umstand: die heillose Zerstrittenheit der Opposition, die Züge des Sektierertums trug. Die Opposition war in große Lager zerfallen, die einander spinnefeind waren.[1] Die Lager der schiitischen und sunnitischen Islamisten, der Kurden, der linken Säkularisten, der rechtsnationalen Säkularisten, Ex-Baathisten und Monarchisten waren die stärksten. Insgesamt war die irakische Opposition Ende der 1990er Jahre in mehr als 60 Organisationen gespalten, die sich den Luxus leisteten, mit 400 Sprechern in Iraks Nachbarstaaten und in den westlichen Hauptstädten für ihre Interessen zu werben. Dabei verfochten sie *nolens volens* auch die Interessen derjenigen Nachbarländer, die ihnen politisch, militärisch und finanziell den Rücken stärkten. Häufig standen die regionalpolitischen Interessen der jeweiligen Unterstützerstaaten jedoch in scharfem Gegensatz zueinander, wie zum Beispiel die des Iran und Saudi-Arabiens.

Die Trennlinien zwischen den Lagern der Opposition waren konfessioneller, ethnischer, politischer und sozialer Natur. Viele dieser Organisationen teilten in der politischen Diaspora das gleiche Schicksal, wobei ihre Büros häufig jahrzehntelang in enger Nachbarschaft lagen, wie zum Beispiel in London, Paris, Teheran und in Damaskus. Dennoch gab es zwischen ihnen nur einen minimalen Informationsaustausch. Schlimmer noch: Der Wille, gemeinsame Koordinationsgremien oder ersatzstaatliche politische Institutionen (wie ein Exilparlament) aufzubauen, fehlte ganz. Echte, demokratische Parteien, in deren Organisationsrahmen Werte und Prinzipien der demokratischen Willensbildung und des Liberalismus praktiziert oder respektiert wurden, gab es in der irakischen Opposition nur ganz wenige; jene hatten obendrein keinen Einfluss. Und so vertat die irakische Opposition über Jahrzehnte hinweg jede Chance, sich im In- und Ausland als eine legitime, von der Mehrheit der Iraker anerkannte Alternative zu empfehlen. Eine weitere Ursache für die Schwäche der Opposition war das Fehlen einer territorialen Operationsbasis innerhalb des Irak. Eine Ausnahme davon waren nur die Kurden. Dank der US-Flugverbotszone konnten sie sich in den meisten ihrer angestammten Siedlungsgebiete im Nordirak halten. Doch die militärischen und operativen Kapazitäten der Kurden waren begrenzt, sodass sie sich nur mühsam gegen Iraks Regierungsarmee behaupten konnten. Dagegen besaß die Exilopposition im schiitischen Süden und vor allem in dem von Sunniten dominierten Zentralirak fast keinen Rückhalt.

Ein weiteres Manko war, dass es in der irakischen Opposition keinen Politiker von Format gab. Niemand reichte über das Mittelmaß hinaus oder stand im Ruf der Überparteilichkeit. Niemand verfügte über das Charisma, über die engen Grenzen des eigenen Lagers hinweg auf die Iraker einwirken zu können. Auch konnte sie niemand mit Mut und Hoffnung erfüllen oder mit Visionen begeistern. Kurzum: Ein Pendant zu einem Politiker wie Khomeini, der als Integrationsfigur und Führer der iranischen Revolution Millionen inspirierte und lenkte, fehlte der irakischen Opposition.

Seit dem ersten Militärputsch 1958 waren in großen aufeinander folgenden Wellen zahlreiche Iraker vor politischer Verfolgung und wirtschaftlicher Not ins Ausland geflohen. Ihre Zahl übertraf die aller anderen Kontingente politischer Exilanten aus anderen Nahoststaaten. Bis 1990 schätzte man die Zahl der Exiliraker auf 1,5 Millionen. Nach dem Kuwait-Krieg, dem gescheiterten Aufstand im Süden und Norden und dem Beginn des UNO-Sanktionsregimes schwoll ihre Zahl bis Anfang 2003 auf knapp drei Millionen an, also etwa zehn Prozent der Gesamtbevölkerung. Etwa eine Million von ihnen fand Zuflucht im Iran. Der Rest verteilte sich zumeist auf Nachbarländer wie Jordanien, Libanon, Syrien, Türkei und die Golfstaaten. Verstreut lebten größere Exilgruppen auch in Europa und den USA, wobei London, die Hauptstadt der ehemaligen Kolonialmacht Großbritannien, besonders viele Gruppen anzog.

Die wichtigsten Teile der organisierten Exilopposition waren in den 1980er Jahren die zwei Kurdenparteien KDP und PUK, die zwei Schiitenparteien, also der ISCI und Daawa mit ihren jeweiligen Hauptquartieren in Teheran und London, und die alte, bedeutungslos gewordene Irakische Kommunistische Partei mit ihrem Hauptquartier in Damaskus.

In den 1990er Jahren gesellten sich zwei weitere, locker organisierte Dachverbände der säkularen Kräfte hinzu. Der erste war der im Dezember 1990 in London aus der Taufe gehobene »Iraqi National Accord« (INA) unter Ayad Allawi. Allawi entstammte einer angesehenen und wohlhabenden Bagdader schiitischen Händlerfamilie und besuchte als Kind das renommierte Bagdad College der Jesuiten. Nach dem Eintritt in die Baath-Partei hatte er sich in den 1960er Jahren in der Parteihierarchie weit nach oben gearbeitet, bis er schließlich mit Saddam Hussein aneinandergeriet. Um einer finalen Machtprobe auszuweichen, ging Allawi 1975 nach London, wo er als Baathpartei-Kommissar die Auslandsiraker überwachte. Dort absolvierte er auch ein Medizinstudium. Doch auch fern von Bagdad entging er Saddams Misstrauen nicht. 1978 attackierten ihn ein mit einer Axt bewaffneter Agent des Baath-Regimes in seiner Londoner Wohnung. Allawi überlebte den Mordanschlag schwer verletzt. Nach seiner Genesung engagierte sich Allawi in der Opposition und baute enge Verbindungen zu westlichen Geheimdiensten, wie dem CIA und dem MI 6, auf. Der von Allawi gegründete INA wurde zum säkularen Sammelbecken versprengter Baath-Dissidenten, Ex-Militärs und sunnitischer Exiliraker. Sie favorisierten die Ablösung von Saddam Hussein, allerdings ohne das politische System grundsätzlich verändern zu wollen. Zugleich hielten sie am Konzept eines starken Zentralstaates fest, der durchaus weiterhin von einer reformierten Baath-Partei geführt werden könne, da diese an sich nicht das Problem sei, sondern nur von Saddam usurpiert und »fehlgeleitet« worden sei. Vielmehr sahen die Abtrünnigen die eigentliche Wurzel des Übels im »System Saddam«, das sie beseitigen wollten. Seit 1991 wurde der INA von Saudi-Arabien und anderen Golfstaaten finanziell großzügig unterstützt. Im August 1996 war Allawi der Hauptdrahtzieher hinter der Verschwörung einer Gruppe irakischer Armeeoffiziere in Bagdad, die versuchten, Saddam Hussein zu stürzen. Der Baath-Sicherheitsapparat hob die von Jordanien aus operierende und von der CIA finanziell und logistisch unterstützte Geheimorganisation in letzter Minute aus, richtete 30 Offiziere hin und ließ mehr als 100 weitere in Folterkerkern verschwinden. Ungeachtet dieses Rückschlags setzte Allawi seine Umsturzversuche fort, gestützt auf reichlich sprudelnde Finanzquellen Saudi-Arabiens und die Hilfe des CIA. Der zweite säkulare Dachverband war der »Iraqi National Congress« (INC), den Ahmad Chalabi 1992 in Wien gegründet hatte.

Iraks verhinderter de Gaulle: Ahmad Chalabi

An Ahmad Chalabi schieden sich von Anbeginn die Geister, da niemand so wie er polarisierte. Aber auch niemand von Iraks Exilpolitikern war bei der Vorbereitung der US-Invasion so wichtig wie er, zumal er zahlreiche spätere Ereignisse im Irak wie kein anderer zu beeinflussen wusste.[2]

Chalabi wurde 1944 in Bagdad als jüngstes von neun Kindern seines Vaters Abdul Hadi Chalabi geboren. Die Mitglieder seiner Familie von Händlern und Großgrundbesitzern, ihres Zeichens Schiiten turkmenischen Ursprungs, trugen den Ehrentitel Chalabi, den die Osmanen verdienten Notabeln verliehen und der so viel wie »der Gott Nahestehende« bedeutet. Die Chalabis pflegten enge Freundschaften und Geschäftsbeziehungen zur irakischen Herrscherdynastie der Hashimiten, insbesondere zum Kronprinzen Abd al-Ilah. Unter der Monarchie erlangten die Chalabis großen Wohlstand und politischen Einfluss. Ahmad Chalabi, der schon damals durch Intelligenz, Lerneifer und seine mathematische Begabung auffiel, besuchte als Kind das renommierte Bagdad College der Jesuiten. Sein Vater Abdul Hadi Chalabi hatte dank Privilegien der britischen Krone eine beherrschende Position beim Export von Datteln, Weizen und Baumwolle erlangt und betrieb die größten Getreidemühlen und Zementfabriken des Landes. Eine weitere Quelle des Reichtums der Familie Chalabi war Landbesitz, vor allem im Zentrum und den Randbezirken Bagdads. Zum Schluss besaß die Familie Chalabi eine Fläche von 160.000 Acres (647 km²), das heißt eine Fläche von der doppelten Größe Münchens. Als die Monarchie 1958 stürzte, waren die Chalabis mit einem Privatvermögen von neun Millionen irakischen Dinars (damals umgerechnet 36 Millionen US-Dollar) die reichste Familie des Landes – ein sagenhafter Reichtum im Vergleich zum durchschnittlichen Wochenlohn eines irakischen Arbeiters von zwei Dinar Mitte der 1950er Jahre.[3]

Doch mit dem Militärputsch sunnitischer Offiziere am 14. Juli 1958 brach das Unheil über die Chalabis herein. Die Putschisten töteten den König, den Kronprinzen und den Ministerpräsidenten, Nuri al-Said, einen Freund der Chalabi-Familie. Der schiitische Senatspräsident, Abdul Hadi Chalabi, Ahmads Vater, entging der Hinrichtung, weil er im Libanon weilte. Nach Ausrufung der Republik Irak beschlossen die neuen

Machthaber, die Chalabi-Familie im Einklang mit ihrer sozialistischen Innen- und Wirtschaftspolitik zu enteignen: Zählten die Chalabis doch zu der kleinen Hof- und Großgrundbesitzerelite, die nur drei Prozent der Bevölkerung umfasste, der jedoch mehr als 70 Prozent des Landes gehörte. So galten die Chalabis vielen als Symbol der Ungerechtigkeit der Monarchie. Im Herbst 1958 musste die Familie ihr großes, mit Parks und Villen übersätes Anwesen in Adhamiya, dem historischen Stadtzentrum Bagdads am östlichen Tigris-Ufer, aufgeben und ins Exil nach London gehen. Bis heute bestreiten es die Chalabis, dass der Umsturz von 1958 im Irak mit der sozialen Ungleichheit im Land und dem Drang des Volkes nach Unabhängigkeit von Großbritannien zu tun gehabt hat. Stattdessen glauben sie, seine Ursache wäre das alte irakische Übel, der konfessionelle Streit, gewesen: In ihren Augen sei der Umsturz der Furcht des sunnitischen Offizierskorps vor dem wachsenden Einfluss der Schiiten entsprungen. Für den damals 14-jährigen Ahmad Chalabi zerbrach eine Welt. Der jähe Ansehens- und Machtverlust seiner Familie war ein Schicksalsschlag. Und Schuld daran, so glaubt er bis heute, war einzig und allein die Elite der sunnitischen Militärs. Damals reifte in ihm der Entschluss, das seiner Familie und den Schiiten insgesamt zugefügte Unrecht zu rächen.[4]

In England schickte sein Vater Ahmad Chalabi auf eine renommierte Boarding School in Sussex. Danach ging er in die USA, wo er am Massachussetts Institute of Technology (MIT) in Boston Mathematik studierte und seine Universitätslaufbahn 1968 mit einem Doktorgrad in Mathematik der Chicago University abschloss. In den USA wurde Chalabi in den 1960er und 1970er Jahren Zeuge der Vietnamproteste. Dabei erkannte er, welche Macht die Medien und ihre Berichterstattung über den Vietnam-Krieg auf die außen- und sicherheitspolitischen Entscheidungen der US-Regierungen hatten. Deshalb suchte und pflegte er über mehrere Jahrzehnte hinweg die Freundschaft einflussreicher Journalisten großer US-Medien. In den 1970er Jahren verlegte die Chalabi-Familie ihren Hauptsitz in den Libanon und engagierte sich im Banken- und Finanzgewerbe. Abdul Hadi Chalabis Söhne heirateten Töchter aus Familien der schiitischen Finanzoligarchie. Ahmad Chalabi selbst ehelichte eine Tochter Adil Osseirans, einer der politischen Gründerväter des Libanon.

Chalabi und die Petra-Bank-Affäre

1978 siedelte Ahmad Chalabi im Auftrag seines Vaters nach Jordanien über und gründete in Amman die Petra Bank. Aufgrund technischer Innovationen, eines geschickten Managements und großzügiger Kredite an den jordanischen Kronprinzen Abdallah stieg Chalabis Petra Bank binnen zehn Jahren zum zweitgrößten Bankhaus Jordaniens auf. Neben seinen wirtschaftlichen Aktivitäten engagierte sich Chalabi bereits in dieser Zeit in der Opposition gegen das Baath-Regime Saddam Husseins. Mittlerweile hatte er im Libanon und in Jordanien als ein eloquenter Vertreter der irakischen Opposition enge Kontakte zu den Korrespondenten verschiedener US-amerikanischer und britischer Zeitungen und Fernsehsender aufgebaut, darunter zu Jim Hoagland (*Washington Post*), Peter Jennings (*ABC News*), David Hirst (*Guardian*) und Judith Miller (*New York Times*). Diese Kontakte kamen ihm später zugute.

Dem Aufstieg seines Bankhauses folgte jedoch bereits 1989 die Insolvenz. Die Petra Bank war durch zweifelhafte Finanztransaktionen zahlungsunfähig geworden, und Ahmad Chalabi musste sich vor der jordanischen Justiz verantworten. Als er keinen Ausweg mehr sah, ließ er sich im Juli 1989 im Kofferraum eines Freundes versteckt nach Syrien schmuggeln. Zwar war Chalabi so dem direkten Zugriff der jordanischen Justiz entgangen, allerdings nicht deren bohrenden Nachfragen nach dem Verbleib von 500 Millionen US-Dollar. Jordaniens Regierung erwirkte bei Interpol einen – übrigens bis heute gültigen – Haftbefehl. Im Mai 1992 schließlich verurteilte ein Gericht in Amman Chalabi in Abwesenheit zu einer Haftstrafe von 22 Jahren. Chalabi bestritt alle Vorwürfe und sah sich als Opfer eines vom irakischen Diktator eingefädelten Komplotts, in das auch das vom Irak damals wirtschaftlich stark abhängige Königshaus Jordaniens angeblich verwickelt gewesen sein soll.[5]

Als Finanzjongleur gescheitert, widmete sich Chalabi fortan ganz der Oppositionsarbeit. Der Makel des Petra Bank-Skandals blieb jedoch an ihm haften. Im Gefolge von Saddam Husseins gescheiterter Annexion Kuwaits wuchs das Interesse der USA, sein Regime von innen zu destabilisieren, was Chalabi in die Hände spielte. Im März 1991 begann er damit, in Washington in den Büros der nationalen Exekutive und Legislative zu antichambrieren, Anti-Saddam-Leitartikel in führenden Zeitungen zu lancieren und sich bekannt zu machen. Sein Ziel war es, die

US-Leitmedien und die Führer der politischen Klasse für seine Agenda des Regimesturzes in Bagdad einzuspannen. In dieser Zeit freundete er sich auch mit Professor Bernard Lewis an, einem berühmten Islamwissenschaftler und prominenten Neokonservativen. Lewis galt als Nestor eines Kreises neokonservativer und republikanischer Politiker, die das Vorhaben eines demokratischen Umbaus der Nahostregion mit allen, notfalls auch militärischen Mitteln befürworteten. Lewis war es auch, der ihn mit den führenden Neokonservativen Washingtons bekannt machte, darunter Daniel Perle, Paul Wolfowitz, Douglas Feith, Lewis (»Scooter«) Libby und Zalmay Khalilzad.

Chalabi und sein Zerwürfnis mit der CIA

Parallel dazu knüpfte er Kontakte zum CIA, schloss mit ihr eine Kooperation zu gegenseitigem Nutzen und ließ sich die Gründung des INC 1992 von der CIA finanzieren – was ihn rasch zu einem der hellsten Sterne am Firmament der irakischen Opposition aufsteigen ließ. Um Saddam zu stürzen, propagierte Chalabi eine Peripherie-Strategie und verlegte dazu das INC-Hauptquartier von London nach Sulaymania im kurdischen Nordirak. Chalabis Strategie zielte darauf ab, das Regime durch die Initiierung von Volksaufständen im kurdischen Norden zu Fall zu bringen. Diese Strategie versuchte Chalabi 1995 mit Hilfe der beiden kurdischen Parteien, der KDP und PUK, sowie eines begrenzten Kontingents an INC-Kämpfern und CIA-Agenten in die Tat umzusetzen. Die Militäroperation, die im März 1995 vom PUK-Hauptquartier in Salah al-Din aus anlief, war jedoch dilettantisch geplant und unprofessionell ausgeführt. Sie brach innerhalb weniger Tage zusammen. Für ihr Scheitern verantwortlich waren sowohl die unzureichende militärische Unterstützung des Pentagons als auch der zu diesem Zeitpunkt eskalierende Bruderkrieg zwischen PUK und KDP, der einen gemeinsamen Kampf der Kurden gegen Bagdad unmöglich machte.

Der Fehlschlag der Peripherie-Operation Chalabis enthüllte auch, wie sehr die Vertrauensbasis zwischen der CIA und Chalabi bereits erschüttert war. Chalabis CIA-Führungsagenten hatten schrittweise erkannt, dass sie es mit einem begnadeten, chamäleonhaften Manipulator zu tun hatten, der nicht ihren, sondern allein seinen eigenen Interessen diente.

So stellte sich heraus, dass Chalabi entgegen eigener Behauptungen weder über zuverlässige Informanten in Saddams Sicherheitsapparat noch über Rückhalt im irakischen Volk verfügte. Dann stießen sie auf Belege dafür, dass er in großem Stil US-Finanzmittel für diese Operation veruntreut hatte, und nahmen auch Anstoß an seinen Kontakten zum Iran, deren Intensität ihnen unheimlich geworden war. Chalabi hatte gegenüber der CIA nie einen Hehl daraus gemacht, dass er die Iraner kontaktieren musste, um sich ihr stillschweigendes Einverständnis für einen Umsturz des Baath-Regimes durch eine Peripherie-Operation einzuholen. Zwar hatte die CIA Verdacht geschöpft, dass Chalabi ein doppeltes Spiel spielte, konnte dies aber nicht beweisen.

Jedenfalls hatte die CIA Gründe genug gefunden, um Chalabis Peripherie-Strategie nur noch eingeschränkt zu unterstützen. Stattdessen bevorzugte sie den INA-Chef Allawi, weil sie dessen Zentrumsstrategie, die auf einen Umsturz durch unzufriedene Militärs in Bagdad setzte, für erfolgversprechender hielt. Doch letztlich scheiterte 1996 auch Allawis Geheimoperation trotz massiver Unterstützung der CIA. Nach dem Debakel im Norden Iraks brach die CIA die Kontakte zu Chalabi ab und stufte ihn als *persona non grata* ein. Chalabi zog daraus den Schluss, dass das Baath-Regime ohne die US-Armee nicht zu stürzen sei und er dafür Helfer in der US-Exekutive brauchte, die mächtiger als die CIA waren. Er verdoppelte seine Aktivitäten als Lobbyist in Washington, vertiefte alte Kontakte zu Neokonservativen und machte sich mit Feuereifer daran, die öffentliche Meinung in den USA zugunsten eines Regimewechsels im Irak zu beeinflussen.

Chalabis US-Verbündete: Neokonservative und aggressive Nationalisten

1994 hatten die Republikaner die Mehrheit im US-Kongress gewonnen. In deren Fahrwasser begannen die Neo-Konservativen auch die politische Szene Amerikas immer stärker zu beherrschen, was Chalabi bis dato unbekannte Möglichkeiten erschloss. 1997 gründeten nationalistische Republikaner und Neokonservative in Washington ihren wichtigsten Think-Tank, das »Project for a New American Century« (PNAC). Mitglieder dieser Denkfabrik waren Dick Cheney, Donald Rumsfeld, Paul Wolfowitz und Zalmay Khalilzad, allesamt spätere führende Mitarbeiter der Bush junior-Administration. Der »Iraqi Freedom Act« von 1998 war ein erster Zwischenerfolg dieser Gruppe: Er spülte Chalabi jeden Monat knapp 400.000 Dollar in die Kriegskasse des INC. Damit konnte er nicht nur eine Parteizentrale in Washington aufbauen, sondern auch die sündhaft teure Public Relations-Firma Burston-Marsteller engagieren, um sich im Belt Way Washingtons Freunde zu machen. Bis 2001 vergrößerte Chalabi mit Erfolg seine Unterstützerbasis unter den führenden nationalistischen Republikanern und Neokonservativen in Washington, deren Regimewechselpläne für den Irak durch ihn und seine Ideen stark beeinflusst wurden.

Die später unter Bush junior einflussreichen Neokonservativen hatten während der Jahre der Clinton-Administration in einer Reihe von Unternehmen oder republikanischen Denkfabriken überwintert, wie etwa im »American Enterprise Institute« (AEI). Die Neokonservativen waren Anhänger einer ideologischen Denkschule, die man am ehesten als Befürworter eines Großmacht-Nationalismus der USA und als außenpolitische Hardliner bezeichnen kann. Außenpolitischen Herausforderungen müsse Washington offensiv und notfalls mit militärischen Mitteln begegnen, um so die Demokratie zu verteidigen und weltweit zu verbreiten. Mittel der Diplomatie hingegen waren für sie eher nachrangig. Die »Neue Weltordnung« nach dem Zusammenbruch der Sowjetunion bedeutete für sie eine Selbstverpflichtung der USA, alles zu tun, um ihre Hegemonie in der Welt zu sichern, notfalls auch durch unilaterale militärische Interventionen. Internationale Organisationen als Garanten des Weltfriedens, wie etwa die UNO, sollten von den USA als neuer globaler Hegemon entweder abgelöst oder in ihrem Sinne transformiert werden.

In Nahostfragen waren die meisten Neokonservativen gelehrige Schüler einiger einflussreicher konservativer Publizisten, Islamwissenschaftler und Politologen. Unter ihnen waren Daniel Pipes, Bernard Lewis und Samuel Huntington die prominentesten. Sie hatten in den 90er Jahren zunächst in politiknahen Fachzirkeln begonnen, kontroverse Thesen über den Nahen Osten zu publizieren. Diese Thesen standen im Gegensatz zum etablierten realpolitischen Konsens der meisten US-Außenpolitiker und liefen auf eine Abkehr vom Erhalt des Status quo im Nahen Osten hinaus. Der angesehene Islamhistoriker Bernard Lewis war eine der Galionsfiguren der neokonservativen Intellektuellen. Lewis konstatierte, der Nahe Osten sei in seiner Entwicklung politisch, kulturell und technisch hoffnungslos gegenüber dem Westen ins Hintertreffen geraten. Bereits 1991, und zwar mehrere Jahre vor Samuel Huntingtons These des *Clash of Civilizations*, hatte Lewis die These vom unausweichlichen Zusammenprall zwischen westlicher und islamischer Zivilisation vertreten. Für Lewis befand sich der Nahe Osten in einer Abwärtsspirale von Hass, Trotz, Zorn, Selbstmitleid, Armut und Unterdrückung. Die Botschaften von Lewis, Pipes und ähnlich orientierter Denker glichen einander in ihrem Grundtenor: Während überall auf dem Globus Demokratie und Kapitalismus expandierten, hinderten im Nahen Osten autokratische Eliten, vormoderne Traditionen und ein geistig erstarrter und verkrusteter Islam die Gesellschaften an der Modernisierung. Ihre Quintessenz lautete: Die Erhaltung des Status quo sei keine Lösung, weil diese Gesellschaften früher oder später eine Gefahr für den Westen werden würden.[6]

Die Anschläge vom 11. September 2001 gaben den Denkern dieser Schule so starken Auftrieb, dass sie es nun auch wagten, ihre Thesen offensiver als bislang auch in der breiten Öffentlichkeit zu vertreten. Ihre Hauptthese lautete, es sei wünschenswert, dass die USA im Nahen Osten einen Krieg gegen eines der autokratischen Regimes führten, um so in der Region einen Domino-Effekt auszulösen und auch andernorts gesellschaftliche Reformen und Modernisierung anzustoßen. Dabei erschien ihnen der Irak für demokratische Reformen geradezu prädestiniert. In Bagdad sahen sie ein totalitäres Regime am Werk, dessen Machtapparat eine angeblich mehrheitlich pro-westliche Bevölkerung brutal unterdrückte. Da der Irak zudem eine breite Mittelschicht hätte und der politische Islam durch Saddams jahrzehntelange Unterdrückung geschwächt worden sei, könnte der Irak aus einer Invasion des Westens am ehesten Nutzen ziehen. Vier Monate vor der US-Invasion im November 2002 brachte Bernard Lewis diese Haltung im *Wall Street Journal* auf den Punkt: »Ich halte den Irak für eines der fortschrittlichsten arabischen Länder. […] Und obwohl es schrecklichen Schaden durch Saddam Hussein erlitten hat, ist es nicht gänzlich zerstört. Ich sehe die Möglichkeit, dass dort im Irak ein wahrhaft aufgeklärtes und progressives, und ja, ich möchte sogar sagen, ein demokratisches Regime in der Zeit nach Saddam entstehen kann.«[7]

Die Frage, wer den demokratischen Wiederaufbau nach Saddam durchführen und leiten sollte, hatten die Neokonservativen bereits gegen Ende der 90er Jahre für sich beantwortet. Sie setzten einzig und allein auf irakische säkulare Exiloppositionelle und hatten unter ihnen einen Favoriten: Ahmad Chalabi. Doch warum stand gerade Chalabi bei den Neokonservativen so hoch im Kurs? Für die Neokonservativen verkörperte der weltgewandte, eloquente, hochgebildete und zudem noch säkulare Banker aus Bagdad die Hoffnung auf einen demokratischen Neuanfang im Irak, getragen von einer fortschrittlichen pro-westlichen Avantgarde von Politikern aus der modernen Mittelschicht des Landes. Der von Chalabi 1992 gegründete und geführte INC war ein lockerer Dachverband kleiner säkularer Gruppen unterschiedlicher konfessioneller und ethnischer Herkunft. Für die Neokonservativen bot Chalabis INC einerseits die Möglichkeit, in Iraks künftiger politischer Landschaft konfessionelle und ethnische Grenzen zu durchbrechen, und andererseits ein Potential, säkulare Kräfte im Irak zu nutzen. Dass der INC indes »mehr Schein als Sein« war, politisch kaum Einfluss besaß und allein Chalabis Vermittlungsgabe ihn davor bewahrte, von den Rivalitäten führender Mitglieder zerrissen zu werden, ignorierten die Neokonservativen.

Richard Perle war der aktivste und erfahrenste neokonservative Spitzenpolitiker in Washington und er war es auch, mit dem Chalabi Freundschaft schloss. Perle war seit 1969 in Washington aktiv und hatte sein Handwerk in der byzantinischen Bürokratie des Capitol Hill und in verschiedenen US-Regierungen »von der Pike auf« gelernt. Wegen seines Geschicks beim Fädenziehen im politischen Halbdunkeln nannten ihn Freunde und Gegner gleichermaßen Washingtons »Darth Vader« oder auch »Prince of Darkness«. Perle war es auch, der sich Chalabi als Pfadfinder und Türöffner anbot. Und tatsächlich glückte es Chalabi dank Perles Hilfe, sich mit einflussreichen Kongressabgeordneten und Senatoren anzufreunden. Perle war Mitglied des republikanischen »American Enterprise Institute« (AEI), das alljährlich eine exklusive Konferenz abhielt, auf der sich die CEOs zahlreicher amerikanischer und internationaler Konzerne, Regierungs- und Staatschefs und Intellektuelle trafen. Perle verschaffte Chalabi Zugang zu diesen AEI-Konferenzen und brachte ihn dort mit zwei der mächtigsten republikanischen Spitzenpolitiker zusammen, Donald Rumsfeld und Dick Cheney.[8] Letzterer war damals CEO von Halliburton, dem weltweit zweitgrößten Konzern für Ölausrüstungsanlagen und Catering-Services. Beide waren unter republikanischen Präsidenten Verteidigungsminister gewesen, Cheney unter Bush senior und Rumsfeld unter Gerald Ford, und beide waren miteinander befreundet.

Im Januar 2002 wurde Cheney Vizepräsident und Rumsfeld Verteidigungsminister in der Administration von Präsident Bush junior. Cheney gehörte ursprünglich zu den Gegnern eines militärischen Vorgehens gegen Saddam, schwenkte jedoch Ende der 90er Jahre auf den Kurs der Neokonservativen ein. Cheney und Rumsfeld wurden nach 2001 zu den energischsten Verfechtern eines Regimewechsels im Irak. Während Chalabi zu Rumsfeld nur eine lockere Beziehung hatte, wurde Cheney, der in Nahostfragen Lewis' Thesen zuneigte, nach 2001 (auch wenn er das nie öffentlich eingestand) zum stärksten Verbündeten Chalabis.

Der 11. September 2001 veränderte Washingtons Irak-Politik grundlegend. Hatten bis dahin die Befürworter des Status quo im Außenministerium und in der CIA die Oberhand, verschoben sich nun die Gewichte zugunsten der Hardliner und Neokonservativen – was den irakischen Exilpolitikern und vor allem Chalabi Rückenwind verschaffte. Bis dahin herrschte in der US-Administration in punkto Regimewechsel die Meinung der CIA vor, die einem Putsch statt einer umfassenden Beseitigung des Baath-Regimes den Vorzug gab. Die CIA wollte, dass ein anderer starker Mann aus dem Militär die Macht übernähme, der weniger erratisch als Saddam, doch zugleich Sunnit, Baathist und Gegner der Islamischen Republik Iran sein sollte. Für die CIA zählte allein die innenpolitische Stabilität und die Garantie, dass der Irak ein Bollwerk gegen eine Hegemonie des Iran in der Region bleiben würde.

Die Unterstützer Chalabis traten dagegen für ein anderes Post-Saddam-Szenario ein, das auf stark vereinfachten Sichtweisen und oft unrealistischen Annahmen beruhte. In den Augen Cheneys und der Neokonservativen war der Irak ein totalitärer, von der sunnitischen Baath-Einheitspartei geführter Staat, der ausnahmslos alle Schiiten und Kurden unterdrückte. Sie reduzierten das Herrschaftssystem des Irak auf eine bürokratische Parteiendiktatur, die sich auf immer noch gut funktionierende staatliche Strukturen stützte und an deren Spitze Saddam mit seinem oligarchischen Familienclan stünde. Ihrer Ansicht nach wäre ein Regimewechsel verhältnismäßig einfach – man müsse doch nur, wie bei einer kaputten Maschine, ein fehlerhaftes Modul durch ein anderes austauschen. Denn nach dem Sturz des Familienclans von Saddam und der Auflösung der Baath-Partei könnten an deren Stelle reibungslos prowestliche, demokratisch und säkular orientierte Oppositionspolitiker die Regierung und den Verwaltungsapparat übernehmen. Wichtige Fakten, wie die Zersplitterung von Staat und Gesellschaft, die Auszehrung der Mittelschicht, die Renaissance des Islam im Irak und Saddams System des Schattenstaats, nahmen sie hingegen nicht zur Kenntnis.

Gegen diese simplifizierten, unrealistischen Grundannahmen in Teilen der Bush-Administration erhoben die von den USA umworbenen schiitischen und kurdischen Exilpolitiker aus verschiedenen Gründen keine Einwände. Erstens halfen sie ihnen, sich gegenüber den USA als unterdrückte Volksgruppen zu präsentieren und Sympathien für ihre eigenen Interessen einzuwerben, ohne auf die komplexen Machtverhältnisse im Irak eingehen zu müssen. Zweitens nutzte ihnen die Verdammung der Herrschaft Saddams in ihren Bemühungen um einen Konsens zwischen den schiitisch-arabischen und kurdischen Exilkräften – eine Notwendigkeit, da sie, abgesehen von der gemeinsamen Feindschaft zum Baath-Regime, nur wenige Gemeinsamkeiten hatten. Wollten die meisten schiitischen Araber beispielsweise am Prinzip des arabischen Zentralstaates festhalten, wandten sich die auf Autonomie und Unabhängigkeit drängenden Kurden gegen die Definition des Irak als arabischer Staat.

Allerdings waren die Neokonservativen nicht die einzige politische Gruppe in den USA, in der sich vor der US-Invasion die vereinfachende Assoziation von Sunniten mit Baath-Parteimitgliedern und damit als Tätern festgesetzt hatte. Simplifizierende und falsche Grundannahmen über den Irak, wie etwa die, dass das ganze »System Saddam« bloß die irakisch-sunnitische Variante eines Apartheid-Regimes sei, waren (und sind bis heute) in allen politischen Lagern Washingtons verbreitet. Sie waren auch der Hauptgrund dafür, dass nach der US-Invasion Washingtons Zusammenarbeit mit den sunnitischen Eliten so schwierig war. Darüber hinaus bestärkten sie später viele US-Politiker in ihrem Hang, eine Dreiteilung des Landes in einen schiitischen, sunnitischen und kurdischen Teil als unvermeidbar zu betrachten.

Doch die Neokonservativen hatten noch weitere falsche Grundannahmen entwickelt. Erstens glaubten sie, der Irak verfüge noch immer über eine relativ breite, westlich orientierte Mittelschicht. Zweitens vermuteten sie, unter den irakischen Exilkräften hätten säkular-demokratische Kräfte, wie etwa der von Ahmad Chalabi geführte INC, das Übergewicht. Drittens hofften sie, die Mehrheit der Iraker werde sich nach einer US-Invasion einer provisorischen Regierung säkular-demokratischer Exilkräfte unter Führung Chalabis anschließen, der ihr erklärter Favorit für die Übernahme der Regierung nach dem Sturz Saddams war.

Wie konkret solche Absichten der Neokonservativen schon waren, verdeutlicht ein von Vize-Verteidigungsminister Paul Wolfowitz ausgearbeiteter Planungsentwurf mit dem Titel »A Liberation Strategy«. Dank massiver Rückendeckung des Pentagon-Chefs Rumsfeld konnte Wolfowitz diese zuvor von Perle und Chalabi ausgearbeitete Strategie am 1. August 2001 direkt Präsident Bush vorlegen. Sie sah vor, dass die USA analog zur Kurdenenklave im Norden es einer provisorischen Regierung aus Exilanten mit Militärhilfe ermöglichen sollten, in der südirakischen Metropole Basra eine zweite gegen Saddam gerichtete Enklave aufzubauen. Die provisorische Regierung in der US-Schutzzone würde, so die Planung von Wolfowitz, zum Anlaufpunkt zahlreicher Deserteure der irakischen Armee werden und sehr bald die Kontrolle über die südirakischen Ölfelder und damit Saddams wichtigste Einnahmequelle übernehmen können. Nach gründlicher Beratung mit Außenminister Powell, der als ehemaliger General den Plan als strategischen Albtraum abtat, lehnte Bush diese Strategie ab. Dennoch zeigte der Vorstoß, wie weit bereits Chalabis Einfluss vor der US-Invasion von 2003 in die höchsten Entscheidungskreise der US-Präsidialadministration reichte.[9]

Chalabi und die getürkten Überläufer

Für Chalabi war »9/11« ein Gottesgeschenk. Die Anschläge halfen ihm, in den USA daran mitzuwirken, ein für die Invasionspläne der Neokonservativen günstiges Meinungsklima zu schaffen. Dieses Klima beeinflusste auch die Entscheidungsfindung der wichtigsten Akteure in der Bush-Administration, unter denen sich Kriegsbefürworter und -gegner die Waage hielten. Chalabi nutzte die Gunst der Stunde. Bereits am 12. Oktober 2001, nur vier Wochen nach den Anschlägen Al-Qaidas, präsentierte Chalabi der Öffentlichkeit in einem Artikel in der *Washington Post* den ersten einer ganzen Reihe weiterer »Überläufer« aus den Geheimdiensten Saddam Husseins. In diesem Artikel, geschrieben von Jim Hoagland, einem Freund Chalabis, berichtete der Überläufer von einer angeblichen Geheimkooperation zwischen dem Baath-Regime und ausländischen Dschihadisten. Und so ging es Monat für Monat über ein

Jahr lang weiter. Mit Hilfe ihm wohlgesonnener Journalisten in Zeitungen und Fernsehsendern wie *Fox News, New Yorker, Washington Post, Wall Street Journal, New York Times, News Week, USA Today* usw. überschüttete Chalabi die amerikanische Öffentlichkeit mit einer Kaskade von Geschichten über angeblich vom INC »entdeckte« Überläufer aus dem Irak. Doch warum war die Rolle des INC dabei so wichtig? Chalabi versuchte den INC mit allen Mitteln in Washington aufzuwerten und ihn als ernstzunehmende Organisation mit einem effektiven Unterstützernetzwerk im Irak und seinen Nachbarstaaten ins Gespräch zu bringen. Damit wollte Chalabi sich und dem INC eine bessere Ausgangsposition sichern, falls die USA nach dem Sturz Saddams eine politische Regierungsalternative suchen sollten. Der Tenor dieser kaum nachprüfbaren Geschichten des INC war immer der gleiche: Saddam arbeitet mit Al-Qaida zusammen und besitzt noch versteckte Anlagen zur Produktion von ABC-Waffen. Zwar mangelte es den Geschichten an Beweiskraft, gleichwohl wurden sie in dem von Panik, Angst und Wut bestimmten Meinungsklima nach dem »11. September« von vielen begierig aufgesogen. Alle diese Geschichten Chalabis entpuppten sich nach der US-Invasion vom März 2003 als Räuberpistolen.

Zu den am meisten grotesken Lügengeschichten gehörte der von Chalabi im Februar 2002 in der Sendung *60 Minutes* lancierte Bericht von Mohammed Harith, eines »übergelaufenen Geheimdienstmajors«. Harith wurde kurz darauf vom CIA in Jordanien verhört. Er berichtete von hochmobilen, auf Kühllastwagen gelagerten Bio-Waffenlaboren Saddams, die dieser 2001 vor den UNO-Waffeninspektorenteams habe verbergen können.[10] Die Harith-Geschichte erlangte historische Tragweite, als am 5. Februar 2003 Außenminister Powell seine berühmte Rede vor dem Weltsicherheitsrat hielt. Diese Rede war Höhepunkt und Abschluss einer medialen Kampagne, um zweifelnde Mitglieder der Vereinten Nationen von der Notwendigkeit des Irakkriegs zu überzeugen. Dabei bediente sich Powell unter anderem der Harith-Geschichte und anderer von Chalabi produzierter Lügenmärchen. Sie waren die Hauptglieder seiner Beweiskette für Saddams angeblichen Besitz von Massenvernichtungswaffen.

Chalabi und der Balanceakt zwischen den USA und Iran

Chalabis »Masterplan« für die angestrebte Übernahme der Regierung im Irak fußte auf der Prämisse, dass er dafür die Unterstützung zweier Staaten benötigte, der USA und des Iran. Gegenüber beiden Seiten vollführte Chalabi viele Jahre einen komplizierten Balanceakt. Ausgangspunkt seines Plans war eine nüchterne Bestandsaufnahme. Er wusste, dass er als kaum bekannter langjähriger Exil-Oppositioneller, dem die Gabe fehlte, durch Reden vor dem Volk die Herzen und Leidenschaften der Menschen anzusprechen, nie auf konventionellem, parteipolitischem Weg an die Macht kommen konnte. Daher musste er aus dem Hintergrund agieren und sich auf die Arithmetik der reinen Machtpolitik der großen staatlichen Akteure mit Interessen im Irak stützen. Das entscheidende Element seines Plans war die Bildung einer provisorischen Regierung. Chalabis Hoffnung war, er könnte mit Unterstützung der USA und des Iran die Regierung übernehmen, weil dies dem nationalen Interesse eines oder sogar beider Staaten dienlich wäre. Sein Vorbild war General Charles de Gaulle, der Führer der Freien Französischen Kräfte im Zweiten Weltkrieg, mit dem er sich länger befasst hatte.[11] Trotz Widerständen und Manipulationsversuchen der Alliierten wahrte de Gaulle im britischen Exil seine Eigenständigkeit und stieg zum legitimen Führer unterschiedlichster französischer Oppositionskräfte auf. An der Seite der siegreichen Alliierten aus dem Exil 1944 nach Frankreich zurückgekehrt, trat de Gaulle rasch an die Spitze einer neuen Regierung, befreite sein Land vom Joch der deutschen Besatzer und erneuerte dessen Großmachtstatus.

Um Führer einer irakischen Regierung zu werden, musste Chalabi daran arbeiten, dass die USA und Iran, die ja seit 1979 politische Gegner waren, ihre wechselseitige Antipathie überwänden. Mit Wissen der USA stand Chalabi seit 1991 in engem Kontakt zu den Iranern, die zwar mit den USA die gemeinsame Gegnerschaft zu Saddam teilten, ihnen aber sonst nicht über den Weg trauten. Seit dieser Zeit versuchte er Teherans Misstrauen gegenüber den Absichten der USA im Irak abzubauen. Mit Informationen aus seinen Gesprächen in Washington wollte er die Iraner überzeugen, dass die US-Truppen nach einem Sturz Saddams den Iran nicht als nächstes Ziel im Blick haben würden. Die USA unter Bush junior wiederum hofften, durch die Mittlerdienste Chalabis den Iran zu einer passiv-neutralen Haltung gegenüber einer US-Militärinvasion des

Irak bewegen zu können, ohne offizielle Verhandlungen mit Teheran führen zu müssen. Das konnte Bush auch nicht, hatte er doch erst im Januar 2002 in seiner »Rede an die Nation« den Iran zusammen mit Irak und Nordkorea zu einer »Achse des Bösen« zusammengeschlossen. Gleichwohl wusste Washington, dass ohne ein Stillhalten Teherans und ohne ein zumindest informelles Zweckbündnis zum Sturz Saddams sowohl die US-Invasion als auch der geplante politische Neuaufbau des Irak gefährdet wäre.

Dank seiner guten Verbindungen zu Cheney und den Neokonservativen in der Bush-Administration gelang es Chalabi tatsächlich, Irans stillschweigende Billigung der US-Invasion zu erreichen. Ausdruck dessen war die im August 2002 von ihm arrangierte Reise des stellvertretenden ISCI-Chefs Abdulaziz al-Hakim nach Washington. Dort wurde er einem Staatsoberhaupt gleich von führenden Politikern der Bush-Administration (u. a. Rumsfeld) und von führenden republikanischen Senatoren und Kongressabgeordneten zu Gesprächen empfangen. Nach der Reise bekam der ISCI US-Finanzhilfe für Oppositionskräfte aus dem »Iraq Liberation Act« und wurde in den Kreis jener Kräfte aufgenommen, die Washington beim Aufbau einer demokratischen Nachkriegsordnung unterstützen wollte.

Chalabi war das Kunststück geglückt, die Bush-Administration davon zu überzeugen, dass der ISCI kein iranischer Vasall war, der den Irak nach Saddam zu einem iranischen Satellitenstaat umformen, sondern ihn als unabhängigen arabischen Staat erhalten wollte.[12] Mit diesem Meisterstück hatte Chalabi die USA und Iran einander ein großes Stück näher gebracht. Andererseits war es eine Ironie des Schicksals, dass die USA gerade dem ISCI-Vizechef den roten Teppich ausrollten, bedenkt man seine Rolle beim Schiitenaufstand von 1991. War es nicht die Furcht vor einer Ausbreitung der islamischen Revolution des Iran, der die USA davon abhielt, den Aufstand zu unterstützen? Und waren es nicht die Propagandaaufrufe für die Schaffung einer Islamischen Republik im Irak, die die Badr-Brigade des ISCI verbreitet hatte und die Washingtons Furcht geweckt hatten? Und war es wirklich realistisch anzunehmen, dass der ISCI sich in der Zwischenzeit von seinem Herrn und Meister in Teheran emanzipiert, dem iranischen Theokratie-Modell abgeschworen und übergangslos die Demokratie als Staatsprinzip angenommen hatte? Dass sich die USA den ISCI als künftigen Partner für den Aufbau einer De-

mokratie auserkoren hatten, zeugt entweder von zynischer Risikobereit-
schaft oder von politischer Naivität in der Bush-Administration (oder
möglicherweise von beidem). Durch die Mésalliance zwischen den USA
und dem ISCI waren Probleme für die späteren Versuche Washingtons,
den Irak zu stabilisieren und zu demokratisieren, vorprogrammiert. Dass
Chalabi diese Allianz hatte schmieden können, bewies, dass er im Herbst
2002 den Höhepunkt seines Einflusses in Washington erreicht hatte.
Nun ging es für Chalabi vor allem darum, die US-Regierung dazu zu bewegen, eine provisorische irakische Regierung ins Leben zu rufen.

Bushs neue Irak-Politik: Akteure, Ziele und innere Widersprüche

Im Rückblick weiß man heute, dass die USA 2003 im Irak einen falschen Krieg aus den falschen Gründen, genauer gesagt auf der Grundlage von Fehlannahmen, Selbsttäuschungen und Lügen geführt haben.
Ebenso wissen wir, dass die der Invasion vom März 2003 folgende Besat-
zungs- und Wiederaufbaupolitik der USA im Irak gescheitert ist. Weitgehend unbekannt ist hingegen die Tatsache, dass die Ursachen für dieses
Scheitern bereits in den Entscheidungen, Fehlurteilen und Konflikten
innerhalb der Bush-Administration zu suchen sind. Gemeinhin wird angenommen, die Bush-Administration habe nach dem »11. September«
eine stringente und gut koordinierte Planung für die Phase des Erobe-
rungskrieges und die Nachkriegsaufbauphase vorgenommen. Ebenfalls
wird oft davon ausgegangen, es hätte einen Konsens über das Wieder-
aufbaukonzept für den neuen Irak unter allen Hauptakteuren der Administration gegeben. Beides trifft nicht zu. Es gilt allenfalls für die reine
Kriegsphase. Das Scheitern des US-Engagements nach Saddams Sturz
wird von Beobachtern oft auf die Kurzformel »Den Krieg gewonnen,
den Frieden verloren« gebracht – und sie ist zutreffend. Denn die ungenügende, fehlerhafte und falsche Planung der Nachkriegsphase durch
die Bush-Administration ist der Hauptgrund dafür, dass der Irak nach
2003 weder Stabilität und Frieden, noch staatlichen Zusammenhalt und
wirtschaftliche Prosperität gewann. Dass der Irak zu einem gescheiterten
Staat wurde, der bis heute von einer Krise in die nächste taumelt, liegt
sowohl an den Hinterlassenschaften der Saddam-Ära und den Folgen des

UNO-Sanktionsregimes als auch an der inkonsistenten Nachkriegsplanung und den Fehlentscheidungen der Bush-Administration. Die 2002 und Anfang 2003 gemachten Fehler waren danach kaum mehr zu revidieren. Doch wie kam es dazu, und was lief in der Bush-Administration schief? Dafür muss man einen Blick auf die Hauptakteure der Bush-Administration und ihre Konzepte, aber auch auf ihre Charaktere und Ambitionen werfen.

Nachdem der Kandidat der Republikaner, George W. Bush, die US-Wahlen von November 2000 gewonnen und im Januar 2001 sein Amt angetreten hatte, präsentierte er sein außen- und sicherheitspolitisches Team. Bush junior war in den 1970er und 1980er Jahren in Texas Unternehmer in der Ölbranche gewesen, wechselte dann in die Politik und stieg zum Gouverneur von Texas auf. In den 1980er Jahren hatte er massive Alkoholprobleme, die er dadurch löste, dass er in die methodistische Kirche eintrat und »Wiedergeborener Christ« wurde. Bushs Stärke lag in der Innen- und Wirtschaftspolitik. Erfahrungen in der Außenpolitik hatte er dagegen nicht, und sein Wissen über die Welt außerhalb der USA war allenfalls rudimentär. So stellte der neokonservative Daniel Perle, der im Präsidentenwahlkampf 2000 zum außenpolitischen Beraterteam Bushs gehörte, erstaunt fest, dass Bush nicht wusste, dass Deutschland Mitglied der NATO war.[13] Bushs Lernfortschritte über Grundtatsachen der Außenpolitik blieben auch danach begrenzt, selbst bei dem beherrschenden Thema seiner Präsidentschaft, dem Irak. Und so rieben sich Ende Dezember 2002, drei Monate vor Beginn der US-Invasion des Irak, einige irakische säkulare Oppositionspolitiker bei einer Audienz beim US-Präsidenten verwundert die Augen, als sie erfuhren, dass Bush nicht wusste, dass die Muslime des Irak in die zwei Richtungen der Schiiten und Sunniten zerfallen.

Von Anfang an stützte sich Bush auf dem Feld der Außenpolitik auf die Expertise seiner Berater. Die wichtigsten hatten bereits unter den vorangegangenen republikanischen Präsidenten gedient. An erster Stelle stand hierbei Vizepräsident Richard (»Dick«) Cheney, ein gemäßigter Republikaner, der außenpolitisch aber eher aggressive Positionen vertrat. Cheney war zudem Förderer der Neokonservativen, von denen einer, Lewis Libby, auch Büroleiter und rechte Hand des Vizepräsidenten wurde. Ebenso wichtig war Donald Rumsfeld, der neue Verteidigungsminister. Rumsfeld ernannte zwei bekannte Neokonservative zu seinem ersten und zweiten Staatssekretär im Pentagon, Paul Wolfowitz und Douglas Feith. Außenminister wurde Colin Powell, der unter Bush senior als Stabschef gedient, in dieser Funktion den Kuwait-Krieg maßgeblich geplant und geleitet hatte und in den USA und auf internationalem Parkett großes Ansehen genoss. Ergänzt wurde dieses Team von der Sicherheitsberaterin Condolezza Rice, einer alten Freundin der Familie Bush.

Das Bush-Kabinett und die Führungsschwäche des Präsidenten

In außenpolitischer Hinsicht gab es in dieser Gruppe von Anfang an gegensätzliche Vorstellungen darüber, was Amerikas primäre Interessen seien und wie es seine Macht erhalten oder ausweiten könnte. Was diese Gegensätze bewirkten, zeigte am besten der renommierte US-Enthüllungsjournalist Bob Woodward, der schon zu Beginn der 1970er Jahre den Watergate-Skandal aufgedeckt hatte und darüber zu einer Journalisten-Legende geworden war. Woodward beobachtete und begleitete mit wachem Blick für die Vorgänge hinter den Kulissen der Macht in Washington die gesamte Präsidentschaft von George W. Bush und führte zahllose Interviews mit ihm und allen anderen wichtigen Protagonisten der Irak-Politik. Das Ergebnis sind vier zwischen 2002 und 2009 erschienene Bücher, die sich ausschließlich mit Bushs Antwort auf »9/11«, dessen Krieg gegen den Terror und dessen Irak-Politik befassen. Das letzte Buch mit dem Titel *The War Within* (*Der Krieg von innen*) fasst die Defizite der Bush-Administration und ihrer Irak-Politik in einem realitätsnahen Gesamtbild zusammen: Darin sieht man einen Präsidenten, der hinter der von ihm geförderten medialen Fassade der Entschlossenheit und Tatkraft, des Muts und visionären Weitblicks in Wahrheit ganz anders ist – passiv, stur und intellektuell von schlichter Natur, ein Mensch, der sich einer religiös missionarischen Selbstgewissheit anheimgibt und sich in seinen Entscheidungen vor allem auf sein Bauchgefühl verlässt. Bush, so Woodward, mangelte es an Hellsichtigkeit und einer unvoreingenommenen Einschätzung des Kriegs. Ferner war Bushs Fähigkeit, auf neue Realitäten zu reagieren und Rat anzunehmen, nur schwach ausgebildet. Woodward attestiert Bush eine ausgeprägte Neigung, sich unbequemen Realitäten und Meinungsstreit zu entziehen, sowie die Unlust, Entscheidungen auf der Basis offener Pro- und Contra-Debatten zu treffen. Bush habe sich, so Woodward, den gesamten Krieg hinweg nur rhetorisch am Krieg beteiligt, von dessen Management sich aber ansonsten die meiste Zeit fern gehalten. Woodwards vernichtendes Urteil über Bush als Kriegsherr gipfelt in dem Satz: »Er hat niemals einen Zugang zum Krieg gefunden und über all die Kriegsjahre hinweg viel zu oft dabei versagt, die Führung zu übernehmen.«[14]

Dass die Irak-Politik der USA durch einen führungsschwachen Präsidenten bestimmt war, bedeutet im Umkehrschluss nicht, dass die anderen Akteure dieses Manko ausglichen und vernünftiger und verantwortungsbewusster handelten. Von zweien, Rumsfeld und Cheney, war oben schon die Rede. Beide waren aggressive Nationalisten mit der Bereitschaft, notfalls auch unilateral und ohne Rücksicht auf Interessen von Verbündeten militärische Konflikte zu führen. Die Sicherung der US-Interessen hatte für sie allerhöchste Priorität, was es auch gestattete, Regeln internationaler Organisationen wie der UNO zu umgehen oder zu brechen. Die Neokonservativen Wolfowitz und Feith galten als Ideologen, die eine militärisch abgesicherte Außenpolitik zur Verbreitung demokratischer Werte befürworteten.

Eine vollständig entgegengesetzte Position bezog Außenminister Colin Powell, ein zur Vorsicht neigender moderater Internationalist. Powell und sein Vize-Außenminister, Richard Armitage, sahen die Macht der USA am besten gesichert, wenn sie in die korporativen Strukturen von NATO und UNO eingebettet bliebe. Zudem galt Powell auch als der größte Skeptiker, was den Sinn und Nutzen von durch die USA geführten Kriegen betraf. Laut der von ihm in den 1990er Jahren formulierten Powell-Doktrin dürfe Krieg in einem Konflikt nur die letzte Option sein und allein dann geführt werden, wenn die Bevölkerung ihn stütze, er durch überwältigende militärische Übermacht abgesichert wäre und durch klare Kriegsziele beschränkt bliebe. Von den ersten Tagen der Präsidentschaft von George W. Bush an schwelten auf dem Feld der Außenpolitik heftige interne Richtungskämpfe und Kompetenzstreitigkeiten zwischen dem Außenministerium unter Powell und dem Pentagon unter Rumsfeld. Das änderte sich auch nicht, als Al-Qaidas Terroranschläge vom »11. September« den Kurs der gesamten Bush-Präsidentschaft veränderten, der Anti-Terrorkrieg die politische Tagesordnung beherrschte und der Irak dort zusehends ganz nach oben rückte. Schlimmer noch: Die Irak-Politik wurde zum Hauptschlachtfeld des Richtungsstreits zwischen Rumsfeld und Powell, der in Ton und Inhalt immer weiter an Schärfe zunahm.

Das Versagen des »National Security Council« unter Rice

Bushs Sicherheitsberaterin Condolezza Rice, eine weitere wichtige Akteurin der Irak-Politik, bevorzugte eine zurückhaltende Außenpolitik und stand theoretisch somit Powells Position nahe. In der politischen Praxis war davon jedoch wenig zu spüren. Rice' großes Versagen in der Irak-Politik bestand darin, dass sie der wesentlichen Aufgabe ihres Amtes, der ihr von Bush übertragenen Koordinierung des Nationalen Sicherheitsrats (»National Security Council«, NSC), nicht gewachsen war. Im NSC trafen sich die Spitzen der Regierung. Zu diesen zählten neben dem Präsidenten und seinem Vize der Stabschef des Weißen Hauses, der Nationale Sicherheitsberater, die Minister der Verteidigung (Pentagon), des Äußeren, der Finanzen sowie fallweise der CIA-Direktor und der Chef des Vereinigten Generalstabs. Die Koordinierung des NSC überstieg von Anfang die Kräfte von Rice. Der Grund dafür war, dass sie sich selbst zuvorderst als Sprachrohr und engste Vertraute des Präsidenten sah und primär bestrebt war, seine Worte in Taten umzusetzen und ihm Kontroversen vom Leib zu halten. Zwar bemühte sie sich auch darum, alle Positionen im Beraterteam Bushs zu bündeln und diese dann im NSC zu einer Gesamtposition zu vereinen. Aber das setzte voraus, dass zuvor alle Handlungsoptionen gründlich diskutiert worden waren – was angesichts von Bushs fehlendem Interesse an gründlichen Debatten wiederum nur in Ausnahmefällen geschah.

Die Arbeit des Bush-Kabinetts litt ebenfalls darunter, dass es keine systematische und verbindliche Geschäftsordnung für die Koordinierung der Politik geschweige denn für den umfassenden Informationsaustausch zwischen den Ministerien gab. Als Folge dessen endeten die meisten Diskussionen im NSC ohne klares Ergebnis. Nur selten traf Bush als Regierungschef letztendlich eine klare Entscheidung, die dann alle Teile der US-Administration verbindlich auf eine einheitliche Interessenanalyse und ein einheitliches Durchsetzungskonzept einschwor.[15] Dieses Manko rührte einerseits vom zaudernden Charakter des Präsidenten selbst her, der in brenzligen Situationen nur zu gern harten Entscheidungen aus-

wich, und zum anderen vom Unvermögen der Nationalen Sicherheitsberaterin Condolezza Rice. Rice war als Koordinatorin des Nationalen
Sicherheitsrates darauf bedacht, gegensätzliche Positionen und Konzepte
durch »Brückenpapiere« auszugleichen. Gleichzeitig war sie aber meistens
zu schwach, um ihre Synthesen gegen die Minister Rumsfeld und Powell,
zwei Männer mit starkem Ego, als verpflichtende Handlungskonzepte
durchzusetzen.[16] Das Ergebnis war fatal: Die USA betrieben keine Irak-
Politik aus einem Guss, ein Zustand, der bis zum Ende der Präsidentschaft Bush fortdauern sollte. Mangels Koordination in Washington verfolgten daher im Irak stets mehrere staatliche US-Akteure wie Pentagon,
Außenministerium, CIA, NSA, DIA, USAID etc. unterschiedliche, oft
unverbundene und bisweilen sogar gegensätzliche Konzepte. So geschah
es im Irak von 2003 bis 2011 immer wieder, dass die Amerikaner im Irak
zwar auf derselben Seite, aber nur selten für die gleiche Sache kämpften.
Mit anderen Worten taten sie das Gegenteil von »getrennt marschieren
und vereint schlagen«.

Der Entschluss zum Krieg und die Rechtfertigung gegenüber der Weltgemeinschaft

Vor »9/11« hatte die Irak-Politik für Bush nur sekundäre Bedeutung.
Ebenso wie sein Vorgänger Clinton beließ es Bush gegenüber Saddam
bei vagen Androhungen militärischer Disziplinarmaßnahmen. Bush war
ernüchtert von den Erfahrungen seines Amtsvorgängers Clinton, der bei
mehreren Konflikten wie Bosnien, Kosovo und Somalia interveniert hatte. Die Bemühungen der USA, dort *nation building*, also den Aufbau
von Institutionen in zerfallenden Staaten, zu betreiben, waren entweder
gescheitert (wie im Fall Somalia) oder erbrachten bestenfalls Teilerfolge
(wie in Bosnien oder im Kosovo). Doch dort kosteten die Interventionen die USA nicht nur beträchtliche Mittel, sondern sie erzwangen auch
eine viele Jahre lang währende Militärpräsenz, ohne die die neuen demokratischen Strukturen nicht zu sichern waren. Ein mittelfristiges *nation
building* in peripheren Konflikten mit ungewissem Ausgang lehnte Bush
daher entschieden ab.

Doch der »11. September« beendete schlagartig Washingtons Irak-Politik der Erhaltung des *Status quo*. Die Anschläge bewirkten ein bis heute
fortwährendes nationales Trauma im Volk und in der politischen Klas-

se der USA, führte es ihnen doch vor Augen, dass sie auf ihrem eigenen Kontinent weitgehend schutzlos Terrorattacken von Islamisten ausgesetzt waren und sind. Bush erklärte den Krieg gegen den Terror, der sich anfänglich vor allem gegen Al-Qaida und seine Schutzmacht, die afghanische Taliban-Regierung, richtete. Der »11. September« stärkte innerhalb der Bush-Administration die Position Rumsfelds, der noch vor Powell zum wichtigsten Berater von Bush aufstieg. Auf Drängen Rumsfelds erweiterte Bush den Zielradius auch auf Staaten, die den Terror unterstützten, um so neuen Anschlägen gegen die USA vorzubeugen. Dabei geriet auch der Irak Saddams immer stärker ins Visier. Rumsfeld bezeichnete Saddams Regime bereits wenige Tage nach »9/11« als tödliche Bedrohung der USA und ihrer regionalen Verbündeten und verdächtigte es, noch Massenvernichtungswaffen zu besitzen und mit dem Al-Qaida-Terrornetzwerk zu kooperieren. Powell hingegen mahnte zur Vorsicht und plädierte dafür, sich zunächst um Afghanistan zu kümmern und den Krieg gegen Irak erst einmal aufzuschieben, bis die USA hinreichend Beweise gegen Saddam gesammelt und eine breite internationale Unterstützerkoalition aufgebaut hätten. Doch schrittweise näherte sich Bush der Position Rumsfelds und Cheneys an. Beide forderten, Amerika müsse zur Abschreckung seiner Gegner rasch handeln und auch zu einem Präventivkrieg bereit sein. Die USA müssten ihre Macht im Nahen Osten nötigenfalls auch unilateral demonstrieren und aggressive Diktaturen durch Gewalt oder Reformdruck in pro-westliche Demokratien verwandeln. Der Regimewechsel im Irak sollte als Demonstration dienen.

Gestützt auf die Hilfe afghanischer Verbündeter der Nordallianz, gelang es Ende 2001 einer kleinen, aber flexiblen und mit modernsten Waffen ausgerüsteten US-Invasionsstreitmacht in Afghanistan die Taliban zu stürzen. Damit konnten die USA ohne große Schwierigkeiten die Grundlage für die Errichtung einer pro-westlichen Demokratie legen und Al-Qaida seiner Hauptoperationsbasis berauben und in den Untergrund treiben. Ermutigt von diesem schnellen Erfolg, erkor Präsident Bush im Dezember 2001 den Irak zum nächsten Ziel im »Krieg gegen den internationalen Terrorismus«. Spätestens zu diesem Zeitpunkt hatte sich die Position Cheneys und Rumsfelds durchgesetzt. Rumsfeld erhielt den Auftrag, eine unilaterale Demonstration militärischer Stärke in Form einer Invasion zu planen. Das Ziel der Pentagon-Staatssekretäre Wolfowitz und Feith war es, im Irak nach Saddam eine Art Entwicklungsdemokratie unter der Leitung pro-westlicher Exiliraker aufzubauen. Ende 2002 war Pentagon-Chef Rumsfeld zum bestimmenden Akteur bei den Entscheidungsprozessen der Irak-Politik aufgerückt. Im Januar 2003 verfügte Präsident Bush in einer Weisung, dass Rumsfelds Pentagon die alleinige Verantwortung für die militärische und zivile Planung für den Nachkriegs-Irak zukommen sollte. Diese Entscheidung erwies sich als einer der schwersten Fehler in Bushs Präsidentschaft. Zwar hatte das Pentagon für solche Einsätze die nötige militärische Schlagkraft und mit einem Jahresetat von knapp 300 Milliarden US-Dollar auch die finanziellen Mittel. Doch fehlte es ihm – im Gegensatz zum US-Außenministerium (das zuvor schon im Kosovo, in Bosnien, Haiti und andernorts tätig war) – an den nötigen planerischen und personellen Kapazitäten und an der politischen Erfahrung.

Von Januar 2002 bis Februar 2003 hatte sich die Bush-Administration im »Krieg gegen den internationalen Terrorismus« immer mehr darauf versteift, den Irak als Teil der »Achse des Bösen« zu dämonisieren. Immer häufiger brachte Washington Iraks Versäumnisse bei den Verpflichtungen zur Abrüstung von ABC-Waffen auf die Tagesordnung des UNO-Sicherheitsrates. Den Erklärungen der Waffeninspektoren der UNO und der Internationalen Atomenergie-Agentur (IAEA), dass der Irak keine Massenvernichtungswaffen mehr hätte, wollten die USA und Großbritannien keinen Glauben schenken. Ebenso wenig wollten sie diesen Instanzen mehr Zeit für Inspektionen geben, um letzte Zweifel auszuräumen. Mit dieser ablehnenden Haltung spalteten die Amerikaner und Briten den UNO-Sicherheitsrat, da Frankreich, Russland und China von einer Bedrohung durch den Irak nicht überzeugt waren. Washington und London beharrten jedoch darauf, dass der Irak auf Zeit spiele und durch eine Verzögerungstaktik die internationale Gemeinschaft spalten und hintergehen wolle, während er gleichzeitig an der Herstellung von B- und C-Waffen arbeite. Das stelle eine akute und längerfristige Bedrohung dar, die nur durch Gewalt in Form eines Präventivschlags beseitigt werden könne. Am 28. Januar 2003 erklärte US-Präsident Bush in einer »Rede an die Nation«, dass die USA bereit seien, den Irak gewaltsam und auch ohne UNO-Mandat zu entwaffnen. Er begründete dies damit, dass es gelte, die USA vor weiteren Terrorattacken (eventuell sogar mit B- und C-Waffen) zu schützen; eine solche Gefahr könne gerade vom Irak ausgehen, der angeblich weiterhin Massenvernichtungswaffen herstelle und zudem

Mitglieder Al-Qaidas beherberge und unterstütze. Zugleich kündigte Bush an, US-Außenminister Powell werde dem UNO-Sicherheitsrat am 5. Februar Belege der Geheimdienste für diese Annahmen vorlegen.

Die von Bush erwähnten Belege der US-Nachrichtendienste gab es tatsächlich. Aber er verschwieg der Weltöffentlichkeit, welch dubioser Art sie waren. Alle Berichte, die die CIA und andere Dienste hastig und aufgrund dünner Fakten zusammengestellt hatten, ergaben bestenfalls vage Verdachtsmomente für die von Bush, Cheney und Rumsfeld postulierte irakische Bedrohung. Denn die meisten Informationen waren selbst innerhalb der Dienste umstritten, zumal sie häufig aus so undurchsichtigen Quellen wie Chalabis INC stammten. Das wusste auch CIA-Direktor George Tenet. Doch er und seine Behörde standen seit »9/11« unter dem Druck des Weißen Hauses, politisch verwertbare Beweise für eine irakische Bedrohung beizubringen. Diesem Druck widerstand Tenet nicht, zumal er sich Bush gegenüber zu besonderer Loyalität verpflichtet fühlte, war er doch der einzige Behördenleiter, der aus der Clinton-Administration übernommen worden war.[17] Und so machte er seine Behörde zur Magd der Politik und wies sie an, Beweise zu liefern, über deren Belastbarkeit er selbst die größten Zweifel hatte. Bush, Cheney und Rumsfeld wählten diese umstrittenen Informationen einseitig und selektiv aus und instrumentalisierten sie für ihre politischen Zwecke. Nach 2004 befassten sich mehrere Untersuchungsausschüsse des Kongresses und des Senats mit diesen skandalösen Praktiken der Bush-Administration zur Rechtfertigung der Irak-Invasion. Zwar erbrachte keiner von ihnen den Beweis, dass die Bush-Regierung die Öffentlichkeit wissentlich belogen und mit Täuschungsabsicht Falschmeldungen verbreitet hatte. Dennoch kamen sie zu dem Schluss, die Akteure der Bush-Regierung hätten die Geheimdienstberichte zumindest in unverantwortlicher Weise falsch eingeschätzt, Verdachtsmomente aufgebauscht, sich selbst und andere damit getäuscht und die Nation unter falschen Prämissen in einen Krieg geführt.[18] In der Öffentlichkeit der USA und der Welt herrscht dennoch bis heute der Eindruck vor, die US-Regierung habe schlicht gelogen.

Rumsfelds Kriegspläne und Chalabis Wechsel auf die dunkle Seite der Macht

Rumsfeld, der sich selbst als radikaler Neuerer sah, plante die US-Invasion als Blitzkrieg, durchgeführt von kleinen, mobilen Kampfeinheiten mit modernster Ausrüstung. Dahinter stand Rumsfelds Vision einer radikalen Umgestaltung der US-Streitkräfte, die er trotz zahlenmäßiger Verkleinerung schlagkräftiger machen und den Herausforderungen des 21. Jahrhunderts anpassen wollte. Überzeugt davon, dass die Kriege der Gegenwart und Zukunft nicht mehr durch große, langsam aufgebaute und schwerfällige Truppenverbände geführt und gewonnen werden würden, verwarf Rumsfeld alle Irak-Kriegspläne seiner professionellen Militärs. Diese gingen, unter Verweis auf die Erfahrungen aus dem Kuwait-Krieg von 1991, von einer notwendigen US-Truppenstärke von 500.000 Mann aus. Damit stießen sie bei Rumsfeld auf Granit. Innerhalb eines Jahres brach Rumsfeld jedoch den Widerstand der Pentagon-Bürokratie und wechselte alle Militärs aus, die seinen Kriegsplan kritisierten. Dem Druck Rumsfelds erlegen, willigte General Tommy Franks, der operative Kriegsplaner, im Februar 2003 ein, den Feldzug mit maximal 145.000 Mann Bodentruppen zu führen. Da Rumsfeld vom »Best case«-Szenario eines Blitzkriegs ausging, wurden auch nur relativ geringe Reservekampftruppen und Versorgungseinheiten eingeplant. Die Nachfolgephase des Krieges, verbunden mit der Besetzung und Stabilisierung des Irak, berücksichtigte Rumsfeld in seinem Kriegsplan so gut wie gar nicht.[19]

Rumsfeld ging von folgenden drei Grundannahmen aus. Erstens würde das Baath-Regime nach kurzem Widerstand schnell zusammenbrechen. Zweitens: Die große Mehrheit der Iraker werde die US-Besatzer als Befreier begrüßen. Und drittens stünde eine fähige, in sich geschlossene Opposition – gestützt auf eine breite Zustimmung im Volk – bereit, rasch eine demokratische Übergangsregierung zu bilden. Die US-Planer erwarteten, dass sie den Irakern nach spätestens drei Monaten die Macht übergeben und ihre Truppen abziehen könnten. Auf der Grundlage dieser illusorischen Annahmen erübrigten sich Maßnahmen eines langwierigen und personalintensiven *nation building*. Vor der Invasion hatte Präsident Bush wiederholt öffentlich seine Ablehnung eines *nation building* bekundet, das er nicht als Aufgabe der US-Streitkräfte erachtete – was Rumsfeld (natürlich) bewusst war. Aus diesem Grund konzentrierte sich die gesamte US-Kriegsplanung auf die Aufmarsch- und die Kampfphase, während die Militärs sich nur ganz am Rande und viel zu spät auf die Phase der Stabilisierung und Kontrolle nach einem Sieg vorbereiteten.

In Rumsfelds Kriegsplan war die Machtübergabe an eine demokratische Übergangsregierung pro-westlicher Exiliraker der Dreh- und Angelpunkt der Nach-Saddam-Stabilisierungsphase. Und genau dort lag die Achillesferse seines Plans: Pentagon-Staatssekretär Douglas Feith war von Rumsfeld im Herbst 2002 mit der Konzeption dieser Phase beauftragt worden. Allerdings war Feith mit dieser Aufgabe heillos überfordert, sodass er bis zum Beginn der US-Invasion am 20. März 2003 keinen in sich schlüssigen und realisierbaren Plan für die Machtübergabe erarbeiten konnte. Schlimmer noch: Feith misslang es, die in sich zerstrittene irakische Exilopposition auch nur ansatzweise zu einen. Das aber wäre entscheidend gewesen, sollte doch aus ihren Reihen eine funktionsfähige Exilregierung hervorgehen. Und auch der Pentagon-Vertraute Chalabi konnte die Erwartungen von Wolfowitz und Feith nicht erfüllen. Das zeigte die Londoner Konferenz Mitte Dezember 2002, als sich auf Wunsch der USA die Führer der wichtigsten von Washington umworbenen irakischen Exilparteien trafen. Chalabi hatte zuvor unter diesen Parteien dafür geworben, vor Beginn der US-Invasion eine Exilregierung zu bilden. Doch die 50 beteiligten Exilorganisationen konnten sich darauf nicht einigen und blieben zutiefst zerstritten – was sich auch bei der Bildung eines 65-köpfigen Koordinationskomitees zeigte, das weder mit einer Stimme sprechen, noch Beschlüsse fassen konnte. Auch hier blieb Chalabi glücklos. Sein Plan, sich zum informellen Leiter dieses Komitees emporzuschwingen und damit künftig eine Schlüsselposition in einer Post-Saddam-Regierung zu erobern, scheiterte am Widerstand der anderen Parteien.

Die Unfähigkeit der Exilopposition, sich als eine wirkungsvolle Regierung im Wartestand zu profilieren, bestätigte Colin Powells Skepsis gegenüber den Nachkriegsplanungen des Pentagon, die er wiederholt in den Sitzungen des NSC geäußert hatte. Obwohl Präsident Bush dem Pentagon-Chef die Durchsetzung der Irak-Politik anvertraut hatte, wurde Powell nicht müde, dem Präsidenten die Schwachstellen von Rumsfelds Plan zu verdeutlichen und ihm alternative Konzepte anzutragen. Laut den Analysen des US-Außenministeriums und der CIA waren die irakischen Oppositionsparteien nur ein zersplitterter Haufen politischer

Langzeitexilanten, die weder die realen politischen Verhältnisse kannten, noch eine Basis im Volk hätten. Da sie als glaubwürdige Regierungsalternative nicht in Frage kamen, drängte Powell Bush, vor der Invasion auf die Bildung einer provisorischen Regierung zu verzichten. Besonders hart ging Powell mit Chalabi ins Gericht. Sekundiert von der CIA, stellte Powell alle Behauptungen Chalabis, über Rückhalt in der Bevölkerung zu verfügen, in Frage. Powell zufolge schadeten sich die USA selbst, wenn sie eine provisorische Regierung ohne Glaubwürdigkeit installierten, da sie so den Aufbau einer neuen politischen Ordnung belasten würden.

Anders als Rumsfeld ging Powell davon aus, die USA seien nach dem Sturz Saddams völkerrechtlich verpflichtet, im Irak eine Übergangsverwaltung einzurichten, die Ordnung aufrecht zu erhalten und eine legitime demokratische Regierung aufzubauen. Anders ausgedrückt: An einem traditionell langwierigen, kosten- und personalintensiven *nation building* einschließlich des Aufbaus demokratischer Institutionen führte kein Weg vorbei. In zwei Mitte Juli 2002 dem Präsidenten vorgelegten Memoranden warnte Powell davor, dass eine US-Okkupation des Irak jede von den USA geförderte neue Regierung diskreditieren, terroristische Angriffe auf US-Truppen und innenpolitische Instabilität heraufbeschwören könne. Angesichts der schwer vorherzusagenden Konsequenzen und Lasten einer unzureichend geplanten und vorbereiteten Invasion plädierten Powell und das Außenministerium für eine Verschiebung des Krieges.[20]

Powell drang mit seiner Position bei Bush jedoch nicht durch. Bush folgte stattdessen Cheney, Rumsfeld und den Neokonservativen. Als Powell dies begriff, schwenkte er auf die Mehrheitsposition der Administration ein und erwies sich als loyales Kabinettsmitglied. Bush bat ihn Anfang Januar 2003 darum, aufgrund seiner Glaubwürdigkeit und internationalen Reputation diese Position vor dem UNO-Sicherheitsrat zu verteidigen. Tatsächlich knickte Powell trotz Bedenken ein, handelte als pflichtbewusster Soldat und kam der Bitte nach. So kam es zu seinem unrühmlichen Auftritt in der Irak-Sitzung des UNO-Sicherheitsrates am 5. Februar 2003, den Powell drei Jahre später als Tiefpunkt seiner Karriere bezeichnete, weil er sich an einem Schwindel gegenüber der amerikanischen Bevölkerung und dem Weltsicherheitsrat beteiligt hatte.

Chalabis geplatzter Traum einer provisorischen Regierung

Nur wenige Wochen vor der US-Invasion schenkte Bush der Skepsis Powells bezüglich eines raschen Regimewechsels ein immerhin gewisses Gehör und modifizierte Ende Januar 2003 seine Irak-Politik noch einmal in einem wichtigen Punkt. Im Ergebnis legte er am 12. März 2003 im Nationalen Sicherheitsrat ein Veto gegen die Machtübergabe an eine kleine Gruppe von Exilirakern unter Einschluss Chalabis ein, weil ihm eine solche Maßnahme ohne die Einbindung lokaler irakischer Führungskräfte undemokratisch vorkam.[21] Gegen Bushs Entscheidung konnten weder Cheney noch Pentagon-Chef Rumsfeld etwas tun. Ohnehin gehörte Rumsfeld, anders als seine beiden Staatssekretäre Feith und Wolfowitz, nie zu den überzeugten Unterstützern Chalabis. Er plädierte dafür, dass die USA sich nicht einmischen dürften, wenn Iraks politische Kräfte miteinander in Streit über die Führung einer zukünftigen Regierung geraten sollten. Und Cheney? Er favorisierte weiterhin Chalabi, wollte sich aber nicht ihm zuliebe in bürokratischen Querelen aufreiben.

Zalmay Khalilzad, Bushs Sonderbotschafter für die irakische Exilopposition, musste den Führern der Exilopposition die bittere Pille verabreichen. Er gehörte ursprünglich zum Lager der neokonservativen Unterstützer Chalabis um Perle und Wolfowitz, hatte jedoch mit diesen gebrochen, als Bush einen klaren Kurs zu Ungunsten Chalabis befahl. Wenige Tage vor Invasionsbeginn (Mitte März 2003) reiste Khalilzad in die nordirakische Kurdenstadt Sulaymaniya und teilte den dort versammelten Führern der Exilopposition mit, der Plan einer provisorischen Regierung sei gestorben. Stattdessen habe der Präsident beschlossen, nach Saddams Sturz den Irak vorerst unter die Verwaltung der US-Armee oder eines amerikanischen Prokonsuls zu stellen.

Für Chalabi war diese Entscheidung eine schwere Niederlage. Er begriff, dass seine neokonservativen Verbündeten in der Bush-Administration, Perle, Wolfowitz und Feith, das mit ihm gemeinsam entworfene Konzept einer provisorischen Regierung nicht durchsetzen konnten. Dafür hätten sie die schließlich ausgebliebene Hilfe Cheneys und Rumsfelds gebraucht. Chalabi zog daraus den Schluss, er müsse fortan stärker mit dem Iran als mit den USA paktieren. Am Vorabend der Invasion sagte er zu einem Vertrauten: »Du sollst wissen, dass wir in dem Augenblick, wenn wir nach Bagdad kommen, in Opposition zu den Amerikanern treten.«[22] Und in der Tat bewiesen die Aktionen Chalabis nach dem Sturz Saddams, dass er sich von den Amerikanern entfernt und Teheran als politischen Paten auserkoren hatte. Chalabi verzichtete wohlweislich auf eine öffentliche Abkehr von seinen früheren amerikanischen Gönnern und unterhielt weiter enge Kontakte zu den Neokonservativen. Doch die Folgen seines Gesinnungswandels bekamen die im Irak operierenden Amerikaner zu spüren, als sie nach dem April 2003 feststellten, dass Chalabi – um den Jargon der *Star Wars*-Filme aus Hollywood zu benutzen – auf »die dunkle Seite der Macht« übergetreten war.

Die Episode um das aufgegebene Konzept einer provisorischen Regierung ist bezeichnend, zumal sie verdeutlicht, wie inkonsequent und konzeptlos Präsident Bush handelte. Bush konnte sich für keine der diversen Handlungsalternativen klar entscheiden. Ob nun im Nach-Saddam-Irak das vom Pentagon befürwortete Konzept des raschen Machttransfers oder das vom Außenministerium präferierte Modell des traditionellen demokratischen *nation building* zum Zug kommen werde, hing bis kurz vor dem Beginn der Invasion am 19. März 2003 in der Schwebe. Und selbst als er fast in letzter Minute entschied, dass die USA nach Saddam die Macht selbst übernehmen würden, blieben die entscheidenden Fragen ungeklärt: Wer sollte die Macht ausüben, für wie lange und mit welchen Zielen und vor allem gestützt auf welche Partner im Irak? Kurzum: Die Unentschiedenheit Bushs förderte die Entstehung des künftigen Machtvakuums, das den Wiederaufbau des Irak so sehr erschwerte.

Der Irakfeldzug und der Ausbruch des Chaos

Am 19. März griffen die USA den Irak mit einer Streitmacht von 200.000 Mann an. Mit 145.000 Mann stellten sie den Löwenanteil der Truppen, gefolgt von Großbritannien mit 45.000 Mann. Der Rest verteilte sich auf eine Allianz von 49 Staaten, die Bush in den Monaten zuvor unter dem vielsagenden Namen »Koalition der Willigen« zusammengetrommelt hatte. Fast die gesamte Invasionsarmee hatte sich südlich des Irak in Kuwait gesammelt. Kurz bevor die USA ihre Offensive beginnen konnten, musste der Aufmarschplan in den letzten drei Wochen zuvor noch einmal massiv geändert werden. Unter dem Druck ihrer Bevölkerungen zog sowohl die jordanische als auch die türkische Regierung ihre ursprüngliche Zusage zurück, ihr Territorium den US-Truppen als Aufmarschgebiet zur Verfügung zu stellen. Anstatt den Irak von drei Seiten gleichzeitig, also von Westen, Norden und Süden, anzugreifen, war Washington nun gezwungen, allein aus dem Süden einzumarschieren.

Die USA begannen den Krieg mit Luftschlägen, denen einen Tag später die Bodenoffensive folgte. Anders als befürchtet, stießen die Angreifer dabei nur auf wenig Gegenwehr durch die Iraker, die weder Scud-Raketen abfeuerten, noch chemische oder biologische Kampfstoffe einsetzten. So rückten die Koalitionstruppen rascher als erwartet nach Norden vor. Anders als von den US-Kriegsplanern erhofft, kam es im schiitischen Süden aber nicht – wie 1991 – zu einem Volksaufstand. Wohl oder übel mussten die US-Kriegsplaner auf symbolträchtige Fernsehbilder von Volksmengen, die den Invasoren zujubelten, ebenso verzichten wie auf die Unterstützung bewaffneter Milizen, die sich den US-Truppen anschließen.

Saddam hingegen blieb während der gesamten Invasion in der Defensive. Seine Strategie wies grobe Fehler und Falschannahmen auf und konzentrierte sich vor allem darauf, seine Machtzentrale Bagdad zu verteidigen. Bagdad sollte ihm (wie schon 1991) als letztes uneinnehmbares Bollwerk dienen, von dem aus er nötigenfalls Truppen in den Süden verlagern konnte, um den von ihm befürchteten Schiiten-Aufstand niederzuschlagen. Einen raschen Vorstoß der US-Truppen auf Bagdad zog er nicht ins Kalkül. Als es wider Erwarten dann doch dazu kam, war es zu spät, die strategisch wichtige Brücke über den Euphrat südlich von Bagdad zu sprengen, die den Amerikanern den Weg nach Bagdad öffnete. Glücklos war Saddam auch bei den meisten anderen seiner Verteidigungsmaßnahmen. So hatte er, aus Furcht vor Palastrevolten der Militärs in Bagdad, fast alle Einheiten der ihm unzuverlässig erscheinenden regulären Armee weit entfernt von der Hauptstadt an die Grenzen zu Iran und Kurdistan verlegen lassen. Allein die ihm zu Loyalität verpflichteten Republikanischen Garden behielt er in und um Bagdad. Aber deren operative Schlagkraft minderte Saddam dadurch, dass er deren Oberbefehl einem seiner Vettern übertrug, der als haltloser Trinker galt, als unfähiger Militär bekannt war und sich allein durch bedingungslose Treue zu Saddam auszeichnete.[23]

Der Hauptwiderstand gegen die US-Invasion kam von der einzigen militärischen Kraft, die zu wirkungsvollen Militäroperationen noch fähig war: den paramilitärischen Saddam Fedaiyin. Saddam hatte sie in den 1990er Jahren gegründet, um die Landeszentralen der Baath-Partei zu verteidigen und neue Schiitenaufstände zu ersticken. Ausgestattet mit leichten Waffen wie Granatwerfern und Kalaschnikows kämpften sie unter dem Kommando von Saddams ältestem Sohn, Uday Hussein, bis zum Schluss erbittert gegen den Vormarsch der US-Truppen. Als sie ihn nicht aufhalten konnten, lösten sich die Fedaiyin-Verbände auf. Ihre Offiziere und Kämpfer tauchten in Zivilkleidung in der Bevölkerung unter und bildeten ab Herbst 2003 einen der organisatorischen Kerne diverser militanter Rebellengruppen gegen die US-Besatzung.

Die US-Truppen überrannten ohne große Probleme die Verteidigungslinien der regulären Armee und der Republikanischen Garden und stießen am 5. April in die Hauptstadt vor. Noch am gleichen Tag versammelte Saddam seine engsten politischen und militärischen Berater und Vertrauten ein letztes Mal und gab ihnen in einem von seinem Stellvertreter Tariq Aziz verlesenen Abschiedsbrief zu verstehen, dass er den Kampf für verloren hielt. Als er zwei Tage später mit seinen Söhnen und engsten Vertrauten in den Untergrund ging, war dies das Ende seines Regimes. In einem zweiten Vorstoß besetzten die US-Truppen am 8. April ganz Bagdad. Am 9. April erschien eine US-amerikanische Panzerpioniereinheit am zentralen Firdausi-Platz und riss unter dem Jubel einiger hundert Iraker eine sechs Meter hohe Saddam-Statue mit Stahlseilen vom Sockel. Die Szene spielte sich vor laufenden Fernsehkameras ab und gelangte bald in fast alle Medien in der Welt, wo sie als Symbol von Saddams Sturz wahrgenommen wurde.

Die ORHA und Garner: Ein Mann auf verlorenem Posten

Im Unterschied zu Afghanistan, wo die Bush-Administration die Leitung des Wiederaufbaus dem US-Außenministerium übertrug, wies Bush im Januar 2003 mit Erlass Nr. 24 des Nationalen Sicherheitsrates die Verantwortung für den Irak dem Pentagon unter Rumsfeld zu. Der Verteidigungsminister nahm fortan gewaltige Aufgaben wahr. Darunter fielen nicht nur die Beseitigung der vermuteten Bestände an Massenvernichtungswaffen und die Umstrukturierung des irakischen Militärs, sondern auch die Sicherung der Infrastruktur und der Grundversorgung (die seit

1980 durch drei Kriege und das lange Sanktionsregime erheblich gelitten hatten). Ausgangspunkt aller Post-Saddam-Strategien Rumsfelds und seines für die Nachkriegsplanung verantwortlichen Staatssekretärs Feith war die Annahme, dass der Irak ebenso wie Afghanistan kein kostspieliges, zeitraubendes und personalintensives *nation building* verlangte. Immerhin befürwortete Rumsfeld einen von den US-Generälen im »United States Central Command« (CENTCOM) entworfenen vagen Plan, die irakische Armee zur Stabilisierung des Nachkriegs-Irak einzusetzen. Demnach sollte die reguläre Armee, nachdem sie kapituliert hatten und die Baath-Parteigänger aus den obersten Offiziersrängen entfernt waren, fortbestehen. Zu den ihr zugedachten Aufgaben gehörte es, die Grenzen zu sichern und unter Aufsicht der Amerikaner den Wiederaufbau zu organisieren. Das hätte es den US-Truppen ermöglicht, rasch abzuziehen. Doch wie andere Pläne des Pentagon wurde auch dieser binnen drei Wochen von den Ereignissen überrollt. Denn andere US-Akteure hatten anders entschieden und genossen mehr Rückhalt bei Bush (worauf im nächsten Kapitel näher eingegangen wird).

Allgemein gingen die Pentagon-Planer von völlig falschen Prämissen aus und standen ratlos vor den neuen Aufgaben im Irak, auf die sie nicht vorbereitet waren. Anschaulich wird dieses Versagen am Beispiel des »Office for Reconstruction and Humanitarian Assistance« (ORHA), das das Pentagon quasi aus dem Stegreif erst acht Wochen vor Beginn der Invasion ins Leben gerufen hatte. Leiter von ORHA war Jay Garner, ein aus dem Ruhestand zurückberufener Generalleutnant der Armee, der als einer der Leiter der humanitären Rettungsaktion für die Kurden des Irak zu Beginn der 1990er Jahre einschlägige Erfahrungen gesammelt hatte. Garner stellte ein Team von 400 Mitarbeitern zusammen und hielt sich in Kuwait bereit, nach dem Sturz Saddams nach Bagdad zu reisen. Doch stellten er und seine Leute bald fest, dass sie auf der Prioritätenliste des Pentagon an unterster Stelle rangierten und man ihnen kaum Aufmerksamkeit schenkte. Schuld daran war unter anderem Chalabi, der Garners Kontaktaufnahme zum Pentagon durch seine Verbindungen zu Cheneys Büro vereitelte.[24] Garner und seinen Leuten fehlte deshalb ein Großteil der von ihm beantragten Finanzmittel, sodass das ORHA zu wenig Unterstützung im Pentagon und im Weißen Haus fand, um seine Aufgaben mit Aussicht auf Erfolg erfüllen zu können.

Garner stand von Anbeginn seiner Mission auf verlorenem Posten und sollte später für seine Vorgesetzten in Washington als Sündenbock herhalten, um von ihren eigenen Fehlern abzulenken. Die Bush-Administration hatte im Februar 2003 für das ORHA bei Vorbereitungstreffen in Washington eine Aufgabenliste und Prioritäten für deren Erledigung festgelegt. So sollte sich das ORHA vor allem um Katastrophenhilfe, Flüchtlingsbetreuung, Seuchenkontrolle, Hungerbekämpfung und den Wiederaufbau kümmern. Dazu gehörten zwar auch die politische Neuausrichtung des Irak, eine Reform der Streitkräfte und die Zerschlagung der Baath-Partei, die aber als eher nachrangig galten. Im Wesentlichen vertraute Garner vor seiner Ankunft im Irak darauf, dass eine zentrale Prämisse Rumsfelds Bestand haben würde – nämlich dass nach der Niederlage Saddams die irakische Bürokratie weiter funktionieren und die staatlichen Institutionen einschließlich der Ministerien und der Polizei intakt und einsatzfähig bleiben würden. Lediglich die oberste Führungsebene der Verwaltung sollte ausgetauscht werden, während der Rest unter US-Führung weiterarbeiten sollte. Garner wusste, dass er den Irak mit seinen damals 27 Millionen Einwohnern – mit nur 400 eigenen Mitarbeitern – ohne die Mehrheit der irakischen Verwaltungsbeamten niemals verwalten konnte.

Die Wirklichkeit holte die Amerikaner bald ein. Am 10. April hatte Präsident Bush in einer Ansprache an das irakische Volk verkündet, die irakische Nation sei nun von Tyrannei, Korruption und Unterdrückung befreit und die USA übernähmen den Aufbau einer repräsentativen Regierung, die alle Bürger beschütze. Als Bush diese Rede hielt, befand sich Saddam seit zwei Tagen auf der Flucht, und es herrschte bereits Anarchie im Irak. Die Auflösung des Regimes war nahtlos in einen allgemeinen Zerfall der staatlichen Verwaltung und Infrastruktur übergegangen. Kurz bevor die US-Truppen die wichtigsten Verwaltungszentren des Landes besetzten, hatte eine Flucht Tausender hochrangiger Funktionäre, Beamter und Militärs eingesetzt, denen die Mehrheit ihrer Untergebenen folgte. Statt in geschlossenen Formationen diszipliniert und geordnet in Gefangenschaft zu gehen, löste sich das Militär auf, und Offiziere und Mannschaften mischten sich unter die Bürger. Das gleiche galt auch für die Polizei. Mit dem Regimesturz brachen die zivile Versorgung und die öffentliche Ordnung zusammen.

Am 9. April, dem Tag, an dem die USA Saddams Sturz proklamierten, setzten bereits systematische Plünderungen ein. Angetrieben von Beutegier und Hass, plünderten Zehntausende verarmter Iraker Ministerien, Regierungspaläste, Universitäten, Schulen, Banken, Kaufhäuser und Warenlager und steckten sie in Brand. Unter ihnen befand sich eine große Zahl von Dieben und Kriminellen. Die US-Kampftruppen standen tatenlos und verwirrt vor der sich ausbreitenden Gesetzlosigkeit und Straßengewalt. Weder waren sie von ihren Kommandeuren darauf vorbereitet worden, noch hatten sie irgendwelche Instruktionen, dagegen einzuschreiten. Die Plünderungen griffen immer weiter um sich. Auch das Nationale Antikenmuseum in Bagdad mit seinen einzigartigen Artefakten aus 5.000 Jahren mesopotamischer Geschichte verschonten die Plünderer nicht. Viele der geraubten Stücke aus diesem Zentrum des archäologischen Weltkulturerbes sind bis heute verschwunden.[25]

Während sich die Situation in Bagdad nach dem 12. April schrittweise besserte, hielten die Raubzüge und Zerstörungen der Infrastruktur außerhalb der Hauptstadt noch drei Monate lang an. Betroffen waren vor allem Einrichtungen der Grundversorgung, der Infrastruktur und der Sicherheit, Fabriken, Wasserwerke und Kläranlagen, Elektrizitätswerke, Schulen und Universitäten, Hospitäler, Kasernen und Polizeistationen. Die Plünderer raubten nicht nur elektrische Geräte und Möbel, sondern alles, was nicht niet- und nagelfest war, einschließlich Stromkabeln sowie Kupfer- und Bleirohren. Ein halbes Jahr nach dem Ende der Plünderungen schätzten die US-Verwalter den angerichteten Schaden auf mehr als 12 Milliarden US-Dollar. An den Plünderungen beteiligten sich auch zahlreiche der 150.000 Berufsverbrecher und Mörder, die Saddam im Oktober 2002 amnestiert hatte. Das Chaos bewirkte, dass organisierte Bandenkriminalität ungekannten Ausmaßes Raum greifen konnte. Bagdad war am schwersten betroffen. Hier haben sich seit 2003 schätzungsweise 150 straff organisierte Verbrecherbanden etabliert, die seither die Bevölkerung mit Entführungen, Erpressungen und Morden terrorisieren.

Die zahlenmäßig unzureichenden US-Truppen konnten die Einrichtungen des Staates und der Infrastruktur vor Plünderern nicht sichern. Die einzigen von den US-Truppen geschützten Anlagen waren das Ölministerium und Saddams Republikanischer Palast, der als künftiges provisorisches Hauptquartier der US-Besatzung auserkoren war. Der Palast liegt im Stadtteil Karkh, dem ehemaligen Regierungsviertel auf der Westseite des Tigris-Bogens. Dieses Viertel wandelten die Amerikaner nun zur sogenannten »Green Zone« um und riegelten es durch vier Meter hohe Sprengschutzmauern, Hunderte von Wachtürmen und zwölf streng gesicherte Eingangspforten vom Rest Bagdads, der sogenannten »Red Zone«, ab.

Während das Chaos im Irak wütete, offenbarte Verteidigungsminister Rumsfeld seinen Zynismus und seine Menschenverachtung. Auf die Plünderungen angesprochen gab er in einem Zeitungsinterview am 11. April 2003 zu Protokoll: »Freiheit ist unordentlich, und freie Menschen sind frei, Fehler und Verbrechen zu begehen und schlimme Sachen zu tun.«[26] Gleichgültig gegenüber der Anarchie und realitätsblind gegenüber den Dimensionen der Verbrechen, hielt Rumsfeld noch Ende April 2003 an seinem ursprünglichen Plan fest, die Truppenstärke im Irak innerhalb von 60 Tagen von 140.000 Mann auf 30.000 zu verringern.

Die zwölf Wochen während Anarchie untergrub das Vertrauen, das viele Iraker der urbanen Mittelschichten den USA anfänglich entgegengebracht hatten. Damit nicht genug: Die Untätigkeit der US-Truppen gefährdete in den kommenden Jahren auch die Sicherheit und das Leben vieler US-Soldaten. Gewaltverbrecher, Aufständische und Mitglieder von Milizen nutzten die Gunst der Stunde und versorgten sich in den folgenden Wochen und Monaten aus den unbewachten Arsenalen der irakischen Armee. Von den dort gelagerten insgesamt 800.000 Tonnen an Waffen, Munition und Sprengstoff konnten nur 250.000 Tonnen gesichert werden. Der große Rest fiel Aufständischen in die Hände.

Während sich im Irak Anarchie ausbreitete, zelebrierte US-Präsident Bush am 1. Mai 2003 öffentlich den Sieg. Bei einem sorgfältig choreografierten Auftritt auf dem Flugzeugträger »USS Abraham Lincoln« vor der Küste Kaliforniens erklärte Bush, die wesentlichen Kampfhandlungen im Irak seien beendet, die USA hätten gesiegt und kümmerten sich nun um die Sicherheit und den Wiederaufbau des Irak: »Der Tyrann«, so Bush, »ist gefallen und der Irak ist frei.« Bush sprach auf dem Flugzeugträger vor einem großen Spruchbanner mit der Aufschrift »Mission Accomplished« (»Mission erfüllt«). Diese Aufschrift stand bereits zum Zeitpunkt der Rede in schreiendem Widerspruch zur Lage im Irak, die den USA zusehends entglitt. Bushs Kritikern galt seine Rede fortan als Symbol der gescheiterten Irak-Politik eines Präsidenten, der sich in Träumen verlor und der Realität verweigerte.[27] Die Fernsehbilder dieses Auftritts verfolgten Bush wie ein Fluch bis zum Ende seiner Präsidentschaft.

Als Garner schließlich am 21. April 2003 mit seinem ORHA-Team in Bagdad anlangte, bezog er sein Quartier in der neuen »Green Zone« in Saddams Republikanischem Palast. Die US-Militärs, auf deren Zusammenarbeit er angewiesen war, beachteten ihn jedoch kaum. Mehr noch: Sie stellten ihm weder Ortskarten, Begleitschutz oder Transport- und Kommunikationsmittel zur Verfügung. So war Garner gezwungen, auf Dienste privater Sicherheitsfirmen zurückzugreifen. Zudem fanden er und sein Team fast keine funktionierenden Verwaltungsstrukturen mehr vor. Da auch das Telefonnetz zusammengebrochen war, konnte Garner auch mit irakischen Führungskräften nur bedingt Verbindung aufnehmen.

Allen Widerständen zum Trotz gelang es Garner, in der folgenden Woche eine Konferenz in Bagdad zu organisieren, zu der er neben den Führern der Exilopposition auch 300 Repräsentanten aus allen Landesteilen, Konfessionen und Ethnien des Irak einlud. Auf Drängen Rumsfelds sollte Garner herausfinden, ob man aus internen und externen Kräften eine Übergangsregierung bilden konnte. Das Ergebnis war ernüchternd: Weder der Delegiertenblock der internen noch jener der externen Kräfte konnte sich innerhalb seines jeweiligen Lagers auf organisatorische Grundzüge, Führer und Ziele einer Übergangsregierung einigen. Zwischen den beiden Blöcken herrschten eisiges Schweigen und Misstrauen. Als Bilanz dieser Konferenz meldete Garner am 30. April 2003 nach Washington, die Exiliraker hätten keine politische Unterstützung unter ihren Landsleuten. Das war der endgültige Todesstoß für Rumsfelds Konzept eines raschen Machttransfers an eine Übergangsregierung, die von Exilirakern gebildet und von Ahmad Chalabi geführt werden sollte. Angesichts des Chaos und der angespannten Lage erschien den Akteuren in Washington auch die rasche Abhaltung freier Wahlen nicht mehr möglich. Widerwillig akzeptierte auch Rumsfeld Anfang Mai, dass eine längere direkte Kontrolle des Irak durch eine amerikanische Besatzungsverwaltung unumgänglich geworden war. Vor dem Hintergrund der gefährlich instabilen Lage entschloss Bush sich zu einer Kehrtwende. Er löste General Garner ab und ernannte Botschafter Paul L. Bremer III. zum zivilen Verwalter des Irak.

Washington öffnet die Büchse der Pandora: Die US-Zivilverwaltung im Irak

Das Besatzungsregime der USA im Irak

Am 6. Mai 2003 ernannte der amerikanische Präsident Bush Paul Bremer zu seinem persönlichen Irak-Gesandten mit außerordentlichen Vollmachten. Als neuer starker Mann im Irak übernahm der damals 63 Jahre alte Bremer die Leitung der neu ins Leben gerufenen Zivilverwaltung (»Coalition Provisional Authority«, CPA). Über Nacht wurde Bremer damit zum Leiter einer Behörde, die die oberste exekutive, legislative und judikative Gewalt im Irak innehatte und damit das neue Besatzungsregime verkörperte. Als Bremer sein Amt antrat, herrschten im Irak Chaos und Anarchie. Er übernahm eine denkbar schwere Aufgabe. Doch wer war dieser Mann, von dem die US-Präsidialverwaltung in Washington regelrechte Wunder erwartete? Und was qualifizierte ihn für diese Aufgabe?

Bremer war vor seiner Berufung ein Karrierediplomat im Ruhestand. Karriere hatte er vor allem unter Außenminister Kissinger gemacht, dessen Assistent er war. Zuletzt hatte er als Botschafter in Den Haag und als Sonderbotschafter für Terrorismusbekämpfung im US-Außenministerium gewirkt. Nach seiner Pensionierung avancierte er zum Verwaltungsdirektor von »Kissinger Associates« und später zum Vorstandsvorsitzenden und CEO einer kleinen Washingtoner Krisenmanagementfirma. Bremer hatte Vorzüge, aber auch gravierende Schwächen. Zu seinen Stärken zählten seine ausgeprägten Macherfähigkeiten. Er galt als durchsetzungsstarker Entscheider und Verfechter der neoliberalen Wirtschaftspolitik. Zudem war er gläubiger Christ und neokonservativer Republikaner. Er stand loyal zu Bush und Rumsfeld und hatte die Irak-Invasion ebenso befürwortet wie sein Förderer Henry Kissinger. Zu seinen Schwächen zählte, dass er im Ruf stand, ein Kontrollfanatiker zu sein (so die Behauptung Kissingers), und er weder im Nahen Osten gedient, noch Kenntnisse über die Region hatte.[1] Auch fehlte ihm jede Erfahrung mit Militärinterventionen und Wiederaufbauprojekten in *failed states* wie Bosnien oder dem Kosovo. Die Leitung einer großen Behörde wie der CPA war für Bremer eine vollkommen neue Aufgabe. Die CPA war chronisch unterbesetzt, sie konnte nie mehr als 50 Prozent ihrer Planstellen besetzen. Zu ihren Hochzeiten beschäftigte die CPA knapp 2.000 Mitarbeiter, eine verschwindend kleine Zahl angesichts der Aufgabe, ein Besatzungsregime in einem Land mit über 27 Millionen Einwohnern in Gang zu halten. Abgesehen von zwei Dutzend erfahrenen hochrangigen Administratoren, die Bremer als Abteilungsleiter und Berater direkt zuarbeiteten, waren die Mitarbeiter im Mittel- und Unterbau der CPA fast alle sehr jung, unerfahren und ohne Auslandserfahrung, geschweige denn, dass sie Kenntnisse der arabischen Kultur und Sprache besaßen. Fast alle waren Praktikanten lokaler republikanischer Provinzparteibüros, die außer ihrem Idealismus nur wenige Qualifikationen aufwiesen. Außerdem betrug die durchschnittliche Einsatzphase der meisten Mitarbeiter der CPA nur drei bis sechs Monate, zu kurz, um etwas zu verstehen oder zu erreichen. Offiziere der US-Armee verspotteten die CPA als »Children Play Adults« (»Kinder spielen Erwachsene«).

Bremer blieb vom 12. Mai 2003 bis zum 28. Juni 2004 im Irak und veröffentlichte nach seiner Rückkehr Memoiren über diese Zeit unter dem Titel *My Year in Iraq*. Seine vierzehnmonatige Amtszeit hat den Irak nachhaltig verändert, größtenteils allerdings zum Negativen. Das Hauptkennzeichen der CPA-Ära war der kurzlebige Versuch der USA, den Irak direkt zu regieren und zum Wiederaufbau der Nation (mittels *nation building*) beizutragen. Bremer erkannte, dass ein echter Umbruch eine längere Übergangsphase und eine direkte Machtausübung der USA verlangten. Erst danach konnte man die Kontrolle einer demokratischen irakischen Regierung übertragen. Bremer misstraute den aus dem Ausland zurückgekehrten Führern der Exilopposition, da er sie für unfähig hielt, eine Regierung zu bilden und zu führen. Um einem Machtmonopol der Exilpolitiker vorzubeugen, wollte er den Wiederaufbau des Irak auf eine breitere politische Basis stellen. Dabei schenkte er dem Pluralismus von Ethnien, Konfessionen und Geschlechtern besonderes Augenmerk, aber sein Konzept blieb realitätsblind und kontraproduktiv. Insgesamt bestätigte das Wirken Bremers, der eine »wohlmeinende« Besatzungsdiktatur auf Zeit errichtete, wie zeitlos gültig doch Winston Churchills berühmtes Diktum ist: »The way to hell is paved with good intentions« (»Der Weg zur Hölle ist mit guten Absichten gepflastert«).

Auf Wunsch der USA hatte der UNO-Sicherheitsrat am 22. Mai 2003 die Resolution 1483 verabschiedet. Die Resolution erkannte den Status der USA und Großbritanniens als Besatzungsmächte formell an und forderte die CPA auf, »die Bedingungen für Sicherheit und Stabilität wieder herzustellen und Bedingungen zu schaffen, die [es] dem irakischen Volk ermöglichen, seine eigene Zukunft frei zu bestimmen«. Ausgestattet war die CPA mit 20 Milliarden US-Dollar, die teilweise aus im Ausland eingefrorenen irakischen Staatsfonds oder aus nicht verwendeten Fonds des »Öl-für-Nahrungsmittel«-Programm der UNO stammten. Dieses Geld war zwar sofort verfügbar, jedoch war der Staat beim Sturz Saddams bankrott und hatte kaum noch Steuer- oder andere Einnahmen. Washington war fest davon überzeugt, das Besatzungsregime könne sich selbst finanzieren, und stellte daher nur begrenzte Finanzmittel für den Wiederaufbau bereit, die zudem nur zögerlich und oft verspätet freigegeben wurden. Die CPA war deshalb während ihres 14 Monate langen Wirkens fast ausschließlich auf irakische Fonds angewiesen, um sowohl die Regierungsgeschäfte als auch den Aufbau des Landes zu finanzieren. Ausländische finanzielle und militärische Hilfe gab es nur begrenzt (und allenfalls temporär), und zwar auch deshalb, weil die USA den Irak gegen den Rat ihrer wichtigsten europäischen Verbündeten erobert hatten. Das erschwerte Bremers Arbeit natürlich.

Ein weiterer Hemmschuh war Bremers fehlender Einfluss auf die 140.000 Angehörigen des US-Militärs, die 98 Prozent des gesamten amerikanischen Personals im Irak stellten. Sie standen unter dem Kommando von Generalleutnant Ricardo Sanchez, dem Befehlshaber der US-Streitkräfte im Irak. Sanchez war Verteidigungsminister Rumsfeld unmittelbar unterstellt. Die Militärs kontrollierten die Sicherheit im Irak. Daneben etablierte die US-Militärverwaltung – parallel zur CPA und unabhängig von Bremer – ein eigenes landesweites Verwaltungsnetz in den Städten und Provinzen, über das sie auch Fonds für lokale und regionale Wiederaufbau- und Infrastrukturprojekte verteilte. Das Verhältnis zwischen Bremer und Sanchez und den jeweiligen Arbeitsstäben war gespannt und von gegenseitigem Misstrauen belastet, worin sich auch die Rivalität von

Außen- und Verteidigungsministerium widerspiegelte. Das minderte die Effizienz der US-Besatzungspolitik. An diesem Grundübel der US-Besatzung änderte sich auch später kaum etwas. Mangelnde Koordination und mangelnder Informationsaustausch zwischen den zivilen und militärischen Organisationen der USA blieben eine Konstante bis zum Ende des US-Engagements im Irak im Dezember 2011.

Dennoch gelang es Bremer und den US-Militärs unter Sanchez, die Sicherheit ab Juni 2003 schrittweise wiederherzustellen. An den meisten Orten sicherten die USA die Ordnung zumindest soweit, dass der (Wieder-)Aufbau von Infrastruktur und öffentlicher Versorgung beginnen konnte. Bis Oktober 2003 funktionierte die Stromerzeugung wieder auf dem Stand der Vorkriegszeit. Das Gleiche galt auch für die Trinkwasserserver- und die Abwasserentsorgung. Doch Bremers radikaler Reformimpetus machte die kurzfristigen Erfolge rasch wieder zunichte. Beseelt von neokonservativer Ideologie, gestützt auf unausgereifte Pläne, beherrscht von Arroganz und Ignoranz, zerstörte Bremer letztlich weitaus mehr, als er aufbaute. Bremer lähmte innerhalb weniger Wochen sämtliche Institutionen des alten Regimes. Gleichzeitig verfügte er über zu wenige Ressourcen, zu wenige Mitarbeiter, zu wenig Zeit und zu wenig Wissen über das Land, um ein stabiles Fundament für einen neuen Irak errichten zu können.

Dass Bremers ideologischer Reformeifer im Irak lange Zeit von Washington geduldet wurde, hatte auch mit Bushs Präsidialverwaltung zu tun. Nach seiner Ernennung blieb Bremer zwar formell weiterhin Rumsfeld als dem Gesamtverantwortlichen für die Irak-Politik unterstellt. Gleichwohl hatte sich Bremer während seines »Job-Interviews« beim Präsidenten, in dem Bush ihm die CPA-Leitung übertrug, eine Hintertür eingebaut, um den Weisungen des Pentagon zu entgehen. Als Bedingung für die Übernahme dieses »Himmelfahrtskommandos« verlangte und erhielt Bremer von Bush die Zusage, dass er persönlicher Gesandter des Präsidenten werde und nur ihm persönlich verantwortlich sei.[2] Mit diesem Schachzug setzte Bremer seinen Oberaufseher Rumsfeld quasi schachmatt. Das erfuhr Rumsfeld bereits kurz nach Bremers Ankunft in Bagdad, als dieser seinen Berichtspflichten nur widerwillig und sporadisch nachkam und seine Anfragen weitgehend ignorierte. Stattdessen wandte sich Bremer in dringenden Fällen zumeist direkt an den Präsidenten, was ihn vor Ort zu einem eigenständigen Machtfaktor machte.

Bush ließ Bremer zumindest in den ersten sechs Monaten freie Hand. Aufgrund von Chaos, Staatszerfall und Machtlosigkeit der Exiliraker sah er keine Alternative zu Bremers direkter Kontrolle des Irak. Bush verteidigte Bremers Kurs wiederholt im Nationalen Sicherheitsrat, mit dem Argument, Bremer wisse als Autorität vor Ort am besten, was zu tun sei. In Bremers Amtszeit im Irak eskalierte im Nationalen Sicherheitsrat der Konflikt zwischen Pentagon und Außenministerium über die Kompetenzen, die Strategie und das Personal der Zivilverwaltung mehrfach so sehr, dass er die Irak-Politik in Washington für Wochen lähmte. Und Präsident Bush löste die Blockade nicht auf, hatte doch seine Führungsschwäche diese Lähmung ja gerade heraufbeschworen. Bushs Regierungsstil verschaffte Bremer im Irak einen großen Handlungsspielraum, den er voll ausschöpfte. Bremer schaltete und waltete im Irak wie ein selbstherrlicher spanischer Vizekönig in einer abgelegenen südamerikanischen Provinz – zumindest in den ersten sechs Monaten. Das machte es für Washington unmöglich, von Bremer einmal getroffene Entscheidungen rückgängig zu machen. Die Folgen für die politische Neuordnung des Irak waren dramatisch. Am besten zeigen dies drei Maßnahmen Bremers, die sich als Fehler von großer Tragweite entpuppten, nämlich (a) die Ent-Baathifizierung, (b) die Auflösung der Armee und (c) die Bildung des Irakischen Regierungsrates (»Iraqi Governing Council«, IGC).

Der Irak wird ent-baathifiziert

Bremers erklärtes Ziel war die grundlegende Umgestaltung des Irak, die eine Politik der harten Hand erforderte. So versuchte er den Irakern mit einem symbolischen Paukenschlag den Anbruch einer neuen Ära vor Augen zu führen und Saddams Anhängern jede Chance einer Rückkehr an die Macht zu nehmen. Zu diesem Zwecke erarbeitete Bremer bereits in Washington auf der Grundlage der Entnazifizierung Deutschlands nach 1945 einen Entwurf für die Ent-Baathifizierung des Irak. Diesen Entwurf legte er nach seiner Ankunft in Bagdad Jay Garner, dem vormaligen Leiter der Zivilverwaltung, vor. Garner warnte ihn mit den Worten: »Sie werden 50.000 Baath-Mitglieder noch vor dem Abend in den Untergrund treiben. Tun Sie das nicht!«[3] Unbeeindruckt von dieser Warnung ließ Bremer nur vier Tage nach seiner Ankunft im Irak, am 16. Mai 2003, den Erlass Nr. 1 der CPA veröffentlichen. Dieser Erlass verordnete die Auflösung der Baath-Partei mit ihren circa 1,5 Millionen Mitgliedern. Zugleich verbot er Baath-Parteimitgliedern der obersten vier Parteiebenen auf Lebenszeit die Arbeit in allen Organisationen von Staat, Regierung und in staatlichen Wirtschafts- und Versorgungsunternehmen. Betroffen waren etwa 65.000 Personen, die allein aufgrund ihrer bloßen Parteimitgliedschaft und nicht etwa wegen nachgewiesener individueller Schuld entlassen wurden. Denn stillschweigend gingen die Verfasser des Erlasses von einer pauschalen Schuld ab einem bestimmten Parteirang aus. Die Folgen waren verheerend: Große Teile der Verwaltung des öffentlichen Sektors kollabierten. Bereits am Tag nach dem Erlass fehlten im Gesundheitsministerium mehr als ein Drittel der Mitarbeiter, und auch in den meisten anderen Ministerien war die Lage nicht anders. Mit einem Schlag waren ebenso 15.000 Lehrer arbeitslos geworden.

Bremers Ent-Baathifizierung war eine Katastrophe, in deren Gefolge sich die prekäre Sicherheitslage und das Chaos weiter verschlimmerten. Prinzipiell akzeptierten die Mitglieder des Nationalen Sicherheitsrates der Bush-Administration die Säuberungen. Doch verkannten Bush und seine Mitarbeiter die verheerenden Auswirkungen auf den Staatsapparat. Ihnen war nicht bekannt, dass viele Staatsdiener gar keine überzeugten Baathisten, sondern der Partei nur aus opportunistischen Karriereerwägungen oder zwangsweise beigetreten waren. Für Lehrer war beispielsweise ein Parteibuch Pflicht. Diese rein nominellen Parteimitglieder bildeten das Rückgrat der Bürokratie. Einerseits stieß das Verbot der Baath-Partei auf einhellige Zustimmung der Schiiten und Kurden, die am meisten unter Saddam gelitten hatten. Tatsächlich hatte die CPA in den ersten drei Monaten der Besatzung bereits 102 Massengräber im ganzen Irak entdeckt. Viele weitere sollten bis 2004 und noch danach folgen. In einem Memorandum an Außenminister Powell vom Juli 2003 teilte Bremer mit, dass aufgrund der bisherigen Aktenauswertung 1,3 Millionen Menschen aufgrund von Krieg, Desertionen und außergesetzlichen Hinrichtungen als vermisst gemeldet waren. Die CPA schätzte zu diesem Zeitpunkt, dass die Massengräber etwa 300.000 Leichen bargen.[4]

Andererseits verprellte Bremers Baath-Erlass viele Sunniten, die den USA anfänglich wohlgesonnen gewesen waren. Denn von den Entlassungen aus dem Staatsdienst waren die von Saddam bevorzugten Sunniten überproportional betroffen, die auf den höheren Baathpartei-Ebenen das Gros der Funktionäre stellten. Damit konterkarierte Bremer seinen eigenen Plan, den politischen Pluralismus zu stärken. Zunehmend sahen sich die Sunniten als Opfer einer Strafkampagne der USA, die auf die Ent-Sunnifizierung des Irak zielte.

Die Auflösung der Streitkräfte

Nur eine Woche später verkündete Bremer am 23. Mai 2003 den Erlass Nr. 2, der das Verteidigungsministerium, die Streit- und Sicherheitskräfte und die Nachrichtendienste auflöste. Gleichzeitig wurden alle dem Präsidentenbüro und dem Präsidialsekretariat angegliederten Organisationen abgeschafft, wie etwa die als Parlament dienende Nationalversammlung oder die nationale Behörde für Korruptionsbekämpfung. Auch diesmal hatte der noch in Bagdad weilende Jay Garner Bremer dringend (jedoch vergeblich) vor den Konsequenzen dieses Erlasses gewarnt. Bremers Erlass Nr. 2 konterkarierte damit den einen Monat zuvor von Rumsfeld genehmigten Plan des Pentagon, die Armee mit ihrem mehrheitlich sunnitischen Offizierskorps zurückzuholen und sie nach Säuberungen von Saddam-Anhängern als Hilfstruppe für die innere Sicherheit und den Wiederaufbau wieder in Dienst zu stellen. Bremer hatte den Entwurf des Erlasses am 19. Mai Rumsfeld zugesandt, der am 22. Mai im NSC diskutiert wurde.[5] Weshalb im NSC weder Bedenken noch Widerspruch gegen den Plan laut wurden, bleibt ein Rätsel. Rumsfeld bestreitet bis heute jede Mitverantwortung.[6] Die Kontrollinstanzen Washingtons versagten, und der Plan wurde durchgewinkt.

Mit über 400.000 Mann waren die Mitglieder der regulären nationalen Armee am stärksten betroffen, gefolgt von der Polizei des Innenministeriums und den Organisationen, die Saddam besonders treu waren: die Republikanischen Garden, die Fedaiyin-Saddam und die Geheimdienste. Diese Organisationen hatten den harten Kern des Unterdrückungsapparats der Diktatur gebildet. Die reguläre Armee hingegen war trotz jahrzehntelanger politischer Indoktrinierung, Unterwanderung und Säuberungswellen durch Saddams Regime relativ unabhängig geblieben. Und nicht nur das: Sie hatte sich den Ruf einer dem Schutz von Staat und Land verpflichteten nationalen Institution bewahrt. Saddam schätzte die Professionalität und Schlagkraft der Armee, die er zum Schutz der Landesgrenzen und in den Kriegen gegen Iran und Kuwait einsetzte. Andererseits misstraute er ihr zutiefst, stellten doch Schiiten fast 80 Prozent der Rekruten und Unteroffiziere. Außerdem hatte sich innerhalb der Armee noch ein professionelles Offizierskorps erhalten, das der politischen Indoktrination nie ganz erlegen war. Deshalb hatte Saddam Einheiten der Armee nie in der Hauptstadt oder in deren näherer Umgebung stationiert – zu groß war seine Furcht vor Staatsstreichen der Armee. In der Tat hatte die Armee zwischen 1936 und 1968 sechs Mal erfolgreich geputscht. Und selbst als die Baath-Partei 1968 die Macht übernommen hatte, konnte sich Saddam nie ganz sicher sein. Allein nach dem Kuwait-Krieg kam es in der Armee zu drei kleineren Revolten.

Bremer und sein für Militärfragen zuständiger Stellvertreter, Walter Slocombe, hatten den Erlass zur Streitkräfteauflösung allein ausgearbeitet. Als Alternative entwarfen sie einen Plan für den Aufbau einer neuen demokratischen Armee. Dieser sah vor, unter Verzicht auf Personal- und Verwaltungsstrukturen der alten Armee innerhalb von sechs Monaten eine neue Armee aufzubauen, deren Mannschaftsstärke nach drei Jahren etwa 30.000 Mann betragen sollte – ein schlicht utopischer und unrealistischer Plan angesichts der Zustände im Irak.

Bremer wusste nichts über die Geschichte, Struktur und Aufgaben der Streitkräfte, die er auflöste. Das Auflösungsdekret war der mit Abstand größte Fehler der USA während ihrer Besetzung des Irak. Mit einem Federstrich standen über 750.000 Personen auf der Straße. Der Erlass raubte ihnen Arbeit und Zukunft und erkannte ihnen nicht nur sämtliche Titel und Dienstgrade ab, sondern auch sämtliche Ansprüche auf Sold- und Pensionszahlungen. Damit zerstörte er nicht nur die Lebensgrundlage der Betroffenen und ihrer Familien. Er verletzte damit ebenso deren Würde und Selbstverständnis, wichtige Werte im arabischen Ehrenkodex. Bei vielen Entlassenen kam Verbitterung und Zorn gegen die USA und ihre Besatzungspolitik auf. Die Entlassenen vergrößerten das Heer der Arbeitslosen, das bereits vor diesem Zeitpunkt 40 Prozent der arbeitsfähigen Bevölkerung umfasste. Kurz nach dem Erlass begannen im Juni 2003 die ersten der mehrere Monate anhaltenden täglichen Proteste entlassener Offiziere. Sie versammelten sich vor den Toren der »Green Zone« und forderten die Rücknahme des Auflösungserlasses, den sie als nationale Demütigung betrachteten. Damals zeichnete sich ab, dass die sunnitische Elite des Landes Bremers Erlasse zur Auflösung der Baath-Partei und der Armee als direkten Angriff auf ihre traditionelle Rolle in Politik und Militär erachteten. Dagegen begrüßten die schiitischen und kurdischen Exilparteien die beiden Erlasse Bremers ausdrücklich, halfen sie ihnen doch, ihre eigene Kontrolle über Staat und Militär auszudehnen.

Mit einem Schlag hatte Bremer ein gigantisches Reservoir aus Arbeitslosen und Verzweifelten geschaffen – ein Sammelbecken, aus dem sich bald sunnitische Aufständische, Al-Qaida im Irak und die abgetauchte Untergrundbewegung der Baath-Parteikader rekrutierten. Da die Sunniten die meisten Offiziere stellten, hatten die Aufständischen auch keinen Mangel an militärischen Führungskadern. Neben der Entfremdung der Sunniten schuf der Erlass noch ein weiteres Problem. Ohne Armee, Polizei und Grenztruppen gab es keine Kräfte mehr, die Iraks Landesgrenzen schützen und für die innere Ordnung und Sicherheit sorgen konnten. Die US-Streitkräfte im Irak konnten diese Aufgabe mangels ausreichender Soldatenzahl nicht übernehmen. Deshalb standen bis Juni 2004 die Grenzen des Irak offen. Zahlreiche Dschihadisten und andere Aufständische strömten ungehindert ins Land. Das hatte Konsequenzen für die Sicherheitslage, die sich ab Juni 2003 täglich verschlechterte. Nur drei Tage, nachdem der Erlass verkündet worden war, lieferte der erste blutige Anschlag auf US-Truppen einen Vorgeschmack dessen, was die USA erwartete. Ausgeführt wurde er mit einer »improvised explosive device« (IED), einer vorzugsweise von sunnitischen Terroristen benutzten Sprengfalle. IEDs, die zum Symbol des asymmetrischen Krieges wurden, explodierten fortan fast täglich zum Schrecken der US-Soldaten und der schiitischen Bevölkerung.

Die Berufung des Irakischen Regierungsrats

Mit der Einrichtung des Irakischen Regierungsrates (»Iraqi Governing Council«, IGC) übergab Bremer, ohne es zu ahnen, den Schiiten und Kurden die Schlüssel zur Macht. Das sah anfangs freilich nicht so aus. Denn bei seiner Ankunft in Bagdad erklärte er den in einer Siebener-Gruppe zusammengeschlossenen Führern der Exiliraker, dass er nun allein die Macht habe und ihrer Forderung nach rascher Übertragung der Macht nicht nachkommen werde. Bremer begründete das mit der mangelnden Repräsentativität ihrer Gruppe, in der es keine Vertreter der Sunniten, Christen oder Frauen gab. Daher forderte er sie auf, sich entsprechend zu erweitern. Da er wusste, dass sie es nicht tun würden, beauftragte er seine Mitarbeiter, geeignete Repräsentanten für ein 25-köpfiges Beratergremium zu finden. Dessen Aufgabe lautete, ihn bei der Erarbeitung einer neuen Verfassung und der Durchführung von Wahlen zu unterstützen. Am 13. Juli 2003 stellte Bremer den Regierungsrat der Öffentlichkeit vor. Er erfüllte drei, für Bremer wichtige pluralistische Repräsentationsprinzipien: erstens der konfessionell-ethnische Proporz (Schiiten, Sunniten, Kurden), zweitens die politische Balance zwischen Islamisten, Kurden, Säkularisten und Liberalen und drittens die Einbindung arabischer Stämme sowie der Turkmenen, Christen und Frauen. Dahinter stand Bremers Idealvorstellung, im Irak eine pluralistische Demokratie zu schaffen und die Machtübernahme autoritär-nationalistischer Kräfte oder Islamisten zu vereiteln. Allerdings setzte sich nur eines der von Bremer gewählten Prinzipien, der konfessionell-ethnische Proporz, als künftiges Leitbild der politischen Landschaft durch. Das hatte äußerst negative Folgen für den nationalen Zusammenhalt des Irak.

Der Regierungsrat bestand aus 13 Schiiten, fünf arabischen Sunniten, fünf Kurden, einem Turkmenen und einem Christen. Vertreter der Exilparteien stellten 14 Mitglieder des Regierungsrates, darunter die Kurden und die schiitischen Islamisten. Doch schon bald drängten die Exilparteien der islamistischen Schiiten und Kurden fast alle anderen Kräfte im Regierungsrat ins politische Abseits. Nur wenige Kräfte im Inland hatten das Saddam-Regime überstanden und, wenn ja, dann nur geschwächt. Die Exilparteien waren ihnen überlegen, gleichgültig ob es um politische Erfahrung, interne Organisation, Finanzquellen, politischen Rückhalt bei externen Akteuren (z. B. Iran) ging oder um eigene Medien oder Milizen.

Unfähig, einen Vorsitzenden zu bestimmen, konnten die Mitglieder des Regierungsrates gegenüber der CPA nicht mit einer Stimme sprechen. Der chronische Dissens bestärkte Bremer darin, dass ein rascher Machttransfer an den Regierungsrat zu Chaos und Bürgerkrieg führen würde, und so weigerte er sich, dem Gremium den Status einer quasi-souveränen Regierung im Wartestand einzuräumen. Der Regierungsrat

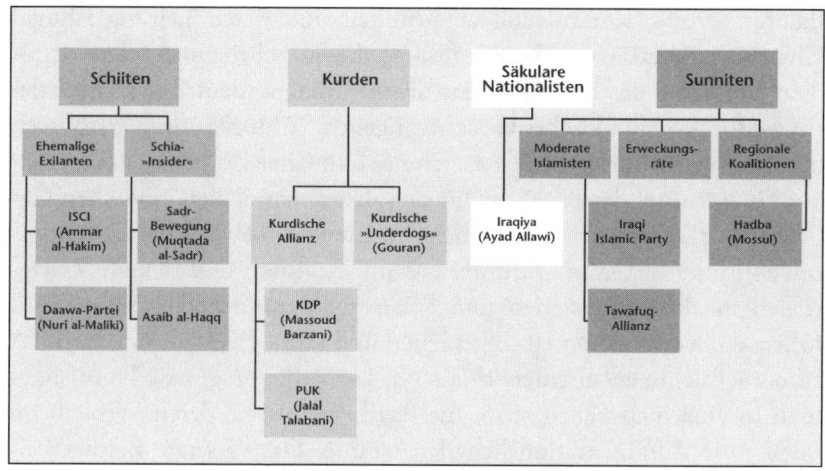

Grafik 2: Die politischen Kräfte im Irak (2003–2015)

hingegen wollte sich keineswegs mit der Rolle eines willfährigen Konsultativorgans der CPA begnügen. Doch da sie gegenüber Bremer machtlos waren, mussten seine Mitglieder nach außen gute Miene zum bösen Spiel machen. Hinter den Kulissen suchten sie jedoch die Kontrolle über staatliche Ressourcen an sich zu ziehen. Die Ent-Baathifizierung, die viele Mitglieder der Baath-Funktionärselite aus den Leitungsebenen von Staat und Verwaltung gedrängt hatte, kam ihnen dabei zugute. Die Exilparteien nutzten sie, den Staat zu infiltrieren und Patronagebeziehungen aufzubauen. Davon machten insbesondere die schiitischen Islamisten von Daawa und ISCI reichlich Gebrauch, die mit ihren festen Parteistrukturen und ihrer Organisationserfahrung gegenüber anderen Exilparteien im Vorteil waren. Daawa, ISCI und auch die nun wieder aus dem Untergrund aufgetauchte Sadr-Bewegung gingen daran, in Bagdad und in den Provinzen einflussreiche Posten zu besetzen. Erleichtert wurde ihnen dies auch dadurch, dass Bremer den Mitgliedern des Regierungsrates am 1. September 2003 mehr Kompetenzen übertrug. Fortan durften seine Mitglieder auch Ministerposten bekleiden. Deren Macht blieb anfänglich noch durch von Bremer bestellte CPA-Ministerberater mit Budgetkompetenzen und Vetorechten gegen Amtsmissbrauch eingeschränkt.

Am stärksten profitierte Chalabi vom schrittweisen Machttransfer. Der Regierungsrat einigte sich im September 2003 darauf, eine Ent-

Baathifizierungs-Kommission zu gründen und deren Leitung Ahmad Chalabi zu übertragen. Bremer billigte diesen Schritt und folgte damit dem Vorschlag des Pentagon, das darauf drängte, dem Ent-Baathifizierungsprozess ein irakisches Gesicht zu geben.[7] Autorität und Ressourcen der Kommission konzentrierten sich rasch in Chalabis Händen. Gestützt auf Finanzmittel der CPA, die für den neuen nationalen irakischen Geheimdienst vorgesehen waren, heuerte Chalabi mehrere hundert Kommissionsmitarbeiter an (darunter fast nur Schiiten) und richtete Zweigstellen in allen Ministerien und Staatsorganisationen ein. Schon bald führte die Kommission ein Eigenleben und schuf Fakten, ohne die CPA zu berücksichtigen. Bremers Erlass Nr. 1 erlaubte pragmatische Ausnahmen in einzelnen Fällen, etwa für Baathisten, ohne deren Verbleib im Dienst die Administration Schaden nähme. Das versetzte Bremer beispielsweise in die Lage, Tausende Lehrer und Universitätsmitarbeiter in den Staatsdienst zurückzuberufen.

Damit machte Chalabi, der nun seine ihm auf den Leib geschriebene Rolle als Racheengel gefunden hatte, sofort Schluss. Er setzte die Ausnahmebestimmung außer Kraft und erweiterte den Radius der strafrechtlichen Verfolgung von Baathisten. Nun nahm er auch Vertreter von Medien und NGOs sowie Parteimitglieder, die Kandidaturen bei zukünftigen Wahlen anstrebten, ins Visier von Untersuchungen. Die hierfür nötige Datengrundlage hatte er mittlerweile schon erhalten, getreu der von ihm oft befolgten Devise »Wissen ist Macht«. Chalabi war Mitte April 2003 mit hundert privaten Leibwächtern nach 45 Jahren Abwesenheit in Bagdad angekommen und hatte im Stadtteil Mansour in Westbagdad sein neues INC-Hauptquartier aufgeschlagen. Sofort ließ er seine Mitarbeiter ausschwärmen und befahl ihnen als erste Maßnahme, die Zentralen von Saddams Baath-Partei und seinen Geheimdiensten nach relevanten Dokumenten zu durchforschen. Und sie wurden fündig: Bei den Plünderungen erbeuteten Chalabis Männer 25 Tonnen interner Geheimdienstakten, genug um ein 28 mal 15 Meter großes Basketballfeld einen Meter hoch zu füllen. Ab Mai 2003 baute Chalabi in seinem INC-Hauptquartier ein kleines, gegenüber den anderen Exilparteien und den US-Streitkräften abgeschottetes Auswertungszentrum für diese Geheimakten auf, um so bei Bedarf politische Rivalen zu diskreditieren und damit zu schwächen oder auszuschalten.[8]

Als Bremer Chalabi erlaubte, die Leitung der Kommission zu übernehmen, ahnte er nicht, dass er damit den Fuchs in den Hühnerstall gelassen hatte. Spätere Versuche Bremers, diese Entscheidung rückgängig zu machen, scheiterten, weil sich ab November 2003 der Wind in Washington zu seinen Ungunsten gedreht und er an Gestaltungsmacht verloren hatte. Chalabis Säuberungen fielen nicht nur baathistische Militärs und Parteikader zum Opfer, sondern auch Lehrer, Ärzte, Krankenschwestern, Techniker und viele andere. Die Parteien der Schiiten instrumentalisierten die Ent-Baathifizierungs-Kommission, um politisch Missliebige oder sunnitische Rivalen insbesondere bei Wahlen auszuschalten und ihre eigene Machtposition zu sichern. Chalabi beherrscht die Ent-Baathifizierungs-Kommission bis heute.[9] Unter ihm verwandelte sie sich in ein Inquisitionsgericht, das er und andere Schiitenführer zu politischer Hexenjagd nutzen. Es wurde eines der größten Hindernisse für die nationale Versöhnung im Irak. Die Kommission stiftete seit dem Tag ihrer Gründung sozialen Unfrieden, entfremdete unzählige, anfänglich kooperations- und integrationswillige Sunniten dem neuen Staat und trieb sie in die Arme der Aufständischen.

Der Aufstand und der Abu-Ghraib-Skandal

Waren die ersten drei Monate nach der US-Invasion vorwiegend von Verwaltungschaos und Plünderungen bestimmt, änderte sich dies seit Ende Juli 2003 schlagartig. Drei gewaltige Bombenanschläge mit Sprengstoffwagen im August kündigten eine neue Phase der US-Okkupation an, die von immer heftigerer Gewalt gegen Zivilisten und einem organisierten Aufstand gegen die US-Besatzungstruppen gekennzeichnet war. Der erste Anschlag richtete sich am 7. August gegen die jordanische Botschaft in Bagdad und forderte elf Tote. Der zweite Anschlag geschah am 19. August, als ein Selbstmordattentäter am Steuer eines mit einer Tonne Sprengstoff beladenen Lastwagens in das Hauptgebäude des außerhalb der »Green Zone« in Ostbagdad gelegenen Hauptquartiers der UNO-Sondermission im Irak (UNAMI) raste. Bei der Explosion, die einen Großteil des Hauptgebäudes zertrümmerte, starben 22 Menschen, 150 wurden teilweise schwer verletzt. Unter den Toten, die man aus dem

Trümmerschutt zog, waren auch der brasilianische UNAMI-Chef Sergio Viera de Mello sowie fast alle Abteilungsleiter und Führungskräfte der Mission. Wenige Tage später beschloss UNO-Generalsekretär Kofi Annan, alle 600 verbliebenen internationalen Mitarbeiter von UNAMI und anderen UNO-Organisationen zu evakuieren. Der demoralisierte UNAMI-Mitarbeiterstab reorganisierte sich auf UNO-Basen in Zypern. Der Bombenanschlag auf UNAMI gilt als der bis heute schlimmste Angriff auf eine UNO-Einrichtung und traumatisierte die Vereinten Nationen als Ganzes. Erst im Dezember 2004 beorderte das UNO-Hauptquartier die nun neu aufgestellte UNAMI zurück nach Bagdad. Dieses Mal allerdings schlug UNAMI ihr Hauptquartier in der festungsartig ausgebauten »Green Zone« auf. Dort garantierte die US-Militärpräsenz einen gewissen Schutz gegen Autobombenanschläge und Entführungen, nicht jedoch gegen die fast täglich auf die »Green Zone« abgeschossenen Mörsergranaten und Raketen. Kurze Zeit nach dem Anschlag auf UNAMI hatte eine lokale irakische Zweigorganisation Al-Qaidas, die Vorläuferorganisation des späteren »Islamischen Staates«, die Verantwortung dafür übernommen.

Der dritte Anschlag folgte am 29. August 2003 am Imam Ali-Schrein in Nadschaf. Er zielte auf Mohammad Baqir al-Hakim, den mächtigen Führer des pro-iranischen ISCI. Beim Verlassen des Schreins explodierte eine Autobombe und riss al-Hakim und 94 weitere Personen in den Tod. Der Hauptverdacht richtete sich sofort auf sunnitische, mit der Terrororganisation Al-Qaida verbundene Dschihadisten.

Die drei Bombenanschläge auf prominente Ziele zeigten, wie prekär die Sicherheitslage im Irak geworden war. Abzulesen war dies unter anderem an der steigenden Zahl von Attacken auf US-geführte Koalitionsstreitkräfte und Sabotageakten gegen Einrichtungen der Grundversorgung sowie Ölpipelines und die Infrastruktur. Bis zum Spätsommer 2003 hatten die führenden US-Militärs und Washingtons Spitzenpolitiker, allen voran Verteidigungsminister Rumsfeld, noch hartnäckig bestritten, dass die USA mit einem organisierten Aufstand konfrontiert waren. Doch spätestens ab Oktober 2003 war angesichts der erdrückenden Beweislast gegenteiliger Berichte des CIA und der Armeenachrichtendienste jedes Leugnen sinnlos geworden. Die US-Streitkräfte waren im Irak in einen Guerilla-Krieg verwickelt, in dem zahlreiche kleine Rebellengruppen vor allem Taktiken der asymmetrischen Kriegführung anwendeten. Standen die Amerikaner anfänglich noch hauptsächlich losen Gruppen versprengter oder in den Untergrund abgetauchter sunnitischer Baathisten gegenüber, kamen bald neue Gruppen hinzu. Dazu gehörten entlassene und verbitterte Armeeoffiziere, sunnitische Stämme, radikalisierte irakische sunnitische Salafisten, ultra-extreme sunnitische Dschihadisten aus anderen Teilen der arabischen Welt, aber auch militante schiitische Islamisten aus der Mahdi-Armee. Die Sicherheitslage verbesserte sich auch dann nicht, als US-Soldaten Saddam Hussein am 15. Dezember 2003 in einem kleinen Dorf nahe seiner Heimatstadt Tikrit in einem Versteck aufspürten. Er hatte zu diesem Zeitpunkt bereits keinen Einfluss mehr auf den Gang der Dinge.

Ab Oktober 2003 verschlechterte sich die Sicherheitslage weiter. Wie schlecht die US-Truppen die Lage im Griff hatten, zeigt der Aufsehen erregende Raketenanschlag, den Aufständische am 26. Oktober auf das Bagdader Al-Rashid-Hotel in der »Green Zone« verübten. Dabei entkam der im Hotel weilende US-Vizeverteidigungsminister Paul Wolfowitz nur knapp dem Tod. Die US-Truppen waren auf eine Guerilla-Kriegführung nicht vorbereitet. Bei ihren häufigen Razzien in Wohngebieten gingen sie mit großer Brutalität und wenig Fingerspitzengefühl vor. Türen eintretende US-Soldaten verängstigten Frauen und Kinder, entehrten die Männer und stellten sie bloß. Das trieb dem Aufstand mehr und mehr Freiwillige zu. Die Internierungslager und Militärgefängnisse der US-Truppen füllten sich ab Herbst 2003 mit Zehntausenden sunnitscher und schiitischer Terrorverdächtiger. Gleichzeitig kamen die CPA-Ausbildungsprogramme für die neuen irakischen Polizeikräfte und die Armee nur schleppend voran. Das Polizeiausbildungstraining war qualitativ unzureichend. Zudem strömten in die neu aufgestellten Polizeieinheiten zumeist Angehörige schiitischer Milizen, die Sunniten willkürlich entführten und folterten. Ebenso desaströs verlief der Aufbau der neuen Armee, die bis Sommer 2004 eine Stärke von nur wenigen tausend Mann erreicht hatte. Schlecht ausgebildet, wenig motiviert und oft von wenig kompetenten Offizieren geführt, war die Kampfmoral der Soldaten gering. Als im April 2004 salafistische Aufständische die westirakische Stadt Falluja eroberten, wurden Einheiten der neuen Armee zum ersten Mal einem Härtetest unterzogen: Ein Drittel der Soldaten verweigerte den Kampf oder desertierte. Daraufhin stellten die US-Militärs eine lokale sunnitische Stammesmiliz auf, um die Stadt zu erobern, was ihr auch mit

US-Militärhilfe gelang. Doch blieb die Sicherheitslage prekär. Das irakische Armeedebakel in Falluja war ein schwerer Rückschlag für die US-
Militärs, die bald alle Wiederaufbauprojekte in der Region einstellten.

Der Abu-Ghraib-Skandal

Am 28. April 2004 veröffentlichte das TV-Politikmagazin *60 Minutes*
schockierende Fotos aus dem berüchtigten Bagdader Gefängnis Abu
Ghraib. Sie sorgten weltweit für Entsetzen und entfalteten eine Wirkung, die bis heute, 2015, anhält. Immer noch können dschihadistische
Anwerber mit diesen Fotos muslimische Sympathisanten im Westen für
den Dschihad gewinnen. Die Fotos zeigten irakische Insassen, die vom
Wachpersonal misshandelt, vergewaltigt und gefoltert wurden, manche
bis zum Tod. Der Missbrauch war symptomatisch und wurzelte in den
allgemeinen Haft- und Verhörbedingungen, die in Abu Ghraib und über
einem Dutzend anderer US-Militärgefängnisse im Irak herrschten. Dort
standen viel zu wenige Wärter, darunter fast nur Reservisten und kaum
ausgebildete Militärpolizisten, viel zu vielen Insassen gegenüber. Zudem
wussten die wenigsten Wärter etwas von den Inhalten der Genfer Konvention. Ihre Aufgabe bestand nicht nur aus der Bewachung der Insassen.
Es galt auch aus den potentiellen Terroristen durch Druck und Folter Informationen herauszupressen, eine Aufgabe, für die sie von Verhörspezialisten des Militärgeheimdienstes, die auch in Guantanamo tätig waren,
geschult wurden.

Medienpolitisch war der Abu Ghraib-Skandal ein Desaster für die
USA: stand er doch im krassen Gegensatz zu Bushs hehrer Rhetorik von
Freiheit und Menschenrechten, also jenen Prinzipien, die er als Begründung für die Irak-Invasion stets im Munde führte. Das Ansehen der USA
in der Welt sank dadurch beträchtlich, vor allem in der arabischen Welt.
Präsident Bush war durch Rumsfeld von den Missständen nicht unterrichtet worden. Bush erfuhr angeblich erst durch das Fernsehen davon,
zeigte sich entrüstet und verurteilte die Vorgänge. Das Pentagon wusste
jedoch bereits seit Januar 2004 Bescheid und hatte interne Ermittlungen
eingeleitet. Auf Weisung Bushs übernahm Rumsfeld öffentlich die Verantwortung für die Ereignisse und bot seinen Rücktritt an, den der Präsident jedoch ablehnte. In den folgenden Monaten wurde ein Dutzend

Soldaten für den Gefangenenmissbrauch zu Haftstrafen verurteilt, die höherrangigen Offiziere erhielten zumeist geringere Strafen, viele wurden nur gerügt oder im Rang zurückgestuft. Nicht belangt wurden dagegen die Verhörspezialisten des Militärgeheimdienstes.

Obwohl die schlimmsten Exzesse in den Gefängnissen danach abgestellt wurden, änderte sich in den folgenden Jahren nichts Wesentliches an den robusten Verhörmethoden. Denn diese standen ja völlig im Einklang mit Bushs Krieg gegen den islamischen Terrorismus als Antwort auf den 11. September. In einem Erlass vom 7. Februar 2002 hatte Bush Gefangene im »Krieg gegen den Terror« explizit von der 3. Genfer Konvention ausgenommen und das Justizministerium angewiesen, Folter neu zu definieren. In der Folge wurden solchen »gesetzlosen« Kämpfern in Militärtribunalen – und nicht vor ordentlichen zivilen Bundesgerichten – der Prozess gemacht. Dass solche Praktiken im Terrorkrieg der USA deren moralische Glaubwürdigkeit untergraben und kontraproduktiv wirken würden, kritisierten sogar Pentagon-Militärs. Einer von ihnen, General Sanchez, der von 2003 bis 2004 Befehlshaber im Irak war, schrieb 2008 in seinen Memoiren: »[…] die Bush-Richtlinie und die Militärmemoranden, die die Genfer Konventionen aufhoben, hatten die Höllenhunde von der Leine gelassen. Und niemand schien den moralischen Mut zu haben, die Tiere zurück in ihren Käfig zu bringen.«[10]

Ungewollt hatten die USA den Aufständischen mit dem Abu Ghraib-Skandal einen Propagandacoup in die Hände gespielt, der ihnen half, zahlreiche neue Kämpfer zu rekrutieren. Bis zum Ende der US-Besatzung im Irak machten die unmenschlichen Bedingungen in den Militärgefängnissen diese zu Brutstätten und Schulen dschihadistischer Terrorgruppen. Sie fanden dort ideale Voraussetzungen, neue Anhänger zu rekrutieren, sich zu organisieren, zu vernetzen und ihre Propaganda zu verbreiten. Der aktuelle Anführer des »Islamischen Staats«, Abu Bakr al-Baghdadi, war selbst Ende 2004 für einige Monate im US-Militärgefängnis Camp Bucca im Südirak inhaftiert.

Reformen in Wirtschaft und Medien

Bremer sah sich großen Problemen in der irakischen Wirtschafts- und Infrastruktur gegenüber. Diese resultierten aus Saddams sozialistischer Planwirtschaft, die nach drei Kriegen und zwölf Jahren UNO-Embargo marode und nur durch die Öleinnahmen vor dem Kollaps gerettet worden war. Die von Bremer beauftragten Fachleute der CPA versuchten der Probleme Herr zu werden, indem sie die Wirtschaft in einer Art liberaler Schocktherapie zu transformieren suchten. Im September 2003 erließ Bremer mehrere Verordnungen, die die irakische Wirtschaftspolitik gründlich veränderten. Er versuchte alle staatlichen Betriebe innerhalb kürzester Zeit, zum Teil zu niedrigen Preisen, zu privatisieren. Gleichzeitig erlaubte er ausländischen Firmen, volle Eigentumsrechte an irakischen Betrieben zu erwerben, und darüber hinaus die volle Repatriierung der Gewinne. Allerdings geriet die Privatisierung noch vor ihrem Beginn ins Stocken. Die meisten Staatsbetriebe waren so veraltet, von Vetternwirtschaft geprägt und hatten zu viel Personal, dass die CPA weder Käufer fand, noch genügend Kapital zur Modernisierung der Betriebe hatte. Das von Bremer angekündigte Ende der Subventionen von Benzin, Strom und Nahrungsmitteln blieb eine Ankündigung ohne Folgen. Die Subventionen für Benzin führten zu einem lukrativen Schmuggel irakischen Öls ins Ausland und damit wiederum zu Benzinknappheit im Inland. Doch ein Wegfall der Subventionen hätte Millionen armer, verzweifelter Iraker in die offene Revolte getrieben, was die USA nicht riskieren konnten.

Durchsetzen konnte Bremer lediglich die Reduzierung der Steuern, die die allermeisten Iraker bis dahin ohnehin nicht zahlten, und die Abschaffung der Einfuhrzölle. Letzteres erwies sich insofern als kontraproduktiv, als der irakische Markt mit billigen ausländischen Produkten vor allem aus dem Iran überschwemmt wurde. Mit dem Importboom strömten neue Küchen-, Kühl- und Kommunikationsgeräte ins Land, die den Stromverbrauch erhöhten (und das bei einem ohnehin schon überlasteten Energienetz). Seit 2003 und bis heute wird ein normaler Haushalt in Bagdad (»red zone«) nur etwa zehn bis zwölf Stunden lang pro Tag mit Strom versorgt, in den südlichen Provinzen zumeist deutlich kürzer. Bremer intervenierte jedoch nicht im Öl- und Gassektor, den er als zu sensibel erkannte und dessen Reform er einer künftigen irakischen Regierung überließ.

Fast allerorts führten die schlecht durchdachten, ideologisch motivierten und oft aktionistischen Wirtschaftsmaßnahmen der CPA, die die Komplexität der Probleme unterschätzte, nicht zum Erfolg. Eher war das Gegenteil der Fall: In den meisten Bereichen untergruben sie das Vertrauen der Bevölkerung in die US-Okkupationsbehörde und deren Wirtschaftspolitik – so auch bei der Arbeitsmarktpolitik, dem drängendsten Problem der CPA. Zwar legte Bremer ab Januar 2004 Beschäftigungsprogramme für 100.000 Iraker auf, doch brachten sie keine befriedigende Senkung der Arbeitslosigkeit mit sich, da die Beschäftigungsdauer in der Regel zu kurz war. Sie änderten nichts an der strategischen Ausrichtung der amerikanischen Wiederaufbaustrategie im Irak. Diese war auf große Serviceaufträge, Sicherheitsdienste und große Infrastrukturprojekte für US-Unternehmen ausgerichtet, die das Pentagon oft freihändig vergab. Während irakische Subunternehmer und ihre Arbeiter von lukrativen Aufträgen häufig ausgeschlossen blieben, strichen große US-Unternehmen hohe Gewinne ein. Beteiligt waren zum Beispiel der Baukonzern Bechtel, aber auch Halliburton, dessen CEO bis Ende 2000 Vizepräsident Dick Cheney war. In Bremers Amtszeit flossen allein 1,6 Milliarden US-Dollar der ihm zur Verfügung stehenden 20 Milliarden US-Dollar aus eingefrorenen Staatsfonds des Irak an Halliburton für Lieferungen von Benzin aus Kuwait. US-Großunternehmen erwirtschafteten Milliardengewinne, während die irakische Wirtschaft allenfalls bedingten Nutzen daraus zog und die militärischen und zivilen Operationen den US-Steuerzahler hohe Summen kosteten.[11]

Die neue Medienfreiheit – ein zweischneidiges Schwert

Mit dem CPA-Erlass vom 23. Mai 2003, der das Informationsministerium abschaffte, ermöglichte Bremer zum ersten Mal seit 1958 eine freie Presse im Irak. Binnen weniger Monate schossen Dutzende von Zeitungen und Magazinen wie Pilze aus dem Boden, allein bis Juni 2003 fast 50. Der Zugang zum Internet wurde ermöglicht. Bis zum Sommer zählte Bagdad über 30 Internet-Cafés, die über Service-Provider in Kurdistan arbeiteten. Das Blogging wurde in kurzer Zeit ein rasch wachsender Sektor. Viele private Nachrichtensender wurden in rascher Folge gegründet. Die Deregulierung der Medien und die neue Pressefreiheit vergrößerten die Meinungsfreiheit im Irak enorm.

Allerdings hatte dies auch Schattenseiten. Zahlreiche neue Zeitungen und Fernsehkanäle wurden direkt oder durch Strohmänner von politischen Parteien und Organisationen finanziert. Dementsprechend einseitig waren sie auch in ihrer Berichterstattung, die sich allein nach der jeweiligen ideologischen oder konfessionellen Orientierung ihrer Finanziers oder Betreiber ausrichtete. Das führte rasch zu scharfen Kontroversen zwischen einigen dieser Blätter oder Sender mit der CPA, die als illegitime Okkupationsmacht verteufelt wurde, oder auch untereinander.[12] Bremer versäumte es, eine strafbewehrte Medienordnung zu entwickeln, die den Missbrauch der Meinungsfreiheit, etwa in Form tendenziöser Berichterstattung oder der Aufstachelung zu Gewalt oder Konfessionshader, wirkungsvoll verhindern konnte. Bremers Maßnahmen zum Aufbau starker privater oder öffentlicher Medieninstitutionen, die eine ausgewogene, demokratische und dem Gemeinwohl der Nation als Ganzer verpflichtete Medienarbeit betreiben sollten, hatten keinen Erfolg. Stattdessen nahm die scharfe Polarisierung der Medien rasch zu. In den folgenden Jahren wurden die TV-Sender und Zeitungen, die von den schiitischen und sunnitischen Parteien betrieben wurden, zu Brandbeschleunigern in den Konflikten zwischen Schiiten und Sunniten, die letztlich zum Bürgerkrieg von 2006 führten.

Der revidierte Fahrplan für die Demokratisierung

Bremer versuchte im Irak den neokonservativen Traum einer Demokratie, die über den Irak hinaus in die Region ausstrahlen sollte, zu verwirklichen. Für den Aufbau der Demokratie hatte Bremer einen mehrstufigen Plan entworfen, der unter der Kontrolle der USA ein längeres traditionelles *nation building* vorsah und zeitlich bis 2006 gestreckt war. Bremer plante, die Rechte des irakischen Regierungsrates schrittweise zu stärken. Die CPA würde 2004 indirekte Wahlen auf lokaler Ebene nach Art der amerikanischen *Caucus*-Wahlen abhalten, um aus den Reihen der gewählten Ratsmitglieder eine Verfassungsversammlung zu bilden. Nach der Ausarbeitung eines Verfassungsentwurfs sollte dieser in einem vom Regierungsrat organisierten Referendum angenommen werden. Im Anschluss daran war die Abhaltung direkter Wahlen vorgesehen, aus denen dann die erste frei gewählte demokratische Regierung hervorgehen sollte, der Bremer die Macht 2006 übertragen wollte. Bremer war allerdings dagegen, sofort direkte Wahlen abzuhalten. Er fürchtete, dass anti-demokratische Kräfte, insbesondere schiitische Islamisten der Sadr-Bewegung oder der Exilparteien, die größten Nutznießer sein könnten. Allerdings hatte Bremer seine Rechnung ohne den Wirt gemacht. Großayatollah Hussein Ali al-Sistani aus Nadschaf rügte die CPA ob ihrer undemokratischen Vorgehensweise scharf und gab damit seine politisch passive Haltung auf. Er erließ am 1. Juli 2003 eine *fatwa*, in der er ultimativ sofortige direkte Wahlen für eine Verfassungsversammlung nach dem Muster »ein Mann, eine Stimme« forderte und indirekte Wahlen ablehnte. Bremer verkannte anfangs das politische Gewicht Sistanis und nahm dessen *fatwa* nicht ernst. Doch schon bald musste er einsehen, dass seine *fatwa* ihre Wirkung nicht verfehlte und die schiitischen Mitglieder des Regierungsrates sich weigerten, ihr zu widersprechen. Sistanis Veto zwang Bremer zum Einlenken und veranlasste ihn, den Fahrplan für den demokratischen Machttransfer gründlich zu überarbeiten.

Doch war es letztlich die Bush-Administration in Washington, die Bremers ehrgeiziger Transformationspolitik den Todesstoß versetzte. Heraufbeschworen hatte dieses Verhängnis Bremer selbst, als er im September 2003 in einem langen Artikel in der *Washington Post* seinen auf über zwei Jahre skizzierten Demokratisierungsplan öffentlich machte. Damit hatte er den Bogen überspannt. Die meisten Mitglieder des Nationalen Sicherheitsrats der USA einschließlich Bush selbst waren von Bremers Ankündigung überrascht, da er sie zuvor in die Details nicht eingeweiht hatte. Ihnen erschien der skizzierte Zeitrahmen viel zu lang. Das lag vor allem daran, dass Bushs politische Gesamtagenda ab Herbst 2003 mehr vom Imperativ der Innenpolitik bestimmt wurde. Ein Jahr vor den Präsidentschaftswahlen im November 2004 fürchtete Bush, auf dem Feld der Außenpolitik nicht genug Erfolge vorweisen zu können, um seine Wiederwahl zu sichern.

Diese Furcht war nicht aus der Luft gegriffen. Die im April 2003 gestartete fieberhafte Suche nach den Massenvernichtungswaffen Saddams, die ja der angebliche Hauptgrund der USA für den Einmarsch in den

Irak waren, hatte trotz des Einsatzes von mehr als 2.000 Agenten der US-Nachrichtendienste, die jeden Stein im Irak umdrehten, nichts erbracht. Ebenso erfolglos war die Suche nach Beweisen für die vermeintliche Kooperation zwischen Saddam und Al-Qaida in den Kommandozentralen und Archiven des Saddam-Regimes. Das Fazit hieß: Die Bush-Administration hatte einer Chimäre nachgejagt. Ende 2003 war die Argumentation der Bush-Administration, mit der sie die US-Invasion rechtfertigte, wie ein Kartenhaus in sich zusammengebrochen. Bushs Glaubwürdigkeit und sein Ansehen in der US-Bevölkerung sanken auf einen absoluten Tiefstand. Er sah sich harter Kritik ausgesetzt, die USA in einen illegitimen Krieg geführt zu haben. Je mehr sich Bushs ursprüngliche Kriegsgründe als Fehlannahmen und Lügen entpuppten, desto dringender suchte der Präsident nach neuen Rechtfertigungen seines Kriegsabenteuers. Das schien unumgänglich, zumal der amerikanischen Öffentlichkeit nicht entging, wie der Irak-Krieg von den USA immer mehr Kriegsopfer forderte und ihnen immer höhere finanzielle Lasten aufbürdete. Innenpolitisch unter Druck geraten und bemüht, von seinem Versagen abzulenken, stellte Bush die Medienkampagne des Weißen Hauses für die Begründung des Irak-Engagements ab Herbst 2003 auf ein vollkommen anderes Gleis. Das Zauberwort hieß nun Demokratisierung. Bush und seine Mediensprecher erklärten den Irak zum Hauptfrontabschnitt in einem epochalen Krieg, bei dem die USA als globaler Garant von Ordnung und Zivilisation gegen die gestürzte Diktatur und islamische Terroristen stünde. Im Nahen Osten könne der Teufelskreis von innenpolitischer Stagnation, Repression und dem Export von Gewalt erst durchbrochen werden, wenn Freiheit und Demokratie im Irak verankert seien. Und erst dann sei die Sicherheit für die Nahostregion und die USA dauerhaft gewährleistet.

Da Bush das Wasser innenpolitisch bis zum Halse stand, setzte er ab Oktober 2003 alles daran, der amerikanischen Öffentlichkeit regelmäßige Erfolgsmeldungen über Fortschritte bei der Demokratisierung des Irak zu »verkaufen«. Bis dahin waren Bush und der Nationale Sicherheitsrat gewillt, der Urteilskraft Bremers als kompetenten Sachverständigen im Irak zu vertrauen und ihn an der langen Leine gewähren zu lassen. Doch Bremers Konzept eines langwierigen Übergangsprozesses war angesichts der näher rückenden Präsidentschaftswahl bald nicht mehr opportun. Auf Vorschlag von seiner Beraterin Rice legte Bush daher die

Koordination der Irak-Politik wieder in die Hände des Nationalen Sicherheitsrates, in dem ein neues, von Rice beaufsichtigtes Koordinations-
komitee Bremers Kompetenzen drastisch beschnitt. Als Bremer Anfang
November 2003 zu Besprechungen nach Washington gerufen wurde,
waren die Würfel bereits gefallen. Bremer musste akzeptieren, dass sein
Fahrplan für den demokratischen Umbau des Irak fortan den Notwen-
digkeiten von Bushs Wahlkampf zu gehorchen hatte. Am 11. November
2003 beschloss das Kabinett in seltener Einmütigkeit, die Souveränität
zum 30. Juni 2004 einer irakischen Interimsregierung zu übertragen. Der
neue Plan legte fest, dass die CPA zusammen mit dem irakischen Regierungsrat eine Übergangsverfassung (»Transitional Administration Law«,
TAL) ausarbeiten sollte. Zudem sollte bis Ende Mai 2004 durch indirekte Wahlen in den Provinzen ein Übergangsparlament gebildet werden.
Die Kabinettsentscheidung vom November 2003 beendete unwiderruf-
lich Washingtons Experiment eines *nation building* im Irak.

Doch selbst der beschleunigte Fahrplan geriet durch den erneuten
Widerspruch Sistanis durcheinander. Ende November 2003 erklärte Sistani in einer zweiten *fatwa* abermals, die Souveränität des irakischen Volk
dürfe nicht beschnitten werden, daher seien nur direkte Wahlen zuläs-
sig. Sistanis Veto war nicht zu ignorieren, zumal die meisten Schiiten
im irakischen Regierungsrat hinter Sistani standen. Anfang Januar 2004
demonstrierten Zehntausende Anhänger Sistanis in Bagdad und Basra
für freie, demokratische Wahlen. Die Fernsehbilder der Demonstrationen gingen um die ganze Welt und beschädigten Bushs neues Image als
Chefarchitekt der Demokratie im Irak. Sistanis Blockade löste bei der
CPA und in Washington Kopfzerbrechen aus, vor allem auch deshalb,
weil Sistani sich weigerte, direkte Kontakte und Verhandlungen zu Amerikanern oder Briten aufzunehmen, um jeden Verdacht einer geheimen
Kooperation mit den Besatzungsmächten abzuwehren. Auf der Suche
nach Lösungen griffen die USA auf die Hilfsdienste der UNO zurück.
Kofi Annan ernannte den erfahrenen UNO-Spitzendiplomaten Lakhdar
Brahimi, den früheren algerischen Außenminister, zu seinem Irak-Son-
deremissär. Brahimi verhandelte im Februar 2004 im Auftrag der USA
mit Sistani in Nadschaf. Beide kamen überein, die Abhaltung indirekter
Wahlen beeinträchtige die Legitimität des gesamten Demokratieprojek-
tes. Hingegen konnten sich beide beim Thema freier und direkter Wahlen nicht einigen. Anders als Sistani hielt Brahimi es aus Zeitmangel für

unmöglich, freie und direkte Wahlen vor der Übertragung der Macht an die Interimsregierung abzuhalten, ein starkes Argument, das Sistani beeindruckte. Brahimi schlug mit Sistanis Billigung vor, eine Interimsregierung aus unpolitischen, parteiunabhängigen, säkularen Technokraten zusammenzustellen, die für eine Übergangsphase bis Januar 2005 das Land verwalten sollten. Wahlen für eine Verfassungsversammlung sollten, so Brahimi, dann im Januar 2005 abgehalten werden, gefolgt von den ersten regulären freien Wahlen für eine irakische Legislative im Dezember 2005. Nach kurzer Bedenkzeit akzeptierte Sistani schließlich Brahimis Zeitplan.

Allerdings stießen Brahimi und die CPA bei ihrer Suche nach geeigneten Kandidaten für die Ministerämter der neuen Regierung und vor allem für das Amt des Premierministers auf große Schwierigkeiten. Mangels geeigneter Kandidaten verschwand der Plan einer unpolitischen Technokratenregierung rasch in der Versenkung. Stattdessen musste man auf die Mitglieder des Irakischen Regierungsrates zurückgreifen, in deren Reihen sich vor allem Ahmad Chalabi, der Favorit der Neokonservativen, Hoffnungen auf das Amt des Ministerpräsidenten machte. Doch Chalabi hoffte vergeblich: Sein Einfluss in Washington war mittlerweile geschwunden. Und auch im Irak war ihm in CPA-Chef Bremer ein ernstzunehmender Gegner erwachsen. Bremer und andere Akteure im US-Sicherheitsrat sahen in Chalabi eine Gefahr für den von den USA kontrollierten Machttransfer. Chalabis riskantes Doppelspiel zwischen den USA und dem Iran lieferte ihnen die willkommene Handhabe, ihn auszuschalten. Anfang Mai 2004 warfen die CIA und NSA Chalabi vor, sein engster Mitarbeiter, der irakische Kurde Aras Habib Karam, habe mit Chalabis Einverständnis den Iranern verraten, dass die USA den iranischen Verschlüsselungscode für ihre elektronischen Nachrichtenverbindungen weltweit (einschließlich der zwischen Bagdad und Teheran) entschlüsselt hatten. Mit diesem Geheimnisverrat gefährdete Chalabi sensible Pläne und Operationen der USA im Irak.[13] Washington wies daraufhin das FBI an, gegen Chalabi zu ermitteln. Am 20. Mai 2004 stürmten US-Truppen Chalabis INC-Hauptquartier und sein Wohnhaus, um belastende Materialien zu beschlagnahmen. Binnen weniger Tage fiel Chalabi in Ungnade. Auf Bushs Geheiß stellte das Pentagon die US-Finanzhilfe an ihn und den INC ein. Seine neokonservativen Förderer in der Bush-Administration ließen ihn fallen wie eine heiße Kartoffel und distanzierten sich öffentlich von ihm. Chalabi erholte sich von diesem Schlag nicht mehr und spielte auf der politischen Bühne des Irak fortan nur noch eine marginale (und obendrein destruktive) Nebenrolle, nämlich die des informellen Leiters der Ent-Baathifizierungs-Kommission.

Chalabis Leid war die Freud eines anderen: Allawi, sein alter Erzrivale, stieg nun zum Favoriten Brahimis und der Amerikaner auf. Ernüchtert von den Erfahrungen mit den Führern der schiitischen Islamisten, versprach sich Präsident Bush von Allawi noch am ehesten Dankbarkeit für die Militärintervention und künftiges Entgegenkommen gegenüber der Irak-Politik der USA. Nachdem Sistani seine Zustimmung erteilt hatte, erhob Brahimi Allawi zum Premierminister und vergab nach Absprache mit Allawi und Bremer die übrigen Ministerposten an Mitglieder des Regierungsrates. Dabei erhielten pro-amerikanische säkular-nationale Parteigänger Allawis die meisten und wichtigsten Ämter. Das verbuchte die Bush-Administration als Erfolg und machte sich ab Mai 2004 zum ersten Mal seit der Invasion berechtigte Hoffnungen, den Irak stabilisieren und die Demokratie dauerhaft verankern zu können. Doch mangelte es nicht an Warnungen des Bremer-Teams der in ihrer Bedeutung schwindenden CPA. Sie verwiesen Washington auf das Wahlrecht, das Bestandteil der Übergangsverfassung (der TAL) war, das die CPA zusammen mit dem irakischen Regierungsrat und der UNO im März 2004 ausgearbeitet hatten. Aufgrund mangelnder Zensusdaten sah dieses Wahlrecht vor, dass der Irak als ein einziger landesweiter Wahlbezirk gelten sollte. Das barg Gefahren für den politischen Prozess, weil dadurch die gut organisierten, finanzstarken und mit eigenen Zeitungen und Fernsehkanälen ausgestatteten Exilparteien und besonders die schiitischen Islamisten deutliche Vorteile genießen würden. Hingegen hätten unabhängige Einzelkandidaten und kleinere Parteien keine Chance, landesweite Erfolge zu erringen. Die Einwände der CPA lösten im US-Sicherheitsrat Überlegungen aus, die Machtübergabe zu verschieben. Doch hatten sich die USA bereits selbst unter Zugzwang gesetzt. Denn sie hatten mit ihrer medialen Demokratiekampagne im Irak und darüber hinaus zu hohe Erwartungen geweckt, als dass sie es riskieren konnten, den Machttransfer aufzuschieben. Nichts weniger als die Glaubwürdigkeit der USA stand auf dem Spiel. Präsident Bush entschied, am Zeitplan für die Machtübergabe festzuhalten. Nach der Devise »Augen zu und durch« setzten die USA diesen Plan bis Dezember 2005 unbeirrt und konsequent um.

Zwischen Quietisten und Islamisten: Iraks Schiiten

Spätestens ab Anfang 2004 war allen Akteuren der Bush-Administration klar geworden, dass die Schiiten der entscheidende politische Faktor für die Zukunft des Irak sein würden. Unter den Schiiten kristallisierte sich Großayatollah Ali al-Sistani nach 2003 als wichtigstes Gravitationszentrum der Macht heraus. Sistani, geboren 1930 in Mashhad, der Hauptstadt der iranischen Provinz Khorasan, lebt seit 1952 in Nadschaf.[14] Er entstammt einer alten iranischen Theologenfamilie mit regionalen Wurzeln in Khorasan und Sistan. In Nadschaf stieg Sistani zum Meisterschüler des Großayatollahs al-Khoei auf, der bis zu seinem Tode (1992) der führende Schia-Kleriker des Irak war. Nach al-Khoeis Tod wetteiferten Sistani und Sadiq al-Sadr um die Führung der Schia des Irak, ein Ringen, das 1999 mit der Ermordung Sadiq al-Sadrs (des »Weißen Löwen«) durch Saddam Hussein ein Ende fand. Seit dem Tod seines Rivalen ist Sistani, den das Baath-Regime von 1994 bis 2003 unter Hausarrest gestellt hatte, der unangefochtene religiöse Führer der irakischen Schiiten.

Als Nachfolger al-Khoeis ist Sistani auch religiöser Patron der Khoei-Stiftung und treuhänderischer Empfänger religiöser Spenden der weltweiten Glaubensgemeinschaft der Schia, zu der sich zwischen 150 und 200 Millionen Muslime bekennen. Von diesen sollen, so die Angaben der Imam al-Khoei-Stiftung in London, 40 Prozent Anhänger Sistanis sein, an den sie direkt – oder den von ihm autorisierten Bevollmächtigten – ihre religiösen Abgaben entrichten.[15] Einigen Berichten zufolge erkennen die meisten Schiiten sowohl des Irak als auch des Iran Sistani als religiösen Führer an.

Als *Primus inter pares* steht al-Sistani in der *hauza* von Nadschaf einem locker organisierten Führungskollegium von vier quietistischen Großayatollahs vor, dem außer ihm Ishaq al-Fayaz, Bashir al-Najafi und Said al-Hakim angehören. Sie bilden die *mardschaiya*, die von Sistani repräsentierte religiöse Führung der Schiiten des Irak. Das Nadschafer Büro Sistanis besteht aus mehreren Abteilungen. Es gilt vielen irakischen Schiiten als inoffizielle Regierungszentrale. So gibt es jeweils eine Abteilung für Rechtsgutachten, für Monatssaläre von Theologiestudenten und von ihm eingesetzte Freitagsimame, für die Organisation des *hajj* und die Betreuung der Pilger, eine Abteilung für die Entsendung und Beaufsichtigung von Predigern und *khums*-Kollektoren und für den Schriftenvertrieb. Dazu existieren im Irak, im Iran und im Libanon zahlreiche von Sistani finanzierte und von seinen Bevollmächtigten verwaltete Hospitäler, Kliniken, Studentenwohnheime, Bibliotheken, Forschungszentren, Schulen und Flüchtlingszentren.[16] Sistani war von 2003 bis zur Gegenwart wegen seines theologischen Status, seiner transnationalen schiitischen Anhängerschaft und seiner Verfügungsgewalt über große Finanzquellen ein entscheidender Machtfaktor im Irak. Sistanis Führerschaft erkannten auch Daawa und ISCI, die irakischen islamistischen Exilparteien, an, die mit den US-Truppen im April 2003 nach Irak zurückkehrten. Beide eröffneten Parteizentralen in Bagdad mit Zweigstellen in den schiitischen Südprovinzen und organisierten und erweiterten ihre Anhängerbasis. Zudem versuchten sie, ihre Position im irakischen Regierungsrat durch pragmatische Kooperation mit Bremers CPA zu festigen.

Auch Sistani verfolgte seit 2003 eine pragmatische Politik gegenüber den US-Besatzern. Sie wurzelt in den Lehren, die die *mardschaiya* aus den Aktionen der irakischen Schiiten zwischen 1920 und 1923 gezogen hatte. Damals versuchten die Schiiten vergeblich, mit militärischen Erhebungen und politischen Protesten die damaligen britischen Besatzer zu vertreiben. Die dort erlittenen Niederlagen führten dazu, dass die Sunniten, die sich mit den Briten arrangierten, ihre Machtstellung festigten, während die Schiiten politisch dauerhaft marginalisiert wurden. Diesen historischen Fehler wollte Sistani nicht wiederholen und tat deshalb alles, um die US-Besatzungsmacht nicht zu provozieren. Aus diesem Grund unterstützte er die US-Besatzung zwar nie offiziell und lehnte jeden Kontakt zu ihren Vertretern strikt ab, rief seine Anhänger aber auch nie auf, sie zu bekämpfen. Sistanis Politik der Distanzierung und die Vermeidung jeder Konfrontation mit den USA entsprangen einem langfristigen Kalkül. Er betrachtete die von den USA angestrebte Einführung der Demokratie als geeignetes Vehikel, die Schiiten auf friedlichem, demokratischem Wege an die Macht zu bringen. Doch setzte dies erstens voraus, dass die Schiiten eine politische oder militärische Konfrontation mit den US-Besatzern um jeden Preis vermeiden mussten, um nicht erneut aus dem politischen Kräftespiel ausgeschlossen zu werden. Und zweitens galt es die zerstrittenen politischen Kräfte der Schiiten so weit zu einen, dass sie bei freien direkten Wahlen als eine geschlossene Koalition antreten könnten. Sistani verfolgte diese Strategie seit 2003, eine Strategie, auf die er die Parteien der Schiiten einzuschwören versuchte.

Allerdings gab es einen schiitischen Querkopf, dem das Geschichtsbewusstsein, der Weitblick und die Geduld Sistanis abgingen und dessen Aktionen in den folgenden zwei Jahren diese Strategie mehr als einmal fast hätten scheitern lassen: Muqtada al-Sadr. Er trat 2003 die Nachfolge seines Vaters als Führer der Sadr-Bewegung an, die aus dem Untergrund kam und rasch Hunderttausende arbeitsloser, verarmter Slumbewohner und Unterprivilegierter der schiitischen Großstadtquartiere in ihren Reihen sammelte. Die US-Invasion 2003 erwies sich für al-Sadr als Gottesgeschenk. Beim Zusammenbruch des Baath-Regimes am 9. April füllten seine Anhänger vielerorts das Machtvakuum aus. Machtzentren der Sadr-Bewegung wurden Kufa, einige östliche Stadtteile Nadschafs sowie die Bagdader Revolution-City, die sie umgehend zu Ehren der beiden Märtyrer Sadr I. und Sadr II. in Madinat al-Sadr umbenannten. Sie übernahmen zahlreiche Moscheen, richteten Nachbarschaftsmilizen ein und brachten Waffen- und Munitionsdepots der Armee in ihre Gewalt. Ferner übernahmen sie die Kontrolle zahlreicher Krankenhäuser und lokaler Stadtverwaltungen in Ostbagdad, Kufa und einigen Bezirken Nadschafs, Kerbelas und Basras.

Muqtada al-Sadr rief seine Anhänger schon seit Mai 2003 auf, gegen die anglo-amerikanische Okkupation und für die Errichtung einer allerdings nie klar definierten islamischen Regierung, die die Gesetze der Scharia durchsetzt, zu demonstrieren. Vor dem letzten Schritt, dem Aufruf zum offenen bewaffneten Kampf gegen die US-Truppen, schreckte er allerdings zunächst zurück. Um aber den US-Truppen und den von ihr ausgebildeten irakischen regulären Streitkräften im Ernstfall Paroli bieten zu können und einen schlagkräftigen bewaffneten Arm zu besitzen, der der Badr-Brigade des rivalisierenden ISCI ebenbürtig sein würde, begann die Sadr-Bewegung bereits im Mai 2003 ein Militärkorps mit dem Namen Mahdi-Armee aufzustellen. Bis Mitte 2004 war die Zahl der bewaffneten Mahdi-Milizionäre auf mehr als 50.000 gestiegen.

Von Anfang an wandten sich die Sadristen gegen das von Sistani repräsentierte quietistische Schia-Establishment der Mardschaiya in Nadschaf. Ihr Vorwurf lautete, Saddam Hussein aus Feigheit keinen Widerstand geleistet und sich so für die Führung der Schiiten disqualifiziert zu haben. Feindselig begegneten sie auch den zurückkehrenden schiitischen

Exilpolitikern vom Schlage Chalabis, wobei ihr stärkster Groll dem ISCI und seinen Führern aus der al-Hakim-Familie galt. Die Verleumdungskampagne des ISCI gegen Muqtadas Vater hatten sie nicht vergessen. In der Gegnerschaft zwischen Muqtada al-Sadr und dem ISCI spiegelte sich auch eine jahrzehntelange Rivalität zwischen zwei der führenden Klerikerdynastien in Nadschaf, den al-Sadr und den al-Hakim, die sich im Kern um die Führung von Iraks Schiiten drehte. Sadr bestritt dem ISCI-Chef jedes Recht, die irakischen Schiiten zu vertreten, weil er mit ausländischen Mächten wie den USA und Iran paktiere und nicht wie er und andere schiitische Iraker die Jahre der Repression durch das Baath-Regime durchlitten habe. Eine Kooperation mit Bremers CPA, die er als illegitime Besatzungsbehörde denunzierte, lehnte Sadr ab.

Sadr beließ es nicht nur bei verbalen Provokationen gegen die ungeliebte US-Besatzungsmacht und einer aggressiven Rhetorik gegen das »feige« und politisch passive quietistische Schia-Establishment. Er ließ auch Taten folgen. Schlägertrupps der Sadristen terrorisierten einzelne Viertel von Nadschaf und Bagdad und versuchten die Anhänger Sistanis durch ein Klima von Angst und Gewalt einzuschüchtern. Beobachter schrieben ihnen von Mai bis Oktober 2003 sogar ein halbes Dutzend Mordattacken auf führende Kleriker in Nadschaf und Kerbela zu, Aktionen, für die Sadr jede Verantwortung bestritt. Den Anfang machte die Ermordung von Hojjatoleslam Majid al-Khoei, dem Chef der angesehenen und einflussreichen Imam Khoei-Stiftung in London, die als Hochburg der quietistischen und moderaten Schia-Geistlichen und damit als ein Gegengewicht zur iranischen Theokratie galt. Majid al-Khoei, ein gemäßigter, pro-westlicher Schia-Kleriker, war von den US-Truppen Anfang April 2003 aus dem Londoner Exil in den Irak eingeflogen worden. Gestützt auf den illustren Namen seines Vaters, des Großayatollahs al-Khoei, hatte er sich gleich nach seiner Ankunft in Nadschaf in klerikale Machtkämpfe verstrickt. Sein Versuch, nach dem Abtauchen der Baath-Kontrolleure die Administration von Nadschaf unter seiner Führung neu zu organisieren, hatte sofort Gegner auf den Plan gerufen. Als er sich am 10. April vor dem Imam Ali-Schrein mit einem aggressiven sadristischen Mob in Wortgefechten verfing, geriet die Lage rasch außer Kontrolle, und der wütende Mob tötete ihn mit Messern und Äxten.[17] Wenige Wochen später begannen Ermittlungen der irakischen Justiz, die Muqtada al-Sadr, dessen Wohnhaus nahe dem Tatort lag, verdächtigten, eine Mitschuld an dem Mord gehabt oder ihn sogar beauftragt zu haben. Er selbst leugnete jede Beteiligung. Ende 2003 wurde der erste Haftbefehl gegen ihn erlassen, den die CPA aus Furcht, landesweite Aufstände auszulösen, jedoch nicht vollstreckte. Der Haftbefehl gegen Muqtada blieb gültig und schwebte fortan wie ein Damoklesschwert über ihm. Sowohl die US-Besatzer als auch verschiedene nachfolgende irakische Regierungen nutzten den Haftbefehl gegen Muqtada in den folgenden Jahren immer wieder als Druckmittel in der politischen Auseinandersetzung mit der Sadr-Bewegung und ihrem Führer.

Seit Juni 2003 hatte sich Muqtada als mächtiger Akteur auf der politischen Bühne des Irak etabliert, der sowohl den US-Besatzern als auch Sistani ein Dorn im Auge war. Allerdings litt (und leidet) er bis heute unter einem Manko, das es verhindert, dass die Sadr-Bewegung über ihre Stammklientel der armen, ungebildeten und zornigen Jugendlichen hinaus beherrschenden Einfluss auf die Mehrheit der Schiiten gewinnen kann. Die Ursache hierfür ist die unzureichende theologische Qualifikation ihres jugendlichen Führers, die sich mit der Sistanis nicht vergleichen lässt, was die Akzeptanz seiner religiös-politischen Anordnungen einschränkt. Das erkannte auch Muqtada, was ihn bewog, den Gesprächsfaden zu Sistani – trotz scharfer verbaler Angriffe gegen seine schweigende *mardschaiya* – nie abreißen zu lassen.

SECHS

Wahlen, eine totgeborene Verfassung und Bürgerkrieg: Machttransfer im Irak

Die Interimsregierung von Ayad Allawi

Am Morgen des 28. Juni 2004 übertrug der scheidende CPA-Chef Paul Bremer in einer schlichten fünfminütigen Zeremonie in der »Green Zone« von Bagdad die Macht dem neuen Premierminister Ayad Allawi. Damit begann die erste Etappe des straffen Zeitplans für den Machttransfer, der bis Dezember 2005 terminiert war und gemäß den Vorgaben der Interimsverfassung (TAL) ablaufen sollte. In der ersten Etappe übertrug die amerikanische Zivilverwaltung die Macht offiziell einer irakischen Interimsregierung, die demokratische Wahlen für das erste frei gewählte Parlament des Irak im Januar 2005 vorbereiten sollte. Die erfolgreiche Konstituierung des Parlaments, aus dem die erste frei bestimmte Übergangsregierung des Irak hervorgehen sollte, bildete den zweiten Abschnitt. In der dritten Etappe sollte ein Komitee des Parlaments eine neue Verfassung ausarbeiten und sie in einem Referendum annehmen lassen. Die vierte Etappe sah erneute Parlamentswahlen vor, aus denen dann die erste voll souveräne und vier Jahre amtierende Regierung des Irak hervorgehen sollte.

Als Bremer wenige Stunden später ohne ein öffentliches Wort des Abschieds ins Flugzeug stieg und den Irak still und heimlich verließ, endete formal die Ära der US-Besatzungsherrschaft. Die CPA löste sich binnen weniger Tage auf. Nominell war nun die Souveränität an eine Interimsregierung übertragen worden. Doch lag die tatsächliche Macht weiterhin in den Händen des US-Militärs. Immer noch gab es tägliche Terroranschläge, und die Gewalttaten sunnitischer und schiitischer Widerstandsgruppen dauerten an. Die USA hatten weiterhin zu wenige Bodentruppen, ebenso wie es ihnen an einer durchdachten Strategie für den politischen Wiederaufbau mangelte, sieht man einmal von Bushs Fetisch des TAL-Zeitplans ab, der auf willkürlich gesetzten Terminen beruhte.

In den folgenden Wochen berief Bush neue Leute, die künftig die Irak-Politik der USA steuern sollten. Er bevollmächtigte hierzu einen dem Außenministerium unterstellten Missionschef im Botschafterrang mit der Koordination der US-Aktivitäten im Irak. Erster Amtsinhaber wurde John Negroponte. Gleichzeitig bekamen die 130.000 US-Soldaten im Irak einen neuen Kommandanten: General George Casey trat an die Stelle von General Sanchez, der mit nur wenig Erfolg agiert hatte. Casey hielt an der Linie Rumsfelds fest, die US-Truppen möglichst rasch abzuziehen. Zugleich war er bestrebt, dem Land mehr Sicherheit zu geben. Dazu setzte Casey auf die bereits angelaufenen Maßnahmen zum quantitativen und qualitativen Aufbau der Armee und der Polizei des Irak. Doch blieben diese Vorstellungen der US-Militärs im Irak reines Wunschdenken. Bush starrte wie gebannt auf die vom TAL fixierten Etappenziele des politischen Machttransfers. Die Machtübergabe an Allawi verdeutlichte auch, dass sich in der Bush-Administration die Gewichte zugunsten der Realisten aus dem Außenministerium und der CIA verschoben hatten. Die Neokonservativen waren dagegen in die Defensive geraten.

Ayad Allawi trat ein schweres Amt an. Seine Regierung war von seiner politischen Hausmacht, den in der INA versammelten säkular-nationalistischen Kräften, bestimmt. Sie bot die letzte Chance, den Aufstieg schiitischer Islamisten zu hemmen. Abgesehen von wenigen Ausnahmen marginalisierte Allawi die schiitischen Islamisten, die nur zwei der 35 Minister stellten. Allawis Interimsregierung hatte eine klare Orientierung: säkular, nationalistisch, pro-westlich und anti-iranisch. Allawi gab sich in der Öffentlichkeit am liebsten in der Pose des entscheidungsfreudigen, starken Mannes und Freundes markiger Worte. Der Kurs Allawis beunruhigte die schiitischen Islamisten. Aber davon überzeugt, dass dessen Kabinett nur ein Intermezzo sein würde, konzentrierten sie sich darauf, die bevorstehenden Wahlen zu gewinnen. Und in der Tat begann mit dem Tag von Allawis Machtübernahme ein Wettrennen gegen die Zeit, dessen Zielgerade die Wahl im Januar 2005 war. Allawi musste seine potentielle Wählerbasis auf Gedeih und Verderb verbreitern, wollte er Premierminister bleiben.

Naturgemäß pflegte Allawis Regierung intensive Kontakte zu den USA. Denn die US-Besatzungskräfte, mittlerweile umbenannt in »Multi-National Forces-Iraq« (MNF-I), trugen immer noch die Verantwortung für die Sicherheit, die wichtigste Aufgabe der Regierung. Die beiden stärksten Stützen seines Kabinetts, Verteidigungsminister Hazim al-Shaalan und Innenminister Falih al-Naqib, arbeiteten sehr eng mit den US-Streitkräften und -Geheimdiensten zusammen. Allerdings trugen beide Minister entscheidend dazu bei, das Ansehen der Allawi-Regierung zu ramponieren – Naqib, weil er das Innenministerium mit korrupten Gesinnungsgenossen und übel beleumundeten Baathisten besetzte, und Shaalan, weil er sich in korrupten Praktiken bei der Vergabe von Rüstungsaufträgen verstrickt hatte.

In der Außenpolitik wendete Allawi sich den arabischen Staaten zu und kehrte dem Nachbarn Iran den Rücken. Iran hatte einen raschen Abzug der US-Truppen verlangt und hoffte insgeheim, so schnell wie möglich eine von schiitischen Islamisten dominierte Regierung als Counterpart zu haben. Die Beziehungen zwischen Teheran und Bagdad wurden unter Allawi daher frostig. Innenpolitisch gab sich Allawi autoritär, polierte sein Image des »starken Mannes« und versuchte angesichts anhaltender Gewalt die Sehnsucht der meisten Iraker nach Frieden und Ordnung zu befriedigen.

Allawi fror alle Aktivitäten der Ent-Baathifizierungskommission ein und erlaubte vielen früheren Baathisten die Rückkehr in den Staatsdienst.[1] Damit signalisierte er, dass sein Kabinett Teile der in den Untergrund gezwungenen vormaligen Staatselite wieder an der Regierung beteiligen wollte. Zugleich bemühte er sich um Kontakte zu den Aufständischen, vor allem zu sunnitischen Nationalisten und verhandlungsbereiten Baath-Kadern. Sein Ziel war es, einen Keil zwischen die Lager der Aufständischen zu treiben und die inländischen nationalistischen »guten Patrioten« von den ausländischen »bösen Dschihadisten« zu trennen. Als Lockmittel bot Allawi Ämter im Staatsdienst und Teilhabe am politischen Prozess. Indes ließen die Ereignisse im Herbst 2004 Allawis Offerte an den Widerstand wie eine Seifenblase zerplatzen.

Der zweite Sadr-Konflikt

Im August 2004 kam es zu einer erneuten Konfrontation zwischen den MNF-I und Sadr. Der vorherige Konflikt im April 2004, der nach der Inkraftsetzung des Haftbefehls gegen Muqtada al-Sadr begann, hatte seine Bewegung zwar zurückgeworfen, aber nicht entscheidend geschwächt. Der Iran war in der Zwischenzeit zu seinem Verbündeten geworden. Teheran richtete im Iran Ausbildungscamps nahe der irakischen Grenze ein, in denen Mahdi-Armeekämpfer Waffen erhielten und entsprechend trainiert wurden. Im Irak hingegen waren die Führer der US-Truppen des zähen Widerstands der Sadristen überdrüssig. Sie wollten an der Mahdi-Armee ein Exempel statuieren, dass bewaffnete Milizen im Irak nicht geduldet würden.

Nach Scharmützeln zwischen US-Truppen und irakischen Sicherheitskräften einerseits und Sadristen in Nadschaf andererseits brachen schwere Gefechte aus. Bald flüchtete Sadr und verbarrikadierte sich in Nadschaf im Imam Ali-Schrein, dem wichtigsten Heiligtum der schiitischen Welt. Er spekulierte darauf, dass die US-Truppen es nicht wagen würden, den Schrein zu erstürmen oder zu zerstören, weil dies weltweite Attacken von Schiiten gegen US-Einrichtungen auslösen könnte. Doch wüteten die Gefechte nahe dem Schrein weiter. Hunderte von Kämpfern beider Seiten fanden den Tod, Teile der Innenstadt wurden zerstört, und der Pilgerverkehr kam zum Erliegen. Bald zog sich die Schlinge um Sadrs Hals immer enger, und seine Gefangennahme oder sein Tod wurden immer wahrscheinlicher. Das versetzte die bis dahin neutralen schiitischen Islamisten der Daawa und ISCI in Furcht. Zwar missfielen ihnen die Aktionen des notorischen Quertreibers und Provokateurs, doch hätte Sadrs Gefangennahme Allawi innenpolitisch gestärkt und dessen Image des »starken Mannes« im Volk festigen können. Das hätte wiederum den schiitischen Islamisten die Siegeschancen bei den Wahlen geraubt. Doch dazu kam es nicht. Unversehens tauchte Mitte August 2004 Großayatollah Ali al-Sistani als Retter in der Not auf der politischen Bühne auf. Zuvor hatte er sich wochenlang in Schweigen gehüllt und der Zuspitzung der Krise scheinbar tatenlos zugesehen. In Wirklichkeit hatten er und seine Emissäre bereits bei Ausbruch der Nadschaf-Krise intensive Geheimverhandlungen mit den Sadr-Führungskadern und Premierminister Allawi initiiert. Diese Verhandlungen waren letztlich erfolgreich und erbrachten am 20. August 2004 eine für alle Seiten gesichtswahrende Lösung. Sistani erreichte, dass die Sadr-Milizionäre abzogen und sich zur Einstellung der Kämpfe verpflichteten. Außerdem händigten sie ihm die geraubten Schlüssel des Imam Ali-Schreins aus. Mit diesem symbolträchtigen Akt hatte die traditionalistische Klerikerelite die Kontrolle der *hauza* wieder übernommen und für Ruhe und Ordnung gesorgt. Als Gegenleistung für ihren Abzug durften die Sadristen ihre Waffen behalten, und auch ihre Miliz blieb intakt. Die von Sistani ausgehandelte Übereinkunft beendete die zweite militärische Konfrontation zwischen den Sadristen und den US-Truppen.

Obwohl Sadr eine wichtige Kraft blieb, war er zumindest vorübergehend geschwächt. So sah er sich am Ende der Nadschaf-Krise gezwungen, sich zum ersten Mal öffentlich und mit Worten der Dankbarkeit den Anweisungen der Mardschaiya von Sistani unterzuordnen. Hauptgewinner war Sistani, der erneut bewies, wer die wahre politische Macht im Irak innehatte. Auf der anderen Seite zeigte die Krise die Kraftlosigkeit der Übergangsregierung Allawis, der als Verlierer aus der Krise hervorging. Sistani galt nun als die Instanz, die den wilden Mann (Muqtada) gezähmt hatte. Gestützt auf seine gestärkte Autorität, begann Sistani nun konkret auf sein Ziel, die Regierungsübernahme der Schiiten, zuzusteuern. Zu diesem Zweck drängte er die schiitischen Islamisten von ISCI, Daawa und Sadr-Bewegung dazu, ihre Differenzen beizulegen und in den kommenden Parlamentswahlen als Einheitsblock anzutreten.[2]

Die zweite Falluja-Krise

Der Ende Oktober 2004 erneut aufgeflammte Konflikt in Falluja sollte sich zu einem weiteren Rückschlag Allawis entwickeln. Die Waffenruhe, die ein halbes Jahr zuvor ausgehandelt worden war, begann sich aufzulösen. Die Regierung musste deshalb rasch und entschieden handeln. Während des Sommers war der sunnitische Widerstand im Westen und Norden des Irak schrittweise wieder heftiger geworden. Allawis Strategie, einen großen Teil des Aufstandes zu neutralisieren, war gescheitert. Stattdessen dehnten die Aufständischen ihren Einfluss aus. Ihre Ziele waren die Einkreisung Bagdads, die Kontrolle eines breiten territorialen Gürtels südöstlich und westlich der Hauptstadt und dessen Säuberung von

Schiiten. Aber das Zentrum des Aufstands war immer noch Falluja, eine vollständig sunnitische Stadt, die an der strategisch wichtigen Landstraße nach Jordanien lag. Nachdem die US-Truppen dort im April 2004 eine kleine Salafisten-Rebellentruppe besiegt hatten, übergaben sie einer lokalen regierungstreuen Sunniten-Miliz das Kommando. Doch die salafistischen Aufständischen gruppierten sich rasch neu, überrannten die Stadt abermals und errichteten ein kleines islamistisches Emirat, das dem afghanischen Taliban-Regime frappierend ähnelte. Im Oktober 2004 entschied die Militärführung der US-Truppen im Irak, die Stadt ein für alle Mal den Aufständischen zu entreißen, und bedrängte Allawi, sich ihrem Schlachtplan anzuschließen. Obwohl Allawi Bedenken hatte, unterstützte er letztlich die US-Operation.

Am 7. November griffen 10.000 amerikanische Soldaten und 2.000 irakische Soldaten Falluja an. Die Eroberung der Stadt brauchte Wochen und forderte hohe Verluste. Die Amerikaner verwickelten sich in Häuserkämpfen, in denen 92 US-Soldaten, 1.200 Aufständische und mehr als 6.000 Zivilisten starben. Der überlegenen Feuerkraft der US-Truppen mussten die Aufständischen zum Schluss weichen. 1.000 von ihnen gerieten in Gefangenschaft, mindestens genauso vielen gelang die Flucht. Doch der Sieg war teuer erkauft: Mehr als 20 Prozent der Gebäude waren zerstört, darunter 60 der 200 Moscheen der Stadt, die als Festungen und Waffenlager genutzt wurden. Mehr als 200.000 der 300.000 Einwohner der Stadt waren während und nach den Kämpfen geflohen, die meisten zu Verwandten in die westlichen Vorstädte und Stadtbezirke von Bagdad.

Nach der Schlacht um Falluja war die politische Atmosphäre so stark aufgewühlt wie nie zuvor seit Beginn der US-Besatzung. Die Wut der Sunniten über die verheerenden zivilen Schäden in Falluja entlud sich in wochenlangen Proteststürmen gegen Allawis Interimsregierung und die US-Militärführung im Irak. Unter den Sunniten verlor die US-Besatzung den letzten Rest an Sympathie. Zugleich versteifte sich auch ihre ablehnende Haltung gegenüber den Wahlen, für die die ersten Kampagnen bereits angelaufen waren. Die Falluja-Krise schwächte das Lager Allawis, der einen folgenschweren Fehler begangen hatte, als er trotz eigener Bedenken der Falluja-Offensive zustimmte. Zwar hatten die Amerikaner die Operation geplant und durchgeführt, doch blieb bei den Sunniten der Eindruck haften, Allawi habe das humanitäre Desaster von Falluja mit verschuldet. Das rächte sich bei den Wahlen für Allawi. Denn

dadurch hatte er seine möglichen säkular-nationalistischen Wähler verprellt und ungewollt dem sunnitischen Wahlboykott Auftrieb gegeben.
Aber auch für die Amerikaner erwies sich die Rückeroberung Fallujas als
Pyrrhussieg, da durch sie die ohnehin beschränkte Bereitschaft der Sunniten, sich an den Wahlen zu beteiligen, noch weiter schrumpfte. Damit
nicht genug: Die Vertreibung Hunderttausender Sunniten nach Bagdad
bereitete den Boden für den künftigen Bürgerkrieg, in dem Bagdad zum
Schlachtfeld wurde.

Ein »neuer Irak« entsteht: Die Wahlen von 2005

2005 war von mehreren Ereignissen geprägt, die das politische System des
Irak, seine äußere Form genauso wie seine inhaltlichen Abläufe, spürbar
veränderten. Zu den wichtigsten gehören die drei aufeinander folgenden
nationalen Wahlen, zwei zum Nationalparlament und eine Volksabstimmung über die Verfassung. Fast ebenso wichtig waren aber auch die Formulierung der Verfassung und die Bildung des Nationalparlaments und
der Provinzparlamente, die zum ersten Mal aus freien und unverfälsch-
ten Wahlen hervorgegangen waren. Der zeitliche Ablauf dieser Wahlen
und das Prozedere, wie die Verfassung auszuarbeiten sei, waren durch die
Übergangsverfassung (TAL) festgelegt worden. Trotz der dabei gemachten Fortschritte wurden in den Wahlen bereits zuvor aufgekeimte un-
heilvolle Tendenzen verstärkt. Diese Tendenzen sollten den Staat entlang
konfessioneller Bruchlinien zersplittern, eine schwache Zentralregierung
schaffen und den Weg zur Machtübernahme einer egoistischen und ver-
antwortungslosen politischen Elite frei machen.

Die Wahlen vom 30. Januar 2005

Die Wahlen vom 30. Januar 2005 zum ersten frei gewählten Parlament
bildeten den Auftakt zum dreiteiligen Wahlreigen. Parallel wurden in den
18 Provinzen sowie in der Kurdenregion Provinzparlamente gewählt. Die
neu ernannte unabhängige Irakische Wahlkommission (»Independent
Electoral Commission of Iraq«, IECI), die nach Vorgaben des TAL ge-

bildet war, sollte die Wahlen überwachen. Das Wahlrecht, das als Teil des TAL ausgearbeitet worden war, sah vor, dass der ganze Irak als ein landesweiter nationaler Wahlbezirk galt. Ferner wurde das System der »geschlossenen Liste« angewendet: Wähler konnten dabei eine Partei, eine Koalition oder einen Kandidaten aus einer Liste auswählen. Die Reihenfolge der Partei, der Koalition oder des Kandidaten auf dieser Liste – und damit die Wahrscheinlichkeit, gewählt zu werden – hatten die Parteien vor den Wahlen bestimmt. Da es keine gesonderte Distrikt-Repräsentation gab, verwandelte sich die Wahl *de facto* zu einem reinen, auf die nationale Identität bezogenen Referendum der großen konfessionellen und ethnischen Gruppen. Das Wahlsystem sorgte auch dafür, dass in den sunnitischen Gebieten, die die Wahl boykottierten, wenige oder gar keine Repräsentanten den Weg ins Parlament fanden.

Die wesentlichen politischen Gruppen und Koalitionen hatten sich schon einige Wochen vor der Wahl konstituiert. Es waren der ISCI, Daawa sowie der allmählich verblassende INC Chalabis für die Schiiten einerseits, andererseits Allawis INA sowie einige angeschlossene Liberale und Linke für das säkular-nationalistische Lager. Hinzu kamen die zwei starken kurdischen Parteien KDP und PUK und die IIP für die Sunniten. Wenige Monate vor der Wahl war allen Beobachtern klar, dass die Schiiten als große Gewinner aus den Wahlen hervorgehen würden. Voraussetzung war indes: Sie wählten primär auf der Basis ihrer konfessionellen Identität und ließen alle anderen Loyalitäten, etwa zu arabisch-nationalistischen oder linken Ideologien, in den Hintergrund treten.

Sistani gelang es als treibende Kraft, die untereinander zerstrittenen schiitischen Parteien dazu zu bewegen, aufeinander zuzugehen. Unter seiner Schirmherrschaft wurde am 8. Dezember 2004 die »United Iraqi Alliance« (UIA) aus der Taufe gehoben, die eine Gesamtliste aufstellte. Neben den großen schiitischen Islamisten-Parteien Daawa und ISCI umfasste die UIA auch eine Gruppe liberal-technokratischer Schiiten unter Leitung des Atomphysikers Hosein al-Shahristani, dazu Individuen und kleinere Gruppen der Sadr-Bewegung. Die UIA wurde damit zur Klammer und Dachorganisation aller wichtigen schiitischen Organisationen. Zu ihrem Vorsitzenden wählten die Führer der einzelnen Mitgliedsparteien der UIA den ISCI-Chef Abdulaziz al-Hakim. Je näher der Wahltag rückte, umso deutlicher wurde, dass die UIA ein öffentlich nie erwähntes Ziel hatte: nämlich die Schiiten zusammenzuhalten, um durch einen

Wahlsieg den Charakter des neuen politischen Systems bestimmen zu können.

Um das zu verhindern, stellte Allawi eine von ihm angeführte Gegenkoalitionsliste national-säkularer Kräfte auf die Beine, die »Iraqi National List« (oder *Iraqiya*). Seine Hoffnungen richteten sich auf weniger fromme und säkulare schiitische Wähler, aber auch auf sunnitische Gruppen. Daneben hoffte er, die meisten Stimmen der religiösen Minderheiten des Nordens, insbesondere der Christen und der turkmenischen Shabaka, für sich zu gewinnen. Die kurdischen Parteien traten getrennt unter einer allerdings einheitlichen Liste, der »Kurdistan Alliance«, an, die aus KDP und PUK nebst einigen kleineren Kurdenparteien bestand. Sie war bestrebt, einen festen Block im neuen Parlament zu erobern, der groß genug war, um zu bewahren, was die Kurden unter der Übergangsverfassung des TAL an Rechten und Privilegien bereits erhalten hatten. Im Gegensatz zu diesen Kräften schafften es die Sunniten es nicht, eine Wahlliste zusammenzustellen. Das war ein schweres Manko für den von den USA angestrebten politischen Wiederaufbau des Irak, weil die Repräsentativität der Volksgruppen eine unverkennbare Schlagseite zugunsten der Kurden und Schiiten bekam. Schlimmer noch war der Schaden für die Sunniten. Durch ihren Boykott beraubten sie sich selbst jedes Einflusses auf den politischen Prozess, der nach den Wahlen durch die Bildung von Regierung und Parlament eingeleitet werden sollte. Sie sollten so schwach werden, dass ihnen nicht einmal eine Vetomacht zur Verfügung stand.

Ungeachtet vereinzelter Angriffe der Aufständischen auf bestimmte Wahllokale in den Provinzen verliefen die Wahlen vom 30. Januar 2005 ziemlich ruhig. Von wenigen Unregelmäßigkeiten und Fälschungsvorwürfen abgesehen waren die Wahlen korrekt, und ihre Ergebnisse wurden am Ende akzeptiert. Drei Blöcke schälten sich heraus, die das künftige 275 köpfige Parlament dominierten. Wahlsieger war die UIA, die 140 Sitze (51 Prozent der Stimmen) gewann, gefolgt von der »Kurdistan Alliance« mit 74 Sitzen (27 Prozent). Mit großem Abstand folgte auf dem dritten Platz Allawis *Iraqiya* mit 40 Sitzen (14 Prozent). Die Ergebnisse zeigten, dass auch die neue Regierung weiterhin von den Exilparteien und ihren Führern geleitet wurde – allerdings mit einem Unterschied. Wie bei einem Gezeitenwechsel hatte sich unter den exilierten Kräften die Machtverteilung verschoben: weg von den säkularen, liberalen und

nationalistischen Elementen, hin zu den schiitisch-islamistischen und
kurdischen Parteien. Zugleich zeigte das Wahlergebnis auch eine ethnische und konfessionelle Zersplitterung der Nation. Allawis abgeschla-
gener säkularer Block war die einzige Kraft, die über die ethnischen und
konfessionellen Grenzen hinweg Wähler angezogen hatte. Größter Verlierer waren die sunnitischen Araber. Sunnitische Gruppen gewannen lediglich sechs Sitze (2 Prozent der Stimmen), obwohl ihr Anteil an der
Bevölkerung 20 Prozent betrug. Als Folge dessen hatten die Sunniten so
gut wie keine Stimme im Verfassungsprozess.

Die Provinzwahlen

Der Januar-Zyklus der Wahlen umfasste auch die Wahl der Parlamente
in den 18 Provinzen, die zeitgleich mit den Wahlen für das Nationalparlament abgehalten wurden. Die gleichen Parteien, die die Wahlen zum
Nationalparlament gewonnen hatten, siegten auch auf Provinzebene.
ISCI wurde Sieger in sieben der schiitischen Provinzen des Südens. Die
»Kurdistan Alliance« gewann die Wahlen in der aus drei kurdischen Provinzen zusammengesetzten KRG, wo sie ein Regionalparlament bildete,
dessen Abgeordnete ihr zu 90 Prozent angehörten. Das stellte sicher, dass
die KDP-PUK-Allianz in der KRG weiterhin tun und lassen konnte, was
sie wollte. In der großen, freilich relativ menschenleeren Westprovinz des
Irak, Anbar, in der nur zwei Prozent der Bevölkerung zur Wahl gegangen
waren, bekam die IIP die meisten Sitze.

Die Machtkonstellationen in den Provinzen waren aber kompliziert.
Ein Wahlsieg bedeutete noch lange nicht, dass eine Partei ihr Programm
auch durchsetzen konnte. Dem entgegen stand zumeist eine Vielzahl
mächtiger Nicht-Regierungsakteure wie lokale Stämme, religiöse Führer
und ihre Anhängerschaften, Milizen, Händlergilden, Schmuggler-Orga-
nisationen und Großgrundbesitzer. Sie alle konkurrierten miteinander
und wollten ihre Kontrolle über Ressourcen bewahren oder sogar ausdehnen. Die Gewinnerparteien waren also gezwungen, mit den jeweiligen lokalen Kräften und ihren Parteien Koalitionen einzugehen, die in
der Regel nicht lange hielten. Die Spaltung dieser Koalitionen und die
Bildung neuer Regierungsbündnisse machten das Regieren in den Provinzen zu einem schwierigen, bisweilen auch mörderischen Geschäft:

Zwischen 2005 und 2014 sollte in den 15 arabischen Provinzen eine erschreckend hohe Zahl hochrangiger Administratoren, Polizeichefs und Politiker, darunter auch Provinzgouverneure, ermordet werden.

Ein Beispiel dafür bietet die ethnisch wie konfessionell homogene Provinz Basra, das wirtschaftliche Zentrum des Irak. Dort, wo seit 2003 schiitische Gruppen miteinander rivalisierten, vermengten sich politische Konflikte und kriminelle Verteilungskämpfe zu einem unentwirrbaren Knäuel. Die Provinzhauptstadt Basra ist Iraks größte Hafenstadt und das wichtigste Zentrum der Förderung und Verschiffung von Öl. Seit der Invasion hatten sich in Basra Gesetzlosigkeit, Gewalt und Korruption breit gemacht. Ursache waren vor allem Kämpfe zwischen drei schiitisch-islamistischen Gruppen um die Kontrolle der Polizei und der profitablen Ölförder- und Ölverladeeinrichtungen. Alle drei Kräfte, ISCI, die Sadristen und die lokale Fadhila-Partei, hatten auch an den Provinzwahlen teilgenommen und jeweils etwa gleich viele Sitze gewonnen. Fadhila kontrollierte das Provinzparlament und die lokale Ölindustrie, ISCI dagegen die Sicherheitskräfte. Die Mahdi-Armee der Sadristen wiederum beherrschte die großen, mehr als ein Drittel der Stadt umfassenden Elendsviertel und die Ölverladeeinrichtungen am Hafen. Seit 2003 berichteten die irakischen Zeitungen täglich von Morden auf offener Straße, Entführungen, Schießereien, Polizeiterror und ausgedehnten Ölschmuggelaktionen in Basra. Die Regierung in Bagdad und auch die örtlichen britischen Besatzungskräfte der MNF-I standen diesem gewaltsamen Treiben weitgehend machtlos gegenüber.

Ebenso schwierig war das Regieren auch in ethnisch gemischten Provinzen. Das beste Beispiel ist Ninawa, das eine sunnitisch-arabische Mehrheit und eine kurdische Minderheit hat und dessen Hauptstadt, Mossul, vor und nach dem Sturz Saddams eine der Hochburgen sunnitischer Polit- und Militärkader der Baath-Partei war. Der sunnitische Wahlboykott vom Januar 2005 sorgte dafür, dass die kurdischen Parteien die Mehrheit im Provinzparlament erringen konnten und damit die Kontrolle über die Administration und die Sicherheitskräfte übernahmen. Das ermöglichte es den Kurden, ihre Vorstellungen den ethnischen Minderheiten aufzuzwingen. Die Folgen waren gewaltsame ethnische Konflikte, wachsende bewaffnete Angriffe sunnitischer Aufständischer und eine fortschreitende Unterwanderung der Provinz durch Al-Qaida.

Bilanz der Interimsregierung Allawi

Was hat so viele Schiiten bewogen, für die UIA zu stimmen? Mit Sicherheit hat die indirekte Parteinahme Großayatollah Sistanis zugunsten der UIA eine Rolle gespielt. Der Quietist Sistani galt und gilt den frommen, politisch eher moderaten Schiiten des Irak als religiöses Oberhaupt und als Befürworter politischer Mäßigung, des Ausgleichs und der Stabilität. Ihm vertrauten (und vertrauen) die meisten Schiiten des Landes. Vor den Wahlen hatte Sistani darauf verzichtet, eine Wahlempfehlung abzugeben. Doch seine dem UIA-Block erteilte Erlaubnis, sein Konterfei auf Wahlplakaten zu nutzen, betrachteten die meisten Schiiten als Aufforderung, die UIA zu wählen.

Allawi, dessen *Iraqiya* nur ein Drittel der Stimmen erhielt, die auf die UIA entfielen, hatte seit Amtsantritt nur wenig Geschick bewiesen. In der Nadschaf-Krise konnte er aus der Zerstrittenheit der schiitischen Islamisten kein Kapital schlagen, sondern bewirkte durch sein Handeln, dass sie sich trotz gegenseitiger Animositäten zu einem gemeinsamen Schutzbündnis (der UIA) zusammenschlossen. In der Falluja-Krise agierte er nicht weniger glücklos. Das trieb einen Teil der Sunniten in die Arme der Aufständischen und stärkte bei einem anderen Teil den Willen, die als nutzlos angesehenen Wahlen zu boykottieren. Und auch bei den Themen Wirtschaft und Rechtsstaatlichkeit hatte Allawi versagt. Der Korruptionsskandal um Verteidigungsminister Hazim al-Shaalan minderte auch Allawis Ansehen. Zu Beginn des Jahres 2005 wurde bekannt, dass Shaalan und mehrere seiner engsten Mitarbeiter bei Rüstungsaufträgen mehr als 1,3 Milliarden US-Dollar unterschlagen hatten.[3] Die gerichtlichen Untersuchungen gegen Shaalan, den Allawi verteidigte, zogen sich bis zum Ende der Amtszeit Allawis hin. Shaalan floh schließlich im Juni 2005, wenige Wochen nach Amtsantritt der neuen Regierung von Ibrahim al-Jaafari, ins Londoner Exil. Dort führt er bis heute das Leben eines reichen Privatiers – unbehelligt von strafrechtlicher Verfolgung.

Kurzum: Allawis Scheitern bewies, dass es schon bei seinem Amtsantritt 2004 zu spät war, um im Irak ein pro-westliches, gemäßigt autoritäres und national-säkulares Regime nach dem Muster Tunesiens unter Ben Ali oder Ägyptens unter Mubarak zu errichten. Die US-Invasion hatte eine Dynamik freigesetzt, die auf einen Machtzuwachs konfessioneller und ethnischer Kräfte zulief. Das vom CIA und dem US-Außenministerium bevorzugte Regierungsmodell eines »Saddam light« war nicht mehr praktikabel.

Die Regierung von Ibrahim al-Jaafari

Die nach der Wahl vom Januar 2005 ins Amt gekommene Regierung war wieder nur eine Übergangsregierung, verfügte aber über mehr Legitimität, weil sie aus freien Wahlen hervorgegangen war. Ihre Hauptaufgabe war es, die Verfassung zu entwerfen, sie durch das Übergangsparlament zu bringen und anschließend in einer Volksabstimmung von einer Mehrheit ratifizieren zu lassen. Bis die Jaafari-Regierung am 20. Mail 2005 schließlich vereidigt werden konnte, vergingen fast vier Monate, während derer vor allem um den Posten des Premierministers gerungen wurde. ISCI erhob Anspruch auf das Amt, was die Sadristen jedoch entschieden ablehnten. Frei nach der Devise »Wenn zwei sich streiten, freut sich der Dritte«, war der lachende Dritte die Daawa-Partei, deren Sprecher, Ibrahim al-Jaafari, als Kompromisskandidat Premierminister wurde. Da die Daawa keine Miliz und auch keine breite Unterstützung im Volk hatte, schien sie den beiden anderen Rivalen ungefährlich und wurde deshalb als Juniorpartner geduldet und gebraucht. Auch Chalabi hatte erwogen, sich ins Getümmel des Kampfes um diesen Posten zu stürzen, und seine Kandidatur angemeldet. Jedoch verdeutlichte ihm ein langes Gespräch mit dem iranischen Botschafter in Bagdad zwei Dinge: Erstens hatte sich durch sein Zusammengehen mit dem Iran sein Handlungsspielraum mitnichten erweitert, und zweitens war ein säkularer Premierminister für den Iran schlicht untragbar. Chalabi begriff auch, wie sein Mitarbeiter Nabil Musawi später mitteilen sollte, dass er in zwei Tagen tot wäre, sollte er des Botschafters Wünsche ignorieren. Sofort nach der Unterredung mit dem Botschafter trat Chalabi an die Öffentlichkeit und widerrief seine Nominierung. Später gab Chalabi selbst zu Protokoll: »Die Iraner wollten einen schiitischen Islamisten als Premierminister, jemand der im Exil in Teheran gelebt, mit ihnen gearbeitet und der sein Leben ihrer islamistischen Weltanschauung verschrieben hatte.«[4]

Als Jaafaris Kabinett gebildet wurde, war ein schwerfälliges Ungetüm geboren. Es wurde nach Größe und Zusammensetzung zum Modell aller folgenden irakischen Regierungen bis 2014. Das erklärt, weshalb der Irak seither in seiner politischen, wirtschaftlichen und gesellschaftlichen Entwicklung auf der Stelle tritt. Dem Kabinett gehören 38 Ressortminister und Minister ohne Portfolio an. Zum ersten Mal wendeten die Parteien konsequent das *muhassasa*-Prinzip an, die auf dem konfessionell-ethnischen Proporz gegründete Verteilung von Staatsämtern – ein Prinzip, das seine Wurzeln im Irakischen Regierungsrat des Jahres 2003 hat. Damals verabredeten dessen Mitglieder, alle Macht gemäß der *muhassasa* unter sich zu verteilen. Diese Abmachung, wenngleich nie offiziell eingestanden, geschweige denn kodifiziert, gilt bis heute. Mit dem Wahlsieg der Schiiten und Kurden von 2005 wurden Regierungsposten ausschließlich durch den *muhassasa*-Schlüssel jeweils an Schiiten, Sunniten und Kurden verteilt. Damit hatte die Jaafari-Regierung eine für die politische Kultur des Irak entscheidende, verhängnisvolle Weichenstellung vorgenommen. Kompetenz, Expertise und Erfahrung zählten als Kriterien für ein Ministeramt fortan wenig, die Zugehörigkeit zu einer bestimmten Konfession oder Ethnie und die Treue zur jeweiligen Parteilinie waren dagegen alles. Eine Begleiterscheinung der *muhassasa* war Korruption, die von nun an schrankenlos wucherte und zum Krebsgeschwür des Irak wurde.

Das Kabinett Jaafaris war von Schiiten dominiert, die 18 Ministerämter besetzten, während die Kurden acht und die Sunniten sechs Ministerien erhielten. Schlüsselpositionen bekleideten Schiiten. Darunter waren der Premierminister Ibrahim al-Jaafari von der Daawa-Partei, der erste Vizepräsident Adil Abd al-Mahdi von ISCI, der erste Vize-Premierminister Ahmad Chalabi vom INC und Innenminister Bayan Jabr von ISCI. Die Kurden stellten den Staatspräsidenten Jalal Talabani von der PUK. Die Sunniten hingegen besetzten die Ämter des zweiten Vizepräsidenten, des Verteidigungsministers und des Parlamentspräsidenten. Insgesamt wurden fast sämtliche 13 Spitzenämter von schiitischen und kurdischen Exilpolitikern besetzt, während die nationalen und säkularen Kräfte an den Rand gedrückt wurden. Von den »inländischen« politischen Kräften schafften es nur wenige, sich einen Platz am Kabinettstisch zu sichern. Die wichtigsten unter ihnen waren die Sadristen, die allerdings Schwierigkeiten hatten, ministrable Kandidaten zu benennen.

Im Vergleich zur Vorgängerregierung Ayad Allawis bestand der Kern der neuen Regierung überwiegend aus schiitischen Islamisten, gefolgt von Kurden. Die erste Amtshandlung Jaafaris war es, die Ent-Baathifizie-rung wieder in Gang zu setzen. Die treibende Kraft war Ahmad Chalabi, der hierbei keine Zeit vertat und auf breiter Front wieder Jagd auf echte und vermeintliche sunnitische Baathisten im Staats- und Verwaltungs-apparat machte. Binnen weniger Wochen nach der Amtseinführung der Regierung nahmen konfessionelle Spannungen zwischen Sunniten und Schiiten erheblich zu.

Das Kalkül folgte einer simplen Annahme: Je mehr Gruppen sich in der Regierung repräsentiert sähen, desto größer wäre deren Bereitschaft, deren Politik mitzutragen. Dieses auf Konsens gerichtete Modell einer breit aufgestellten Regierung der nationalen Einheit stand auch Pate bei den späteren Regierungsbildungen von 2006, 2010 und 2014. Und wie die Regierung von 2005 waren auch alle folgenden Regierungen weit-gehend handlungsunfähig, weil sie an zwei Grundübeln krankten.

Das erste war die unzureichende Beteiligung der Sunniten. Ein Groß-teil der arabischen Sunniten des Irak betrachtete sich nach der US-In-vasion als Verlierer und boykottierte die Wahlen aus unterschiedlichen Gründen. Die einen sahen sich von den schiitisch-islamistischen Partei-en ausgegrenzt und hatten jede Hoffnung auf Veränderung aufgegeben. Andere waren durch Morddrohungen der Aufständischen von der Wahl-beteiligung abgeschreckt. Wiederum andere fühlten sich von den sun-nitischen demokratischen Parteien, die sich ab 2003 in der neuen poli-tischen Arena des Irak ihren Platz erkämpft hatten, nicht vertreten. Das verschaffte den schiitischen und kurdischen Parteien, die geschlossener auftraten und ihre Klientel stärker mobilisieren konnten, bei den Wahlen entscheidende Vorteile gegenüber ihren Konkurrenten.

So gut wie alle sunnitischen Parteien, die sich zwischen 2003 und 2005 gebildet und in der einen oder anderen Form am politischen Pro-zess teilgenommen hatten, litten und leiden unter dem geringen Vertrau-en, das sie bei einem Großteil der sunnitischen Bevölkerung genießen. Dabei zerfallen die »systemkonformen« sunnitischen Parteien in zwei Kategorien: Parteien nationalistisch-säkularer Orientierung und Parteien religiöser Orientierung. Zwei dieser sunnitischen Parteien ragen an Be-deutung heraus – zunächst die islamistische »Iraqi Islamic Party« (IIP), der irakische Zweig der internationalen Muslimbruderschaft, unter ih-rem Führer Tariq al-Hashimi; und dann die säkular-nationalistische »Iraqi Front of National Dialogue« (IFND) unter ihrem Führer Salih al-Mutlaq, einem früheren Baath-Parteikader.

Beide Parteien haben ab 2005 auf der politischen Bühne des Irak ihre Nische gefunden, weil sie sich als zwitterhafte Überlebenskünstler behaupten konnten. Einerseits hatten sie durch die Entsendung von Mitgliedern in Exekutive und Legislative einen Fuß im politischen System. Andererseits standen sie mit einem Fuß jedoch außerhalb dieses Systems, weil sie sich durch ihre lautstarke Kritik zu Sprechern auch jener Sunniten machten, die – sei es schweigend, sei es in militanter Weise – die neue Ordnung ablehnten. Das brachte ihnen Anfeindungen aus zwei Lagern ein. Radikale Schiiten in Parlament und Regierung beschuldigten sie seit 2005, ein trojanisches Pferd des Widerstands zu sein und mit den Aufständischen zu kollaborieren. Und in der Tat gab es seit 2006 vereinzelte Fälle von sunnitischen Parlamentariern, die sich mitten in der Legislaturperiode dem bewaffneten Widerstand anschlossen oder dabei aufflogen, als sie Waffen oder Sprengstoff ins Parlament schmuggelten. Zahlreiche militante sunnitische Oppositionsgruppen hingegen sahen (und sehen) in den Mitgliedern der systemkonformen sunnitischen Parteien machtgierige Opportunisten und Verräter. Angesichts dieser doppelten Anfeindungen verwundert es nicht, dass seit 2003 mehrere hundert politische Mitglieder dieser »systemkonformen« sunnitischen Parteien ermordet wurden.

Das andere Grundübel, das zur Handlungsunfähigkeit der irakischen Regierungen führte, war die Institutionalisierung des *muhassasa*-Prinzips der Machtverteilung in Staat, Armee und Polizei. Verhängnisvoll war, dass sich dieses Modell seither auch in allen Bereichen und Ebenen der staatlichen Verwaltung, der Wirtschaft und des Bildungswesens fortpflanzte. Dank *muhassasa* betrachtete jeder Minister, der primär den Interessen seiner konfessionellen oder ethnischen Partei verpflichtet ist, sein Ministerium als Erbhof und persönliches Lehen, über das er unumschränkte Kontrolle ausübt. Eine Richtlinienkompetenz des Premierministers hatte die von der CPA entworfene Übergangsverfassung des TAL ebenso wenig vorgesehen wie die neue, im Herbst 2005 angenommene neue Verfassung. Stattdessen musste der Premierminister, um regieren zu können, im Kabinett einen Konsens herbeiführen, was fortwährende Verhandlungen mit jedem einzelnen Minister verlangte. Folglich war der Handlungsspielraum des Premierministers begrenzt. Selbstredend verschlang diese Methode der Entscheidungsfindung durch Überzeugung und Konsens viel Zeit und Energie. Das machte es der Regierung fast unmöglich, das normale Tagesgeschäft zu bewältigen, geschweige denn, sich in ausreichender Weise um die Aufrechterhaltung staatlicher Dienst- und Versorgungsleistungen zu kümmern. Schlimmer noch: Jede Partei mit einem Interesse am Erhalt ihrer Macht benutzte (und benutzt) das von ihr dominierte Ministerium, um Parteimitglieder, Verwandte und Sympathisanten zu belohnen.[5] Das öffnete die Ministerien schrankenloser Vetternwirtschaft, Patronage und Korruption.

Die Regierung von Premierminister Ibrahim al-Jaafari stand von Anfang an unter keinem guten Stern. Jaafari, ein Mann von professoralem Habitus, der nach außen das Image eines jovialen Bildungsbürgers pflegte, genoss bei den Amerikanern wenig Respekt. Rasch begannen sie ihn hinter vorgehaltener Hand als »die Rauchmaschine« zu verhöhnen. Dahinter verbarg sich Jaafaris Hang, bei Konferenzen und Verhandlungen endlos lange Monologe und kryptische Reden zu halten, die nur wenig Inhalt hatten. Auch seine öffentlichen politischen Reden zeigten ihn als seltsam blutleeren, wenig zielstrebigen Politiker. Doch hinter der von ihm sorgfältig gepflegten Maske des unbedarften Biedermanns verbarg sich auch eine gehörige Portion Abgründigkeit. Nichts beweist dies besser als Jaafaris heimlich geschlossenes Bündnis mit Muqtada al-Sadr, dessen Schlägertrupps er geschickt einzusetzen wusste, um schiitische Rivalen gefügig zu machen.

Auf die zunehmende konfessionelle Gewalt im Land reagierte Jaafari hilflos, und Hinweise, dass sich schiitische Gruppen an Gewaltakten beteiligten, pflegte er zu ignorieren oder herunterzuspielen – so auch bei den im November 2005 entdeckten Foltergefängnissen des Innenministeriums. Der Innenminister Bayan Jabr, ein schiitischer Führungskader des ISCI, gab sich überrascht. US-Amerikanische Spezialeinheiten waren auf die von schiitischen Todesschwadronen eingerichteten Gefängnisse in Bagdad, deren Insassen ausschließlich Sunniten waren, gestoßen und hatten Premierminister Jaafari davon unterrichtet. Doch statt diese Missstände auszuräumen, half Jaafari dem Innenminister, sich der Verantwortung zu entziehen. Bis zum Ende seiner Amtszeit blieb Jaafari ein kraftloser Ministerpräsident, der die Dinge schleifen ließ.

Iraks Quelle der Zwietracht: Die neue föderale Verfassung

Am Anfang der dritten TAL-Etappe für den Machttransfer stand das Ringen um die neue Verfassung. Über ihren Text hatten die 69 Mitglieder der Verfassungsversammlung, die das neue Parlament eingesetzt hatte, knapp zwei Monate lang diskutiert (13. Juni bis 8. August 2005). Abgelenkt durch fortwährende Gewaltexzesse hatte die Weltöffentlichkeit von den Kontroversen nur wenig Notiz genommen. Diese Unkenntnis der Brisanz dieser Verfassung bestimmt bis heute fast sämtliche Analysen der aktuellen Lage im Irak. Denn anders als beabsichtigt, entstand mit der Verfassung ein Dokument, das die Iraker eher spaltet, anstatt ihre nationale Identität zu fördern und ihren inneren Zusammenhalt zu stärken.

Die treibende Kraft hinter den im Mai 2005 hastig anberaumten Verfassungsverhandlungen war die Bush-Administration. Für Bush zählte allein der Zeitplan des TAL, der die Frist zur Annahme der Verfassung auf den 15.10.2005 festgelegt hatte. Diese Zielmarke versuchten die US-Vertreter im Irak auf Biegen und Brechen einzuhalten. An ihrer Spitze stand Zalmay Khalilzad, der neue, Anfang Juni 2005 berufene US-Botschafter. Khalilzad setzte vor und hinter den Kulissen alle ihm verfügbaren Mittel ein, um die Mitglieder des Verfassungsausschusses und andere irakische Spitzenpolitiker dazu zu bringen, den Entwurf termingerecht abzuliefern.

Zwischen Juni und Dezember 2005 herrschte in Bagdads »Green Zone« eine hektische Atmosphäre. Es wimmelte von Diplomaten, Beratern und Juristen aus der US-Botschaft, aus unterschiedlichen Abteilungen der Washingtoner Bürokratie sowie aus verschiedener Think-Tanks und NGOs. Mehrere hundert »wohlmeinender« US-Berater schwärmten aus, um in irakischen Parteizentralen, Fraktionsbüros und Privatresidenzen der Spitzenpolitiker bei der Ausarbeitung der Verfassung »zu helfen«. Die Bush-Administration war gleichzeitig Triebkraft und Getriebene in diesem Prozess. Innenpolitisch in die Kritik geraten, wollte Bush der amerikanischen Bevölkerung Erfolge im Irak vorweisen, Erfolge, die er Mitte 2005 dringend brauchte. Zwar hatte er die Präsidentschaftswahlen im November 2004 erneut gewonnen, doch brachte ihn im Februar 2005 eine Kette von Politskandalen in seiner Republikanischen Partei innenpolitisch in schwere Bedrängnis. Im Juni 2005 zerstörte der Orkan »Kathrina« weite Landstriche der Südstaaten. Das unprofessionelle

Krisenmanagement der Bush-Administration zerstörte auch das Vertrauen vieler Amerikaner in die Führungskraft des Präsidenten selbst. Dieses Vertrauen in Bush war seit 2003 durch seine Irak-Politik, die immer größere Opfer an Menschen und Finanzmitteln forderte, immer weiter gesunken. Deshalb brauchte Bush Erfolge im Irak – um jeden Preis.

Bis Anfang August 2005 erzielten die am Prozess beteiligten Politiker keine Einigung. Die sunnitischen Mitglieder lehnten die von der schiitisch-kurdischen Mehrheit erarbeiteten Entwürfe ab. Binnen eines Monats hatten unbekannte Attentäter drei der 14 sunnitischen Mitglieder des Verfassungsausschusses für ihren »Verrat an der sunnitischen Sache« ermordet. Der Zeitplan zwang US-Botschafter Khalilzad erneut zum Eingreifen. Er berief am 8. August ein politisches »Küchenkabinett« zusammen, bestehend aus den Führern der schiitischen und kurdischen Parteien, jedoch ohne Beteiligung der Sunniten. Hinter verschlossenen Türen starteten nun meist in der US-Botschaft abgehaltene tägliche 16-stündige Marathon-Sitzungen, um die Kernprobleme zu lösen. Am 15. August lief die vom TAL gesetzte Frist aus. Der TAL-Zusatzartikel 61f hatte für diesen Fall zwei Möglichkeiten vorgesehen: eine Verlängerung für die Verfassungsverhandlungen um sechs Tage oder um sechs Monate. Auf Druck Khalilzads stimmten die schiitischen und kurdischen Führer für eine einwöchige Fristverlängerung.[6]

Kurz vor Ablauf der letzten Frist kristallisierten sich zwei Entwürfe heraus, ein alter schiitisch-kurdischer Entwurf und ein neuer, von Khalilzads Küchenkabinett erarbeiteter Entwurf. Beide Papiere legte Khalilzad den sunnitischen Führern vor, verbunden mit der Drohung, einen der beiden anzunehmen, weil sie ansonsten ganz aus dem Spiel blieben. Vor diese »Wahl« gestellt, akzeptierten die Sunniten den Entwurf des Küchenkabinetts.[7] Allerdings konnten sie nicht ahnen, dass Khalilzad sich, kurz nachdem er den Sunniten den neuen Entwurf präsentiert hatte, einer Boykottdrohung der Kurden und Schiiten hatte beugen müssen. Als Ergebnis dessen wurde der neue Entwurf mit dem alten schiitisch-kurdischen Entwurf verschmolzen. Als am 23. August 2005 dieser verwässerte Verfassungsentwurf dem Parlament vorgelegt und auch angenommen wurde, waren die Sunniten aufgebracht, da sie sich hinters Licht geführt fühlten. Fast alle von ihnen traten deshalb im Oktober 2005 dafür ein, beim Verfassungsreferendum mit Nein zu stimmen.

Für die Ablehnung gab es gute Gründe, denn das Ergebnis der Verhandlungen war eine Verfassung voller unklarer Passagen und sich widersprechender Artikel. Entstanden unter hohem Zeitdruck und dies fast ohne Beteiligung der Sunniten, vertiefte die neue Verfassung den Hass vieler Sunniten gegen die neue politische Ordnung. Entstanden war eine Verfassung, die zahlreiche Probleme ungelöst ließ, die Zentralregierung schwächte und die bereits mit der US-Invasion eingeleitete Spaltung des Landes weiter vertiefte.

Der Föderalismus war in den Verfassungsverhandlungen das umstrittenste Thema. Das Konzept des Föderalismus war im Irak wie in allen anderen zentralstaatlich organisierten arabischen Staaten der Region ein Novum, das keine Vorläufer oder Bezugspunkte hatte. Als kompromisslose Befürworter des Föderalismus traten die zwei Kurdenparteien und der schiitische ISCI in den Ring. Die Kurden wollten die Zentralregierung schwächen und die Anerkennung eines *de facto* unabhängigen und auf freiwilliger Basis mit dem Irak verbundenen Kurdenstaates im Norden erreichen. Ihr Ziel war eine Konföderation namens Irak, in der die bereits existente Kurdenregion, die KRG, ein Recht auf Sezession haben sollte. Wenngleich die Kurden dieses Ziel nicht erreichten und der Irak zumindest *de jure* ein Bundesstaat blieb, gelang es ihnen doch eine Verfassung durchzusetzen, die eine schwache Zentralregierung und einen dezentralisierten Staat vorsah.

Was aber versprachen sich die ISCI-Führer von einer Stärkung der Regionen auf Kosten der Zentralregierung? Anfang August 2005, auf dem Höhepunkt der Verfassungsverhandlungen, hatte ISCI-Führer Abdulaziz al-Hakim in einer öffentlichen Rede die Katze aus dem Sack gelassen. Er verbreitete die Vision einer starken schiitischen Großregion im Südirak, einschließlich aller neun südlich an Bagdad angrenzenden Provinzen. Das ließ nur einen Schluss zu: Mit der Schaffung eines »Schiastan« wollte ISCI seine bereits weitreichende Kontrolle über die meisten südlichen Schiitenprovinzen, die ihm nach dem Sieg in den Provinzwahlen von Januar 2005 zugefallen war, weiter festigen. Und nicht nur das: Ein künftig von ISCI dominiertes »Schiastan« sollte ISCI den Zugriff auf die gewaltigen Ölfelder des Südens im Umfeld von Basra und damit auf die mit Abstand größte ökonomische Ressource des ganzen Landes sichern.

Sunnitische Araber und Säkularisten lehnten starke Regionen und eine Dezentralisierung grundsätzlich ab. Angelehnt an die bisherige zentralistische Staatsordnung, favorisierten sie einen Einheitsstaat mit effizienten zentralstaatlichen Organen wie einer starken Armee und Verwaltung. Sunniten und Säkulare fürchteten, dass die Dezentralisierung zu einer Teilung des Landes in einen schiitischen, einen kurdischen und einen sunnitischen Teilstaat führen würde. In diesem Szenario wären die Sunniten aufgrund der geografischen und naturräumlichen Ressourcenausstattung in einem Rumpfstaat im Norden und Westen des Irak eingeschlossen. Dieser Rumpfstaat, arm an Wasser, Öl und Gas, war für die Sunniten eine Horrorvision. Das föderale Konzept von ISCI mit einer künftigen Schia-Großregion war für sie Verrat am Irak. Denn es sah vor, dass Regionen statt wie bisher auf geografischer, administrativer und ethnischer Grundlage (wie im Fall der KRG) nun aufgrund einer konfessionellen Basis gegründet werden konnten.

Im Hinblick auf die ISCI-Vision im Speziellen und die Dezentralisierung im Allgemeinen waren die Schiiten der UIA gespalten. Anders als ISCI gehörte die Mehrheit der UIA-Mitglieder, insbesondere die Daawa-Partei und die als Unabhängige getarnten Vertreter der Sadr-Bewegung, nicht zu den Befürwortern der Regionalisierung. Al-Hakim fürchtete, die Baathisten könnten sich in Bagdad an die Macht putschen und mit Unterstützung sunnitischer Verbündeter den Schiiten die Regierungsmacht wieder entreißen. Ursache dieser Ängste waren die traumatischen Erfahrungen im Zuge des niedergeworfenen Schiitenaufstands. Saddam konnte damals seine Macht nur in Bagdad und in den überwiegend sunnitischen Provinzen Anbar, Salah al-Din und Ninawa behaupten und überrollte von dort in einer militärischen Gegenoffensive alle Hochburgen der Schiiten im Süden. Das sollte, so die Überlegung al-Hakims, in Zukunft nie wieder möglich sein, und dafür benötigte er eine starke Schia-Region im Süden. Gegründet und kontrolliert von ISCI, sollte eine solche Region den Schiiten als Sperrriegel und Bollwerk dienen, um Rückeroberungsversuche der Sunniten abzuwehren. Vor Augen hatte al-Hakim dabei vor allem das Beispiel der wirtschaftlich und militärisch starken Kurdenregion im Norden. Dieses von ICSI propagierte Defensiv-Konzept eines »Schiastan« im Süden zeigte, wie unsicher viele Schiitenführer 2005 waren, ob sie die Macht, die ihnen das Demokratieexperiment der USA gegeben hatte, auch erhalten könnten.

Die wichtigsten Verfassungsgrundsätze im Überblick

Die wichtigsten Grundsätze der irakischen Verfassung sind die folgenden:[8] Der Irak ist eine Republik mit demokratischer und föderaler Ordnung, dessen Einheit garantiert wird (Artikel 1), und besteht aus einer Hauptstadt, Provinzen und Regionen. Alle Vollmachten, außer den exklusiven Kompetenzen der Bundesregierung, werden den Regionen übertragen. Bei Konflikten zwischen Gesetzen der Regionen und des Bundes hat die regionale Gesetzgebung Vorrang (Artikel 115).[9]

Die Bundesregierung in Bagdad hat folgende exklusive Kompetenzen. Sie formuliert und bestimmt die nationale Außen- und Sicherheitspolitik, kontrolliert Iraks Streitkräfte, sichert und verteidigt die nationalen Grenzen. Bagdad gestaltet die Finanzpolitik, stellt das nationale Budget auf und ist für die auswärtige Politik hinsichtlich der Wasserressourcen außerhalb des Irak verantwortlich (Artikel 107). Die Bestimmungen zu den Kompetenzen der Nutzung der Öl- und Gasressourcen sind mehrdeutig und widersprüchlich. Öl und Gas sollen dem gesamten Volk des Irak in den Regionen und Provinzen gehören (Artikel 111). Die Verwaltung dieser Öl- und Gasressourcen aus gegenwärtig genutzten Feldern solle die Bundesregierung in gemeinsamer Verantwortung mit den öl- und gasproduzierenden Provinzen und Regionen übernehmen. Gleiches gilt für die Verteilung der Öl- und Gaseinnahmen gemäß dem Anteil der Bevölkerung der jeweiligen Provinzen und Regionen (Artikel 112). Die Verwaltung und wirtschaftliche Ausbeutung künftig zu erschließender Felder in den Regionen fällt allein in die Verantwortung dieser Regionen. Beide Bestimmungen wurden nach 2006 zum ewigen Zankapfel zwischen Zentralregierung und Kurdenregion.

Die gesetzgeberische Gewalt wurde einem gewählten Parlament aus frei und geheim gewählten Volksvertretern für eine vierjährige Legislaturperiode übertragen. Die exekutive Gewalt kommt einem Präsidenten (mit eng begrenzten, überwiegend zeremoniellen und symbolischen Vollmachten) und einem Ministerkabinett zu (Artikel 66). Der Präsident wird durch eine Zwei-Drittel-Mehrheit des Parlaments gewählt und sollte zwei Stellvertreter haben. Letztere Bestimmung war ein Zugeständnis an die Zwänge eines durch ethnische und konfessionelle Vielfalt geprägten Proporzes, der *muhassasa* (später sollten der Präsident und seine zwei Stellvertreter jeweils eine der drei großen Volksgruppen vertreten).

Am wichtigsten war jedoch die dem Präsidenten (Artikel 76) verliehene Vollmacht, den »Kandidaten der parlamentarischen Mehrheit« als Premierminister zu nominieren. Was unter dem Begriff zu verstehen war, führte nach den Parlamentswahlen 2010 und 2014 zu zähen politischen Auseinandersetzungen, die die irakische Politik regelmäßig lähmten. Der Premierminister ist verantwortlich für die allgemeine Politik und gleichzeitig nomineller Oberbefehlshaber der Streitkräfte (Artikel 78), wobei allerdings dem Verteidigungsminister deren direkte Kontrolle obliegt. Eine Richtlinienkompetenz des Premierministers ist in der Verfassung nicht vorgesehen. Die Verfassung schuf auch ein Bundesjustizwesen, einschließlich eines Hohen Justizrats mit Aufsichtsbefugnis über sämtliche Rechtsangelegenheiten.

Im Hinblick auf die nationale Identität deklarierte die Verfassung den Islam zur Staatsreligion. Zugleich spezifiziert die Verfassung, dass kein Gesetz den Bestimmungen des Islam (Artikel 2, Absatz 1) oder den Prinzipien der Demokratie (Artikel 2, Absatz 2) widersprechen dürfe. Der Irak wurde ferner zu einem bi-nationalen Staat, in dem Arabisch und Kurdisch gleichberechtigte offizielle Sprachen sind (Artikel 4, Absatz 1). Im Hinblick auf die zwischen Zentralregierung und Kurden umstrittene territoriale Hoheit über Grenzgebiete der kurdischen Region, die die Peschmerga 2003 besetzt hatten, skizzierte die Verfassung mit Artikel 140 einen Weg zu einer friedlichen Lösung. Der Artikel legte fest, dass in diesen arabisch-kurdischen Gebieten einschließlich in der für die Kurden so wichtigen Stadt Kirkuk bis September 2007 ein Referendum abgehalten werden solle. Damit wurde diese explosive Streitfrage zumindest vorübergehend entschärft.

Darüber hinaus bestimmt die Verfassung, dass der Hohe Ausschuss weiterhin für die Ent-Baathifizierung verantwortlich sein soll (Artikel 135). Vom politischen Pluralismus des Irak ausgeschlossen sind extrem nationalistische und dschihadistische Gruppen, die Terrorismus, Rassismus und religiöse Exkommunizierung (*takfir*) fördern. Ausdrücklich verbietet die Verfassung die Baath-Partei und ihre Symbole (Artikel 7, Absatz 1).

Zweifellos bildete die neue irakische Verfassung im Vergleich zu den früheren Verfassungen einen beachtlichen Fortschritt auf dem Weg zur Demokratie. So schreibt die Verfassung fest, dass keine Gesetze erlassen werden dürfen, die den Prinzipien der Demokratie sowie der Bürger und

Menschenrechte zuwiderlaufen; das Volk ist die Quelle der Souveränität (Artikel 5); die Streitkräfte sind der zivilen Autorität unterstellt (Artikel 9, Absatz 1); Folter ist verboten; die Unabhängigkeit der Justiz wird
ebenso garantiert wie die Meinungs- und Versammlungsfreiheit und die
Freiheit zur Bildung von Parteien; Machtwechsel dürfen nur auf friedlichem und demokratischem Wege erfolgen (Artikel 6). Allerdings waren
viele dieser Bestimmungen bereits Bestandteile früherer Verfassungen,
ohne dass dies irgendeine Bedeutung für das reale politische Leben gehabt hatte. Die Art und Weise, wie diese Verfassungsbestimmungen ver-
wirklicht, außer Kraft gesetzt, gedeutet und umgedeutet wurden, hing
in den folgenden Jahren vor allem vom Spiel der politischen Kräfte und
der Machtbalance ab. Im Allgemeinen setzte sich unter den in Parlament
und Regierung vertretenen Parteien der Trend durch, bestimmte, ihnen
genehme Artikel für ihren politischen Kampf zu instrumentalisieren, ihren Zielen nicht förderliche Artikel dagegen zu ignorieren. Aufgrund der
Vagheit der Verfassung kann sie von politischen Kontrahenten jederzeit
für vollkommen gegensätzliche Forderungen genutzt und missbraucht
werden.[10] Ansätze eines Verfassungspatriotismus, bei dem die politische
Klasse den Wortlaut und Geist der Verfassung als Ganzes respektiert, haben sich im Irak bisher nicht entwickelt.

Das Verfassungsreferendum vom 15. Oktober 2005

Das Verfassungsreferendum wurde vom »Iraqi High Electoral Com-
mittee« (IHEC) und dem Wahlbüro von UNAMI überwacht, verstärkt
durch einen vom UNO-Hauptquartier entsandten hochrangigen Experten der »United Nations Electoral Advisory Division« (UNEAD), der
Wahlbeobachtungsbehörde der UNO. Die sunnitischen Parteien hatten
aus ihrem kontraproduktiven Boykott der Parlamentswahlen vom Januar 2005 gelernt. Diesmal forderten sie ihre Anhänger auf, mit »Nein« zu
stimmen. In der Tat schienen ihre Chancen gut, da das TAL die Messlat-
ten für die Ablehnung der Verfassung nicht allzu hoch gelegt hatte. Demnach war das Referendum gescheitert, wenn in drei der 18 Provinzen eine
Zwei-Drittel-Mehrheit der Wahlteilnehmer mit »Nein« stimmte. Zehn
Tage vor der Wahl gelang es US-Botschafter Khalilzad, die »Islamic Iraqi

Party« (IIP) unter Führung Tariq al-Hashimis aus der sunnitischen Ablehnungsfront herauszulösen. Als Lockmittel benutzte er einen als Konzession an die Sunniten gedachten Verfassungsartikel, den er der schiitisch-kurdischen Mehrheit abgerungen hatte. Dieser sah vor, dass es den neuen Abgeordneten nach der für den Dezember 2005 angesetzten Parlamentswahl erlaubt sein werde, während einer viermonatigen Phase Verfassungsänderungen einzubringen. Das beschwichtigte die Führer der IIP, die daraufhin ihre Anhänger aufriefen, mit »Ja« zu stimmen.

Am 15. Oktober war die landesweite Beteiligung mit 63 Prozent relativ hoch. Wie vorherzusehen war, stimmten die Wähler in den schiitischen und kurdischen Provinzen einschließlich Bagdads mit großer Mehrheit für die Annahme. Bei den Schiiten lag der Anteil der Ja-Stimmen zwischen 95 und 98 Prozent, bei den Kurden sogar bei 99 Prozent. In der Sechs-Millionen-Metropole Bagdad stimmten 78 Prozent der Wähler mit »Ja«, ein deutlicher Indikator für die zahlenmäßige Stärke der Schiiten in der Hauptstadt. Dagegen lehnten die beiden sunnitischen Provinzen Anbar und Salah al-Din die Verfassung mit 81 Prozent bzw. 97 Prozent Nein-Stimmen ab.

Nun hing alles vom Wahlausgang in der Provinz Ninawa ab. Ninawa hatte zwar eine sunnitisch-arabische Mehrheit, aber auch eine beachtliche kurdische Minderheit. Und diese Minderheit konnte mit dem Schutz der Peschmerga-Milizen rechnen, die nach der US-Invasion von 2003 die Kontrolle über die Provinzhauptstadt Mossul und große Teile der Provinz übernommen hatten. Die Auszählung der Stimmen in Ninawa verzögerte sich um zehn Tage. Das ließ unter Iraks Sunniten allerlei Verschwörungstheorien ins Kraut schießen. In der Auszählungsphase ersetzte auch das UNO-Hauptquartier den zuvor eigens für diese Aufgabe entsandten Experten der UNEAD aus unerfindlichen Gründen durch einen anderen Vertreter. Als UNAMI und das IHEC die Ninawa-Ergebnisse schließlich verkündeten, gab es 55 Prozent Nein-Stimmen. Damit war die Verfassung angenommen, woran auch die Einwände prominenter Sunniten nichts mehr änderten. So hatte etwa Parlamentspräsident Mahmud al-Mashhadani öffentlich den Vorwurf erhoben, das Wahlergebnis in Ninawa sei gefälscht worden.[11]

Die USA und die neue Verfassung

Die Bush-Administration war mit dem Ausgang des Referendums zufrieden und beglückwünschte die irakische Regierung und das irakische Volk zur Annahme der Verfassung. Zugleich feierte Präsident Bush den Ausgang des Referendums als großen Erfolg seiner Irak-Politik und als weiteren Meilenstein in seinem Zeitplan für den von den USA eingeleiteten Aufbau einer Demokratie im Irak. Letztlich erwiesen die USA dem Irak einen Bärendienst, als sie die neue Verfassung überhastet durchpeitschten. Zahlreiche Geburtsfehler des neuen Irak, die seine politische und ökonomische Entwicklung bis heute behindern und ihn *de facto* zu einem funktionsunfähigen Staat machen, wurzeln in der Verfassung.

Zwar hat Präsident Bush vor und nach der Annahme der Verfassung wiederholt öffentlich erklärt, dass die USA für den Erhalt eines geeinten und starken Irak eintreten. Allerdings spiegelt sich diese Position Bushs in der Verfassung nicht wider – was erstaunlich ist, zumal dieser ja maßgeblich von Vertretern seiner Administration in Bagdad mitgestaltet wurde. Tatsache ist, dass einflussreiche Amerikaner wie US-Botschafter Khalilzad und Peter Galbraith zu den stärksten Befürwortern einer weitreichenden kurdischen Autonomie zu Lasten der irakischen Zentralregierung gehörten. Galbraith ist ein ehemaliger hochrangiger US-Diplomat und vertrat sein Land in den 1990er Jahren als Botschafter in Kroatien. Seit dieser Zeit unterhielt er enge Beziehungen zu den irakischen Kurden, deren Bestrebungen nach Unabhängigkeit er im amerikanischen Außenministerium und in anderen Organisationen unterstützte. Nachdem er 2003 seinen Dienst im US-Außenministerium quittiert hatte, arbeitete er auf Einladung des Präsidenten der Kurdenregion (KRG), Massoud Barzani, als Berater der KRG in Bagdad. Galbraith war zu jener Zeit, als die Verfassung beraten wurde, an allen Verhandlungsrunden direkt oder indirekt beteiligt. Ein Jahr später (2006) veröffentlichte er in den USA ein Buch unter dem Titel *The End of Iraq*, dessen Kernthese lautet, dass die USA in ihrem eigenen Interesse die Teilung des Irak und die Gründung eines unabhängigen Kurdenstaates im Nordirak unterstützen müssten. Seither werden Kritiker nicht müde, Galbraith vorzuwerfen, mit dieser Position eigennützige finanzielle Interessen zu verfolgen. Die *New York Times* wies Galbraith im November 2009 nach, dass er Teilhaber eines kurdisch-norwegischen Joint Ventures der Erdölindustrie geworden war. Aus dieser Teilhaberschaft habe er Gewinne in Höhe von mehr als 100 Millionen US-Dollar erzielt.

US-Botschafter Khalilzad pflegte während seiner Amtszeit in Bagdad ähnlich wie Galbraith enge Beziehungen zu den Kurdenführern. Und auch er hat sich nach seinem Ausscheiden aus dem Staatsdienst 2009 darum bemüht, aus diesen Beziehungen geldwerte Vorteile zu ziehen. Die von ihm gegründete Consultingfirma »Khalilzad Associates« betreibt zusammen mit der in Dubai ansässigen RAK Petroleum, deren Aufsichtsrat Khalilzad angehört, eine Reihe großer Ölförderanlagen in Irakisch-Kurdistan. Die Engagements von Galbraith und Khalilzad machen deutlich, wie fragwürdig die Aktivitäten vieler US-Akteure zur Zeit der US-Okkupation waren und wie wenig sie dazu beitrugen, dem Land eine dauerhafte stabile Ordnung zu geben.

Das Vorspiel zum Bürgerkrieg

Die meisten Beobachter und Zeithistoriker legen den Ausbruch des konfessionellen Bürgerkriegs auf den 22. Februar 2006 fest. An diesem Tag sprengte Al Qaida im Irak die Kuppel der schiitischen Grabes-Moschee in Samara in die Luft. Der Anschlag entfesselte einen zwei Jahre währenden Bürgerkrieg zwischen Schiiten und Sunniten. Doch wird dabei oft übersehen, dass das von sunnitischen Dschihadisten und schiitischen Extremisten gesäte Misstrauen und der Hass bereits lange vor dem Anschlag von Samara aufgegangen waren. In den Monaten zuvor gab es im Irak fast täglich Bombenanschläge, vor allem in Bagdad, und konfessionelle Reibereien waren Teil des Alltags vieler Iraker geworden. Die Atmosphäre war so spannungsgeladen, dass es nur eines Funkens bedurfte, um einen Feuersturm zu entfachen. Nichts veranschaulicht diese ahnungsvolle Spannung so gut wie die Kazimiya-Katastrophe vom 23. Oktober 2005. An diesem Tag, dem Höhepunkt der Arbain-Prozessionswoche, zogen in Bagdad mehr als eine halbe Million schiitische Prozessionspilger über die Tigris-Brücke von Adhamiya im Osten nach Kazimiya, dem schiitischen Grabheiligtum, nach Westen. Plötzlich verbreitete sich unter den dicht gedrängten Pilgern auf der Brücke die Nachricht, Selbstmordattentäter hätten sich unter sie geschmuggelt. Sofort brach eine wilde Panik aus,

Zehntausende Menschen wurden niedergetrampelt oder über die Brüstungen der Brücke in den Fluss gestoßen. Am Ende des Abends berichteten die Nachrichtensender von 930 Menschen, die zu Tode getreten wurden oder im Fluss ertrunken waren. Dass fast tausend Menschen starben, ohne dass ein einziger Schuss fiel, verdeutlicht, wie groß die Spannung bereits war.

Dass sich Unheil zusammenbraute, war bereits im Herbst 2004 abzusehen, als die US-Truppen in Falluja zum zweiten Mal die sunnitischen Aufständischen besiegt hatten. Während der Kämpfe und nach der Besetzung waren 200.000 Einwohner aus der Stadt geflohen, vor allem in Richtung Bagdad. Der größte Teil fand bei Verwandten oder Stammesangehörigen Zuflucht, von denen die meisten in den dicht besiedelten westlichen Vorstädten wie Abu Ghraib oder in mehrheitlich sunnitischen Stadtteilen wie Ameriya, Mansur, Jihad oder Ghazaliya wohnten. Der massenhafte Zuzug vieler radikalisierter und traumatisierter Sunniten nach West-Bagdad hatte für Schiiten, die in diesen bis dahin konfessionell noch relativ gemischten Stadtvierteln wohnten, unmittelbare Folgen. Ab Dezember 2004 nahmen Gewalttaten gegen schiitische Bewohner dieser Viertel rapide zu. Entsetzt stellten die meisten Anwohner dieser gemischten Viertel fest, dass sich das jahrzehntelange friedliche Nebeneinander von Sunniten und Schiiten vor ihren Augen auflöste. Statt Normalität herrschte dort bereits seit Mai 2005 ein unerklärter Bürgerkrieg, der sich langsam, aber unaufhaltsam in den Alltag der Menschen fraß. Die regierungsamtlichen Polizeistatistiken für Bagdad belegen diese Entwicklung: So stieg die Zahl der amtlich registrierten Morde von durchschnittlich 11 pro Tag Anfang Januar 2005 auf 33 pro Tag im Dezember 2005.

2005 hatte die »Al-Qaida im Irak« (AQI) unter ihrem Führer Abu Musab al-Zarqawi die Terrorkampagne in schiitischen Wohnvierteln forciert. Die Anschläge mit Autobomben und Selbstmordattentätern richteten sich vor allem auf belebte Märkte, viel besuchte Moscheen sowie Polizeistationen. Als Devise galt, eine maximale Zahl von Menschen zu töten oder zu verwunden. Im Gefolge dieser verheerenden Anschläge traten schiitische Milizen auf den Plan. Diese Milizen beanspruchten die schiitische Gemeinschaft zu vertreten und deren Opfer zu rächen, indem sie mal wahllos, mal gezielt sunnitische Männer entführten und ermordeten.

Allein im ersten Halbjahr 2005 wurden 130 Selbstmordanschläge gegen schiitische Ziele registriert.

Mit Beginn des Jahres 2005 vertrieben sunnitische Salafisten mit Drohungen und Morden schiitische Familien aus sunnitisch dominierten Vierteln Bagdads – eine Entwicklung, die den Anfang der religiösen Säuberungen Bagdads markierte. In diesen Vierteln errichteten sie jeweils eigene kleine, auf ihrem Verständnis der Scharia gründende religiöse »Warlord«-Regime. Dort machten sie Jagd auf Individuen und Mitglieder von Berufsgruppen, die ihnen als Abweichler oder Gegner der neuen islamischen Ordnung galten. Schiitische Milizen zahlten mit gleicher Münze heim und begannen nun ihrerseits, Sunniten aus ihren Vierteln zu vertreiben und zu töten. Im Januar 2006, einen Monat vor Samara, lag die monatliche Mordrate bereits bei durchschnittlich 700 bis 1000 Mordtaten, dem höchsten Stand seit 2003.

Das Anwachsen des konfessionellen Hasses

Die vermehrten Anschläge verfestigten bei vielen Irakern eine Wagenburg-Mentalität. Von der Polizei und Armee ihrem Schicksal überlassen, suchten sie Sicherheit, Schutz, Halt und teilweise sogar Arbeit bei konfessionell homogenen Milizen in ihren Stadtvierteln. Für einen arbeitslosen Jugendlichen war ein monatliches Salär von 100 bis 150 US-Dollar als Milizionär ausreichend, um sich und seine Familie halbwegs über die Runden zu bringen. Die Viertel verwandelten sich zusehends zu Fluchtburgen und Festungen. Auch die Verschiebung der politischen Kräfteverhältnisse im Gefolge der Wahlen seit 2005 trug zur Polarisierung und deshalb auch zum verstärkten Rückzug auf die eigene Konfession bei. Das betrifft die Sunniten weitaus stärker als die Schiiten. Die große Mehrheit der Sunniten hatte vor dem Sturz Saddams ihr Selbstverständnis und ihre Identität weniger aus alten religiös-konfessionellen Traditionen, sondern vielmehr aus modernen national-säkularen Ideologien geschöpft. Doch spätestens ab 2005 wurden sie sich ihrer konfessionellen Identität immer stärker bewusst. Die Gründe hierfür waren die Wahlniederlagen der Sunniten 2005 und deren Marginalisierung bei der Ausarbeitung der Verfassung im Sommer 2005. Die Wahlergebnisse nährten die Furcht vieler Sunniten vor einer Verschiebung der Machtbalance zugunsten der Schiiten – was nicht unbegründet war. Nachdem ISCI das Innenministerium im Mai 2005 übernommen hatte, gliederte es einen Großteil der 15.000 Milizkämpfer seiner Badr-Brigade in die Nationalpolizei ein.[12] Die Nationalpolizei ist eine 2004 für den Anti-Terrorismus-Kampf gegründete Gendarmerie-Truppe mit 30.000 Polizisten. Wenig später tauchten die ersten Presseberichte über gut organisierte bewaffnete Todesschwadronen in Bagdad auf, die Jagd auf echte oder vermeintliche Baathisten oder politische Aktivisten der Sunniten machten, sie folterten oder töteten.

Auf der anderen Seite fürchteten sich auch die Schiiten. Sie hatten durch die Wahl von Januar 2005 zum ersten Mal in der modernen Geschichte des Irak die Regierung übernommen und konnten im Dezember 2005 diesen Wahlerfolg noch einmal wiederholen. Das gab ihrem Anspruch auf die Regierungsmacht eine Legitimität, der die Sunniten nichts entgegenzusetzen hatten. Gleichzeitig fürchteten sie, dass das eigentliche Ziel der Aufständischen nicht der Sieg über die US-Besatzer sei, sondern vor allem die Vertreibung der Schiiten von der Macht. Dieses Misstrauen erklärt auch die Beharrlichkeit, mit der sich ISCI und Daawa während der Wahlen 2005 weigerten, sich auf die Forderungen des US-Botschafters Khalilzad einzulassen. Khalilzad hatte sie gedrängt, auf die sunnitischen Parteien zuzugehen, um die nationale Versöhnung zu fördern. Stattdessen zogen es die Schiitenparteien vor, sich vorübergehend mit dem »Quertreiber« Muqtada al-Sadr auszusöhnen und die Reihen der Schiiten-Koalition zu schließen. Die Neutralisierung des militärischen Gefahrenpotentials von Sadrs Mahdi-Armee bescherte ihnen große Vorteile. Denn solange sie die Sadristen im Zaum hielten und sie wenigstens zeitweise von Gefechten gegen die US-Besatzer abhielten, konnten sie sich Washington als zuverlässige Partner andienen. Das wiederum stärkte ihre eigene Machtposition in Staat und Regierung auf Kosten der Sunniten.

Anfang 2005 waren sunnitisch-arabische Aufständische die einzigen militärischen Gegner der irakischen Regierung und der US-Besatzer. Ihre propagandistische Rhetorik und ihre Ideologie waren zusehends von religiösen Motiven bestimmt. Um Schiiten pauschal als Ketzer zu stigmatisieren, verwendeten sunnitische Extremisten nun den der klassischen islamischen Ketzerlehre entnommenen Terminus *rafidha* (deutsch: Ablehner). Er bezeichnet Gruppen mit häretischen Glaubenslehren, die verfolgt und getötet werden müssen. Das verlieh dem Kampf mit den Schiiten manichäische Züge eines kosmologischen Ringens zwischen dem absolut Guten und dem absolut Bösen.

Al-Qaida im Irak und die Kriegserklärung an die Schiiten

Beim Ausbruch des Bürgerkriegs kam Al-Qaida im Irak (AQI) eine entscheidende Rolle zu. Von Anfang an verfolgte AQI bei der Auswahl seiner Anschlagsziele eine besondere Strategie, die sie von den anderen sunnitischen militanten Oppositionsgruppen unterschied. AQI versuchte vorzugsweise »weiche« statt »harte« Ziele zu treffen. Laut einer US-Armeestatistik war AQI von 2003 bis 2007 »nur« für 15 Prozent der Anschläge auf US-Truppen verantwortlich, jedoch für 90 Prozent aller registrierten Anschläge mit Selbstmordattentätern auf andere Ziele, insbesondere auf schiitische Zivilisten. Gleichzeitig schätzte das US-Militär 2007, dass von den insgesamt auf ungefähr 20.000 Mann geschätzten Kämpfern der Aufständischen AQI allenfalls fünf Prozent stellte, also nie mehr als 1.000 Kämpfer aufbieten konnte. Kurzum: Trotz geringerer Größe stellte AQI im Hinblick auf die Brutalität und Effektivität ihrer Terroranschläge alle anderen Gruppen in den Schatten.

Nach der US-Invasion hatte sich der Aufstand nach und nach konsolidiert und war zu einer festen militärisch-politischen Größe geworden. Unter den Gruppen der Aufständischen hatte sich Al-Qaida im Irak seit 2004 als diejenige Gruppe herausgeschält, die den anderen in Sachen Effizienz, Organisationsgrad und Finanzreserven eine Nasenlänge voraus war. Gleichwohl gab es neben AQI schätzungsweise 20 andere größere und kleinere Widerstandsgruppen, unter denen vier größere erwähnenswert sind. Dabei handelte es sich um die »Islamic Army in Iraq«, »The Partisans of Sunna Army«, »The Islamic Front of the Iraqi Resistance« und die »Naqshbandiya-Army«. Die genannten Gruppen hingen Ideologien an, die eine Mischung aus religiösen und nationalistischen Komponenten darstellten, wobei zumeist das nationale Element überwog. Ihr operativer und mentaler Bezugsrahmen blieb jedoch der Irak in seinen nationalen Grenzen. Transnationale Ziele und Eroberungszüge verfolgten sie nicht, was sie deutlich von den aus dem Ausland in den Irak eingesickerten Salafisten und Dschihadisten unterschied. Insofern

war klar, dass internationale Dschihadisten und national-religiöse sunnitische Aufständische aufgrund ideologischer Gegensätze allenfalls eine
Zweckallianz auf Zeit geschlossen hatten. Diese Allianz würde halten,
solange sie der äußere militärische Druck durch die US-Truppen und
die irakische Armee zusammenhielt. Was darüber hinaus alle Gruppen
des sunnitischen Widerstands bis heute eint, ist die Überzeugung, dass
so unterschiedliche Protagonisten wie die quietistische Klerikerelite in
Nadschaf unter Großayatollah Sistani, die Sadr-Bewegung und die seit
2005 in Bagdads Regierung dominanten schiitischen Exilparteien wie
ISCI und Daawa unter einer Decke stecken. Ihr Ziel sei es, so die Aufständischen, eine dauerhafte Regierung der Schiiten zu installieren, die
im Hintergrund vom Iran gesteuert werde. In den Augen der sunnitischen Aufständischen sind die neuen Machthaber in Bagdad seit 2005
nichts anderes als »Iraner«, was es ihnen erleichterte, sie zu Ketzern und
Volksfeinden zu stempeln.

Zarqawis Brief an Usama Bin Ladin: Kriegserklärung an die Schia

Die »Al-Qaida im Irak« (AQI) war 2003 von Abu Musaba al-Zarqawi
im Irak gegründet worden. Aufgrund gemeinsamer Kampferfahrungen
in Afghanistan hatte Zarqawi enge Verbindungen zu Usama Bin Ladin,
dem Chef von Kern-Al-Qaida in Pakistan. Das belegt ein vom Februar
2004 datiertes Schreiben Zarqawis an Bin Ladin, von dem US-Nachrichtendienste Kopien erbeuteten und das von internationalen Terrorismus-
mus-Experten als authentisch erachtet wird. Der Brief ist ein in vielerlei
Hinsicht bedeutsames Dokument. Denn er verrät nicht nur viel über
Geisteshaltungen und Feindbilder der AQI-Führer, sondern auch über
deren Strategie in der Auseinandersetzung mit den Schiiten. Aus diesem
Grund lohnt es sich, Auszüge des Briefes wiederzugeben.

So schreibt Zarqawi:

> »Die Schiiten sind das unüberwindbare Hindernis, die lauern-
> de Schlange, der listige und bösartige Skorpion, der spähende
> Feind und das einsickernde Gift [...] Wir sind in einen Kampf
> auf zwei Ebenen eingetreten. Auf der einen Ebene ist alles offen
> und klar, denn dort begegnen wir einem feindlichem Angreifer

und seinem reinen Unglauben [den US-Besatzungstruppen und dem Christentum, Anm. W. B.]. Auf der anderen Ebene führen wir eine schwierige, erbitterte Schlacht mit einem Feind, der das Gewand der Freundschaft trägt, sich zu Übereinkünften bereit erklärt und zu Kameradschaft aufruft [...]. Doch der aufmerksame Beobachter wird erkennen, dass die Schiiten die wahre Gefahr sind [...]. Der Schiismus ist eine Religion, die nichts mit dem Islam gemein hat [...]. Sie ist voll von offenem Polytheismus, sie gebietet es, Gräber zu verehren, Heiligenschreine zu umwandern und die Genossen des Propheten Ungläubige zu nennen [...]. Die Schiiten waren zu allen Zeiten und in allen historischen Epochen eine Sekte der Hinterlist und des Verrats [...] Es ist ein Glaubensbekenntnis, dessen Ziel der Kampf gegen die Sunniten ist. Als das abscheuliche Baath-Regime fiel, wollten die Schiiten überall zwischen Tikrit und al-Anbar Rache nehmen. Aber ihre religiösen und politischen Führer behielten die Kontrolle über ihre Glaubensgemeinschaft, so dass zwischen ihnen und den Sunniten keine Schlacht entbrannte und der offene Religionskrieg ausblieb. Sie wussten, dass sie auf diese Weise nicht gewinnen würden. Denn sollte ein Religionskrieg ausbrechen, würden viele Dschihadisten der ganzen Welt den Sunniten des Irak zu Hilfe eilen.

Da ihre Religion eine Religion der Heuchelei ist, machten sie sich andere Methoden zunutze. Sie begannen Institutionen des Staates und seiner militärischen, wirtschaftlichen und Sicherheitsorgane zu übernehmen [...] und haben diese Organe tief unterwandert. Ich nenne ein Beispiel, das die Dinge auf den Punkt bringt. Die Männer der Badr-Brigade, der militärische Flügel des Supreme Council for the Islamic Revolution in Iraq, haben ihre schiitischen Gewänder abgelegt und sich Uniformen der Polizei und der Armee angezogen. Sie haben in diesen Institutionen ihre Kader platziert und, unter dem Vorwand, das Vaterland und die Bürger zu schützen, begonnen, mit den Sunniten abzurechnen. Die amerikanische Armee hat angefangen, sich aus einigen Städten zurückzuziehen und ihre Präsenz auszudünnen. Eine irakische Armee hat begonnen, ihren Platz einzunehmen, und das ist das wahre Problem für uns, da unser Kampf gegen die Amerikaner ziemlich einfach ist. Sie sind der offene Feind, der das Land und die Mudschahidin [die Selbstbezeichnung für Dschihadisten, Anm. W. B.] nicht kennt, weil seine Nachrichtendienste schwach sind. Wir wissen, dass die Kreuzfahrer [eine Bezeichnung für US-Amerikaner und ihre westlichen Verbündeten, Anm. W. B.] morgen oder eines baldigen Tages verschwinden werden. [...] Der wahre Feind aber sind die Schiiten und die mit ihnen kollaborierenden sunnitischen Agenten, denn sie kennen ihre Landsleute in- und auswendig. Sie sind gerissener als ihre Herren, die Kreuzfahrer, und sie haben angefangen, die Sicherheitsapparate im Irak zu übernehmen. Sie haben viele Sunniten getötet und viele ihrer Feinde aus der Baath-Partei [...].

Die Schiiten sind unserer Meinung nach der Schlüssel für die Umwälzung. Ich meine, wenn wir sie zum Ziel machen und ihre religiösen, politischen und militärischen Bastionen nur hart genug treffen, wird sie das so sehr provozieren, dass sie sich in tollwütiger Raserei auf die Sunniten stürzen [...]. Wenn es uns glückt, sie in einen Religionskrieg hineinzuziehen, wird es möglich sein, die schlafenden Sunniten aufzuwecken, weil sie dann die unmittelbare Gefahr spüren, ausgelöscht zu werden. [...] Trotz ihrer Schwäche und ihrer Zerstrittenheit sind die Sunniten die schärfsten Klingen [...]. Die Lösung, die wir sehen, und Gott der Erhabene mag es besser wissen, ist es, die Schiiten in die Schlacht hineinzuziehen, weil dies der einzige Weg ist, den Kampf zwischen uns und den Ungläubigen zu verlängern. [...] Die Schiiten haben gegen die wahren Leute des Islam einen geheimen Krieg erklärt. Sie sind der nahe und gefährliche Feind der Sunniten, auch wenn die Amerikaner ein Erzfeind bleiben. Aber die Gefahr durch die Schiiten ist größer und der Schaden, den sie uns zufügen, ist größer als der durch die Amerikaner. [...] Ich kann nicht anders, als immer wieder zu sagen, dass es die einzige Lösung ist, ihre religiösen, militärischen und sonstigen Führer anzugreifen und ihnen einen Schlag nach dem anderen zu versetzen, bis sie sich den Sunniten unterwerfen. Einige mögen sagen, dass wir in dieser Angelegenheit überhastet handeln und die Islamische Nation [Bezeichnung für die Internationale der Dschihadisten, Anm. W. B.] in eine Schlacht führen, für die sie noch nicht bereit ist [...] und viel Blut fließen wird. Aber genau das ist es, was wir wollen. Denn

Maßstäbe von richtig und falsch haben in unserer gegenwärtigen Lage keine Bedeutung mehr. Denn sie, die Schiiten, haben alle diese Maßstäbe zerstört. Und Gottes wahre Religion ist wertvoller als Menschenleben und Seelen.«[13]

Einen religiösen Bürgerkrieg vom Zaun zu brechen, war also lange vor Samara das erklärte Ziel der AQI. Denn in ihm sah sie eine notwendige Vorstufe des Zusammenbruchs der Regierung und der späteren Machtübernahme. Der Februar 2006 brachte sie ihrem Ziel näher.

Der Bürgerkrieg und die erste Maliki-Regierung

Als am 22. Februar 2006 Al-Qaida im Irak den Askariya-Schrein in Samara mit einer Bombe zerstörte, entlud sich ein lange aufgestautes Gewaltpotential. Noch am selben Tag begannen schiitische Milizen in Bagdad und auch anderswo mit Vergeltungsaktionen gegen sunnitische Milizionäre und Moscheen in sunnitischen Stadtvierteln. Der Samara-Anschlag öffnete die Schleusentore der Gewalt. Zuvor hatten die schiitischen Milizen das offene Tageslicht gescheut und im Dickicht der Großstädte sporadisch und punktuell operiert. Doch nach Samara übten sie Rache in großem Stil, wobei sie kaum mehr zwischen Kämpfern und Zivilisten unterschieden. Das trieb die Opferzahlen in die Höhe. Allein in der ersten Woche nach Samara töteten Schiitenmilizionäre landesweit mehr als 1.000 Menschen und verbrannten 184 sunnitische Moscheen. Die Polizei stand diesem Treiben ohnmächtig gegenüber. Zudem genoss sie aufgrund der Unterwanderung durch schiitische Milizionäre der Badr-Brigade kein Vertrauen in der Bevölkerung. Der US-Armee und der noch kleinen, im Aufbau befindlichen irakischen Armee war die Kontrolle über die Lage vollkommen entglitten. Sie hatten nur noch in kleinen Enklaven Bagdads das Sagen. In den weitaus meisten Stadtteilen dagegen übernahmen schiitische und sunnitische Milizen oder spontan gebildete Volkskomitees das Kommando. Ministerpräsident Jaafari war unwillig, auf Samara angemessen zu reagieren. Vielmehr schürte er die Gewalt noch, indem er sich in den Tagen nach dem Anschlag hartnäckig weigerte, eine militärische Ausgangssperre zu verhängen, und dies öffentlich damit begründete, dass die Schiiten nun »Dampf ablassen« müssten. Damit bestätigte er den Argwohn vieler Sunniten, die der Regierung Parteilichkeit unterstellten.

Unmittelbar nach dem Samara-Anschlag rief Großayatollah Sistani die Iraker zu Zurückhaltung und zum Verzicht auf Rache auf. Aber dieser Appell fand bei den Schiiten-Milizionären nur begrenzten Widerhall. Um eine Eskalation der Gewalt zu verhindern, verstärkten sowohl Sistani als auch US-Botschafter Khalilzad ihre Bemühungen, die längst überfällige Regierungsbildung voranzutreiben.

Die Wahlen von Dezember 2005 und die Regierungsbildung 2006

Die Vorbereitungen für die auf den 30. Dezember 2005 angesetzten zweiten allgemeinen Wahlen kamen unmittelbar nach dem Referendum in Gang. Begleitet wurden sie von einer Welle von Mordanschlägen auf führende schiitische und sunnitische Politiker, Richter und Administratoren. Zusätzliche Spannung brachte die Eröffnung eines von den USA eingerichteten Sondergerichtshofes in Bagdad Ende Oktober 2005. Die Hauptaufgabe dieses Gremiums war es, ein gerechtes Urteil über Saddam Hussein und ein Dutzend anderer inhaftierter Baath-Führer zu fällen. Über die Angeklagten, denen Verbrechen gegen die Menschlichkeit zur Last gelegt wurden, saßen irakische Richter zu Gericht, die von amerikanischen und internationalen Rechtsexperten beraten wurden. Um die Sicherheit des Sondergerichtshofes und des Wahlprozesses zu gewährleisten, hatten die USA ihre Truppenpräsenz zum ersten Mal seit 2003 verstärkt.

Neben der schiitischen UIA-Großkoalition, der Kurdenallianz (KA), Allawis *Iraqiya* und Chalabis INC, der nun unabhängig von der UIA ins Rennen ging, traten dieses Mal auch zwei Sunniten-Koalitionen an. Die erste war die Tawafuq-Front, eine um die islamistische IIP gruppierte lose Sammlung kleinerer Parteien mit teils religiöser, teils säkular-nationaler Ausrichtung. Aufgrund der ideologischen Gegensätze ihrer Mitglieder war die Tawafuq-Front von Anfang an wenig koordiniert und schwach. Die andere Sunniten-Koalition war die »Iraqi Front for National Dialogue« (IFND) unter Führung des Ex-Baathisten Salih al-Mutlaq.

Die UIA hatte es wieder einmal geschafft, alle islamistischen Schiiten-parteien unter einem Dach zu sammeln. Jedoch hatte sich innerhalb der UIA dieses Mal der Einfluss der Sadristen, die die meisten Kandidaten ins Rennen schickten, drastisch erhöht. Und anders als noch im Januar 2005 wahrte Sistani dieses Mal strikte Neutralität und verbot, sein Kon-terfei zur Wahlwerbung zu verwenden.

Das Ergebnis der Parlamentswahl, das Mitte Januar 2006 verkündet wurde, bestätigte die Machtverhältnisse, die sich schon nach den Par-lamentswahlen von Januar 2005 herauskristallisiert hatten. Wieder wa-ren die Schiiten und Kurden die großen Gewinner. Die schiitische UIA errang 128 Sitze (47 Prozent) und die Kurdenallianz 53 Sitze (19 Prozent). Auf die nächsten Ränge kamen die Tawafuq-Front mit 44 Sitzen (16 Pro-zent), Allawis *Iraqiya* mit 25 Sitzen (9 Prozent) und Mutlaqs IFND mit elf Sitzen (4 Prozent). Die übrigen Sitze verteilten sich auf kleinere Par-teien von zumeist ethnischen Minderheiten.

Sofort nach den Wahlen entbrannte in der UIA ein Machtkampf. Wie schon 2005 rangen 2006 innerhalb der schiitischen Großkoalition der UIA erneut Daawa und ISCI mit ihren jeweiligen Verbündeten um den Posten des Premierministers. Gemäß der neuen Verfassung hatte der Irak ein demokratisches, parlamentarisches und föderales Regierungssys-tem, das der Legislative erhebliches Gewicht einräumte. Und anders als noch vor 2003 kamen dem Präsidenten eher repräsentative und symboli-sche Funktionen zu. Das verhinderte, dass ein Präsident zum Diktator aufsteigen konnte. Die Verfassung erlegte dem Premierminister einerseits Einschränkungen auf, unterließ es jedoch andererseits, seine Befugnisse klar zu definieren. Insofern barg das Amt Entwicklungspotentiale, zumal die Verfassung den Ministerpräsidenten zum nominellen Oberbefehls-haber der Streitkräfte machte, wenngleich der Verteidigungsminister sie direkt kontrollierte.

Der amtierende Ministerpräsident Jaafari wollte sein Amt auf keinen Fall aufgeben. Der Streit um den Premierministerposten zog sich vier Monate hin und wuchs sich zu einem offenen Machtkampf zwischen den Lagern Jaafaris und ISCIs aus, der die UIA zu spalten drohte. Derweil eskalierte der Bürgerkrieg. Schließlich einigten sich beide Lager auf eine Abstimmung der neuen UIA-Parlamentsfraktion, die Jaafari mit hauch-dünner Mehrheit gegen den ISCI-Gegenkandidaten, Adil Abd al-Mahdi, gewann. Doch mittlerweile war der Abstimmungssieg wertlos geworden, weil andere Widersacher Jaafaris Kandidatur mit aller Macht blockierten. Dazu zählten der PUK-Führer Talabani, der im Mai 2005 Präsident des Irak geworden war, und US-Botschafter Khalilzad. Dieser hielt Jaafari für verantwortungslos, weil er sich nach dem Anschlag von Samara geweigert hatte, den Ausnahmezustand zu verhängen. Nach Meinung Khalilzads hätte dies die Ausweitung des Bürgerkriegs verhindern können. Auch Jaafaris Kooperation mit den widerspenstigen Sadristen war Khalilzad ein Dorn im Auge, zumal die USA damit rechneten, mit den Sadristen bald wieder in eine Konfrontation zu geraten.

Das Patt wurde erst Anfang Mai 2006 aufgelöst, als sich Jaafari widerwillig bereitfand, einen Ersatzkandidaten aus seiner eigenen Daawa-Partei zu nominieren. Als Kandidaten aus dem Politbüro der Daawa-Partei kamen nur Ali al-Adib und Nuri al-Maliki in Frage. Khalilzad verdächtigte Adib, ein getarnter Gefolgsmann des Iran zu sein, was ihn für die USA disqualifizierte.

Was Khalilzad hingegen für Maliki einnahm, war dessen irakisch-nationalistische Haltung, die er (so fand es Khalilzad bei der Lektüre von CIA-Dossiers heraus) allen Einschüchterungen zum Trotz selbst im iranischen Exil bewahrt hatte. In einem vertraulichen Gespräch bot er Maliki die Unterstützung seiner Kandidatur durch die USA unter drei Bedingungen an: erstens eine möglichst breite Regierung der Nationalen Einheit im Irak zu bilden; zweitens konkrete Schritte zur nationalen Versöhnung einzuleiten; und drittens mehr Sunniten in die Regierung zu integrieren und die politische Hexenjagd der Ent-Baathifizierung zu reformieren. Maliki willigte ein. Beide Seiten vereinbarten Stillschweigen, um zu verhindern, dass Malikis Nominierung in den Ruch der Rückendeckung der USA geraten und damit kompromittiert werden könnte.[14] Ende April 2006 bestätigte das neue Parlament den Kurdenführer Talabani als Präsidenten und den Sunniten Mahmud al-Mashhadani als Parlamentspräsidenten. Am 20. Mai 2006 nominierte Talabani Maliki zum neuen Premierminister, und das Parlament bestätigte die Ernennung.

Malikis neue Allparteienregierung aus 38 Ministern war noch größer als die vorherige und umfasste die schiitische UIA, die Kurdenallianz und die beiden Sunniten-Koalitionen, womit sunnitische Parteien zum ersten Mal ein großes Stück des politischen Kuchens abbekamen. Hingegen waren die beiden säkularen Koalitionen, Allawis *Iraqiya* und Chalabis INC, nicht in der Regierung vertreten. Sie waren die großen Verlierer.

Die *Iraqiya* nahm auf den Oppositionsbänken Platz. Der INC Chalabis verschwand dagegen in der politischen Versenkung, da er keinen einzigen Sitz bei der Wahl errungen hatte. Die Sadristen hatten in den Wahlen mehr Mandate als alle anderen UIA-Partner gewonnen, was ihr politisches Gewicht in der Koalition erheblich mehrte. Das musste auch der neue Premierminister Maliki anerkennen. Um sie nicht zu provozieren, gab er ihren Forderungen nach, und so erhielten die Sadristen mit den Ressorts Gesundheit und Verkehr zwei an Haushaltsmitteln und Ämtern reiche Ministerien, die sie zur Alimentierung ihrer Anhänger nutzten.

Malikis neue Regierung war aufgrund der politischen Spannbreite und heftiger Streitigkeiten ihrer Mitglieder kaum zu lenken. Und so war die Regierung bereits in ihren ersten Monaten fast handlungsunfähig und enttäuschte die Erwartungen der Amerikaner und jene der meisten Iraker. Maliki war vollauf damit beschäftigt, das fragile Gleichgewicht der Kräfte in der Regierung zu wahren und akute Krisen zu lösen. Er brauchte fast zwei Jahre, um sein politisches Überleben zu sichern – eine lange Zeit, während derer ihn viele Beobachter wiederholt abschrieben und für politisch tot erklärten. Dies war ein Fehler, da Maliki aus härterem Holz geschnitzt war als seine Vorgänger und sich als wahrer Überlebenskünstler erwies.

Der Einfluss der USA bei Malikis Nominierung zeigt, dass Washington 2006 im Hintergrund immer noch die Fäden zog. Aber durch die freien Wahlen waren schiitische Islamisten im Irak zu den stärksten Akteuren aufgestiegen. Die Spielregeln hatten sich verändert, und die Zeiten, in denen die USA sie allein diktierten und obendrein bestimmten, wer Premierminister wurde, waren vorbei. 2006 war der politische Einfluss der USA bereits erheblich geschrumpft. Beim Tauziehen um Jaafaris Nominierung und der anschließenden Wahl eines von zwei islamistischen Ersatzkandidaten hatten die USA nur noch die Wahl zwischen zwei »Übeln«. Sie entschieden sich für Maliki, das vermeintlich »kleinere Übel«, weil sie zwei Hoffnungen an ihn knüpften: erstens dass Maliki als irakisch-arabischer Nationalist seine Unabhängigkeit gegenüber dem Iran wahren würde; und zweitens dass Maliki sein Versprechen einlösen würde, die Sunniten durch eine stärkere Machtbeteiligung versöhnlich zu stimmen.

Die zweite Hoffnung zerschlug sich jedoch rasch. Dass Maliki kein Versöhner war, hätten die Amerikaner wissen können. Schließlich war

Maliki von September 2003 bis Mai 2005 Ahmad Chalabis Stellvertreter in der Ent-Baathifizierungskommission. Maliki brachte also keine guten Voraussetzungen dafür mit, eine innere Aussöhnung verwirklichen zu können und dies auch zu wollen. Doch 2006 war die Personaldecke deutlich kürzer geworden. Die USA hofften deshalb mit ihrer Unterstützung Malikis wieder einmal auf das Beste, zumal sie glaubten, der als unbeschriebenes Blatt geltende Maliki sei leicht zu lenken.

Blutige Ernten in Bagdad: Der Bürgerkrieg eskaliert

Ab Mitte 2006 gerieten die sunnitischen Organisationen militärisch ins Hintertreffen. Hatten die schiitischen Milizen unmittelbar nach Samara ihre Gegner noch mit blindem Furor und ungezielten Gegenschlägen zu treffen versucht, änderten sie nach einigen Wochen ihr Vorgehen. Sie gingen nun planvoller zu Werke, was ihre Aktionen effizienter machte. Zudem verstanden es die schiitischen Milizen, zwei Vorteile zu nutzen, die sie ihren Feinden voraushatten. Der erste war die weitaus größere Mitgliederstärke ihrer Milizen und der zweite die stillschweigende Unterstützung der Schiitenparteien, die die Regierung dominierten und die Polizei unterwandert hatten.

Der Bürgerkrieg spielte sich im ganzen Land ab – mit Ausnahme der Kurdenregion. Allerdings waren die Kämpfe in und um Bagdad die erbittertsten. Denn Bagdad war seit 1.200 Jahren das politische Gravitationszentrum des Landes, und hier liefen alle Fäden der administrativen, wirtschaftlichen und kulturellen Macht zusammen. Folgerichtig strebten sowohl Sunniten als auch Schiiten nach dem Samara-Anschlag danach, ganz Bagdad für sich zu erobern.[15] Der religiöse Bürgerkrieg veränderte die Landkarte Bagdads von Grund auf. Denn die schiitischen und sunnitischen Kombattanten taten alles in ihrer Macht Stehende, um die jeweiligen gegnerischen Bevölkerungsgruppen so weit wie möglich aus der Stadt zu vertreiben. Die östlich des Tigris gelegenen Stadtteile waren vor 2003 überwiegend schiitisch, allen voran die Hochburg der Sadristen, Sadr-City. Während ab Anfang 2005 zunehmend mehr militante Sunniten in den Westen Bagdads einsickerten, strafften die schiitischen Milizen ihre Kontrolle über die schiitischen Stadtviertel. Gleichzeitig versuchten sie größeren Einfluss in der gemischten Stadtmitte beiderseits des Tigris zu gewinnen. Nach Samara gingen die Schiiten auf breiter Front in die Offensive. Sadrs Miliz, die Mahdi-Armee, spielte dabei die entscheidende Rolle. Binnen weniger Monate übernahm sie die Kontrolle über fast alle Stadtteile des Bagdader Ostens. Lediglich die Sunniten-Hochburg in Adhamiya und das von den Badr-Brigaden eifersüchtig gehütete und von den Anwohnern Hakim-City genannte ISCI-Bollwerk Karada um die Universität Bagdad herum konnten sich gegen die Einheiten der Mahdi-Armee behaupten. Anders als den Badr-Brigaden gebrach es den Sadristen sowohl an straffer Führung und Disziplin als auch an klaren Befehls- und Organisationsstrukturen. In ihren Reihen sammelten sich verarmte, arbeitslose schiitische Jugendliche, Berufsverbrecher, Glaubenseiferer, Opportunisten und ehemalige Mitglieder der Saddam Fedaiyin.

Ab Sommer 2006 begannen Trupps von Sadr-Milizionären wie Schwärme blutsaugender Flughunde immer häufiger aus dem Osten Bagdads auszuschwärmen, um im Westen Beute zu machen. Stets wurden sie in der Nacht aktiv, wenn sie sich im Schutze der Dunkelheit sicher fühlten. Dann fuhren Konvois mit bis an die Zähne bewaffneten Sadristen über die Tigris-Brücken und verbreiteten im Norden und Westen Bagdads Schrecken und Tod. Viele ihrer Operationen waren sorgfältig geplant. Ziele waren vorab gründlich auskundschaftete Straßenzüge in gemischten oder überwiegend sunnitischen Stadtvierteln. Dort angekommen, sprangen ihre Männer aus Autos und griffen sich so viele Männer und Jugendliche wie möglich, in der Regel 50 bis 60 Personen. Diese wurden mit vorgehaltener Waffe gezwungen, in die Kofferräume der Sadristen-Autos zu klettern. Am nächsten Morgen fanden sich die Leichen der Entführten auf Brachflächen, Müll- und Schutthalden am Stadtrand Bagdads, die alle die für die Sadristen so typischen Folterspuren mit Bohrmaschinen aufwiesen.

Aber daneben bedienten sich die Milizionäre beider Seiten auch anderer Taktiken. Eine bestand darin, ganze Straßenzüge oder kleine Unterbezirke durch Errichtung bewaffneter Kontrollpunkte an den Haupteinfahrts- und Ausfallstraßen abzuriegeln. Dann begannen die Angreifer damit, die Bewohner sechs bis zwölf Stunden lang mit kombinierten Angriffen von Scharfschützen, Autobomben, Mörsergranaten und Maschinengewehren zu demoralisieren und möglichst viele von ihnen zu töten. Jede dieser Attacken hatte zur Folge, dass Hunderte von Familien freiwillig wegzogen, um ihr Leben zu retten.

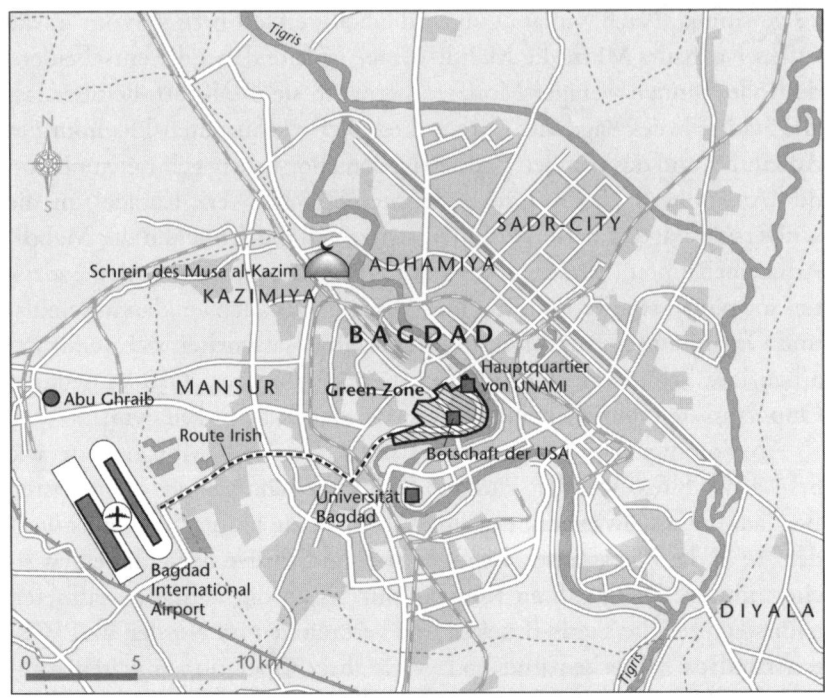

Karte 4: Stadtplan von Bagdad (Stand: Januar 2015)

Die *Green Zone* wurde 2003 von den US-Streitkräften als Sitz der wichtigsten politischen Institutionen und Verwaltungsinstanzen der US-Okkupationsmacht eingerichtet. Sie wurde während der US-Okkupation auch International Zone (IZ) genannt. Sie ist rund 10 km² groß und umfasst den Großteil des Stadtviertels Karkh. Das Areal war bereits vor 2003 das Regierungsviertel Bagdads und Sitz von Saddams Republikpalast sowie vieler wichtiger Machtzentralen von Staat und Partei. Nach 2003 wurde das Viertel durch den Bau hoher Sprengschutzmauern und Wachtürme sowie die Einrichtung von zwölf streng kontrollierten Ein- und Ausgangspforten vom Rest der Stadt, der Red Zone von Bagdad, abgetrennt. Die Green Zone beherbergt die meisten wichtigen Ministerien, die Büros des Premierministers, des Präsidenten und seiner Vizepräsidenten sowie das Parlament und die Abgeordnetenbüros. Außerdem liegen in ihr das Hauptquartier der UNO-Mission im Irak (UNAMI) sowie ein Gutteil der wichtigen diplomatischen Missionen, darunter auch die Botschaften Großbritanniens und der USA. Die 2009 fertiggestellte US-Botschaft ist nicht nur die teuerste US-Botschaft weltweit (Kosten bis 2013 mehr als 750 Mio. US-Dollar), sondern mit 5.500 Mitarbeitern und einer Fläche von 42 Hektar auch die größte US-Botschaft – sie ist genauso groß wie der Vatikan.

Sadr-City ist das größte Elendsviertel Bagdads – es beherbergt zwischen 2 und 2,5 Millionen Menschen. Die Versorgung mit Infrastruktur und sanitären Diensten ist prekär. Hier leben ein Großteil der Müllsammler, Tagelöhner, Hausierer Bagdads, aber auch der Bettler und Kriminellen. Sadr-City ist die Hochburg der Sadr-Bewegung. Das Stadtviertel ist seit 2003 regelmäßig Ziel von Bombenanschlägen sunnitischer Dschihadisten.

Kazimiya ist ein Distrikt auf der Westseite des Tigris, in der vor allem die schiitische Mittelschicht der Stadt lebt. Als Sitz des Heiligenschreins von zwei schiitischen Imamen ist Kazimiya Ziel vieler Pilger. Um den Schrein haben sich zahlreiche Bazare und Geschäftsviertel angesiedelt, wo man Devotionalien, Schmuck oder höherwertige Waren des täglichen Bedarfs kaufen kann. In Kazimiya befindet sich auch eine Reihe von Hochsicherheitsgefängnissen, die vor und nach 2003 als Folter- und Hinrichtungsstätten der Machthaber dienten. In einer dieser Anlagen wurde am 30. Dezember 2006 auch der ehemalige Diktator Saddam Hussein hingerichtet.

Adhamiya, das Pendant zu Kazimiya, liegt auf der Ostseite des Tigris und ist das historische Stadtzentrum von Bagdad. Es ist Sitz einer Reihe von Grabesmoscheen wichtiger, von den Sunniten verehrter Religionsgelehrter. Das Viertel ist heute ein politisches Bollwerk der Sunniten und sunnitischer Aufständischer. Bis in die Saddam-Ära hinein war Adhamiya ein bevorzugtes Wohnviertel der privilegierten Oberschicht und Staatselite. Dort lag auch das renommierte Jesuite College of Baghdad, das nach Terrordrohungen 2006 geschlossen wurde.

Der Stadtteil *Mansur* ist heute eine Hochburg der Sunniten. Er galt traditionell als ein Wohndistrikt der Mittel- und Oberschicht sowie der kommerziellen Elite Bagdads. Deshalb finden sich in ihm nicht nur zahlreiche Märkte und Shopping-Malls für den gehobenen Bedarf, sondern auch Sport- und Jagdclubs. Vor 2003 bezeichnete die *New York Times* Mansur noch als Bagdads »Upper Eastside«. Doch nach jahrelangem Bürgerkrieg ist vom glanzvollen Erscheinungsbild früherer Tage nur wenig übriggeblieben. In Mansur befindet sich die deutsche Botschaft in Bagdad.

Das vom Saddam-Regime in den 1970er Jahren errichtete Foltergefängnis *Abu Ghraib* war Ort zahlloser Exekutionen und menschlicher Tragödien. Es wurde von den US-Besatzungsbehörden weiter genutzt und durch Bekanntwerden der skandalösen Folterfotos von irakischen Insassen 2004 weltweit bekannt und berüchtigt.

Der *Bagdad International Airport* ist der mit Abstand wichtigste Flughafen des Landes. Er war von 2003 bis 2011 in einen sehr kleinen zivilen und einen sehr großen, von den USA benutzten militärischen Teil aufgeteilt. Die von der Green Zone zu ihm führende Straße, die »Route Irish«, war die Lebensader der meisten »international expatriots« und US-Angestellten für ihre Ausreise ins Ausland. Sie war nur von morgens um 1 Uhr bis morgens 6 Uhr für US-Hochsicherheitskonvois befahrbar und galt als die gefährlichste Straße der Welt. Tagsüber war sie ein gefährliches und umkämpftes Niemandsland zwischen US-Truppen und Aufständischen.

Eine besonders perfide Methode der religiösen Säuberung setzten die Sadristen ein, die ab Mai 2006 zwei Ministerien kontrollierten. Ressortchefs des Verkehrs- und Gesundheitsministeriums stellten offiziell Milizionäre der Mahdi-Armee als Mitarbeiter der staatlichen Anlagenschutzbehörde (»Facilities Protection Services«) ein. Das erlaubte es den Sadristen, Krankenwagen für Raubzüge und Entführungen zu nutzen und Hunderte von Krankenhäusern in militärische Außenposten zu verwandeln, von wo aus sie Überfälle vorbereiteten und durchführten. Ärzte und Leiter der Medizinverwaltung, die sich ihnen in den Weg stellten, wurden getötet oder vertrieben. Die Sadristen töteten auch zahlreiche, ins Krankenhaus eingelieferte kranke oder verwundete Sunniten.[16]

Normale Bürger in den am stärksten betroffenen Vierteln standen in der Regel vor der folgenden Entscheidung: entweder sich dem Schutz einer konfessionellen Miliz zu unterstellen und damit deren Kommandeuren Gehorsam zu leisten und ihnen Schutzgeld zu zahlen oder, falls dies nicht möglich war, ihr Hab und Gut zu packen und Zuflucht bei der jeweils eigenen konfessionellen Gemeinschaft innerhalb oder außerhalb Bagdads zu suchen. Viele Iraker flohen aus dem Land. Das Heer der irakischen Flüchtlinge, die entweder im Inland obdachlos waren (IDP) oder ins Ausland flohen, schwoll ab Mitte 2006 stark an. Die UNO zählte bis 2008 insgesamt vier Millionen Flüchtlinge.

Die konfessionell weitgehend homogenen Stadtteile der Sunniten und Schiiten in Bagdad verwandelten sich mehr und mehr in Festungen. Aus Furcht um ihr Leben taten ihre Bewohner alles, Außenstehenden den Zugang zu erschweren und sich gegen die umgebenden Viertel abzugrenzen. Ein Mittel dazu war der Bau von drei bis vier Meter hohen Mauern um ihre Viertel, was dazu führte, dass die meisten Straßenverbindungen nach außen gekappt wurden und die Bewohner sich selbst einmauerten. Alle Verbindungen liefen nur noch über eine einzige Kontrollstation an der jeweils einzigen Einfahrts- und Ausfallstraße.

In der Schlacht um Bagdad hatte sich zum Jahresende 2006 das Kriegsglück gegen die Sunniten gewendet. Ihre schiitischen Feinde hatten ihnen herbe Niederlagen beigebracht, und auch der aggressivste Einzelakteur unter den sunnitischen Gruppen, AQI, musste harte Schläge einstecken. Am 7. Juni 2006 hatten Sondereinsatzkommandos des US-Militärs Abu Musab al-Zarqawi in der Provinz Diyala, hundert Kilometer nordöstlich von Bagdad, aufgespürt. Sie schlossen ihn in seinem Unterschlupf am Stadtrand der Provinzhauptstadt Baquba ein und töteten ihn durch einen Luftangriff. Zu diesem Zeitpunkt zeigte die Front der sunnitischen Aufständischen bereits erste Zeichen der Auflösung und Spaltung. Fortan gab es zwei getrennte Flügel – auf der einen Seite die internationalistischen Dschihadisten um AQI und auf der anderen Seite die lokalen irakisch-nationalen Gruppen. Letztere waren am Abzug der US-Besatzer interessiert, aber nicht an einem Vernichtungskrieg gegen die Schiiten.

Saddams Hinrichtung

Nach einem über ein Jahr dauernden Prozess hatte ein irakisches Sondertribunal Saddam am 5. November 2006 wegen seiner Verantwortung für das Dujail-Massaker vom April 1984 zum Tode verurteilt. Am 30. Dezember unterzeichnete Ministerpräsident Nuri al-Maliki den Hinrichtungsbefehl und erließ hastig Anweisungen, um das Urteil rasch zu vollstrecken. Der Grund für die Eile war die Absicht, einem von den USA erwirkten Aufschub zuvorzukommen. In der Tat hatten ihn die USA mehrfach davor gewarnt, Saddam gerade an diesem islamischen Feiertag, dem *Id al-Adha*, hinzurichten, an dem weltweit zahllose Muslime das Opferfest, das höchste Fest der Muslime feierten, das das Ende des Fastenmonats Ramadan markiert. Saddams Hinrichtung durch den Strang fand in einem Hochsicherheitstrakt des Kazimiya-Gefängnis, einem berüchtigten Foltergefängnis des Militärgeheimdienstes, statt, unweit dem Kazimiya-Schiiten-Heiligtum im nordwestlichen Bagdad.

Saddams Hinrichtung wohnten zahlreiche schiitische Regierungsmitglieder der Daawa-Partei und der Sadr-Bewegung als Zeugen bei, um späte Rache an ihrer Nemesis zu nehmen. Unter ihnen war auch Regierungssprecher Muwaffaq al-Rubai, ein Ex-Daawa-Parteikader und promovierter Neurologe. Das Ereignis fand unter zweifelhaften und würdelosen Umständen statt, die später kritisiert wurden. Beweise dafür sind Fotos und Video-Audioaufnahmen, die Muwaffaq al-Rubai heimlich mit seinem Mobilfunktelefon gemacht und später an die Presse gegeben hatte. Sie zeigen Gefängniswärter, die offenkundig zur Mahdi-Armee von Muqtada al-Sadr gehören. Diese Sadristen beschimpften Saddam, während er zum Galgen ging, und stießen Hochrufe auf Muqtada al-Sadr aus. Saddam selbst hingegen ließ sich nicht provozieren und war in den letzten Minuten seines Lebens von einer bis dahin bei ihm unbekannten würdevollen, stoischen Gefasstheit. Als er mittendrin beim Aufsagen des Glaubensbekenntnisses, der *shahada*, war, wurde er durch den Strick aus dem Leben gerissen.[17]

Sein schmachvolles Ende erneuerte die Gefühle von Verlust und Demütigung, die viele Sunniten gegenüber der Regierung hegten. Zugleich beraubte Saddams Tod den baathistischen Flügel des Aufstandes seiner wichtigsten Symbolfigur. Sein Tod machte auch die Baath-Partei endgültig zu einer Kraft der Vergangenheit ohne Chance zur Rückkehr. Maliki hingegen sah sich scharfer Kritik der Sunniten ausgesetzt, die ihm vorwarfen, durch die eilige, würdelose Hinrichtung Saddams seinen persönlichen Rachedurst befriedigt zu haben und nicht als Leiter einer ordentlichen Regierung aufgetreten zu sein.

Saddams Hinrichtung führte jedoch nicht zu einem erneuten Aufschäumen der Wut unter den Mitgliedern der Rebellenbewegung. In den letzten Tagen des Jahres 2006 stand der Irak am Rande des Zusammenbruchs, und die irakische Gesellschaft hatte sich weitgehend entlang konfessioneller Bruchlinien gespalten. Gleichzeitig gab es eine neugewählte Regierung, zusammengesetzt vor allem aus früheren Exilanten, die eine vollkommen neue, noch nicht erprobte politische Machtstruktur übernahm und ihren Aufgaben offensichtlich nicht gewachsen war. Die USA hatten einen Staat geschaffen, der vor ihren Augen zerfiel.

SIEBEN

Malikis Comeback, der US-Truppenabzug und die Ausgrenzung der Sunniten: Die Regierung Nuri al-Malikis

Die US-Truppenaufstockung und das Ende des Bürgerkriegs

Angesichts der Krise im Irak mehrten sich in der amerikanischen Öffentlichkeit und im Kongress Stimmen, die immer lauter nach einem raschen Truppenabzug riefen. Sie verwiesen auf die steigende Zahl gefallener US-Soldaten, die Stagnation des politischen Prozesses und den konfessionellen Bürgerkrieg. Washington war trotz vermeintlicher Erfolge beim Aufbau neuer Strukturen und Institutionen mit seiner Irak-Politik an einem toten Punkt angelangt.

Selbst in höchsten politischen und militärischen Kreisen der USA reifte die Erkenntnis, dass die bisherigen Konzepte untauglich waren und ein Umdenken nottat. Rumsfeld dagegen hielt weiter an seinem Credo fest, die Lösung des Problems bestünde darin, die Sicherheitsaufgaben rasch irakischen Sicherheitskräften zu übertragen und die US-Truppen möglichst rasch abzuziehen. Eine Truppenaufstockung und eine an die Realität des Bürgerkriegs angepasste neue Militärstrategie lehnte er ab. Rumsfeld und Vizepräsident Cheney setzten stattdessen auf die schiitischen Islamisten-Parteien der UIA und die Kurden in der Regierung, die sie als »80 Prozent-Lösung« bezeichneten. In einer vom US-Außenministerium geforderten Aussöhnung mit den Sunniten erblickten Rumsfeld und Cheney keinen Sinn. Stur leugnete Rumsfeld, dass der von den USA seit Mitte 2003 forcierte Aufbau der Streitkräfte aufgrund von Korruption und konfessioneller Spannungen kaum vorankam. Iraks Armee war nicht einsatzfähig, die Autorität der Regierung endete an der Stadtgrenze von Bagdad, schiitische Milizen trieben ihr Unwesen, und der Staat zerfiel zusehends.

Präsident Bush blieben die Defizite im Irak nicht verborgen. Er las regelmäßig Berichte der Nachrichtendienste und holte den Rat unabhängiger Fachleute ein. Gleichwohl verteidigte Bush öffentlich den bisherigen Kurs. Doch die Niederlage der Republikaner bei den Kongresswahlen im November 2006 machte ihm klar, dass ihn die bisherige Irak-Politik in die Tiefe zu reißen drohte. Er entschloss sich, Alternativen zu entwickeln. Ausdruck dieser Kehrtwende war Mitte November die überfällige Entlassung von Verteidigungsminister Rumsfeld. Nachfolger wurde Robert Gates, ein gemäßigter Republikaner ohne neokonservative oder großmacht-nationalistische Neigungen. Nach dem Ausscheiden Rumsfelds und ihm nahestehender neokonservativer Mitarbeiter im Pentagon begann auch der Einfluss Vizepräsident Cheneys und der Neokonservativen auf die Irak-Politik zu schrumpfen.

Bush beauftragte nun eine Irak-Kommission des NSC, eine neue Irak-Strategie zu entwerfen, die Mitte Dezember 2006 vorlag. Kernpunkte der Strategie waren die folgenden: Die USA entsandten unter dem Kommando von General David Petraeus 35.000 neue Soldaten in den Irak, um das Land zu stabilisieren. Petraeus sollte als neuer Befehlshaber aller US-Truppen im Irak eine weitgehend von ihm selbst entworfene neue Militärstrategie zur Bekämpfung der Aufstände verfolgen. Deren Ziel war es, die sunnitischen und schiitischen Milizen niederzuringen und den Bürgerkrieg zu beenden. Das sollte der irakischen Regierung die dringend benötigte Atempause zur Stabilisierung und größere politische Gestaltungsräume verschaffen. Washington hoffte, dass sie sie auch zur Aussöhnung mit den Sunniten nützen würde. Mangels Alternativen stärkten die USA Premierminister Maliki, damit dieser sich als nationaler Politiker profilieren konnte. Sollte die Strategie Erfolg haben, war geplant, der irakischen Regierung weitere Kompetenzen zu übertragen, die US-Truppen abzuziehen und die Beziehungen zum Irak durch den Abschluss eines politischen Partnerschaftsabkommens zu normalisieren.

Am 10. Januar 2007 verkündete Präsident Bush in einer Fernsehansprache an die Nation die Grundzüge des Strategiewechsels. Mitte Februar 2007 wurde die Strategie mit der Lancierung des Bagdad-Sicherheitsplanes installiert. Bagdad wurde zum Exerzierfeld für die neue, innerhalb des »Surge« (wörtlich: Anschwellen) zum ersten Mal erprobte Anti-Guerilla-Strategie, die schrittweise auf den gesamten Irak ausgedehnt wurde. Binnen weniger Monate eroberten US-Truppen einen

Großteil der Stadtteile und säuberten sie von Milizionären. Dafür errichteten sie bewaffnete Außenposten und Stützpunkte und besetzten sie
mit gemischten amerikanisch-irakischen Armeeeinheiten. Deren Aufgabe war es, Kontakt zur lokalen Bevölkerung zu suchen. Im Gegenzug
zu ihrer Kooperation erhielten die Anwohner Schutz vor den Aufständischen und organisatorische und finanzielle Hilfe bei Arbeitsbeschaf-
fungsmaßnahmen und Wiederaufbauprojekten. Um eine erneute Unterwanderung durch Aufständische und Sprengstoff- und Waffenschmuggel
einzudämmen, riegelten die US-Truppen die belebtesten Straßenzüge
und Marktplätze mit hohen Betonmauern ab. An Stich- und Ausfallstraßen errichteten sie militärische Kontrollposten. Das erschwerte sunnitischen Selbstmordattentätern den Zugang zu schiitischen Ballungszen-
tren, wie etwa Sadr-City. Zugleich hinderte es schiitische Milizen daran,
in sunnitische Wohnviertel einzufallen. So gelang es den US-Truppen
nach und nach, mehr Wohngebiete Bagdads in geschützte Nachbarschaf-
ten zu verwandeln. Dort konnten die US-Truppen die Sicherheit der Zivilisten und deren Versorgung mit Elektrizität, Trinkwasser und anderen
Diensten der Daseinsvorsorge verbessern.

Petraeus erkannte, dass nachhaltige Erfolge im Kampf gegen religiöse
Terroristen nur zu erzielen waren, wenn die US-Truppen die Sympathie
und Unterstützung der Bevölkerung gewönnen. Ein Kernelement seiner
Strategie war die »Sozialarbeit mit Waffen«, um die Lebensverhältnisse
im Irak zu verbessern. Die US-Truppen füllten damit ein Vakuum bei
der Grundversorgung der Bevölkerung mit Elektrizität, Wasser, Müllentsorgung etc., ein Vakuum, das die von Parteienhader, Korruption und
Bürgerkrieg gelähmte irakische Regierung nicht hatte schließen können.
Dieses Versagen der Regierung hatte deren Legitimation und Glaubwürdigkeit im Volk untergraben. Tatsache ist, dass überall dort, wo die neue
US-Strategie Erfolg hatte, die Bewohner nach und nach einen Hauch
von Normalität und Sicherheit erlebten. Für die meisten Iraker war dies
das erste Mal seit 2003.

Parallel zur »Sozialarbeit mit Waffen« bauten die US-Truppen die
nationale Polizei und die Armee auf und rüsteten sie mit moderneren
Waffen aus. In quantitativer Hinsicht gelangen Fortschritte, sodass Mitte 2008 die Gesamtzahl der Streit- und Sicherheitskräfte zumindest auf
dem Papier eine Sollstärke von 560.000 Mann erreicht hatte, darunter
190.000 Soldaten der Armee. Zugleich leiteten die USA Reformen bei

der Ausbildung der Mannschaften und der Offiziere ein und rangen der Regierung die Zusage ab, vermehrt professionelle Militärkader und Offiziere der früheren Armee einzustellen. Die frisch ausgebildeten irakischen Kampftruppen wurden zusammen mit kampferprobten US-Einheiten eingesetzt, was deren Motivation und Kampfgeist merklich förderte.

Die neue US-Militärstrategie zeitigte bereits nach einem Jahr spürbare Erfolge. Bis Anfang 2008 zeichnete sich im ganzen Land eine Befriedung der Lage ab, wenngleich einige lokale und regionale Hochburgen der Gewalt weiterhin für Unruhe sorgten. Dazu zählten vor allem das von Dschihadisten immer wieder bedrängte Mossul sowie Sadr-City in Ostbagdad und Basra. Letztere waren zwei Hochburgen der schiitischen Sadr-Bewegung. Abgesehen davon war der schiitisch-sunnitische Bürgerkrieg in den meisten Regionen abgeflaut, was sich auch im Rückgang der Zahl der zivilen Opfer niederschlug. Während Anfang Januar 2007 noch durchschnittlich 50 bis 400 Zivilisten am Tag starben, waren es ein Jahr später »nur« noch 50 bis 100 mit fallender Tendenz. Auch die Zahl der Terrorangriffe der Aufständischen und der Bombenanschläge sank. Ab März 2008 hatte die US-Truppenaufstockung, der »Surge«, den Bürgerkrieg weitgehend beendet.

Bagdads Schiitisierung, Sadrs Schwächung und die sunnitischen Sahwa-Räte

Die Militärs und Medienbeobachter der USA führten die Wende im Bürgerkrieg vor allem auf das taktische Geschick von Petraeus zurück, auf die höhere Zahl der US-Truppen und ihre überlegene Feuerkraft. In Wahrheit hatte der Erfolg jedoch mehrere Väter. Fast ebenso wichtig waren drei weitere Faktoren.

Erstens war dies die veränderte Situation in Bagdad, dem bei weitem größten Schlachtfeld des Bürgerkriegs. Zu Beginn des »Surge« in Bagdad war der Höhepunkt der blutigen religiösen Säuberungen bereits überschritten. Die religiösen und von der Regierung ignorierten Säuberungen hatten auf niedrigem Niveau in einigen Stadtbezirken bereits Mitte 2005 eingesetzt. Nach dem Samara-Anschlag vom Februar 2006 erfassten sie auf breiter Front fast ganz Bagdad, um Anfang 2007 langsam ausklingen. Die schiitischen Milizen, allen voran die Mahdi-Armee und die Badr-Brigaden, hatten zu diesem Zeitpunkt in den meisten Bezirken Bagdads ihre sunnitischen Widersacher besiegt. Die konfessionell-demografische Bevölkerungsstruktur der Sechs-Millionen-Hauptstadt Bagdad hatte sich verändert, und zwar zugunsten der Schiiten. Das zeigt ein Vergleich der Stadtpläne von 2003 und 2009, die die mehrheitlich von Schiiten und von Sunniten bewohnten Bezirke ausweisen. 2003 war Bagdad eine zu 40 bis 45 Prozent von Sunniten und zu 55 bis 60 Prozent von Schiiten bewohnte Stadt. Während die Mehrheit der Schiiten östlich des Tigris und die Mehrheit der Sunniten westlich des Tigris lebten, existierten sowohl im Westen wie im Osten Bagdads große Enklaven der jeweils anderen Glaubensgemeinschaft. Zugleich gab es besonders im Zentrum viele Stadtbezirke mit gemischter Bevölkerung ohne Dominanz der einen oder anderen Konfession. Die Karte von 2009 zeigt dagegen ein ganz anderes Bild. Mit Ausnahme der Sunniten-Hochburg Adhamiya waren fast alle Bezirke östlich des Tigris von Sunniten »gesäubert« worden. Auch westlich des Tigris hatten die Schiiten ihre Präsenz ausgeweitet und viele ehedem sunnitische oder gemischte Bezirke in überwiegend schiitische Stadtteile verwandelt. Und selbst das ehedem sunnitische Karkh, das früher als Saddams »verbotene Stadt« Regierungsbezirk war und seit 2003 die »Green Zone« der Amerikaner beherbergte, war nun zu einer sunnitisch-schiitisch gemischten Zone geworden. Lediglich im Westen Bagdads hatten die Sunniten ihre Hochburgen verteidigt und sie durch Vertreibungen der Schiiten aus kleineren Nachbarbezirken arrondiert.

Heute hat Bagdad schätzungsweise eine zu 80 Prozent schiitische Bevölkerung. Mangels regierungsamtlicher Statistiken und Berichte gibt es keine präzisen Zahlen über den Umfang der Bevölkerungstransfers. Inoffiziellen Schätzungen zufolge sind zwischen Mitte 2005 und Ende 2007 mindestens 1 bis 1,5 Millionen Bagdader aus ihren Wohngebieten vertrieben worden oder vor dem Bürgerkrieg geflüchtet. Die Mehrheit der Flüchtlinge waren Sunniten: die großen Verlierer des Bürgerkriegs. Mindestens 200.000 bis 300.000 Sunniten flohen nach Mossul. Als Petraeus' Truppen Bagdad bis Mitte 2008 befriedet und die religiösen Konflikte durch hohe Trennmauern eingefroren hatten, verfestigte sich auch das neue, konfessionelle Mosaik Bagdads. Bagdad war zu einer von Schiiten dominierten Stadt geworden.

	Daawa-Partei	Islamic Supreme Council of Iraq (ISCI)	Sadr-Bewegung
Politische Orientierung	Schiitische Islamisten mit arabisch-nationalistischer Tendenz/Irak-Zentrierung	Schiitische Islamisten/Iran-Zentrierung (bis 2008 Anhänger des theokratischen Herrschaftsprinzips der *wilayat al-faqih*)	Schiitische Islamisten mit arabisch-nationalistischer Tendenz/Irak-Zentrierung
Führer	Ibrahim al-Jaafari (1990–2007) Nuri al-Maliki (seit Mai 2007)	Baqir al-Hakim (2003 getötet) Abdulaziz al-Hakim (2008 gestorben) Ammar al-Hakim	Muqtada al-Sadr
Datum und Ort der Gründung	1958 in Nadschaf (Irak)	1982 in Teheran (Iran)	1993 in Nadschaf (Irak), 2003 neukonstituiert nach dem Auftauchen aus dem Untergrund)
Regionale Machtbasis	In allen schiitischen Regionen; da sie eine elitäre Kaderpartei blieb, fehlt ihr jede Massenbasis	In allen schiitischen Regionen, vor allem aber im Stammland der al-Hakim-Familie, dazu in Nadschaf	In allen schiitischen Regionen, vor allem aber in Sadr-City (Ostbagdad) sowie im Stammland der al-Sadr-Familie, dazu in Nadschaf
Anhängerschaft	Laienreligiöse Intellektuelle und Vertreter der urbanen Mittelschicht	Loyalisten der al-Hakim-Familie und Teile der reichen Händleroligarchien von Nadschaf und Kerbela	Als Teil einer Massenbewegung der verarmten schiitischen Unterschichten vor allem in Großstadt-Slums und unter Stämmen des Südens
Abspaltungen	Seit 1980 ein halbes Dutzend, doch politisch ohne Gewicht	keine	Mehrere: Die wichtigste ist die *Asaib al-Haqq* (»League of the Righteous«), eine vom Iran finanzierte und gelenkte Miliz
Position zum Föderalismus	Zentralisten; Gegner der Bildung von Regionen	Befürworter des Föderalismus	Zentralisten; Gegner der Bildung von Regionen
Position a) zu USA b) zu Iran	a) Für Anlehnung an die USA vorbehaltlich der Wahrung der irakischen Souveränität b) Für enge Partnerschaft mit dem Iran, allerdings mit Einschränkungen in Bezug auf Iraks Souveränität	a) Für gute Beziehungen zu den USA vorbehaltlich der Wahrung der irakischen Souveränität b) Für sehr enge Partnerschaft mit dem Iran	a) Scharfe Gegnerschaft zu den USA b) Offiziell für Partnerschaft mit dem Iran vorbehaltlich der Wahrung der irakischen Souveränität
Miliz/ bewaffneter Arm	Nicht vorhanden	Badr-Brigade (infiltrierte ab 2004 Teile der Nationalen Polizei); geschätzt auf 10.000 bis 15.000 Mann	Mahdi-Armee (gegründet 2003), aufgelöst 2008, 2014 wieder reaktiviert unter dem Namen »Friedensbrigaden« (saraya al-salam); Mannschaftsstärke ca. 60.000 Mann

Tabelle 1: Iraks schiitische Hauptkräfte

Der zweite Faktor hatte mit der Schwächung der Mahdi-Armee aufgrund interner Machtkämpfe zwischen den islamistischen Schiiten innerhalb der UIA zu tun. Die Kluft zwischen der Sadr-Bewegung und ISCI war weiter gewachsen, sodass der Konflikt seit 2006 stufenweise eskalierte. Schließlich kam es im August 2007 in Kerbela zu heftigen Gefechten zwischen Sadrs Mahdi-Armee und den Badr-Brigaden von al-Hakims ISCI. Hunderte schiitische Milizionäre und Zivilisten starben, bis schließlich ein zwischen beiden Seiten ausgehandelter Waffenstillstand in Kraft trat. Der Konflikt hatte Sadrs Position im schiitischen Lager deutlich geschwächt. Dazu trug auch bei, dass sich seit 2005 innerhalb der Sadr-Bewegung mehrere ultra-radikale Splittergruppen gebildet hatten. Sie opponierten gegen Sadrs Kurs der Mäßigung und suchten sich seiner Autorität zu entziehen. Diese vom Sicherheitsapparat Irans unterstützten und finanzierten Renegaten-Gruppen verwarfen die Beteiligung am politischen Prozess und an der Regierung. Stattdessen führten sie gegen Sadrs Willen den militärischen Kampf gegen die US-Besatzung fort. Dabei schreckten sie auch nicht vor Morden an Sadristen zurück: Wer ihnen als Abweichler und »Versöhnler« dünkte, wurde ermordet, darunter auch enge Mitarbeiter und Berater Sadrs. Sadr war unfähig, die Renegaten zum Gehorsam zu zwingen, was seine Autorität bei Teilen der Bewegung zu untergraben drohte. Wiederholt inhaftierten oder töteten amerikanische Spezialtruppen prominente Führer der Renegaten. Einerseits kamen diese Aktionen Sadr entgegen. Andererseits verstärkten sie den Eindruck, seine breite Volksbewegung spreche längst nicht mehr mit einer Stimme und Sadr habe zumindest teilweise die Kontrolle über sie verloren.

Aus Angst, ins Fadenkreuz von US Mord oder Entführungskommandos zu geraten, zog sich Sadr ab Anfang 2007 immer öfter in den sicheren Iran zurück. Aus der Ferne suchte er seine Bewegung zu steuern, allerdings mit gemischtem Erfolg. In die Defensive geraten, befahl Sadr schließlich im Februar 2008 seiner Mahdi-Armee, alle Angriffe gegen Truppen der USA und der irakischen Regierung einzustellen und sich in eine zivile Aufbauorganisation zu verwandeln. *De facto* hatte Sadr damit einen Waffenstillstand ausgerufen. In den folgenden Monaten machte sich Sadr daran, die Mahdi-Armee zu demobilisieren oder dies zumindest glaubhaft vorzutäuschen. Die Schwächung der Sadr-Bewegung trug dazu bei, dass die US-Strategie zur Beendigung des Bürgerkriegs erfolgreich war.

Der dritte Faktor, der dies begünstigte, war der eskalierende Konflikt im Lager der sunnitischen Aufständischen. Hier hatte AQIs Anspruch auf alleinige Führerschaft für böses Blut gesorgt. Dies lag auch daran, dass AQI in zunehmend rücksichtsloser Weise versuchte, soziale und religiöse Normen seiner eigenen salafistischen Spielart des Islam unter den Stämmen durchzusetzen – teils mit Gewalt. Das stieß bei dem Großteil der sunnitischen Stämme auf erbitterten Widerstand und veranlasste sie, sich von AQI loszusagen. Während einige den Kampf gegen Bagdad einstellten oder ihn allein fortsetzten, wechselten die meisten auf die amerikanische Seite. Den Anfang machten einige große Stämme in der Anbar-Provinz, die ab 2007 mit den US-Truppen gegen AQI kooperierten. Die USA fassten die kooperationsbereiten Stammeskämpfer in Milizen zusammen, die fortan unter dem Kollektivnamen »Erweckungsräte« (arabisch: *Sahwa* = Erweckung) auftraten und von den US-Militärs einen monatlichen Sold erhielten. Um die Zusammenarbeit mit den Erweckungsräten auszudehnen und sie auf eine dauerhafte Grundlage zu stellen, erhielten die loyalen Stammesscheichs Hilfen für den Wiederaufbau der lokalen Infrastruktur und Basisdienstleistungen. Schrittweise entstanden über Anbar hinaus ab 2007 auch in den Provinzen Salah al-Din, Ninawa und Diyala sunnitische Erweckungsräte. Im Schlepptau der Erweckungsräte aus Anbar bildeten sich auch in mehreren sunnitischen Stadtvierteln Bagdads Nachbarschaftswachen, die die Finanzhilfe der US-Armee in Anspruch nahmen und sie beim Kampf gegen Al-Qaida-Zellen in der Hauptstadt unterstützten. Ende 2008 standen 740 sunnitische Erweckungsräte mit insgesamt knapp 100.000 Kämpfern auf der Lohnliste des Pentagon.

Der neue starke Mann und das Truppenabzugsabkommen

Die Schiiten und Kurden in Iraks Allparteienregierung missbilligten die Anwerbung der sunnitischen Erweckungsräte, denen sie unterstellten, nur scheinbar die Seite gewechselt zu haben. Die härteste Kritik kam von der schiitischen UIA, die im Parlament verlangte, dass die USA jede Zusammenarbeit mit jenen, an der Ermordung schiitischer Zivilisten beteiligten »Terroristen« beenden müsse. Ryan Crocker hingegen, der Zalmay Khalilzad im Januar 2007 als Botschafter der USA in Bagdad abgelöst hatte, verteidigte diese Maßnahme. Da die USA durch ihre Truppen die militärische Macht hatten, auf die die Regierung angewiesen war, verhallten die Proteste der UIA-Koalitionäre ohne Wirkung. Zugleich erhöhte Crocker den Druck auf Iraks Regierung und das weitgehend gelähmte Parlament. Er wollte erreichen, dass mehr sunnitische Ex-Baathisten wieder in Armee und Verwaltung aufgenommen und die unvermindert harten Ent-Baathifizierungskampagnen gelockert würden. Nach einem Jahr zeitigte der Druck Crockers zumindest einen kleinen Erfolg. Zwischen Januar und Februar 2008 rang sich das Parlament dazu durch, ein Paket neuer Gesetze zu verabschieden. Darunter war auch das »Gerechtigkeitsgesetz«, das zumindest ansatzweise einige der schlimmsten Ungerechtigkeiten der Ent-Baathifizierung korrigierte. Mehreren tausend niedrigrangigen Parteimitgliedern war es fortan möglich, Pensionen zu beziehen oder in nicht-sicherheitsrelevante Sektoren der Staatsverwaltung zurückzukehren. Ein anderes Gesetz erleichterte die Amnestie Tausender sunnitischer Gefangener, die ohne Anklage und Gerichtsverfahren in irakischen Haftanstalten einsaßen. Ein weiteres Gesetz erleichterte die Zuweisung von Finanzmitteln aus dem Staatshaushalt an die Provinzen. wovon die sunnitischen Provinzen am stärksten profitierten.

Allerdings waren diese wenigen Gesetze nicht mehr als einige Tropfen auf den heißen Stein, da sie keines der großen Probleme endgültig lösten. Ebenso wenig verhinderten sie, dass, wie so oft im Irak seit 2005, kurz nach Verabschiedung der Gesetze ein Streit um deren Auslegung und Nachverhandlung entbrannte, was die Umsetzung erschwerte, wenn nicht verhinderte. Hinzu kam, dass die Amerikaner trotz massiven Drucks die Iraker nicht dazu bewegen konnten, ihren Streit beizulegen und die gravierendsten Streitfragen zu lösen. Dazu zählten vor allem das umstrittene Erdöl- und Erdgasgesetz, das die faire Verteilung der Exporteinnahmen zwischen Zentralregierung und Regionen und Provinzen regeln sollte. Unüberwindliche Interessengegensätze verhinderten bis heute die Verabschiedung eines solchen Gesetzes. Auch bei der gesetzlichen Regelung des Disputs zwischen der Zentralregierung und der Kurdenregion um den Status der von den kurdischen Peschmerga seit 2003 besetzten gemischt kurdisch-arabischen Territorien im Nordirak gab es keinen Fortschritt.

Spätestens 2008 war deutlich geworden, dass die USA weder allen Beteiligten akzeptable Lösungen anbieten, noch sie im Alleingang durchsetzen konnten. Die neue Phase der US-Besatzung nach Abflauen des Bürgerkriegs unterschied sich damit deutlich von der Phase von 2003 bis 2005, als die USA noch die allein bestimmende Macht im Irak waren. Der 2004 begonnene stufenweise Souveränitätstransfer, der im Mai 2006 mit der Bildung der ersten voll souveränen Regierung des Irak formell endete, hatte den Einfluss der USA verringert. Je mehr indes der Einfluss der USA zurückging, desto stärker wuchs der iranische Einfluss auf schiitische Milizen und Politiker in Legislative und Exekutive. Obwohl die USA, gestützt auf ihre Truppenpräsenz, noch bis 2011 der mächtigste externe Einzelakteur im Irak blieben, hatte der Iran das Machtvakuum nach dem Sturz Saddams geschickt genutzt, um seinen eigenen Einfluss zu mehren.

Die Irak-Politik der Bush-Administration hatte sich seit 2007 nicht nur inhaltlich, sondern auch in ihrem Ton gewandelt. Das war ihren Botschaften an die Medien sowie an die zuständigen Sicherheitsausschüsse von US-Kongress und Senat deutlich anzumerken. Anders als früher war ihr Tenor nun von Realismus, Ernüchterung und Bescheidenheit bestimmt. Vom Aufbau einer funktionsfähigen und modellhaften Demokratie war nicht mehr die Rede. Botschafter Crocker brachte diesen Sinneswandel im Januar 2008 bei einer Kongressanhörung in Washington auf den Punkt, als er sagte: »Was wir im Irak wollen, ist nicht mehr den heiligen Gral zu schaffen und auch nicht eine Demokratie nach Muster von Jefferson. Wir sind hier, um die Bedingungen zu schaffen, die es uns erlauben, unsere Soldaten nach Hause zu holen.« Um ein erneutes Abgleiten in den Bürgerkrieg abzuwenden, empfahl Crocker dem Kongress eine »Libanonisierung« des politischen Systems. Damit meinte er die Schaffung einer Konkordanzdemokratie auf Grundlage des konfessionell-ethnischen Proporzes. Nur durch eine Allparteienregierung nach libanesischem Muster könnten, so Crocker, alle wichtigen Akteure in die Regierung integriert und Stabilität gesichert werden.

Was Crocker damals unterschlug, war dreierlei. Erstens hatte der Irak bereits seit 2006 eine fast alle wichtigen Kräfte umfassende Allparteienregierung mit allen so augenfällig abträglichen Folgen. Zweitens war durch die große Bandbreite der an der Allparteienregierung beteiligten Gruppen deren gemeinsamer Nenner in politischen Streitfragen so winzig klein, dass fast nie ein echter Konsens entstand, sondern nur »faule« Formelkompromisse, die permanent nachverhandelt wurden. So konnte weder ein verbindliches Regierungsprogramm entstehen, geschweige denn durchgesetzt werden. Die Folge war ein fortdauernder Stillstand in Exekutive und Legislative, die Erosion des Vertrauens der Bevölkerung und damit verbunden der schleichende Verlust der Legitimation des politischen Systems. Eine permanent gelähmte Allparteienregierung war schließlich drittens kein Garant für Stabilität, da sie nicht flexibel und effizient genug war, um auf plötzlich auftretende politische Krisen und militärische Herausforderungen angemessen antworten zu können. Der Bürgerkrieg von 2006 bis 2008 lieferte das beste Beispiel dafür. Nicht Iraks Allparteienregierung war fähig, das Blutvergießen zu beenden, sondern allein die militärische Schlagkraft der Schutzmacht USA.

Crockers Aussagen waren ein verbrämtes Eingeständnis, dass die USA vor der Komplexität der politischen Lage im Irak *de facto* kapituliert hatten. Nun gaben sie sich mit einer abgespeckten Minimalvariante von Demokratie zufrieden, die ein Mindestmaß an fragiler Stabilität versprach. Offenbar hatte die Bush-Administration begriffen, dass sie im Irak keine effiziente Demokratie nach westlichem Muster aufbauen konnte. Stattdessen hieß das Ziel, den mühsam erkämpften Frieden zu sichern, die unvollkommene Regierung zu stabilisieren, den geordneten Truppenabzug vorzubereiten und ansonsten für die Zukunft das Beste zu erhoffen.

Dreh- und Angelpunkt der US-Strategie war die Unterstützung des Premierministers Maliki. Zwar galt Maliki der Bush-Administration als schwacher Politiker, doch hielt man ihm zugute, dass er gemäßigter, kooperationsbereiter und weniger pro-iranisch als andere schiitische Spitzenpolitiker zu sein schien. Jedenfalls gelangte auch Präsident Bush in Gesprächen mit Maliki zu dieser Einschätzung, ein Eindruck, der sich hinsichtlich der Konzilianz gegenüber den Sunniten später als Trugschluss erweisen sollte. Und in der Tat übte sich Maliki bis Mitte 2008 in der Kunst des Kreidefressens. Eingedenk dessen, dass sein politisches Überleben von den USA abhing, akzeptierte er widerspruchslos den Kurs des Präsidenten zur Aufstandsbekämpfung und lehnte einen vorzeitigen Abzug der US-Truppen ab. Das stärkte Bushs Optimismus, dass die USA auch nach Ende seiner eigenen Präsidentschaft den Irak durch wirtschaftliches und sicherheitspolitisches Engagement an sich binden könnten.

Doch ab Frühjahr 2008 dehnte Maliki seinen Freiraum gegenüber den USA aus, um sich als eigenständiger nationaler Führer zu profilieren. Dazu nutzte er eigene Militäroperationen, die er ohne Absprache mit dem militärischen US-Oberbefehlshaber im Irak plante und durchführte. Das Ziel seiner ersten Operation war Basra, wo Maliki die lokalen Milizen der Mahdi-Armee von Muqtada al-Sadr, seinem mächtigen Rivalen im Schiiten-Lager, ausschalten wollte. Die Kämpfer der Mahdi-Armee hatten in dem von ihnen beherrschten Drittel der Stadt ein auf Mord und Einschüchterung gegründetes religiöses Terrorsystem errichtet und finanzierten sich vor allem durch Ölschmuggel, Entführungen und Erpressungen. Die seit 2003 im Südirak stationierten britischen Kontingente der MNF-I-Koalitionstruppen konnten die blutigen Fehden zwischen der Fadhila-Partei, ISCI und den Sadristen um die Vorherrschaft in der reichsten irakischen Ölmetropole nur punktuell eindämmen, aber nie beenden. Nachdem die Briten im September 2007 endgültig abgezogen waren, versank die Stadt in Chaos und Gewalt, zumal die irakische Armee machtlos war.

Als Maliki am 24. März 2008 die irakische Armee in Basra einmarschieren ließ, verwickelte sie sich in heftige Gefechte mit den Sadristen, die zu landesweiten Konfrontationen zwischen Regierungstruppen und Sadristen führten. Dank massiver Luftunterstützung der US-Streitkräfte, die eingriffen, als sich das Schlachtenglück zu Ungunsten Malikis zu wenden drohte, errang der Premierminister nach einwöchigen Kämpfen dennoch einen Sieg. Das verschaffte Malik den ersehnten Erfolg, den er sogleich durch eine große landesweite Medienkampagne ausschlachtete. Getreu der Devise »Schmiede das Eisen, solange es heiß ist« ging Maliki eine Woche nach dem Erfolg der Basra-Offensive dazu über, die Renegaten-Milizen der Sadristen auch in deren stärkster Hochburg, Sadr-City, anzugreifen. Und auch dort errang er, gestützt auf den militärischen Beistand der US-Truppen, einen partiellen Erfolg. Große Teile des Zwei-Millionen-Ghettos Sadr-City, die bis dahin für irakische und amerikanische Truppen als unpassierbar galten, wurde von Sadristen »gesäubert«. Ermutigt durch diese Erfolge startete Maliki im Juni 2008 eine weitere erfolgreiche Militäroffensive, diesmal gegen sunnitische Milizen in Mossul.

Die militärischen Siege bescherten Maliki erhebliche Popularität als nationaler Führer, ein Pfund, mit dem er zu wuchern verstand. Durch geschickte Öffentlichkeitsarbeit gelang es ihm, seine Popularität zu steigern und sich als neuer »starker Mann« des Irak zu etablieren. Seine militärischen Erfolge und seine neugewonnene Popularität stärkten seine politische Position innerhalb der Regierung und in der UIA, sehr zum Missfallen von ISCI, seinem Hauptkonkurrenten in der UIA. Maliki festigte zwischenzeitlich auch seine Machtposition in der Daawa-Partei. Im Mai 2008 hatte Maliki auf einer Daawa-Parteikonferenz den bisherigen Parteiführer Ibrahim al-Jaafari in einer als Überraschungscoup durchgeführten Kampfabstimmung besiegt und sich selbst an seine Stelle gesetzt. Jaafaris unverhohlene Sympathien für die Sadristen, die mittlerweile zu politischen Gegnern der Daawa geworden waren, hatten ihm geschadet. Damit setzte Maliki sich in der Daawa-Partei als unumstrittener Führer durch und verwies alle anderen einflussreichen alten Parteikader, wie etwa Haidar al-Abadi und Ali al-Adib, auf die Plätze und degradierte sie zu helfenden Geistern.[1] Mit Groll im Herzen trat der Wahlverlierer, Jaafari, aus der Daawa-Partei aus, der er seit 1966, also 42 Jahre lang, angehört hatte. Nur wenige Monate später gründete er eine eigene Partei, die aber über den Status einer bedeutungslosen Splitterpartei nicht hinauskam.

Mit einer ihm loyalen Parteibasis im Rücken suchte Maliki schließlich im August 2008 die Machtprobe mit dem ISCI, dem er die Führung über die UIA zu entreißen versuchte. Sie ging unentschieden aus und da keine der beiden Parteien sich der anderen unterordnen wollte, entschloss Maliki sich zum Austritt aus der UIA. Drei Monate später trat Maliki mit einer eigenen neuen schiitischen Parteienkoalition, der »State of Law« (SOL), an die Öffentlichkeit.

Maliki und das »Status of Forces Agreement« mit den USA

Bereits im Juni 2008 hatte Maliki seine Popularität als Waffe gegen die USA eingesetzt, als er mit US-Delegationen die Verhandlungen über das »Status of Forces Agreement« (SOFA) aufgenommen hatte. Das Abkommen sollte das UNO-Mandat als Legitimationsquelle für die fortdauernde Stationierung der US-Truppen im Irak ersetzen. Den Amerikanern war daran gelegen, ihre bisherigen Rechte zu behalten. So wollten die Amerikaner die Vollmacht wahren, ohne Rücksprache mit der Regierung in Bagdad Terrorverdächtige verhaften und vernehmen zu können und von ihren Truppenbasen Kampfoperationen gegen den Terror auszuführen. Und selbstverständlich sollten die Beamten und Soldaten der US-Streitkräfte im Irak weiterhin Immunität gegenüber der irakischen Justiz genießen. Auf einen verbindlichen Abzugstermin wollten die US-Delegationen sich nicht festlegen.

Die US-Positionen waren unpopulär, und ihre Annahme wäre einem politischen Selbstmord Malikis gleichgekommen. Zudem erkannte Maliki, dass ihm eine zu große Nähe zu den Amerikanern hinderlich sein würde. Denn sein Image als irakischer Nationalist bliebe unglaubwürdig, solange er mit ihnen paktierte. Deshalb begann er, nachdem er sich in seiner Koalition und bei Großayatollah Sistani in Nadschaf Rückendeckung geholt hatte, ein zähes Tauziehen mit den USA. Zugute kamen ihm dabei die stabiler gewordene Sicherheitslage im Land und das absehbare Ende der Amtszeit von Präsident Bush, sodass er sich auch nicht durch die unglaubwürdige Drohung der USA, ihre militärische Hilfe rasch einzustellen, ins Bockshorn jagen ließ. Malikis unnachgiebiges Beharren auf einem verbindlichen Zeitplan machten die US-amerikanischen Verhandlungspartner schließlich mürbe. Ende Juni 2008 akzeptierten sie, dass sich die US-Truppen schrittweise bis Mitte 2009 auf alle ihre Basen zurückzögen und der stufenweise Abzug aus dem Irak am 31. Dezember 2011 abgeschlossen sein würde. Am 17. November 2008 unterzeichneten beide Seiten das Abkommen, und zehn Tage später nahm eine Mehrheit des irakischen Parlaments das SOFA mit großer Mehrheit an. Damit war das Ende der US-Militärpräsenz im Irak eingeläutet. Zugleich unterzeichnete Maliki am 27. November 2008 mit den USA das »Strategic Framework Agreement« (SFA). Es erlaubte dem Irak, bei Bedrohungen auf die Hilfe der USA zurückzugreifen, und legte das Fundament für eine enge Kooperation in den Bereichen Wirtschaft, Verteidigung und innere Sicherheit. Mit den beiden Abkommen schlug Maliki zwei Fliegen mit einer Klappe: Einerseits verblüffte er seine Kritiker und profilierte sich als nationaler Befreier, andererseits zog er Nutzen aus einem – wenngleich reduzierten – amerikanischen Engagement.[2]

Die Bilanz der USA sah hingegen trübe aus. Washingtons Strategie, durch bilaterale Verträge die amerikanische Aufsicht über den Irak aufrechtzuerhalten, war gescheitert. Schlimmer noch: Die USA hatten einen vollständigen Machttransfer akzeptieren müssen, und dies, bevor sich die staatlichen Strukturen und Institutionen soweit gefestigt hatten, dass ein Rückfall in Autokratie, Bürgerkrieg und Staatszerfall unmöglich geworden war. Mit der Zustimmung zum SOFA war die ihrem Ende entgegen sehende Bush-Administration eine riskante Wette auf die Zukunft eingegangen, deren Brisanz sich unter Obama zeigte.

Die Parlamentswahlen von 2010 und die zweite Maliki-Regierung

Vor den zweiten Provinzwahlen von Januar 2009 grenzte sich Maliki scharf von der föderalistischen Orientierung der Kurdenparteien und des schiitischen ISCI ab. Stattdessen präsentierte er sich mit seiner SOL 2009 als Befürworter einer starken zentralstaatlichen Ordnung. Das verschaffte ihm breite Zustimmung im Volk, und zwar sowohl bei schiitischen Kritikern einer föderalen Ordnung als auch bei Teilen der sunnitischen und säkular-nationalistischen Wählerschaft. Malikis neuer Nimbus als Zentralist und erfolgreicher Verteidiger der nationalen Souveränität in den SOFA-Verhandlungen zahlte sich aus: Seine SOL ging aus den zweiten Provinzwahlen von Januar 2009 als *der* Gewinner hervor. Fortan dominierten SOL und ihre Koalitionspartner fast alle Provinzregierungen im schiitischen Süd- und Zentralirak inklusive Bagdad. Der Sieg in den Provinzwahlen machte Maliki zum zentralen Machtfaktor des Irak.

Das restliche Jahr 2009 brachte dem Irak politische Stagnation. Alle politischen Kräfte richteten ihre Augen und Energien auf die für März 2010 angesetzten Wahlen für das aufgrund des Bevölkerungsanstiegs von 27 Millionen (2003) auf 30 Millionen (2009) nun um 50 Sitze erweiterte 325-köpfige Nationalparlament. Malikis SOL hatte zwei Hauptgegner. Der erste war die von Ex-Premierminister Ayad Allawi geleitete *Iraqiya*, die den Kern einer breiten nichtkonfessionellen Koalition säkular-nationalistischer und sunnitischer Kräfte bildete. Der zweite war die aus der UIA hervorgegangene » National Iraqi Alliance« (NIA). Unterstützt vom Iran, konkurrierte die INA unter Führung von ISCI und den Sadristen als schiitisch-konfessionalistische Sammelbewegung mit der SOL um die Mehrheit der schiitischen Wählerstimmen. Der Ausgang der Parlamentswahl mit einer 62-prozentigen Wahlbeteiligung brachte eine große Über-raschung. Knapper Sieger wurde die säkulare *Iraqiya* Allawis (91 Sitze), gefolgt von Malikis SOL (89 Sitze) und dem schiitisch-konfessionalisti-schen NIA-Block (70 Sitze). Auf den vierten und fünften Platz kamen die »Kurdish Alliance« (KA, 43 Sitze) und die sunnitische Tawafuq (sechs Sitze).

Die Analyse der Wahlergebnisse zeigte, dass die Mehrheit der iraki-schen Wähler (wie bereits 2005) auf der Grundlage konfessioneller und ethnischer Zugehörigkeit wählte. Hierbei bevorzugten die Iraker jedoch Kandidaten pragmatischer, nationalistischer und zentristischer Ausrich-tung. Nutznießer dieses Trends waren sowohl die *Iraqiya* als auch die SOL. Die meisten sunnitischen Parteien, Kräfte und Koalitionen sam-melten sich hinter der *Iraqiya* des säkularen Schiiten Allawi, um die Zer-splitterung ihrer Stimmen zu verhindern. Die interne Aufteilung der 70 Sitze in der NIA ergab, dass die zentristischen Sadristen die stärkste Kraft wurden (39 Sitze) und nicht die föderalistische ISCI. Das sollte später den Sadristen die entscheidende Stimme bei der Wahl des künftigen Pre-mierministers geben. Die großen Verlierer waren die islamistischen Sun-niten der »Tawafuq Alliance«.

Allawis *Iraqiya* erklärte sich Anfang April 2010 zum Sieger. Sie stützte sich auf ihre Auslegung des Verfassung, nach der der größte parlamenta-rische Block das Recht zur Nominierung des Premierministers und der Kabinettsbildung habe. Dagegen opponierte die SOL von Maliki, der sich gezwungen sah, seinen nationalistischen Mantel abzulegen und sich durch Annäherung an die NIA zum schiitischen Konfessionalismus zu bekennen. Anfang Mai 2010 bildeten SOL und NIA einen gemeinsamen Block mit zusammen 159 Sitzen, doch fehlten dem neuen Block vier Sitze zur absoluten Mehrheit von 163 Sitzen. Maliki beanspruchte für den nun größten Parlamentsblock das Recht zur Regierungsbildung, was die *Ira-qiya* vehement ablehnte. Zur Klärung des Streits rief Maliki das oberste Verfassungsgericht des Irak an, dessen Vorsitzender, Midhat al-Mahmud, Malikis Deutung Recht gab. Das war keine Überraschung. Mahmud, der in Personalunion seit 2004 nicht nur Leiter des Verfassungsgerichts, sondern auch Leiter der irakischen Justiz war, stand schon seit langem in dem Ruf, ein Erfüllungsgehilfe Malikis zu sein. So hatte er seit 2007 mehrfach dem Druck der Regierung Malikis nachgegeben und ihr Ur-teile »geliefert«, die ihren Interessen entsprachen.

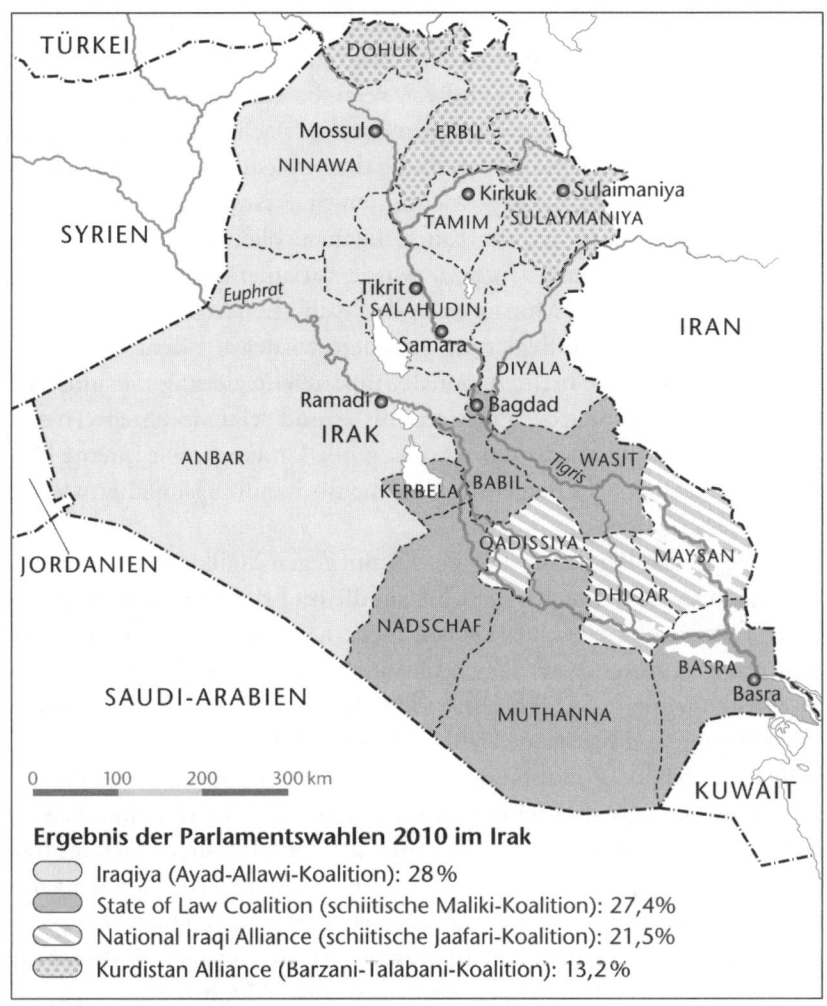

Karte 5: Ergebnis der Parlamentswahl im Irak vom März 2010

Trotz des Verfassungsgerichtsurteils kam die Bildung einer neuen Regierung nicht voran. Der Grund hierfür war, dass ISCI und Sadristen sich weigerten, Maliki für das Amt des Premierministers zu nominieren; dieser wiederum weigerte sich, als amtierender Premierminister zurückzutreten. Es folgte eine sechsmonatige Blockade, während der alle beteiligten Parteien unter Vermittlung des Iran, der USA und der Türkei nach Lösungen suchen. Der iranische Druck zwang die Sadristen, die die

Mehrheit in der NIA stellten, im November 2010 nachzugeben. Widerwillig wurden sie zu »Königsmachern« und akzeptierten Malikis Verbleib im Amt. SOL, NIA, *Iraqiya* und KA vereinbarten in Erbil, der Hauptstadt der Kurdenregion, ein Arrangement der Machtverteilung, das dem von 2006 ähnelte. Damit erhielten die drei wesentlichen ethnisch-konfessionellen Gruppen die drei wichtigsten Staatsämter. Der Schiit Maliki blieb Premierminister, der Kurde Talabani blieb Präsident, und der Sunnit Usama al-Nujaifi (*Iraqiya*) wurde Parlamentspräsident. Am 21. Dezember 2010, neun Monate nach der Wahl, bestätigte das Parlament Malikis Kabinett. Die Regierung gründete wieder auf dem *muhassasa*-Prinzip und war eine breite nationale Allparteienregierung. Sie umfasste 43 Personen, darunter der Premierminister und seine drei Stellvertreter, 27 Minister und 12 Staatsminister. Der große Umfang sowie interne Differenzen machten die Regierung fast ebenso handlungsunfähig wie die zwei vorangegangenen.

In der neuen Regierung ging der Kampf gegen Maliki 2011 weiter. Um ihn zu schwächen, drangen die USA auf die im Erbil-Abkommen vereinbarte Einrichtung eines Nationalen Sicherheitsrates unter Leitung von Ex-Premierminister Ayad Allawi. Der auf Vorschlag der US-Botschaft in Bagdad konzipierte Sicherheitsrat sollte die drei Ministerien für Inneres, Verteidigung und Nationale Sicherheit kontrollieren. Der Plan scheiterte jedoch an Malikis Widerstand. Er blockierte die Besetzung der drei Ministerposten, übernahm selbst kommissarisch deren Leitung und ließ sie durch Vertraute verwalten. Ab Sommer 2011 verschlechterte sich im Irak die Sicherheitslage erneut. Terroranschläge Aufständischer töteten zahlreiche Regierungsmitarbeiter und Zivilisten. Am 31. Oktober beispielsweise tötete ein Anschlag des »Islamischen Staates im Irak« (ISI) auf die syrisch-katholische Kirchengemeinde in Bagdad 52 Christen.

Am 18. Dezember 2011 zogen die letzten US-Truppen in Richtung Kuwait ab. Seit 2003 hatten 1,5 Millionen US-Soldaten im Irak gekämpft, 4.448 von ihnen starben, 30.000 wurden teils schwer verletzt und weitere 30.000 sind Opfer schwerer posttraumatischer Erkrankungen (PTBS, post-traumatic stress symptom) geworden. Laut offiziellen Angaben des »US-Congress Research Service« bezahlten die USA ca. 880 Milliarden US-Dollar für ihr Irak-Engagement. Nach Studien der US-amerikanischen Brown University sind damit die Kosten des Irak-Kriegs bei weitem nicht erfasst. Ihren Berechnungen zufolge werden die medizinischen Kosten für die Behandlungen der Kriegsversehrten und traumatisierten Soldaten bis 2050 weitere 900 bis 1.500 Milliarden US-Dollar betragen. Die humanitären und materiellen Kosten des Krieges für den Irak dagegen sind gar nicht abschätzbar, aber wohl noch viel größer. Laut »Iraqi Body Count« waren von März 2003 bis Dezember 2011 138.000 Iraker ums Leben gekommen, der Großteil zwischen 2005 und 2008. Über 4,5 Millionen Iraker waren geflüchtet, entweder innerhalb des eigenen Landes oder ins Ausland.

Iraks Kurden im Dauerstreit mit Bagdad

2003 hatten KDP und PUK die US-Invasion militärisch unterstützt. Zugleich nutzten sie die Gunst der Stunde und besetzten mit ihren Peschmerga-Kämpfern eine Vielzahl von Distrikten in den anliegenden arabischen Provinzen mit einer gemischten arabisch-kurdischen Bevölkerung. Diese umstrittenen Territorien mit teils reichen Ölvorkommen wurden zu einem permanenten Zankapfel mit Bagdad. Der CPA-Zivilverwalter Bremer gab den Führern der KDP und PUK im Juli 2003 Sitz und Stimme im IGC. Unter den im Irakischen Regierungsrat vertretenen ehemaligen Oppositionskräften entwickelten die Kurdenparteien die größte Affinität zu den islamistischen Schiitenparteien, und hier besonders zu ISCI. Der ISCI verfolgte ebenso wie die Kurdenparteien die Vision einer neuen irakischen Verfassung, die eine föderale und dezentrale Staatsstruktur festschreiben sollte.

In den Parlamentswahlen von Januar 2005 gewannen die Kurdenparteien und die UIA, die von ISCI dominierte Dachorganisation der islamistischen Schiiten, die meisten Stimmen. Dieser Sieg machte sie und die schiitischen Islamisten zu den bestimmenden Akteuren bei der Arbeit am Entwurf zur neuen Verfassung. Bei deren Ausarbeitung erreichten die Kurden einen Erfolg: Die Verfassung erklärte den Irak zu einem demokratischen, föderalen Staat. Artikel 117 erkennt die vormalige kurdische Autonomiezone als föderale Region mit eigener Regierung an und gestattet die Bildung weiterer föderaler Regionen in anderen Teilen des Irak. Dennoch blieb ihnen die Erfüllung ihres Hauptwunsches, der Einbeziehung von Kirkuk und der anderen umstrittenen Gebiete des Nordens in die KRG, verwehrt. Die Kurden erheben aus historischen Gründen Anspruch auf Kirkuk, das sie zu ihrer Hauptstadt machen wollten. Kirkuk und die umliegende gleichnamige Provinz hat darüber hinaus eine große ökonomische und strategische Bedeutung für die Kurden. Auf ihrem Territorium liegt das drittgrößte irakische Ölfeld mit zehn Prozent der gesamten irakischen Ölreserven.

Um den Anschluss Kirkuks zu erreichen, hatten die Kurden den Verfassungsartikel 140 durchgesetzt. Er sieht vor, dass bis zum 31. Dezember 2007 die Bewohner dieser Gebiete über den Anschluss an die KRG in einem Referendum entscheiden sollten. Das Referendum scheiterte jedoch am zähen Widerstand der Regierung in Bagdad, in der seit Mai 2006 Zentralisten um den neuen schiitischen Premierminister Maliki die Macht hatten. Die Kurdenparteien waren in eine Sackgasse geraten. Zwar kontrollierten sie mit Hilfe der Peschmerga die umstrittenen Gebiete (»Disputed Internal Boundaries«, DIB) militärisch, doch konnten sie gegen den Widerstand Bagdads eine politische Statusänderung nicht erzwingen. Seit 2006 nahm der Konflikt zwischen Bagdad und der KRG um Kirkuk an Sprengkraft zu, ohne dass sich eine Lösung abzeichnete. Mehrfach standen beide Seiten am Rande eines Kriegs, so etwa im August 2008.

Was sind die Streitpunkte zwischen Bagdad und der KRG? Der wichtigste ist die Öl- und Gasförderung. Die KRG vermarktet die Exploration und Ausbeutung der Erdöl- und Erdgasquellen auf KRG-Gebiet in eigener Regie. Zugleich wacht die KRG eifersüchtig darüber, den ihr zugestandenen Anteil an den gesamtirakischen Erlösen aus dem Energieträgerexport (17 Prozent) zu behalten, der ihr seit 2006 aus dem Staatshaushalt des Gesamtstaates zufließt. Bagdad hat die Energiepolitik der KRG von Beginn an bekämpft, weil es sie als ein weiteres Mittel zur Teilung des Irak betrachtet. Ständiger Hauptwidersacher der KRG in Bagdad war immer das Ölministerium, das eine zentrale Kontrolle des Hydro-Karbon-Sektors anstrebte. Die Verfassung räumt den erdölproduzierenden Provinzen und Regionen weitreichende Kompetenzen in Fragen des Energiemanagements (Artikel 112) ein. Im Konflikt zwischen Zentralregierung und Regionen über Ressourcennutzung schreibt Artikel 115 der Gesetzgebung der Regionen sogar einen Vorrang zu. Seit 2006 blieb ein nationales Öl- und Gasgesetz, das den Konflikt hätte lösen können, im Parlament blockiert. Es sollte unter anderem die Verteilung der Staatseinnahmen zwischen Bagdad und den Regionen regeln. Die Gesetzentwürfe der Zentralregierung, die eine Zentralisierung der Ressourcenpolitik vorsahen, scheiterten am Widerstand der Kurden.

Im August 2007 erließ die KRG dann ein eigenes kurdisches Öl- und Gasgesetz. Es erlaubte der KRG, Verträge mit ausländischen Ölfirmen über die Exploration und Produktion auf dem Territorium der KRG ohne Bagdads Zustimmung zu schließen. Seither hat die KRG mit 40 internationalen Ölfirmen Verträge über die Exploration und Ausbeutung von Öl- und Gasfeldern im kurdischen Norden geschlossen.

Bagdad hielt und hält die Verträge der KRG für illegal und drohte den beteiligten Ölfirmen wiederholt mit Ausschluss von den übrigen irakischen Energiequellen. Doch konnte es den rasch anlaufenden Ausbau der Öl- und Gasproduktion in Irakisch-Kurdistan nicht verhindern.

Maliki in den Fußstapfen Saddam Husseins

Am 19. Dezember 2011 brach eine Regierungskrise aus. Befreit vom Gegengewicht der USA, ging Maliki gegen zwei prominente sunnitische Politiker vor, beide Mitglieder der *Iraqiya*. Es handelte sich um Vizepräsident Tariq al-Hashimi und den stellvertretenden Premierminister Salih al-Mutlaq. Maliki entzog seinem Stellvertreter Mutlaq das Vertrauen. Ferner erließ die von Midhad al-Mahmud geführte Justiz des Landes auf Ersuchen des Premierministers einen Haftbefehl gegen Hashimi, dem sie vorwarf, mit den Aufständischen kollaboriert und Todesschwadronen unterhalten zu haben. Hashimi floh zuerst auf das Territorium der autonomen KRG, wo er sich unter den Schutz der Kurdenführung stellte. Später suchte und erhielt er dauerhaftes Asyl in den Vereinigten Arabischen Emiraten. Ein Jahr später, im Dezember 2012, holte Maliki schließlich zum Schlag gegen den Finanzminister Rafii al-Issawi, einen Sunniten, aus, der von der Justiz unter ähnlichen Anklagen wie die gegen Mutlaq und Hashimi seines Amtes enthoben wurde.

Dass sich Malikis Schläge gegen drei mächtige Sunniten in seiner Regierung richteten, war kein Zufall. Sie standen der Konsolidierung seiner Macht, die er seit 2007 vorangetrieben hatte, entgegen. Spätestens nach Bildung seiner zweiten Allparteienregierung begann Maliki immer

unverhohlener seinen autoritären Neigungen zu frönen und in die Fußstapfen Saddams zu treten. Das bekamen viele sunnitische Lokalpolitiker
bereits kurz nach der Vereidigung seiner neuen Regierung zu spüren. So
wuchs seit Anfang 2011 der Unmut der sunnitischen Provinzen über die
schiitisch dominierte Zentralregierung immer mehr an. Die drei sunnitischen Provinzregierungen Anbar, Salah ad-Din und Diyala machten im
Oktober und November 2011 den Anfang. Unter Bezug auf Iraks Verfassung stellten sie den Antrag auf Bildung einer eigenen Region. Ihr
Vorbild war die kurdische KRG mit ihrer weitreichenden Autonomie in
Fragen der Finanzen, Verwaltung und Sicherheit. Doch Premierminister
Maliki vereitelte diese Versuche mit Hilfe der willfährigen Justiz unter
Mahmud und durch verwaltungstechnische und formal-juristische Hin-
haltetaktiken. Doch damit nicht genug: Nach dem Abzug der US-Truppen stellte Maliki auch die Soldzahlungen für die meisten der sunnitischen Erweckungsräte ein. Diesen Schritt sollte er zwei Jahre später noch
teuer bezahlen.

Maliki in den Fußstapfen Saddams

Maliki hatte bei der Parlamentswahl 2010 die Macht fast verloren. Statt
für einen schiitischen Konfessionalisten, der zum nationalistischen Wen-
dehals mutiert war, hatte ein Drittel der Wähler für das nationalistische
Original, nämlich Allawi, votiert. Aus dieser Beinahe-Niederlage hatte
Maliki eine Lehre gezogen – er wollte sich nicht mehr dem unberechenbaren Wankelmut der Wähler anheimgeben und allein auf seine eigene
Popularität vertrauen. So legte er sich auf eine neue Strategie fest, die
die Politik des Irak bis Mitte 2014 bestimmte. Es galt, die von ihm bereits 2007 in aller Stille eingeleitete Eroberung der staatlichen Institutionen mit aller Macht zu forcieren und zugleich seine Nebenbuhler durch
eine Politik des *divide et impera* zu schwächen. Seinen Blick richtete er
vor allem auf die Nachrichtendienste, die Streitkräfte, die Justiz und eine
Reihe von Staatseinrichtungen, die als Gegengewicht zur Exekutive fungierten.[3] Dabei ging Maliki planvoll und konsequent vor. Zugute kamen
ihm dabei seine Erfahrungen aus drei Jahrzehnten des subversiven Un-
tergrundkampfs, was die Frage aufwirft: Wie sehr war Maliki von seiner
Vergangenheit als konspirativer Berufsrevolutionär geprägt? Ein Blick auf

seine Biografie gibt uns Klarheit über die Motive seines späteren Handelns, Redens und Denkens. Er zeigt auch das Psychogramm eines Menschen mit ausgeprägtem Überlebensinstinkt, gewonnen aus jahrzehntelanger Erfahrung mit Verfolgung, Gewalt und Terror.

Maliki wurde 1950 in dem Dorf Janaga, nahe bei Hindiya, einer durch ihre Dattelpalmplantagen bekannten Kleinstadt am mittleren Euphrat, in eine Familie von Dorfvorstehern geboren. Seine Familie gehört zu dem Stammesclan der al-Ali, einem schiitischen Zweig der bis nach Saudi-Arabien reichenden Banu Malik-Stammeskonföderation. Seine Kindheit überstrahlten die ruhmreichen Legenden über seinen Großvater, Mohammad Abu Mahasin, der einer der lokalen Anführer der antibritischen Schiitenrevolte von 1920 gewesen war. Berühmtheit erlangte sein Großvater vor allem wegen seiner Gedichte, die sowohl von unbändigem Freiheitswillen als auch von der Verbundenheit mit dem Irak und der Schia erzählten. Anders als die Führer der INC, des ISCI oder der Sadr-Bewegung gehörte Malikis Familie weder zu den reichen Notabeln in Bagdad noch zu den klerikalen Familiendynastien von Nadschaf und Kerbela, sondern zur unteren Mittelschicht. Maliki schloss sich 1967 in Hindiya der Daawa-Partei im Untergrund an und lernte den charismatischen Parteigründer, Ayatollah Baqir al-Sadr, kennen. Er schrieb sich an der Literaturfakultät der Bagdad University ein, wo er 1972 einen Masterabschluss in Arabischer Literatur erwarb. Kurze Zeit später nahm er eine Arbeit in einer Zweigstelle des Bildungsministeriums in Hindiya an. Tagsüber arbeitete er als unauffälliger Verwaltungsangestellter, nachts hingegen organisierte er revolutionäre Propagandaschulungen. Der Daawa-Mitgliedschaft verdächtigt, wurde er im Oktober 1979 kurzzeitig verhaftet, doch durch einen ihm gewogenen Richter freigelassen. Wenige Tage nach der Freilassung floh er über Amman nach Damaskus, wo eine 24 Jahre während Odyssee ihren Anfang nahm. Kurze Zeit später verurteilte ihn die Baath-Justiz zum Tode. In Damaskus erreichte ihn im April 1980 die Nachricht von der Ermordung von Ayatollah Baqir al-Sadr, ein einschneidendes Erlebnis für Maliki und eine ganze Generation von Islamisten der Daawa-Partei. Es radikalisierte sie noch mehr und machte den Wunsch nach Vergeltung zu einem Leitprinzip ihres Lebens. Als Zeichen seiner Verbundenheit trägt Maliki bis heute den Siegelring, den Sadr bei seiner Ermordung trug.

Aus Furcht, zum Bauernopfer des syrischen Baath-Regimes und seiner sporadischen politischen Aussöhnungsversuche mit dem verhassten
Bruderregime in Bagdad zu werden, siedelte er 1982 mit seiner Familie
nach Teheran über. Dort geriet er vom Regen in die Traufe. Untergebracht in einem südiranischen Militärlager an der irakischen Grenze, teilte er das Schicksal mehrerer hundert anderer in den Iran geflohener Daa-
wa-Genossen, die darauf brannten, Saddam zu bekämpfen. Stattdessen
wurden sie zum Spielball eigennütziger Interessen ihres Gastgebers. Sie
alle waren unablässig Pressionen und Manipulationsversuchen Teherans
ausgesetzt, um sie als iranische Agenten zu gewinnen. Doch Maliki spielte dieses Spiel nicht mit, ging nach Teheran und arbeitete später einige
Jahre im dortigen Daawa-Hauptquartier. In dieser Zeit wurden einige
seiner Parteifreunde von den iranischen Sicherheitsdiensten getötet, weil
sie sich geweigert hatten, Khomeini die Treue zu schwören.[4] Verbittert
über die Schikanen der persischen Glaubensbrüder, kehrte er 1990 nach
Damaskus zurück. Dort übernahm er die Herausgabe des Daawa-Par-
teimagazins und arrangierte sich mit den syrischen Geheimdiensten. Zu
diesem Zeitpunkt war Maliki in der Hierarchie der Daawa-Partei bereits
in die zweithöchste Führungsebene aufgestiegen, weil er sich einen Namen als unermüdlicher Organisator und Geheimdienstaktivist gemacht
hatte. Er galt als eher wortkarger Mann der Tat mit starken Nerven, der
weder Mühen noch Gefahren scheute und oft monatelang unerkannt im
Irak herumstreifte, um in den Bergen des kurdischen Nordens oder in
den Sümpfen des schiitischen Südens den Kontakt zu Untergrundzellen zu halten. Diese Aktivitäten hatten einen hohen Preis: Bis Ende der
1980er Jahre hatte das irakische Baath-Regime den gesamten Besitz von
Malikis Familie konfisziert und in Hindiya und Umgebung 67 seiner
Verwandten ermordet.

Anfang April 2003 gehörte Maliki zum Vorauskommando der Daawa-Partei, das nach dem Sturz Saddams nach Bagdad zurückkehrte, um
dort ein neues Parteihauptquartier einzurichten und die Parteistrukturen
und deren Anhängerschaft neu aufzubauen: eine Aufgabe, die Maliki lag
und die er voller Eifer in Angriff nahm. Maliki war zu diesem Zeitpunkt
ein hartgesottener Berufsrevolutionär geworden. Die vergangenen Jahre,
immer im politischen Untergrund und immer auf der Hut, hatten ihn
geprägt. Verfolgung, Verrat und Intrigen waren zur bestimmenden Trias
seines Lebens geworden. Er misstraute Freund und Feind und witterte

überall Gefahren und Verschwörungen. Ende 2003 stieg er zum Mitglied des Politbüros der Partei auf. Dennoch blieb er bewusst in der zweiten Reihe, drängte nicht auf die große politische Bühne des Irakischen Regierungsrats und gab sich politisch ambitionslos. Vielmehr zog er es vor, der Parteiprominenz im Rampenlicht, allen voran Generalsekretär Ibrahim al-Jaafari, als effektiver Problemlöser zu Diensten zu sein.

Die Geduld und Gefolgschaftstreue Malikis zahlten sich 2006 aus. Premierminister Jaafari brachte ihn im Mai 2006 gegenüber US-Botschafter Khalilzad als einen möglichen Nachfolger ins Rennen. Als Maliki tatsächlich Jaafari als Premierminister nachfolgte, zeigte sich, dass er härter, ehrgeiziger und machtbewusster war, als es lange Zeit den Anschein hatte. Doch anders als sein ziellos agierender Vorgänger, der ebenso wie Allawi zuvor nur ein Jahr im Amt gewesen war, hatte Maliki sein Ziel fest im Blick. Er wollte die Kompetenzen des Premierministers erweitern, Konkurrenten ausschalten und sich so auf Dauer in diesem Amt behaupten. Dabei ging er planmäßig, still und heimlich, aber mit größter Beharrlichkeit vor. Personell stützte er sich auf einen Kreis aus Verwandten, alten Freunden, Daawa-Kampfgenossen und ihm ergebenen Mitstreitern. Seit 2007 kursierten Gerüchte, es gebe einen um den Premierminister konzentrierten neuen dominanten Machtzirkel, die Malikisten (arabisch: *malikiyun*). Der Begriff *malikiyun* entstand nicht zufällig: Er war eine Analogie zu dem vor 2003 jedem Iraker geläufigen Begriff der *saddamiyun*, dem engsten Machtzirkel Saddams. Die Malikisten waren Pragmatiker und hatten keine ideologische Vision und kein politisches Programm; ihr einziges Ziel war der Machterhalt Malikis. Sie entkernten die Daawa-Partei ideologisch und schalteten deren Organisationsstrukturen und Kader gleich.

Bereits Ende 2006 versuchte Maliki das Militär zu kontrollieren. Gelegen kam ihm die Unbestimmtheit der Verfassung hinsichtlich des Artikels, der den Premierminister zum Oberbefehlshaber der Streitkräfte erklärte. Diese Unklarheit nutzte er zielstrebig, indem er ein ihm unterstelltes »Büro des Oberbefehlshaber der Streitkräfte« einrichtete und es schrittweise in ein Operationshauptquartier der Streitkräfte umwandelte. Binnen weniger Wochen kannte Maliki alle Mobiltelefonnummern der wichtigsten Kommandeure des Landes, rief sie direkt an und erteilte ihnen Operationsbefehle. Mit diesem täglichen Mikromanagement umging er die offizielle militärische Befehlskette und nahm Konflikte mit dem Verteidigungsminister in Kauf. Zwischen 2006 und 2010 befand sich Maliki deshalb im Dauerstreit mit den Ministern der Verteidigung und des Innern. Sie waren keine schiitischen Islamisten. Da ihre Wahl aufgrund des Konsenses der Allparteienregierung erfolgt war und sie die Unterstützung der US-Botschaft hatten, blieben sie für Maliki bis 2010 ernstzunehmende Hindernisse. Doch allen Widerständen zum Trotz baute Maliki in seiner ersten Amtszeit ein unabhängiges Netzwerk ihm ergebener Offiziere auf. Diese Offiziere waren in mehreren Armeedivisionen eingebettet und fungierten – ähnlich wie schon in der Saddam-Ära – als Politkommissare des Regierungschefs. Parallel dazu entriss Maliki dem Verteidigungsminister die Kontrolle über eine 10.000 Mann starke, ursprünglich nur zur Terrorismusbekämpfung eingesetzte Sondereingreiftruppe, die »Iraqi Special Operation Force« (ISOF). Maliki nutzte diese von den USA ausgebildete und ausgerüstete Eliteeinheit auch, um politische Gegner zu terrorisieren und zu töten. Außerdem stellte Maliki 2009 die Bagdad-Brigade auf, eine von seinem Sohn, Ahmad Maliki, befehligte Prätorianer-Garde, die den Schutz der Regierungsgebäude und Residenzen der Malikisten in der Green Zone übernahm.

In ähnlicher Weise ging Maliki auch gegen die fünf verschiedenen Nachrichten- und Geheimdienste des Irak vor, die er Schritt für Schritt seiner Kontrolle unterwarf. Den Anfang machte er 2008 mit dem »Iraqi National Intelligence Service« (INIS), einem von der CIA ab 2003 aufgebauten, mehrere tausend Mann starken Auslandsnachrichtendienst. Hauptaufgabe des INIS war es, iranische Operationen und Spionage im Irak zu überwachen und zu vereiteln. In einem Handstreich entließ Maliki Mohammad al-Shahwani, den von den USA eingesetzten INIS-Direktor und langjährigen Mitstreiter Ayad Allawis, und verschmolz den INIS 2009 mit dem von Malikisten kontrollierten Staatsministerium für Nationale Sicherheitsfragen (MSNSA). Fortan kam die Überwachung iranischer Operationen im Irak zum Erliegen. Maliki nutzte die Kontrolle der Nachrichtendienste auch als Waffe gegen politische Gegner, deren Telefone, Mobiltelefone und Computer er überwachen ließ. Mehrfach konfrontierte Maliki seine Gegner mit illegal aufgenommenen, kompromittierenden Mitschnitten von Telefonaten, um sie zu erpressen oder auszuschalten. Die Bündelung aller Nachrichtendienste in seiner Hand und deren Gebrauch zu seinen eigenen politischen Zwecken bescherten Maliki einen großen Machtzuwachs. Das ging zu Lasten der Verfassung, die ausdrücklich die unter Saddam übliche zentrale Kontrolle des Regierungschefs über die Nachrichtendienste verbot.[5]

Zugute kam Maliki immer wieder, dass es mangels verfassungsrechtlicher und gesetzlicher Bestimmungen weder eine Geschäftsordnung für die Arbeit der Regierung im Allgemeinen noch eine für die der einzelnen Ministerien im Besonderen gab (und gibt). So war und ist es bis heute ungeklärt, wer im Namen der Regierung sprechen darf, wie viele Minister für ein Quorum erforderlich sind und welche Vollmachten die Minister und welche der Premierminister hat. Die Verfassung hatte der Regierung zwar aufgegeben, eine Geschäftsordnung zu entwerfen, doch hatte Maliki diesen Verfassungsauftrag nie ausgeführt. Für Maliki war der unklare *Status quo* von großem Nutzen, erlaubte er ihm doch, Ressortministern von ihm ernannte Stellvertreter und »Berater« zur Seite zu stellen, die deren Politik entweder blockierten oder in eine Maliki genehme Richtung lenkten. Ein weiteres wichtiges Werkzeug zur Schwächung der Minister war das vom Maliki-Vertrauten Ali al-Allaq geführte und mit Malikisten besetzte Sekretariat des Ministerrats. Dieses Sekretariat organisierte nicht nur die Kabinettssitzungen, sondern entwickelte sich durch die in ihm gebildeten Sonderkomitees, etwa für Verteidigung, Öl und Finanzen, zu einer veritablen Schattenregierung. Diese Komitees replizierten Schlüsselfunktionen der wichtigsten Ministerien, erstritten sich mit Malikis Hilfe die Befugnis, beträchtliche Finanzmittel aus dem Regierungshaushalt abzuzweigen und in vom Sekretariat entwickelte eigene Projekte umzulenken, womit sie *de facto* zu Mini-Ministerien wurden.

Sofort nach dem Beginn seiner zweiten Amtszeit festigte Maliki seine Macht weiter. Im Januar 2011 erließ Iraks Verfassungsgericht unter Midhat al-Mahmud auf Gesuch des Premierministers ein folgenschweres Urteil. Es unterstellte drei Institutionen, deren Unabhängigkeit Verfassungsrang hatte und die bis dahin allein dem Parlament rechenschaftspflichtig waren, dem Büro des Premierministers. Diese Institutionen waren die Unabhängige Hohe Wahlkommission (»Independent High Electoral Commission«, IHEC), die für Korruptionsbekämpfung zuständige Integritätskommission (»Integrity Commission«, IC) und die irakische Zentralbank.[6] Bis Ende 2012 hatte Maliki alle drei Leiter dieser Einrichtungen, die als parteiunabhängige Technokraten galten, ihrer Ämter enthoben, sie durch loyale Malikisten ersetzt und die vorherigen Amtsträger vor Gericht stellen lassen. Als Vorwand dienten jeweils von ihm angestrengte Anklagen wegen Korruption oder Amtsmissbrauch, deren Grundlage mangels Beweisen mehr als dürftig war. Mit dem Wechsel an der Spitze der Zentralbank erlangte Maliki auch Verfügungsgewalt über die beträchtlichen Devisenreserven des Landes. Diese nutzte er, um das Budget des Ministerratssekretariats aufzufüllen. Nach Ansicht der Kritiker Malikis rührte sein Griff nach der Zentralbank auch vom Druck des Iran her, der stark unter dem westlichen Sanktionsregime leidet. Mit Duldung Malikis sollen iranische Devisenhändler seit 2012 einen Teil der irakischen Devisenreserven nutzen, um unter Umgehung der internationalen Finanzsanktionen an westliche Währungen zu gelangen, die vom Iran so dringend benötigt werden. Ähnlich wie mit der Zentralbank verfuhr er auch mit der Irakischen Handelsbank und ihrem Leiter.

Die einzige, noch unabhängige Machtbastion, die sich Maliki widersetzte, war das Parlament, das fast gänzlich aus Vertretern der Parteien in der zweiten von Maliki geführten Allparteienregierung bestand. Doch aufgrund interner Differenzen der Parteien, die Maliki schürte, blieb es weitgehend gelähmt und ohnmächtig. So scheiterten wiederholt Versuche des Parlaments, eine Zwei-Drittel-Mehrheit für ein Misstrauensvotum gegen den Premierminister zustande zu bringen. Obendrein schwand die Macht der Legislative 2012 durch ein weitreichendes Urteil des obersten Verfassungsrichters al-Mahmud noch mehr. Auf Malikis gesuch um Klärung einer verfassungsrechtlichen Streitfrage hatte al-Mahmud geurteilt, dass nur der Premierminister und das Kabinett Gesetzentwürfe vorlegen dürfen. Das war ein Schlag ins Gesicht der Legislative, der damit ihr Recht geraubt wurde, Gesetzentwürfe einzubringen.[7]

Ein Staat fällt unter die Räuber: Kleptokratie und Korruption

Korruption ist im Irak sehr weit verbreitet. Das bestätigen Berichte der Berliner Organisation »Transparency International« und ihres jährlich für die meisten Länder der Welt herausgegebenen »Corruption Perception Index« (CPI). Dort taucht der Irak seit über zehn Jahren regelmäßig mit extrem schlechten Bewertungen auf. 2014 rangierte der Irak auf Platz 170 von insgesamt 175 untersuchten Ländern.

Doch was unterscheidet den Irak vor 2003 von dem Irak nach der US-Invasion? Gab es etwa keine Korruption unter Saddam Hussein? Ja, es gab sie. Allerdings war deren Ausmaß weitaus geringer, was auch mit der Struktur des Baath-Regimes und seiner Legitimation zu tun hatte. Saddam, seine Familie und seine engsten Vertrauten hatten unbegrenzten Zugriff auf Staatsfonds, Ländereien, Paläste und andere materielle Privilegien, die sie zu ihrem persönlichen Genuss verwendeten. Wer namentlich zu diesem engen Kreis weniger Dutzend Privilegierter der Staatselite gehörte, war für die meisten Iraker ein offenes Geheimnis.

Doch abgesehen von der Korruption der wenigen Hochprivilegierten bekämpfte der Baath-Staat die Korruption mit aller Härte. Das Baath-Regime war eine auf dünner Legitimitätsgrundlage errichtete Entwicklungsdiktatur, die ihre Macht durch einen Militärputsch errungen und danach nie freie Wahlen abgehalten hatte. Daher konnte sie sich nie darauf berufen, ihre Herrschaft aus der Willensbekundung der Mehrheit abzuleiten. Umso wichtiger war es, die wirtschaftliche und gesellschaftliche Entwicklung zu fördern. Als Garant dieser Entwicklung verstand sich das Baath-Regime als unbestechliche, allein dem Wohle des Volkes verpflichtete Avantgarde. Das Baath-Regime kalkulierte, die Mehrheit des Volkes sei bereit, ihre Freiheit zu opfern, wenn man ihr Arbeit, gute Schulen, Daseinsvorsorge und medizinische Hilfe sowie das Gefühl gab, auf den Irak als führende arabische Nation der Region stolz sein zu können. In diesem Rahmen war die Korruption für irakische Verwaltungsbeamte und selbst die Minister ein lebensgefährliches Risiko. Korruption, Unterschlagung und Misswirtschaft bei der Verwaltung staatlicher Gelder und Sachwerte galten als schwere Verbrechen, entzogen sie doch Volk und Nation wichtige Mittel für sein Gedeihen. Der Staat ging mit Anti-Korruptionsbehörden, Geheimdiensten und einem Heer von Spitzeln gegen korrupte »Volksverderber« vor. Vor 2003 wurden zahlreiche Staatsangestellte, die der Korruption angeklagt und überführt worden waren, hingerichtet – was eine abschreckende Wirkung hatte, da es das Pflichtbewusstsein der Staatsangestellten stärkte und somit Korruption eindämmte.[8] Zwar nahm nach 1991, als das Volk durch die UNO-Sanktionen verelendete, auch die Korruption zu, zumal das Machtmonopol des Baath-Regimes schwächer und sein Würgegriff auf die Bevölkerung sich lockerte. Dennoch hielt das lange Zeit eingeimpfte Pflichtbewusstsein die meisten Administratoren von Korruption ab.

Die US-Invasion von 2003 zerbrach die staatlichen Strukturen und die Kontrolle durch das Baath-Regime. Begünstigt durch das *muhassasa*-Prinzip begann Korruption in allen Bereichen der Staatsverwaltung und des öffentlichen Lebens wie ein Krebsgeschwür zu wuchern. Heute ist es zur gefährlichsten Bedrohung für die Funktionsfähigkeit von Staat, Verwaltung und Wirtschaft geworden. Um die Korruption einzudämmen, stützten sich die Regierungen des Irak seit 2004 auf drei Institutionen zur Korruptionsbekämpfung, von denen zwei 2004 ins Leben gerufen wurden. Allerdings wird deren Effizienz durch mehrere Umstände eingeschränkt. Dazu zählen (a) ungenügende rechtliche Rahmenbedingungen, (b) unzureichend ausgebildetes Fachpersonal, (c) schlechte Koordination und Kooperation zwischen den Antikorruptionsbehörden und (d) direkte und indirekte Interventionen und Einschüchterungen durch Politiker aller Parteien.

Drei Institutionen haben sich die Korruptionsbekämpfung auf die Fahnen geschrieben. Der Oberste Rechnungshof (»Board of Supreme Audit«, BSA), gegründet 1927, galt als weitgehend unabhängige Kontrollbehörde, die bis zur US-Invasion unter allen politischen Regimen weitreichende Kontroll- und Ermittlungsbefugnisse besaß. Sie hatte das Recht zu unangemeldeten Inspektionen von Regierungsämtern, konnte sich Zugang zu allen geheimen Staatsdokumenten im Zusammenhang mit öffentlichen Ausgaben verschaffen und durfte verhaftete Korruptionsverdächtige den Gerichten direkt überstellen. Die CPA unter Bremer löste sie 2003 als Baath-Institution auf. Sie gründete sie 2004 zwar neu, schmälerte aber ihre Befugnisse zugunsten der neugeschaffenen Integritätskommission (»Commission of Integrity«, COI).

Diese Behörde sollte als Dachorganisation alle Maßnahmen zur Korruptionsbekämpfung koordinieren. Sie ist in der Verfassung von 2005 verankert, unterstand ursprünglich dem Parlament und ist seit 2011 dem Premierminister verantwortlich. Ihre Hauptaufgaben sind erstens die Untersuchung krimineller Korruption, zweitens die Formulierung von Gesetzentwürfen zur Korruptionsbekämpfung und drittens die Prävention durch das Sammeln von Berichten und Dokumenten über die Finanzverhältnisse von Regierungsvertretern und Staatsbeamten. Hinzu kommt die ebenfalls 2004 von Bremer gegründete Behörde des Generalinspektors (»Inspector General«, IG); auch sie ist dem Parlament unterstellt. Alle Ministerien, Behörden und staatlichen Organisationen haben jeweils einen eigenen Inspektor, der dem Leiter der Zentralverwaltung der IG rechenschaftspflichtig ist. Die einzelnen IGs führen Voruntersuchungen durch, deren Ergebnisse sie dem COI weiterleiten, das sie auswertet und gegebenenfalls an die Justiz weiterleitet.

Die Arbeit der drei Behörden ist allenfalls partiell erfolgreich. Die Hauptursache dafür ist die beharrliche Weigerung der meisten Minister und staatlichen Organe, die verlangte Transparenz ihrer Finanzen herzustellen. Zumeist stoßen die Korruptionsermittler bei ihrer Arbeit auf eine Mauer des Schweigens und der Ablehnung. Keine der drei Behörden hat eine Gesetzerzwingungsbefugnis, die allein der Justiz zukommt. Die Justiz wiederum ist politischem Druck betroffener Regierungsstellen und Parteien ausgesetzt, dem sie sich in den meisten Fällen beugt.

Hinzu kommt eine gesetzliche Achillesferse des IG, der schwächsten der drei Behörden. So verbietet Artikel 136 (b) des Strafprozessrechts (ein Artikel aus der Baath-Ära) jedem Untersuchungsrichter und Inspektor die Überprüfung eines Staatsbeamten ohne vorherige Erlaubnis des Ministers. Dieser Artikel wurde in der Baath-Ära fast nie angewendet, nach der US-Invasion von 2003 allerdings umso häufiger. So haben verschiedene Minister diesen Artikel zwischen 2005 und 2011 mehrere hundert Male beansprucht, um die Strafverfolgung politischer Schützlinge, Verwandter oder Freunde zu verhindern. Er ist bis heute gültig, und auch Premierminister Maliki nahm ihn zur Abwehr von Korruptionsermittlungen gegen seine Mitarbeiter häufig in Anspruch. Der Gebrauch des Artikels 136 beschreibt ein strukturelles Vakuum der Demokratie im Irak. Da das Parlament weitgehend beschlussunfähig ist, mangelt es an Ausführungsgesetzen für viele der in Verfassungsartikeln festgeschriebenen demokratischen Bestimmungen und Rechtsprinzipien des neuen demokratischen Irak. Als Folge dieses Vakuums greifen der Premierminister, die Kabinettsminister und auch die Justiz oft auf antidemokratische Gesetze und Präsidialdekrete aus der Zeit von Saddam Hussein zurück, um ihr Handeln zu legitimieren: ein fragwürdiges Vorgehen, zumal es viele Iraker in ihrer Meinung bestärkt, dass im Irak die Ära der Diktatur niemals wirklich endete.

Entgegen öffentlicher Erklärungen haben Premierminister Maliki und andere Regierungspolitiker die Arbeit dieser Behörden behindert, etwa indem sie dafür sorgten, dass besonders zielstrebige Inspektoren oder Untersuchungsrichter versetzt, entlassen oder durch Klageandrohung zur Flucht ins Ausland getrieben wurden. Die Arbeit der Korruptionsermittler ist mitunter lebensgefährlich. Am 22. Dezember 2011 tötete ein Anschlag auf das Hauptquartier der COI in Bagdad 32 COI-Mitarbeiter und verletzte 50 weitere teils schwer. Da der Angriff mit schweren Armeeartilleriegeschossen verübt wurde, hielt sich hartnäckig das Gerücht, Teile der irakischen Armeeführung seien in den Anschlag verwickelt gewesen, zumal die COI zu dieser Zeit gegen Generäle ermittelt hatte. Zwischen 2004 und 2008 sind mehrere Dutzend Mitarbeiter des COI, der BSA und der IG Mordanschlägen zumeist unerkannter Täter zum Opfer gefallen. Derweil wächst die Korruption ungehemmt weiter. Ein früherer irakischer Gesundheitsminister beziffert den Schaden, den die Korruption in den Ministerien allein 2010 angerichtet hat, auf drei Milliarden US-Dollar.

ACHT

Wie Iraks Hydra des Terrors entstand: Die Geschichte des »Islamischen Staates«

Der Gründervater und seine Ideologie: Abu Musab al-Zarqawi

Mit der Eroberung Mossuls im Juni 2014 trat die Terrororganisation »Islamischer Staat in Irak und Syrien« (ISIS) schlagartig ins Blickfeld der Weltöffentlichkeit. Wenige Wochen später rief ihr Anführer Abu Bakr al-Baghdadi ein Kalifat aus, verkürzte den Namen seiner Organisation zu »Islamischer Staat« (IS) und erklärte sich selbst zum Kalifen aller Muslime. Zu diesem Zeitpunkt existierte die Organisation bereits seit einem Jahrzehnt, allerdings in Gestalt von Vorläuferorganisationen, die sich wie Schlangen alle paar Jahre gehäutet und ihren Namen immer wieder gewechselt hatten. Ihr Ursprung geht auf den Dschihadisten Ahmad Fadil al-Khalayla alias Abu Musab al-Zarqawi zurück. Er stammte, wie sein *nom de guerre* Zarqawi besagt, aus der jordanischen Stadt Zarqa. Zarqawi war nicht nur der Gründervater des heutigen »Islamischen Staates«, sondern auch ihr Chefideologe, dessen Strategie und Ideologie die Organisation bis heute prägt.

Um den IS und seine Ziele wirklich zu verstehen, muss man einige Jahre zurückblicken und sich mit Zarqawi und der ideologisch-religiösen Stellung und Entwicklung des IS befassen. Der IS gehört zu einer politisch-theologischen Schule des modernen Islam, der als Dschihad-Salafismus oder Dschihadismus bekannt ist. Anhänger dieser besonders radikalen Spielart des sunnitischen Islam betrachten es als ihre Pflicht, einen immerwährenden Heiligen Krieg (Dschihad) zu führen – so lange, bis der Sieg über die Apostaten-Regimes in der arabischen Welt und ihre ausländischen Unterstützer erreicht ist. Ihren geographischen Ursprung haben die dschihadistischen Organisationen in den autoritären und au-

Name	Der »Islamische Staat« (Name seit Juli 2014) auf einen Blick
Zeit und Ort der Gründung	1999 im Irak unter dem Namen *al-tauhid wa al-jihad* (»Gotteseinheit und Heiliger Krieg«) 2004 umbenannt in »Al-Qaida im Irak« (AQI) 2007 umbenannt in »Islamischer Staat im Irak« (ISI) 2011 umbenannt in »Islamischer Staat im Irak und in Syrien« (ISIS) 2014 umbenannt in »Islamischer Staat« (IS)
Führer	Abu Musab al-Zarqawi (2003–2006) Abu Omar al-Baghdadi (2006–2010) Abu Bakr al-Baghdadi (seit 2010)
Operationsgebiet und Herrschaftsbasis	a) im Irak: große Teile der westlichen und nördlichen Provinzen Anbar, Salah al-Din und Ninawa mit Mossul (2 Millionen Einwohner) b) in Syrien: große Teile der Ost- und Nordprovinzen Deir al-Zor, Hasaka, Raqqa und Aleppo mit der Provinzhauptstadt Raqqa als inoffizieller Hauptstadt des IS
Ideologie und Ziele	a) Aufbau eines transnationalen islamischen Kalifats vom Irak bis nach Syrien, Libanon und Jordanien b) Durchsetzung der Scharia c) Bekämpfung und Tötung der als »häretisch« geltenden Schiiten
Politische Verbündete	a) sunnitische Stämme des westlichen und nördlichen Irak b) baathistische Parteikader und Offiziere des 2003 gestürzten Regimes von Saddam Hussein
Anhänger (a) und Kämpfer (b) sowie Truppenstärke (c)	a) von Bagdads schiitischer Zentralregierung verprellte Sunniten und Baathisten b) Dschihadisten aus der arabischen Welt (Syrien, Maghreb, Golfstaaten), Tschetschenien und aus Europa c) 31.500 Kämpfer nach CIA-Schätzungen (Stand: September 2014)
Finanzquellen	a) Ölschmuggel (geschätzte Einnahmen pro Monat zwischen einer und drei Millionen US-Dollar) b) Schutzgelderpressung c) Spenden von Privatleuten aus den arabischen Golfstaaten, insbesondere Saudi-Arabien und Katar d) Verkauf von Antiquitäten aus Raubgrabungen
Dschihadistische Gegner	a) Nusra-Front in Syrien b) Al-Qaida-Mutterorganisation unter Aiman al-Zawahiri (in Pakistan und Afghanistan)
Andere Gegner	a) im Irak: die Schiiten-Milizen der Bagdader Zentralregierung, die Kurden der »Kurdish Regional Government« (KRG) in Erbil, iranische Militärberater im Irak b) in Syrien: national-säkulare Oppositionskräfte der Freien Syrischen Armee (FSA), syrische Kurden c) im Westen: USA, Großbritannien, Frankreich, Kanada, Australien d) Diverse pro-westliche arabische Staaten, wobei Teile der Bevölkerung in Saudi-Arabien und Jordanien mit dem IS sympathisieren
Informelle Kooperation oder Tolerierung	a) Öl-Kooperation mit dem syrischen Baath-Regime von Baschar al-Assad (bis November 2014, seither unklar) b) Tolerierung durch Regierung und Geheimdienste der Türkei

Tabelle 2: Der »Islamische Staat« im schematischen Überblick (Januar 2015)

tokratischen Staaten des Nahen Ostens. Diese in den meisten Fällen vom Westen hofierten und unterstützten Staaten unterbanden demokratische politische Mitbestimmung und unterdrückten jegliche Opposition. Das leistete der Radikalisierung dieser Dschihadisten-Gruppen, die in deren Ideologie schon angelegt war, weiteren Vorschub. Viele Anhänger dschihadistischer Organisationen zog es in den 1980er und 1990er Jahren in den Afghanistan-Krieg. Dort erlebten sie ihre Feuertaufe, erlernten das Kriegshandwerk und verbündeten und vernetzten sich mit ideologischen Gesinnungsbrüdern.

Die mit Abstand bekannteste dieser Organisationen war Al-Qaida, gegründet Ende der 1980er Jahre von dem saudi-arabischen Millionär Usama Bin Ladin. Durch zahlreiche, oft spektakuläre Terroroperationen und insbesondere durch die Anschläge in New York und Washington vom 11. September 2001 verschaffte Al-Qaida der Dschihad-Ideologie weltweite Aufmerksamkeit. Doch Al-Qaida war und ist nicht die einzige organisatorische Verkörperung des Dschihad-Salafismus, sondern nur ein Teil eines weitaus größeren Phänomens. Der Dschihad-Salafismus ist eine breit gefächerte islamische Strömung und umfasst ein weltumspannendes loses Netzwerk gleichgesinnter Denker und Strategen unterschiedlicher Gruppen und Organisationen, die online und über soziale Medien und Netzwerke miteinander kommunizieren, sich austauschen, manchmal miteinander paktieren und sich manchmal entzweien. Durch den von den USA deklarierten »Krieg gegen den Terrorismus« verlor Al-Qaida seinen Rückzugsraum Afghanistan und musste nach Waziristan in Pakistan zurückweichen. Die weltweite Zusammenarbeit der Sicherheitsbehörden zur Bekämpfung des Terrornetzwerks wurde nun immer enger und effektiver. Infolgedessen schrumpften Al-Qaidas operative und finanzielle Kapazitäten. Seit 2005 gelang es ihr nicht mehr, in den USA oder in Europa einen größeren Anschlag zu verüben.

Dass Al-Qaida bis zum Ende der ersten Dekade nach dem »11. September« an Schlagkraft verlor, untergrub ihre Legitimation als dominante Kraft des internationalen Dschihadismus. *Nolens volens* musste Al-Qaida sich die Deutungshoheit des Dschihadismus mit mehreren eigenständigen regionalen Zweigorganisationen teilen, wie Al-Qaida im Maghreb (AQAM), Al-Qaida auf der Arabischen Halbinsel (AQAP) oder Al-Qaida im Irak (AQI). Gezwungen, sich in schwer zugänglichen Berghöhlen und Wüsten zu verbergen, war sie von großen Teilen der arabischen Bevölkerung zunehmend isoliert. Spürbar wurde dies während des »Arabischen Frühlings« 2011. Auf ihn reagierte die Organisation nur sehr spät und mit ungeeigneten, weil an der Lebenswirklichkeit der jeweiligen Bevölkerung vorbeilaufenden Botschaften, die keinen Widerhall fanden. Aus dem Sturz der Regime in Tunesien, Ägypten und Libyen konnte Al-Qaida keinen Vorteil ziehen und musste den Platz deshalb für andere lokale oder regionale dschihadistische Organisationen freimachen. Die Bedeutung von Al-Qaida liegt heute vor allem darin, dass sie aufgrund ihrer »historischen Verdienste« anderen Gruppen als Quelle der Inspiration und Legitimation oder als Schiedsrichter bei internen Differenzen dient. Dass Al-Qaida nie ein Monopol für den globalen Dschihad hatte, beweist das Beispiel des IS.

Geprägt wurde der IS vor allem von Zarqawi, der als Spross der Khalayla-Familie zusammen mit neun Geschwistern in ärmlichen Verhältnissen in Zarqa aufwuchs. Sein Beduinenclan gehörte zum Stamm der sesshaft gewordenen Bani Hassan, der mit 200.000 Mitgliedern einer der größten Stämme Jordaniens ist. Sein Vater war traditioneller Heiler. Zarqawi brach seine Schulausbildung nach der 9. Klasse ab, verdingte sich als Gelegenheitsarbeiter und leistete Anfang der 1980er Jahre seinen obligatorischen Wehrdienst ab. Im Gegensatz zu den vom IS heute verbreiteten hagiografischen Legenden wandelte Zarqawi nach seiner Wehrdienstzeit keineswegs auf tugendhaften religiösen Pfaden. Stattdessen wurde er zum Trunkenbold und Gewaltverbrecher, der wegen Einbruchs und Drogenhandels mehrfach inhaftiert wurde. Nach Beendigung seiner letzten Freiheitsstrafe heiratete er 1988, hatte ein religiöses Erweckungserlebnis und kam in Kontakt zu radikalen salafistischen Predigern. Seine Heimatstadt Zarqa war seit den 1970er Jahren ein wichtiges Zentrum international operierender Salafistengruppen und ideologischer Theoretiker verschiedener dschihadistischer Denkschulen.

Unter dem Einfluss der Salafisten entschloss sich Zarqawi 1989, nach Afghanistan zu gehen und sich dem Freiheitskampf der Mudschahidin gegen die Sowjets und die nationalkommunistische afghanische Regierung anzuschließen. Dort durchlief er mehrere Trainingslager und begann sich ideologisch zu radikalisieren. Nach seiner Rückkehr nach Jordanien 1993 baute Zarqawi ein Netzwerk jordanischer Afghanistan-Veteranen auf und geriet unter den Einfluss Abu Mohammad al-Maqdisis, einem der wirkungsmächtigsten Dschihad-Theologen der vergangenen Jahrzehnte. Beide gründeten eine dschihadistische Untergrundorganisation, die den Sturz der jordanischen Monarchie anstrebte. Nachdem er gemeinsam mit seinem Mentor 1994 verhaftet worden war, radikalisierte sich Zarqawi in den folgenden fünf Jahren noch weiter. Sein selbstorganisierter Alltag war allein von zwei Dingen bestimmt: von Muskeltraining mit Hanteln und einem mit fanatischen Eifer betriebenen Studium religiöser Schriften unter Anleitung Maqdisis. Daneben widmete er sich dem Aufbau einer von ihm geführten verschworenen dschihadistischen Bruderschaft. Als er 1999 im Zuge einer Generalamnestie entlassen wurde, hatte er sich ideologisch bereits von Maqdisi gelöst und einen kompromisslosen und gewaltorientierten Weg des Dschihad eingeschlagen. Im Jahr 2000 war er mit einigen Getreuen wieder in Afghanistan, wo er gute Verbindungen zu Al-Qaida und deren Führer Usama Bin Ladin aufbaute.

Nachdem die USA im November 2001 begonnen hatten, Stellungen der Taliban und von Al-Qaida zu bombardieren, setzte Zarqawi sich mit einer kleinen Gruppe gleichgesinnter Dschihadisten über den Iran in den kurdischen Nordirak ab. Dort wartete Zarqawi die US-Invasion ab, die im April 2003 zum Sturz des Baath-Regimes führte. Als ab Juni 2003 ein Aufstand gegen die amerikanische Präsenz begann, der von zahlreichen sunnitischen Gruppen unterschiedlicher ideologischer Couleur getragen wurde, war auch Zarqawi mit von der Partie. Mittlerweile war es ihm gelungen, zahlreiche Iraker in seine Organisation zu integrieren, der er nun den Namen *al-tauhid wa al-jihad* (»Gotteseinheit und Heiliger Krieg«) gab. Ein Jahr später, im Oktober 2004, leistete Zarqawi dem Al-Qaida-Führer Usama Bin Ladin einen Treueeid. Gleichzeitig benannte er seine Organisation in Al-Qaida im Irak um (AQI, arabisch: *al-Qaida fi Bilad ar-Rafidain* = Al-Qaida im Zweistromland) und kürte sich mit dem Segen Bin Ladins zum Emir der AQI. Zu diesem Zeitpunkt hatte er neben zahlreichen ausländischen Dschihadisten auch viele Iraker in seine Organisation integriert und die Ziele der AQI formuliert. Als erstes galt es die amerikanischen Truppen aus dem Irak zu vertreiben und einen islamischen Staat zu errichten. Im Anschluss daran würden die Dschihadisten den Krieg in die Nachbarländer Syrien, Libanon und Jordanien tragen, um danach Israel zu zerstören und Jerusalem zu erobern.

Unter den seit 2003 aus vielen Ländern in den Irak einsickernden Dschihadisten besaß die Gruppe um Zarqawi die größte Anziehungskraft. Den Grundstein dafür hatten – wenngleich unbeabsichtigt – die

USA selbst gelegt, als sie im Rahmen ihrer weltweiten PR-Kampagne um internationale Zustimmung für ihren Präventivkrieg gegen den Irak warben. Denn US-Außenminister Colin Powell hatte am 5. Februar 2003 vor dem UNO-Sicherheitsrat die unwahre Behauptung erhoben, Iraks Diktator Saddam Hussein arbeite mit dem Al-Qaida-Terrornetzwerk zusammen und Abu Musa al-Zarqawi sei der Statthalter Bin Ladins im Irak. Durch Powells explizite Nennung Zarqawis erhielt die terroristische Bedrohung einen Namen und ein Gesicht. Und nicht nur das: Mit ihr stieg der bis dato fast unbekannte Jordanier mit der Leuchtkraft eines Kometen am Firmament des internationalen Dschihadismus empor. Vom amerikanischen Erzfeind ernst genommen zu werden, kam für Zarqawi quasi einem Ritterschlag gleich, der ihm später bei der Gewinnung personeller und finanzieller Ressourcen von großem Vorteil sein sollte.[1]

Das Operationsgebiet von AQI deckte sich in etwa mit den Siedlungsgebieten der irakischen Sunniten. Sie stellen die Bevölkerungsmehrheit in den Provinzen Anbar, Salah al-Din und Ninawa und bilden große Minderheiten in Diyala, Kirkuk und Bagdad. Rückzugsräume und Nachschubrouten boten aber auch die grenznahen syrischen Provinzen von Deir al-Zor und Hasaka, wo AQI und andere irakische Oppositionsgruppen mit Billigung und teils auch mit der Unterstützung des syrischen Baath-Regimes seit 2003 operieren konnten. Innerhalb der breiten Front sunnitischer Gruppen, die die US-Besatzer und die neue Regierung bekämpften, war das Verhältnis von AQI zu den anderen Gruppen sowohl durch Kooperation als auch durch Konkurrenz bestimmt. Zu Spannungen trug auch die mehrschichtige Identifikation von AQI bei, die zu internen ideologischen und operativen Widersprüchen führte. So verstand sich AQI einerseits als exklusive Elite einer dschihadistischen Internationale; andererseits war die Organisation jedoch darauf angewiesen, lokale Unterstützer aus den Reihen sunnitischer Stämme, nationalistischer Ex-Baathisten und irakischer Salafisten zu gewinnen. Mit anderen Worten: Sie musste sich »irakisieren«, wollte sie nicht als Fremdkörper abgestoßen und damit bedeutungslos werden. Das erforderte von Zarqawi stets ein hohes Maß an taktischen Zugeständnissen und Pragmatismus, eine Linie, die er aber nie lange durchhielt und zugunsten eines radikalen Dogmatismus immer wieder aufgab.

Um sich ideologisch zu profilieren, definierte Zarqawi ab 2004 in einer Reihe öffentlicher Botschaften die Strategie und das sorgfältig systematisierte Freund-Feind-Schema der AQI. Dabei entwarf er einen binär strukturierten Deutungsrahmen, der alle Menschen auf Erden in potentielle Anhänger oder Feinde seiner Glaubensauffassung einteilte. Die Radikalität dieses manichäischen Weltbilds übertraf alles, was Dschihadisten bis dahin propagiert hatten, und fordert bis heute den massiven Widerspruch der meisten Sunniten und auch einiger Dschihadisten heraus. Für Zarqawi gibt es keinen Unterschied mehr zwischen Muslimen auf der Seite des Guten und Nicht-Muslimen auf der Seite des Bösen. Niemand qualifiziert sich demnach als Gläubiger oder als Häretiker allein dadurch, dass er einer sozialen Klasse, Ethnie, Sprache oder geografischen Region angehört, sondern allein dadurch, ob er nach den Standards der Dschihadisten der AQI ein »Rechtgläubiger« ist. Und so kann es theoretisch sein, dass (um die Worte von Zarqawi zu benutzen) »ein amerikanischer Muslim unser geliebter Bruder ist und ein ungläubiger Araber unser verhasster Feind«.[2] Für Zarqawi ist die von ihm geleitete AQI eine sich selbst genügende Avantgarde der islamischen Weltgemeinschaft, die keine Rücksicht auf die Bedürfnisse der Mehrheit der Gläubigen nehmen muss. Sie kann, Zarqawis religiösen Leitbildern zufolge, Gewalt gegen jeden anwenden, der sich den Prinzipien dschihadistischer Rechtgläubigkeit widersetzt. Wer auch immer gegen die Dschihadisten opponiert, widersetzt sich nicht nur dem Willen einer sozialen Gruppe, sondern vielmehr der alleinigen Repräsentationsinstanz des Willen Gottes auf Erden und beeinträchtigt damit die Heilserwartung aller Muslime der Welt. Zu den vier wesentlichen Feinden zählte Zarqawi die Schiiten, die Agenten des Feindes unter den Sunniten, die Amerikaner und die Kurden.

Die Schiiten galten Zarqawi als Hauptfeind, weswegen er sie auch zum zentralen Ziel seines Dschihad erklärte. In einem Brief an Bin Ladin vom Februar 2004 führte Zarqawi aus, dass die Mudschahidin im Irak wegen des Januskopfes der Schiiten einen Kampf an zwei Fronten führen müssten – zum einen gegen den ungläubigen US-amerikanischen offen auftretenden Feind, zum anderen gegen den heimlichen schiitischen Feind, der die Maske des Freundes trage und sich hinter Gesten der Versöhnung verstecke, aber viel bösartiger und gefährlicher sei als alle anderen Feinde. Für Zarqawi waren die Schiiten Glaubensabtrünnige und Ketzer, und die Aufgabe der AQI sei es, ihre Maske herunterzureißen, um den einfachen Sunniten das boshafte Gesicht der Schiiten zu zeigen.

Ziel der AQI müsse es sein, die Schiiten durch das Anfachen eines Bürgerkrieges in den offenen Kampf zu treiben, selbst wenn ihre religiösen Führer dies vermeiden wollten. Für Zarqawi waren auch die heutigen Schiiten Verschwörer gegen ihre sunnitischen Glaubensbrüder, genauso wie es 1258 auch Ibn al-Alqami war, der schiitische Wesir des letzten sunnitischen Abbasidenkalifen. Laut dieser historisch wenig belastbaren Überlieferung soll Alqami dem heidnischen Mongolenführer Hülagu, als dieser mit seinem Heer in Bagdad vor der Abbasiden-Residenz lagerte, heimlich die Schlüssel der Stadttore ausgeliefert und damit die Eroberung Bagdads ermöglicht haben. Mit dem Vorwurf, »Nachfahren Alqamis« zu sein, beschuldigen sunnitische Islamisten die Schiiten, den ungläubigen Feinden des Islam die Tore zu den muslimischen Ländern zu öffnen.

Im September 2005 spitzte er seine Kampfansage an die Schiiten, aber auch gegen alle wankelmütigen und zur Kollaboration bereiten Sunniten noch einmal zu und schrieb:

»Erstens. Nachdem nun die Regierung von Ibrahim al-Jaafari, des Nachfahren Ibn al-Alqami und Dieners des Kreuzes, ihren totalen Krieg gegen die Sunniten […] erklärte, hat die Organisation sich zu einem totalen Krieg gegen die abtrünnige Schia im gesamten Irak entschlossen, wo auch immer sie sich aufhalten. Zweitens: Wer auch immer an seiner Verbindung zur heidnischen Garde [die kurdische Peschmerga, Anm. W. B.] oder Polizei oder Armee festhält oder wem nachgewiesen wird, dass er ein Agent oder Spion der Kreuzfahrer ist, soll getötet werden. […] Das ist eine Strafe für seinen Verrat an seiner Religion und seiner Gemeinschaft und soll als klare Lektion und präventive Warnung für andere gelten. […] Und wir warnen die (sunnitischen) Stämme: denn sie und auch alle Parteien oder Gemeinschaften, die an einer Verstrickung mit den Kreuzfahrern oder den schiitischen Apostaten festhalten, zerbrechen wir, wie wir die Kreuzfahrer zerbrechen, und verstreuen sie vollständig.«[3]

Mit dieser extremen Positionierung erklärte Zarqawi die AQI zur stählernen Speerspitze in einem Kampf gegen alle und jeden, der nicht für sie war. In diesem Kampf diente Gewalt nicht mehr nur der Machterhaltung und Disziplinierung, sondern als Werkzeug zur physischen Auslöschung aller Gruppen, die nicht auf ihrer Seite standen. Diese totale Gewaltstrategie erwies sich letztendlich als selbstzerstörerisch. Zwar glückte es AQI, durch den Bombenanschlag vom Februar 2006 auf die den Schiiten heilige Imam-Grabesmoschee in Samara den schwelenden Bürgerkrieg vollends zu entfesseln. Doch in dem nun folgenden totalen Bürgerkrieg scheiterte AQI dabei, sich zum wichtigsten Verteidiger der Sunniten aufzuschwingen. Allen großspurigen Ankündigungen AQIs zum Trotz vermochte sie die Sunniten vor den schiitischen Milizen nicht zu schützen – was nicht verwunderlich war, zumal arabische Schiiten rund 60 Prozent und arabische Sunniten weniger als 20 Prozent der irakischen Bevölkerung ausmachten. Wie bereits geschildert, versuchten viele sunnitische Gruppierungen ab September 2006 Frieden mit den amerikanischen Besatzern zu machen und unterstützten sie nun im Kampf gegen Al-Qaida. Den Bedeutungsverlust seiner Organisation erlebte Zarqawi, auf den die USA mittlerweile ein Kopfgeld in Höhe von 25 Millionen US-Dollar ausgelobt hatten, nicht mehr. Am 6. Juni 2006 beendete eine 250 Kilogramm-Bombe, die ein US-Jagdbomber auf sein Versteck nahe Baquba warf, sein Leben.

Spätestens beim Tode Zarqawis war eines klar geworden: Ungeachtet seines 2004 Bin Ladin geleisteten Treueschwurs waren Zarqawis AQI (und später auch der IS) auf der einen Seite und die Kern-Al-Qaida auf der anderen Seite zwei unabhängige Organisationen, die grundsätzlich verschiedenen dschihadistischen Denkschulen angehörten. Was sie einte, war die gemeinsame Gegnerschaft gegenüber der US-Präsenz im Nahen Osten, genauer gesagt: der Dschihad gegen westliche Kreuzfahrer und Juden. Unabhängig davon konnten sie sich nie auf eine gemeinsame Vorgehensweise einigen. Ihre Differenzen entsprangen einem viel fundamentaleren Dissens, der in Zarqawis anti-schiitischer Strategie, seinem unbeugsamen Führungsanspruch gegenüber anderen sunnitischen Gruppen und seinem Kurs der extremen Gewalt deutlich wurde. Anders ausgedrückt: Zarqawi wollte den Krieg in das Innere des Islam tragen, und zwar indem er all jene Muslime zu Ungläubigen (arabisch: *kafirun*) erklärte und exkommunizierte (arabisch: *takfir*), die seinem Projekt des Dschihad entgegenstanden.

Zarqawis 2004 gegenüber Bin Ladin abgelegter Treueeid war daher eher ein taktisches Manöver gewesen als ein Bekenntnis zu grundlegender ideologischer Harmonie. Denn aufgrund der nationalen Herkunft Bin Ladins und eines Großteils seiner engsten Mitstreiter hatte Al-Qaida Finanzierungs- und Rekrutierungsnetzwerke in den arabischen Golfstaaten, zu denen Zarqawi mit der Umbenennung seiner Organisation in AQI nun ebenfalls Zugang bekam. Doch bereits 2005 nahmen die Differenzen zwischen der AQI und der Kern-Al-Qaida über die langfristige Strategie immer mehr zu. Auch Bin Ladins Al-Qaida lehnte die Schiiten als Abweichler vom Glauben ab, doch plädierte sie für einen moderateren Umgang mit ihnen, um sie so zum wahren Islam zurückzuführen. Deutlich zum Ausdruck kamen die Differenzen in einem Brief des Stellvertreters Bin Ladins, Aiman al-Zawahiri, vom Juli 2005 an die AQI Zarqawis. Darin riet Zawahiri ihm, eine langfristige Strategie zu verfolgen, die über den Abzug der US-Truppen hinausreichte und für die er die Unterstützung der Bevölkerung bräuchte. Zawahiri verwies darauf, dass mehr als die Hälfte des Kampfes auf dem Feld der Medien geschlagen werde. Die Dschihadisten liefen Gefahr, beim Wettstreit um die Herzen und Gemüter der Muslime zu verlieren und sich der öffentlichen Unterstützung zu berauben, wenn sie fortführen, wehrlose westliche Geiseln zu enthaupten und die schiitische Zivilbevölkerung mit grausamem Bombenterror zu überziehen. Er riet dazu, die Angriffe auf die Schiiten einzustellen, weil die Mudschahidin ansonsten neben dem hauptsächlichen Kampf gegen die USA eine zweite Front eröffnen würden und damit den USA und der irakischen Regierung ungewollt in die Hände spielten. Zawahiris Mahnung verpuffte freilich wirkungslos. Als die Al-Qaida-Zentrale in Pakistan einsehen musste, ihre Autorität gegenüber Zarqawi nicht durchsetzen zu können, fand sie sich stillschweigend mit der Strategie von AQI ab.

Die Ausrufung des »Islamischen Staates im Irak«

Mit Zarqawis Tod 2006 büßte die Organisation nicht nur ihren charismatischen Führer ein. Mit ihm starb auch ein Symbol, das sie nicht nur einte, sondern auch als internationale Ikone der globalen Dschihad-Bewegung galt. Es war schwierig, einen geeigneten Nachfolger für ihn zu finden. Der Ägypter Abu Ayyub al-Masri alias Abu Hamza al-Muhajir, ein bis dahin unbekannter Dschihadist, trat faktisch die Nachfolge Zarqawis an. Doch bis April 2010 hieß der nominelle Führer Abu Omar al-Baghdadi (ursprünglich Hamid al-Zawi). Er war ein Iraker, der Masri zur Seite gestellt wurde. Als die irakische Al-Qaida im Oktober 2006 die Gründung des »Islamischen Staates im Irak« (ISI) verkündete, übernahm Baghdadi den Titel Emir und Masri das Amt des Kriegsministers. Mit der kompliziert konstruierten Doppelspitze versuchte die Organisation vor allem gegenüber der einheimischen Bevölkerung den irakischen Charakter des ISI zu unterstreichen. Damit sollten Vorwürfe entkräftet werden, die Organisation werde allein von ausländischen Dschihadisten beherrscht. Mit Omar al-Baghdadi als Strohmann an der Spitze sollte demonstriert werden, dass der ISI nun weitgehend irakisch geworden sei, während die wirkliche Kommandogewalt bei Masri lag.[4]

Wenn man heute, im Jahr 2015, auf den »Islamischen Staat« blickt, erkennt man erstaunlich effiziente bürokratische und quasistaatliche Strukturen und Funktionen, die ihn zu weit mehr machen als einer bloßen Terrormiliz. Die Ursprünge dieser Strukturen lassen sich bis auf den Oktober 2006 zurückverfolgen. Damals riefen die Mitglieder AQIs ihren »Islamischen Staat im Irak« (ISI) aus und begründeten diesen Schritt noch einmal ausführlich in einem 90-seitigen Staatsgründungsmanifest, das sie Anfang Januar 2007 veröffentlichten.

Die Ausrufung ihres »Staates« begründeten die Mudschahidin damit, dass die Sunniten – anders als die Kurden im Norden und die Schiiten im Süden des Irak – noch immer nicht über ein eigenes Staatswesen verfügten und nach wie vor unter Fremdherrschaft lebten. Als ihr Staatsgebiet beanspruchten sie bereits damals die sechs irakischen Provinzen Anbar, Ninawa, Diyala, Bagdad, Kirkuk und Salah al Din, was ungefähr dem Raum entspricht, den sie gegenwärtig zumindest teilweise beherrschen. Die Staatsgründung wurde aber auch religiös begründet, indem man sich auf einen Spruch des Propheten Mohammed aus den Hadith-Sammlungen bezog, nach dem Muslime von einem Muslim regiert werden müssen: Sollten sich auch nur drei muslimische Personen auf fremdem Boden aufhalten, sei es ihre Pflicht, einen von ihnen zum Emir (Befehlshaber, arabisch: *amir*) zu ernennen. Aus diesem Prophetenausspruch leitete sich der Titel »amir al-muminin« (Anführer der Gläubigen) ab, der Titel für das geistliche und politische Oberhaupt aller Muslime der Welt, der bereits zur Zeit der ersten vier »rechtgeleiteten« Kalifen verwendet wurde. So schmückte sich auch der im April 2010 bei einem Raketenangriff nahe

Takrit getötete ISI-Chef Abu Omar al-Baghdadi mit diesem Titel, genauso wie dies heute auch sein Nachfolger, der »Kalif« und Anführer des IS, Abu Bakr al-Baghdadi, tut. Mit dem Rückgriff auf den Hadith gaben sich die Mudschahidin des ISI traditionstreu. Als Hauptziele definierten die Gründer des ISI die Vertreibung sämtlicher Besatzer aus dem Irak und die Schaffung von Frieden und Sicherheit sowie die buchstabengetreue Anwendung der Scharia, die die Voraussetzung für das Heil der Muslime sei. Erst die Anwendung der Scharia könne eine gerechte Verteilung der Ressourcen des Landes unter den Gläubigen gewährleisten. An die sunnitischen Stammesführer richteten sie einen eindringlichen Appell, dem »Anführer der Gläubigen« Abu Omar al-Baghdadi die Treue zu schwören. Auch wurden Sunniten in der ganzen Welt dazu aufgerufen, sich für den »Islamischen Staat im Irak« einzusetzen.

Zur Ernennung des Herrschers sei, so die Gründer des ISI, eine traditionell befugte Elite bestimmt, die sogenannten »Leute des Lösens und Bindens«. Deren Mitglieder rekrutierten sich im Falle des ISI aus dem »Schura-Rat der Mudschahidin« der neben ausländischen Dschihadisten vor allem aus Vertretern von (wie es hieß) »guten sunnitischen Stämmen« bestand, die dem ISI Treue geschworen hätten. Als weitere Möglichkeit, den Herrscher zu bestimmen, ließen die Gründer des ISI noch ein anderes im klassischen sunnitischen Ideenhaushalt verankertes Verfahren zu. Dieses Verfahren ist die »Usurpation durch Unterwerfung mit dem Schwert«, ein Verfahren, das in Krisen- und Kriegszeiten dem waffenstärksten Aspiranten den Rechtsanspruch auf das Amt des Herrschers einräumt. Bis heute beharrt die Organisation unter Bezug auf den klassischen sunnitischen Gelehrtenkonsens auf dem Recht, den Führungsanspruch auch »mit dem Schwert« zu erzwingen. Damit gab sie ihrem Herrschaftssystem einen legalistischen Anstrich, der teilweise aber auch ihre Gewaltexzesse erklärt.

Bereits Ende 2006 zeigte sich, dass die ISI-Gründer den Anspruch erhoben, auf irakischem Territorium ein auf Dauer angelegtes souveränes und vorbildhaftes Staatswesen zu bilden. Dieser Staat sollte seinen Bewohnern nicht nur Schutz, Sicherheit und die Befriedigung ihrer wirtschaftlichen und sozialen Bedürfnisse garantieren, sondern auch ein islamkonformes Leben und damit ihr persönliches Heil ermöglichen. Für die praktische Regierungsführung ernannte der »Schura-Rat der Mudschahidin« ein Kabinett unter Leitung des Emirs, dessen Aufgabenspektrum erstaunlich breit war. Es reichte von Ministerien für Landwirtschaft und Erdölindustrie über Religionsfragen und Information bis hin zum Kriegsministerium sowie dem Ministerium für Märtyrer- und Gefangenenangelegenheiten.

Doch mit der Verwirklichung dieser Staatsvision haperte es, und es dauerte bis 2014, ehe sie konkrete Konturen annahm. Dies lag vor allem daran, dass der ISI immer noch der Logik einer geheim operierenden militanten, elitären Avantgarde verhaftet war. Daher hatte er auch keine nennenswerte irakische Massenbasis gewinnen können. Das wiederum führte ab Herbst 2006 dazu, dass sie militärisch in die Defensive geriet. Der ISI konnte zwar einen Bürgerkrieg auslösen, war jedoch nicht in der Lage, die sunnitische Bevölkerung vor den Gegenschlägen schiitischer Milizen zu bewahren. Außerdem bewirkten die gewaltsamen Versuche des ISI, andere sunnitische Aufständische seiner Führung zu unterwerfen, dass ihm viele nicht-dschihadistische Aufständische ab September 2006 von der Fahne gingen und auf die Seite der US-Truppen übertraten. Gegen Ende des Jahres 2007 war der ISI bereits sehr geschwächt, und die sunnitische Aufstandsbewegung begann sich aufzulösen. In den Jahren 2008 bis 2010 schrumpfte das Operationsgebiet des ISI auf einige wenige kleine Exklaven zusammen, sodass er trotz fortgesetzter Bombenterrorattacken die Stabilität des irakischen Staates nicht mehr ernsthaft gefährden konnte. Den Tiefpunkt des ISI markierte der Tod ihrer beiden Anführer, Masri und Abu Omar al-Baghdadi, die in einem Gefecht mit irakischen und amerikanischen Truppen im April 2010 fielen.

Syriens Bürgerkrieg als Brandbeschleuniger für den »Islamischen Staat«

Im Nachbarland Syrien entstand im März 2011 eine zunächst friedliche Protestbewegung gegen das alawitische Regime des Präsidenten Baschar al-Assad. Diese Protestbewegung ging, nachdem das Regime bald gewaltsame Repressalien ergriff, bis Ende 2011 in einen Bürgerkrieg über, der dann ab 2012 immer stärker eskalierte. Der syrische Bürgerkrieg erwies sich als wahrer Nährboden und Jungbrunnen für den IS, da er ideale Bedingungen schuf, sich organisatorisch zu festigen und neue Anhänger und finanzielle Ressourcen zu gewinnen.

Kurz zum Hintergrund: Syrien hatte vor dem Bürgerkrieg eine Bevölkerung von 22 Millionen Einwohnern und war, ebenso wie der Irak, ein konfessionell und ethnisch äußerst heterogener Staat. Auch Syrien entstand aus der territorialen Konkursmasse des Osmanischen Reiches, dessen Provinzen zwischen Levante und Persischem Golf nach dem Ersten Weltkrieg von den Mandatsmächten Frankreich und Großbritannien gemäß dem Sykes-Picot-Abkommen aufgeteilt wurden. Frankreich erhielt das Mandat über den Libanon und Syrien. Diese Gebiete wurden von der Mandatsmacht gegen den Widerstand nationalistischer Eliten der Bevölkerung in kleine staatliche Einheiten unterteilt. Erst 1946 wurde Syrien ein unabhängiger Staat in den heutigen Grenzen. Diese komplexe Geschichte des Landes bestimmte die religiöse und ethnische Aufteilung des Landes. 70 Prozent der Bevölkerung sind Sunniten, drei Prozent Zwölfer-Schiiten (der gleichen Konfession wie im Iran und Irak), 13 Prozent Alawiten, neun Prozent Christen verschiedener Konfessionen und drei Prozent Drusen. Ethnisch und linguistisch sind 90 Prozent der Bevölkerung Arabisch sprechende Araber, während etwa zehn Prozent der Bevölkerung Kurden sind, die vor allem im Norden und im Nordosten leben. Obwohl die Alawiten eine Minderheit darstellen, wird das Land seit 1971 von einer alawitischen Machtelite unter Führung des Assad-Clans beherrscht. Der ehemalige Verteidigungsminister Hafiz al-Assad, ein Mitglied der Baath-Partei, kam 1970 durch einen Staatsstreich an die Macht und ließ sich 1971 zum Präsidenten Syriens wählen. Unter Assad entwickelte sich das Baath-Regime in Damaskus rasch zu einer der härtesten Diktaturen der arabischen Welt, die Dissidenten und Oppositionelle verfolgte, einsperrte und hinrichtete. Mit Irans schiitischem Revolutionsregime von Khomeni hingegen schloss Hafiz al-Assad eine strategische Allianz, die sich nicht nur gegen die Interessen der USA und Israels in der Region richtete. Zu einem der Hauptgegner des Baath-Regimes in Damaskus avancierte vor allem sein baathistisches Bruderregime in Bagdad, mit dem Damaskus um die Führungsrolle in der arabischen Welt rivalisierte.

Das Assad-Regime stützte sich von Anfang an vor allem auf Mitglieder der alawitischen Minderheit, die alle Schlüsselpositionen im Militär und in den Geheimdiensten besetzten. Daneben konnte es sich auf die Unterstützung großer Teile der anderen, nicht-sunnitischen Minderheiten (wie Christen, Drusen und Schiiten) verlassen. Zugleich konnte es aber auch auf die Kooperation von Teilen der wirtschaftlich besser gestellten, urbanen, säkularen und modernen sunnitischen Mittelschicht zählen, besonders in den Handels- und Wirtschaftszentren Damaskus und Aleppo. Die Gegner des Assad-Regimes hingegen waren primär die traditionell und religiös orientierten Sunniten der Unter- und Mittelschicht. Unter diesen Sunniten besaß der syrische Zweig der internationalen Muslimbruderschaft zahlreiche Anhänger. Oppositionelle Muslimbrudergruppen lieferten sich mit dem Regime ab Mitte der 1970er Jahre einen von Terror und Gegenterror gekennzeichneten Untergrundkrieg. Der Konflikt eskalierte 1982 schließlich zu einem offenen Volksaufstand in der westsyrischen Handelsmetropole Hama. Nach dreimonatigem Widerstand schlug das Regime den Aufstand mit brutaler Härte nieder und tötete dabei 30.000 Kämpfer und Zivilisten. Danach herrschte bis 2011 politische Friedhofsruhe im Land. Seit Hafiz al-Assads Tod im Jahr 2000 regierte (und regiert) sein Sohn Baschar al-Assad. Zu Beginn seiner Amtszeit hatte Baschar al-Assad in der Bevölkerung Hoffnungen auf eine politische und wirtschaftliche Öffnung sowie auf Systemreformen geweckt. Doch den Worten folgten kaum Taten. Im »Arabischen Frühling« begannen in Deraa im März 2011 Proteste gegen die Regierung. Ein zentraler Grund war die hohe Jugendarbeitslosigkeit, denn trotz guter Ausbildung war ein Drittel der Bevölkerung unter 25 Jahren arbeitslos. Von der wirtschaftlichen Entwicklung hatten nur wenige Regionen profitiert, wodurch sich eine tiefe Kluft zwischen den verschiedenen Regionen aufgetan hatte. Von Armut, Arbeitslosigkeit und infrastruktureller Vernachlässigung am stärksten betroffen waren überwiegend sunnitische ländliche Regionen. Und dort an der syrischen Peripherie entsprang auch der erste Funke der Massenproteste.

Wenige Wochen nach deren Beginn desertierten erste Einheiten der regulären Armee und nahmen den Kampf gegen das Assad-Regime auf. Sie unterstützten die Forderung der Aufständischen nach dem Rücktritt Assads, dem Ende des Machtmonopols der Baath-Partei und freien demokratischen Wahlen. Ende Juli 2011 gründeten die Rebellen die Freie Syrische Armee (FSA). Ging es am Anfang noch hauptsächlich darum, die Diktatur in Syrien durch eine demokratische Ordnung zu ersetzen, traten ab 2012 religiös-konfessionelle Motive in den Vordergrund. Die Konfessionalisierung nahm in dem Maße zu, wie sunnitische Islamisten-Organisationen an Stärke gewannen, was zur Verhärtung der politischen Fronten führte. Damaskus leugnet seit 2012 konsequent, dass es überhaupt legitime politische Anliegen unter den Aufständischen gibt. Stattdessen verteufelt sie in ihrer ideologischen Propaganda alle Aufständischen pauschal als dschihadistische Terroristen. Die islamistische Opposition führte den Krieg seither unter dem Vorzeichen des Dschihad gegen die gottlosen alawitischen Ketzer, für die es nur Unterwerfung oder Tod geben könne. Das wiederum nährte (und nährt) bei den Alawiten die begründete Furcht, dass ihre Feinde sie im Falle einer Niederlage ausrotten werden. Und da sich die Alawiten mit dem Rücken zur Wand wähnen, sind viele fest entschlossen, bis zum bitteren Ende zu kämpfen. Die Dschihadisten werden nicht nur von den sunnitischen Golfstaaten, an ihrer Spitze Saudi-Arabien und Katar, unterstützt, sondern mehr oder weniger offen auch von der Türkei, über deren Grenzen arabische Waffen und Munition nach Syrien gelangen. Seit 2011 bis heute werden die dschihadistischen Gegner Assads überwiegend von den Golfstaaten finanziert, die nach seriösen Quellen allein 2013 mehr als 200 Millionen US-Dollar an sie gezahlt haben sollen. Die Golfmonarchen wollen zwar den Sturz von Assads alawitischer Minderheitendiktatur, doch lehnen sie deren Ersetzung durch den säkular-demokratischen Flügel der Opposition ab. Saudi-Arabien nutzt Syrien als regionales Schlachtfeld für einen im gesamten Nahen Osten geführten Stellvertreterkrieg gegen den schiitischen Iran.

Die anfangs noch klaren Bürgerkriegsfronten lösten sich ab 2012 vollkommen auf. Syrische Kurden und Dschihadisten verschiedenster Couleur kämpften auf eigene Rechnung gegen das Assad-Regime, aber teilweise auch gegen die säkular-nationale, demokratische FSA. Das Assad-Regime stützt sich auf Russland und den Iran, die beide Damaskus via Irak nicht nur mit Waffen, Kriegsgerät und Munition belieferten, sondern auch Militärberater entsandten. Zugleich traten ab 2012 auch Einheiten der pro-iranischen schiitischen Hizbullah des Libanon und Kontingente irakischer Schia-Milizen an der Seite der syrischen Regierungstruppen in den Kampf ein. Zählten die Vereinten Nationen im Februar 2012 5.000 Bürgerkriegstote, so war deren Zahl ein Jahr später im Februar 2013 bereits auf 55.000 und im September 2013 auf 100.000 gestiegen. Anfang 2015 gingen die meisten Beobachter von über 200.000 Toten aus. Versuche, Assad im UNO-Sicherheitsrat zu verurteilen, scheiterten am Einspruch der Veto-Mächte Russland und China. Als im Sommer 2013 Assads Soldaten mutmaßlich Chemiewaffen einsetzten, drohten die USA eine militärische Intervention an. Unter diesem Druck erklärte Assad sich bereit, seine Chemiewaffen zu vernichten. Syrien trat daraufhin der Chemiewaffenkonvention bei. Inspekteure der Organisation für das Verbot von Chemiewaffen (OPCW) sicherten die C-Waffen und bereiteten deren Zerstörung vor. Währenddessen ging der Bürgerkrieg weiter. Mitte 2013 war Syrien in über ein Dutzend Teilstaaten zerfallen.

Die ISI unter ihrem neuen Führer Abu Bakr al-Baghdadi (vormals Ibrahim al-Badri al-Samarai) erkannte, dass sich in Syrien für sie ungeahnte Chancen boten. Sie sandte im Sommer 2011 eine Gruppe syrischer ISI-Kämpfer zurück in ihr Heimatland, wo sie auf Geheiß des ISI die Nusra-Front (arabisch: *jabhat al-nusra li-ahl al-sham* = »Hilfsfront für die Menschen Syriens«) gründeten. Geführt von dem syrischen Feldkommandanten des ISI, Abu Muhammad al-Jaulani, stieg die Nusra-Front im Laufe des Jahres 2012 zur größten und kampfstärksten dschihadistischen Organisation Syriens auf. Dabei zog sie Nutzen daraus, dass die Syrer im Aufstand gegen die US-Besatzer im Irak nach den Saudi-Arabern eines der größten ausländischen Kontingente gestellt hatten und dass die meisten Dschihadisten über Syrien angereist waren. Als die Nusra-Front in Syrien Fuß zu fassen suchte, kamen ihr die damals aufgebauten Logistiknetzwerke im Norden und Osten Syriens zugute. Ihre Basis wurde die Region Nordsyriens nahe Aleppo, das bald darauf zum Anziehungspunkt Tausender ausländischer Dschihadisten wurde.

Die Beliebtheit und die operativen Erfolge der Nusra-Front waren Baghdadi bald ein Dorn im Auge, zumal der Syrer Jaulani unverkennbar versuchte, sich dem Griff des ISI zu entwinden. Dabei ging es nicht nur um einen Machtkonflikt zwischen dem ISI-Führer und seinem nach Unabhängigkeit strebenden regionalen Stellvertreter, sondern auch um einen ideologischen Konflikt. Denn anders als ihre irakische Mutterorganisation orientierte sich die Nusra-Front an den ideologischen Leitlinien der Al-Qaida-Führung in Pakistan. Die Kluft zwischen dem ISI und Kern-Al-Qaida hatte sich immer mehr vertieft, vor allem nachdem Aiman al-Zawahiri Nachfolger Usama Bin Ladins geworden war. Bin Ladin war im Mai 2011 von US-Spezialtruppen im pakistanischen Abottabad in seinem ihm vom pakistanischen Militärgeheimdienst bereitgestellten Unterschlupf getötet worden. Und mit der Tötung Abu Ayyub al-Masris im Mai 2010 im Irak hatte Kern-Al-Qaida dort auch ihren letzten einflussreichen Vertrauensmann und damit auch Einfluss auf den ISI verloren.[5] Mit Einverständnis von al-Zawahiri hatte die Nusra-Front enge Kontakte zu den nicht-dschihadistischen Aufständischen geknüpft, um Assad so rasch wie möglich zu Fall zu bringen. Das alarmierte Baghdadi, der befürchtete, die Kontrolle über Jaulani vollends zu verlieren. So entschloss er sich am 8. April 2013, in einer Audiobotschaft die Machtverhältnisse klarzustellen, indem er die Nusra-Front als verlängerten Arm des ISI und als einen integralen Bestandteil des ISI definierte. Damit nicht genug: Baghdadi löschte nicht nur die Namen »Nusra-Front« und »Islamischer Staat im Irak«, sondern erklärte, beide Organisationen seien miteinander verschmolzen und trügen den gemeinsamen Namen »Islamischer Staat im Irak und Syrien« (ISIS). Die Botschaft Baghdadis entfesselte einen Krieg der Worte zwischen den beiden Organisationen. Der Chef der Nusra-Front, Jaulani, weigerte sich, seine Organisation Baghdadi zu unterstellen, und schwor stattdessen Zawahiri Gefolgschaft, der sich letzten Endes gezwungen sah, den Konflikt zwischen den beiden Al-Qaida-»Zweigstellen« durch einen Schiedsspruch zu schlichten. Laut Zawahiri müsse der ISIS wieder aufgelöst werden, und die beiden alten Organisationen, ISI und die Nusra-Front, sollten unter der Ägide der Al-Qaida-Zentrale in ihren jeweiligen Heimatländern selbständig operieren. Baghdadi lehnte diesen Schiedsspruch ab, was Zawahiri im Januar 2014 veranlasste, Baghdadis ISIS aus dem Al-Qaida-Verbund auszuschließen.[6]

Aus dem Krieg der Worte zwischen Nusra-Front und ISIS wurde bald ein militärischer Schlagabtausch. In dessen Verlauf übernahm der ISIS ab Sommer 2013 etappenweise einige Militärbasen der Nusra-Front im Osten und Norden des Landes. Bis Ende 2013 schlug sich die Hälfte der Feldkommandanten und Mitglieder der Nusra-Front auf die Seite des ISIS. In dieser Zeit kämpfte der ISIS sporadisch auch gegen Regimetruppen des Assad-Regimes. Allerdings konzentrierte er seine Anstrengungen auf die Ausweitung seiner Macht in den bereits von Rebellen »befreiten« Provinzen. Stufenweise nahm der Konflikt an Härte zu, da ISIS immer öfter namhafte Kommandeure gegnerischer Gruppen ermordete. Gegen Ende 2013 verschärften sich die Spannungen vor allem zwischen ISIS und der Islamischen Front. Die Front ist eine Allianz islamistischer und salafistischer Gruppierungen, die von den »Freien Männern Syriens« (arabisch: *Ahrar ash-Sham*) geleitet und von Saudi-Arabien und Katar finanziert wird. Faktisch versuchte ISIS, die Führer der anderen Islamistengruppen dazu zu bewegen, sich der Oberherrschaft Baghdadis zu unterwerfen und ihm den symbolischen Treueeid (*baia*) zu schwören. Umstritten war zwischen ISIS und seinen Rivalen unter anderem die Frage der Grenzen. Während die meisten syrischen Islamistenkämpfer damit zufrieden waren, einen islamischen Staat innerhalb des Territoriums des modernen Syriens zu gründen, betrachtete ISIS alle seit 1916 gezogenen Grenzen als nichtig. Diese Position von ISIS verstärkte die Feindschaft großer Teile der syrischen Oppositionsbewegung nationalistischer, säkularer, gemäßigter und islamistischer Gruppen. Ihnen galt ISIS als ein Fremdkörper, der mit Syrien nichts zu tun hat und dessen Operationsfeld allein der Irak sein sollte. Der Groll gegen ISIS entlud sich im Januar 2014, als zahlreiche Gruppen der syrischen Opposition sich vereint gegen ISIS erhoben. Der Aufstand endete erst, als ISIS größere Territorien um Aleppo, über die es nur unzureichende Kontrolle ausübte, aufgab und sich auf die Territorien konzentrierte, die fest in ihrer Hand waren, so wie Raqqa.

Mit der Deklaration des »Islamischen Staates im Irak« (ISI) im Oktober 2006 war deutlich geworden, dass die Organisation die Führung der weltweiten dschihadistischen Bewegung anstrebte. Ihr damaliger nomineller Anführer, Abu Omar al-Baghdadi, beanspruchte den Titel »Befehlshaber der Gläubigen« (*amir al-muminin*), der einen Führungsanspruch für alle Sunniten der Welt signalisierte. Diese unterschwellige Rivalität mit der Kern-Al-Qaida wurde aber erst ab 2013 vor aller Augen sichtbar, nachdem der zwischen 2007 und 2010 stark geschwächte ISI sich von ihren Rückschlägen erholt und reorganisiert hatte. Nach dem Abzug der letzten US-amerikanischen Besatzer aus dem Irak im Dezember 2011 erstarkte der ISI unter der Führung Abu Bakr al-Baghdadis erneut. Bereits im Dezember 2013 gelang es seinen Kämpfern, ihre alte Hochburg Falluja und auch Teile Ramadis westlich von Bagdad einzunehmen. Die Eroberung Mossuls, der Provinzhauptstadt Ninawas, im Juni 2014 und einer Reihe anderer großer sunnitischer Städte in der Euphrat-Region zeigte, dass die Organisation zum stärksten sunnitischen Machtfaktor des Irak geworden war. Von Juni 2014 an verfolgte ISIS eine zweigleisige Strategie. Auf der einen Seite festigte er seine Machtpositionen im benachbarten Syrien, insbesondere in den ostsyrischen Provinzen Deir al-Zor und Hasaka, und intensivierte den Kampf gegen die Nusra-Front, die sie ab Juli 2014 aus ihren letzten Stellungen im Osten Syriens an der Grenze zum Irak verdrängen konnte. Im Zuge dieser militärischen Offensiven verwickelte sich der ISIS immer öfter auch in schwere Gefechte mit den Regierungstruppen des Assad-Regimes. Auf der anderen Seite attackierte der ISIS im Norden und Westen Mossuls stationierte Truppen der Kurdischen Regionalregierung und begann mit religiösen Säuberungskampagnen gegen Christen, Yeziden, besonders im Sindschar-Gebirge, und gegen die schiitische Shabaka. Die Shabaka sind eine auf 250.000 Mitglieder geschätzte religiöse Minderheit, die seit dem 16. Jahrhundert in Teilen Mossuls und in 64 Dörfern in der östlich davon gelegenen Ebene lebt. Sie sprechen eine eigene indogermanische Sprache und bilden eine heterodoxe Splittergruppe innerhalb der Zwölferschia. Die Truppen des IS vertrieben zwischen dem 4. und 5. August 2014 alle Anhänger der Shabaka aus ihren Dörfern und Häusern und zwangen sie zur Flucht in die Kurdenregion oder in den schiitisch dominierten Südirak. Zahlreiche Shabakas, die Widerstand leisteten, ließ der IS in Mossul öffentlich kreuzigen und enthaupten. Die Attacken der – inzwischen in IS umbenannten Organisation – auf Peschmerga, Christen, Shabakas und Yeziden bewogen die US-Regierung im August 2014, Luftangriffe auf ISIS-Einheiten zu fliegen, Angriffe, die bis heute andauern. Die systematischen und anhaltenden Greueltaten des IS gegen die Yeziden gelten mittlerweile Menschenrechtsorganisationen wie Amnesty International oder Human Rights Watch als Verbrechen gegen die Menschlichkeit mit Genozid-Charakter.

Von einer Miliz zum Terrorstaat: Der Aufbau staatlicher Funktionen

Mittlerweile ist der IS mehr als eine bloße Miliz, sondern er besitzt Züge eines gut organisierten, auf Terror gegründeten Kriegsstaates. Der Führer dieses Quasi-Staats herrscht über jeweils ein Drittel Syriens und des Irak, das heißt über ein Territorium von etwa 190.000 km², was der Hälfte des Territoriums Deutschlands entspricht. Auf diesem Gebiet, das auch große menschenleere Steppen und Wüsten umfasst, leben schätzungsweise sechs Millionen Einwohner, etwa so viel wie im Bundesland Hessen. Der IS bietet diesen Einwohnern Daseinsvorsorge (etwa Sozialhilfen) und Gerichte, die Recht nach der Scharia sprechen. In den Regionen wurden

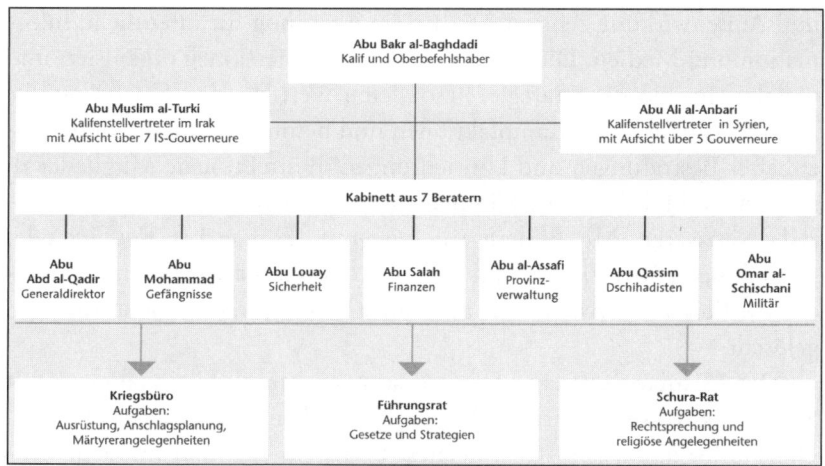

Grafik 3: Organisation und semi-staatliche Struktur des »Islamischen Staates«

Bürgermeister oder Gouverneure eingesetzt. Die Dschihadisten bezahlen Gehälter, liefern Wasser, Strom und Gas, regeln den Verkehr und beaufsichtigen die Arbeit von Schulen, Universitäten, Moscheen, Banken und Bäckereien. Ein Grund für die Stärke des IS sind diese staatsähnlichen Strukturen, die den IS von anderen, lose organisierten aufständischen Gruppen in Syrien und dem Irak unterscheiden, geschweige denn von der Kern-Al-Qaida, die immer noch keine territoriale Basis hat.

An der Spitze des IS steht Abu Bakr al-Baghdadi, der sich selbst als »Ibrahim« zum Kalifen aller Muslime ausgerufen hat. Die Exekutive bilden »Kalif« al-Baghdadi, seine engsten Berater und seine beiden Stellvertreter. Abu Ali al-Anbari ist zuständig für die fünf syrischen Provinzen, während Abu Muslim al-Turkmani für die sieben irakischen Provinzen verantwortlich ist. In der Baath-Ära gehörte Turkmani dem irakischen Militärgeheimdienst (»Directorate of General Military Intelligence«, DGMI) an, und Anbari war Generalmajor in der irakischen Armee. Unter den insgesamt 25 Führungskadern des IS sollen sich 17 ehemalige hohe Offiziere aus den Nachrichtendiensten oder Streitkräften des alten Baath-Regimes befinden.[7] Das womöglich einflussreichste Gremium ist der Schura-Rat, der aus neun in der Scharia bewanderten Mitgliedern besteht. Der Rat stellt sicher, dass die religiösen Regeln der selbsternannten Gotteskrieger auf allen Ebenen eingehalten werden. Für die Propaganda und Außenwirkung sehr wichtig ist die Abteilung für öffentliche Information und Medien. Die IS-Propaganda ist professionell organisiert und verfolgt eine globale Strategie. Besonderen Wert legt der IS dabei auf die Zurschaustellung von Kampfaktionen und besonders brutaler und grauenhafter Bestrafungen und Hinrichtungen. Bestrebt, neue Mitglieder zu werben, verbreiten die IS-Kämpfer ihre Botschaften bevorzugt über soziale Netzwerke. Mit Bildern auf *Instagram*, Filmen bei *YouTube* oder Mitteilungen über *Twitter* sind die IS-Aktivisten präsent. Allerdings werden die Beiträge meistens kurz nach ihrer Verbreitung von den Anbietern gelöscht.

Der IS finanziert seine Dienstleistungen mit Erdöleinnahmen, mit Schutz- und Lösegeldern und auch mit Zöllen oder Transitgebühren. Der Führer des »Islamischen Staates« berief ein Kabinett mit acht »Ministern« und ernannte meist erfahrene Leute aus dem Regime Saddam Husseins zu Provinzgouverneuren. Dem Führer des IS steht ein Militärrat von 13 Kommandeuren zur Seite. Sie befehligen eine Armee von bewaffneten 31.000 Kriegern.

Die wichtigsten nach dem Fall Mossuls geschaffenen Institutionen sind die in Verwaltungsgebäuden, Kasernen und Konsulaten eingerichteten Scharia-Gerichtshöfe. Dort interpretieren vom IS eingesetzte Richter die Scharia, und dort lassen sich auch Einwohner registrieren, wenn sie bei Streitfällen Rechtsauskünfte einholen oder Klage erheben. Von dort werden darüber hinaus die Patrouillen der Moral-Polizei, der *hisba*, ausgesandt, die auf Märkten und Straßen für Recht und Ordnung sorgen und die Vollverschleierung der Frauen erzwingen. Die *hisba* wacht auch darüber, dass die Verwaltungsangestellten zur Arbeit erscheinen und auch die Strom- und Wasserversorgung sowie die Müllentsorgung funktionieren. Die IS-Ministerien, zum Beispiel jene für Erziehung, Arbeit und Justiz, sind dagegen in von der Öffentlichkeit abgeriegelten Gebäuden untergebracht und arbeiten weitgehend im Verborgenen.

Nicht mit der Scharia konforme, dem sündhaften und gottlosen westlichen Lebensstil zugerechnete Vergnügungen sind seit dem Machtantritt des IS in der Öffentlichkeit verboten. Dazu zählen Fußballspiele, Domino, Rauchen, Tanzen, Singen, Musizieren, Musikhören (per Walkman) und vieles mehr. Säkulares Recht vertretende Rechtsanwälte haben Berufsverbot, und Dutzende von Richtern wurden seit Juni 2014 exekutiert.

Öffentliche Hinrichtungen sind fast tägliche Routine, oftmals für banale Vergehen wie kritische Beiträge bei *Facebook* oder Ähnliches.

Die Finanzquellen des »Islamischen Staates«

Der IS gilt als reichste Terrororganisation der Welt mit einem geschätzten Vermögen von zwei Milliarden US-Dollar. Er hat ein ausgeklügeltes, sich auf mehrere Säulen stützendes Geschäftsmodell. Es machte es der Organisation möglich, mehrere Jahre des politischen und militärischen Niedergangs unbeschadet zu überstehen. So stützt sich IS nicht nur auf Zuwendungen religiös gleichgesinnter wohlhabender Spender in arabischen Golfstaaten, die mittels karitativer und Bildungseinrichtungen IS, Al-Qaida und andere Dschihadistengruppen unterstützen, sondern auch auf diverse Formen des illegalen Fundraising. Dazu gehören Schutzgelderpressungen ebenso wie Entführungen zum Zweck der Lösegelderpressung, das Abzweigen von Erlösen aus Ölverkäufen in unter IS-Kontrolle stehenden Ölfeldern (wie z. B. bei Deir al-Zor in der ostsyrischen Provinz Raqqa) und so fort. ISIS führt über alle diese Finanztransaktionen detailliert Buch.

Nach der Eroberung Mossuls und weiterer großer Teile der Nordprovinz Ninawa haben IS-Kämpfer einen Großteil der dort lebenden religiösen Minderheiten der Christen und Yeziden vertrieben oder getötet und ihren Besitz konfisziert. Der Wert der konfiszierten Ländereien, Häuser und sonstigen Güter wird auf mehrere hundert Millionen Dollar geschätzt. Im Auftrag ihrer Führer nehmen IS-Kämpfer gezielt christliche und yezidische Geiseln. Die Lösegeldforderungen bewegen sich zwischen 20.000 und 50.000 US-Dollar. Oft werden sie von bettelarmen Familien aufgebracht, die sich damit hoch verschulden. Mittlerweile haben sich auf dem IS-Territorium spezialisierte Ringe von Zwischenhändlern etabliert, die die Übergabe von Geld und Geiseln aushandeln.

Bei den Vertreibungen nahm der IS auch schätzungsweise 5.000 christliche und yezidische Mädchen, Frauen und Kinder gefangen, die ihre Kämpfer als persönliche »Beute« erhielten. Diese Menschen wurden nach der Zwangskonvertierung vergewaltigt, versklavt, verkauft oder zwangsverheiratet. Irakischen Zeitungen zufolge gibt es im »Islamischen Staat« regelmäßig Sklavenmärkte, deren Legalität durch Urteile von Scharia-Richtern des IS gestützt wird. Die Zeitungen veröffentlichten unter Rückgriff auf originale IS-Dokumente auch Preislisten. Kinder im Alter von ein bis neun Jahren erzielen 200.000 irakische Dinar (umgerechnet 135 Euro), Mädchen zwischen zehn und 20 Jahren 150.000 irakische Dinar (umgerechnet 68 Euro). Die Preise pro »Beutestück« sinken mit steigendem Alter und fallen bei Frauen zwischen 40 und 50 Jahren auf 50.000 irakische Dinar (knapp 34 Euro). Der IS verbietet Irakern unter Strafandrohung den Kauf von mehr als drei »Beutestücken«, erlaubt aber Ausnahmen für Türken und Golfaraber, was auf eine rege Nachfrage dieser Käuferschichten hindeutet.

Der IS erhebt auch Steuern und treibt sie durch bewaffnete Steuereintreiber bei Gewerbetreibenden, Markthändlern, Kleinunternehmern und Fabrikanten ein. Die Steuereintreiber gehen dabei mal systematisch, mal willkürlich vor, und die Grenzen zur Schutzgelderpressung sind fließend. Grundsätzlich betragen die Umsatzsteuer und die Vermögenssteuer jeweils zehn Prozent, worauf noch einmal eine »Wohlfahrtssteuer« von 2,5 Prozent aufgeschlagen wird. Fabrikanten, Spediteure und Öltransporteure müssen pro Lieferung zwischen 200 und 500 US-Dollar zahlen.

Bei der Eroberung Mossuls fielen dem IS Bankvermögen in Höhe von etwa 400 Millionen US-Dollar in die Hände. Die Konten von Christen, Yeziden, Schiiten und irakischen Armeeangehörigen wurden konfisziert. Geflohenen sunnitischen Ärzten, Ingenieuren und Technikern wurde angeboten, ihre Bankguthaben zurückzuerhalten, wenn sie sich zum Dienst zurückmeldeten. Der IS bezahlt seinen Kämpfern einen monatlichen Sold von 500 US-Dollar, zu dem je nach Dienstgrad und Qualifikation Teile der Kriegsbeute kommen. Daneben kassiert der IS Monatsmieten aus mehr als 20.000 Wohnungen und Läden, die er in Mossul im Juni 2014 übernommen hat und die monatlich allein drei Millionen US-Dollar abwerfen.

Nach Ansicht von Experten sind Erdölverkäufe die wichtigste Einnahmequelle des IS. Dass diese Quelle bis heute sprudelt, liegt daran, dass genügend korrupte Beamte und Soldaten, kriminelle Banden oder vom Schmuggel lebende kurdische, sunnitische und schiitische Clans in der Region mitmachen. Bei diesen »Ameisenhandel« genannten Transaktionen wird das Öl in immer kleineren Chargen weiterverkauft. Mit alten Tanklastern, Eselskarren oder improvisierten Pipelines wird das Öl in die Türkei und den Libanon geschmuggelt, wo es Mittelsmänner zu

Dumping-Preisen weiterverkaufen. In den Grenzgebieten zwischen der Türkei, Iran, Irak und Syrien ist der Schwarzmarkt gut organisiert. Ein Teil des Öls wird in Raffinerien zu Benzin verarbeitet. Mangels eigener Raffinerien importiert der »Islamische Staat« Diesel und Benzin.

Als der IS ab Sommer 2014 weitere Ölfelder im Irak und Syrien eroberte, sprachen die Schätzungen der potentiellen Öleinnahmen von einer Summe von mindestens einer Million US-Dollar bis zu drei Millionen US-Dollar pro Tag. Anfang 2015 gingen die Fachleute, etwa des US-Finanzministeriums, aber lediglich von einem Ertrag von weniger als einer Million US-Dollar täglich aus. Als die internationale Allianz ihre Luftschläge im Oktober 2014 begann, förderte der IS in Syrien 50.000 und im Irak 30.000 Barrel täglich. Das bedeutete bei einem Discount-Preis von 40 Dollar etwa drei Millionen Dollar pro Tag. Anfang Dezember 2014 lag die geschätzte Fördermenge nur noch bei höchstens 20.000 Barrel. Nach neuesten Schätzungen betrugen die Erdöleinkünfte des IS Ende Dezember 2014 zwischen 270.000 und 360.000 Dollar pro Tag. Gründe für die gesunkenen Öleinkünfte des IS sind sowohl die US-Luftschläge auf Ölförderanlagen als auch der zunehmende Mangel an Ersatzteilen und Facharbeitern, von denen viele geflohen sind. Aufgrund der US-Luftschläge geht der IS immer mehr dazu über, seine Bohrlöcher an Dritte, oft Angehörige reicher syrischer Familien, zu verpachten. Wenn sie das Geschäft übernehmen, besteuert er Förderung und Vermarktung des Öls. Generell dürften die Erdöleinkünfte des IS 2015 weiter sinken. Ursächlich dafür sind die anhaltenden amerikanischen Bombardements der Öleinrichtungen und der Ölpreisverfall seit Herbst 2014, unter dem auch der irakische Staat leidet.

Eine andere Einnahmequelle des IS ist der Raub und der Verkauf antiker Kunstwerke. Laut britischen Geheimdienstberichten wurden allein in der syrischen Region um al-Nabk Antiquitäten im Wert von 30 Millionen Euro geraubt. Ähnlich sieht es auch im Nordirak aus, besonders in der an mesopotamischen Fundstätten reichen Provinz Ninawa. Eine weitere Einnahmequelle der dschihadistischen Gruppen ist Lösegeld. So soll der IS 2014 dadurch allein mindestens 25 Millionen Dollar eingenommen haben. Nach Schätzungen der Geheimdienste hielten die Terroristen Ende Dezember 2014 zwischen 20 und 40 westliche Geiseln in ihrer Gewalt. In der Regel verlangt der IS am Anfang einer Entführung meist 20 Millionen US-Dollar, lässt sich aber auf einen Betrag von drei bis fünf Millionen US-Dollar herunterhandeln. Anders als die übrigen westlichen Staaten weigern sich die USA und Großbritannien, Lösegelder zu zahlen, und tolerieren auch keine Lösegeldzahlungen der Angehörigen. Zwischen Juni und November 2014 wurden mehrere US-amerikanische und britische Journalisten sowie humanitäre Helfer, die in die Hände des IS gefallen waren, enthauptet, darunter James Foley und David Haines. In manchen Fällen dient sich auch Katar dem Westen als Helfer an, zumal sich Dohas Emir gerne als Freund der Weltgemeinschaft präsentiert. Bei Bedarf verhandeln katarische Diplomaten mit den Terroristen oder bezahlen sogar die Rechnung. Auch die Bundesregierung soll die Hilfe Katars bereits mehrfach in Anspruch genommen haben, was Berlin aber offiziell dementiert.

Einblicke in das Innenleben einer Bürokratie des Terrors

In den vergangenen Jahren erbeuteten US-amerikanische Soldaten und Geheimdienstangehörige immer wieder Unterlagen und Dokumente des IS, darunter viele Tabellen, Abrechnungen, Belege und Notizbücher. Gleichzeitig veröffentlicht der IS am Ende eines jeden islamischen Jahres eine Art Jahresbilanz. Das sich daraus ergebende Bild erlaubt einige Einblicke in die Organisation. Man erkennt, dass der IS entgegen seiner eigenen Propaganda ganz und gar nicht nach den Strukturen eines mittelalterlichen dynastischen Islamstaats des 7. Jahrhunderts organisiert ist. Vielmehr gleicht er eher einem professionell geführten, auf modernen Managementmethoden aufgebauten multinationalen Wirtschaftsunternehmen. Man gewinnt aus diesen Unterlagen den Eindruck einer zentral gesteuerten Organisation mit mehreren Verwaltungsebenen, die über Einnahmen und Ausgaben akkurat Buch führt und großen Wert auf bürokratische, streng formalisierte, transparente Verwaltungsprozesse legt. So werden schriftliche Urlaubsanträge der Kämpfer penibel archiviert. Ebenso bürokratisch führt die Organisation Tabellen erbeuteter und gekaufter Waffen, über die Herkunft, die Anschriften und den Bildungsgrad ihrer Mitglieder sowie über die ihnen gezahlten Gehälter. Der IS kommt auch seiner Fürsorgepflicht nach, deren Kosten bisweilen die der Soldzahlungen übersteigen. Beträchtliche Mittel gehen an den Ausschuss für Gefangene und Gefallene, der damit Rechtsanwälte bezahlt und die

Familien verwundeter oder gefallener IS-Kämpfer versorgt – ein Beleg dafür, dass die Kämpfer des IS sich auf dessen Unterstützung offenbar verlassen können.

Die Organisation führt aber auch detaillierte Tabellen über Operationen und Anschläge und deren Wirkungsgrade. So erfährt man aus dem 410-seitigen arabischen Jahresbericht über den Zeitraum von November 2012 bis November 2013, dass sich die Zahl der »erfolgreichen« Mordanschläge gegenüber dem Vorjahr von 585 auf 1.083 fast verdoppelt hat. Darüber hinaus belegt der Bericht, dass in diesem Zeitraum die Zahl der in PKWs und LKWs gezündeten Sprengsätze von 22 auf 78 und die der am Straßenrand gezündeten Sprengsätze von 2.764 auf 4.465 erhöht wurde.[8] Erkennbar wird immer wieder ein effizienter Ressourcennutzungsplan und ein auf rationaler Kosten-Nutzen-Analyse gegründeter Managementansatz, der nicht zur IS-Propaganda von den Rittern des Martyriums passen will, die den Tod bewundern und das Jenseits herbeisehnen. Das zeigt auch der Jahresbericht 2012/2013, aus dem hervorgeht, dass die Organisation in diesem Zeitraum 240 Mitglieder für Selbstmordanschläge einsetzte und dabei überwiegend auf ausländische, des Arabischen nicht mächtige Kämpfer zurückgriff. Arabischsprachige, technisch qualifizierte oder kampferfahrene Mudschahidin, also Personen, die sie mittelfristig für ihren Dschihad braucht, setzt der IS in der Regel nicht für Selbstmordanschläge ein. Anders hingegen ist der Fall bei ausländischen Freiwilligen, die nicht oder nur wenig Arabisch sprechen und außer einen Auto-Führerschein kaum über militärisch nützliche Qualifikationen verfügen. Sie setzt der IS, der sie zuvor in einer besonderen Abteilung psychisch auf die Aufgabe vorbereitet und konditioniert, bevorzugt für Selbstmordanschläge ein. Mit anderen Worten: Der IS degradiert diese von irregeleitetem Idealismus beseelten Menschen zu purem Kanonenfutter.

Der »Schatten-Kalif«: Abu Bakr al-Baghdadi und seine Anhänger

Abu Bakr al-Baghdadi blieb bis heute eine schemenhafte Figur, die Rätsel aufgibt. Von ihm existierten bis Juli 2014 lediglich eine Handvoll gelegentlicher Tonbotschaften in den Online-Medien. Öffentliche Auftritte

oder Fotos vermied er strikt. Umso überraschender war Baghdadis Predigt vom 14. Juli 2014, als er in der Großen Moschee von Mossul auftrat
und die Sunniten der Welt aufforderte, sich dem Kalifat anzuschließen.
Laut Informationen aus westlichen und dschihadistischen Quellen ist
sein wahrer Name Ibrahim ibn Awwad al-Badri. Er wurde 1971 im irakischen Samara geboren. Es heißt, er habe einen Doktortitel in islamischer
Theologie der Islamic University in Bagdad erworben. Vor der US-Invasion soll er als Moscheeverwalter gearbeitet haben, bevor er sich nach 2003
dem sunnitischen bewaffneten Widerstand angeschlossen habe. 2004
nahmen ihn die US-Truppen als Terrorverdächtigen fest und inhaftierten ihn in Camp Bucca, dem zweitgrößten US-amerikanischen Internierungslager, nahe der südirakischen Hafen- und Ölverladungsstadt Um al-
Qasr. Nach neunmonatiger Haft wurde er im Dezember 2004 entlassen.

Während der US-Okkupation saßen jährlich viele tausend Verdächtige für kürzere oder längere Zeit in den Internierungslagern ein. Im historischen Rückblick weiß man heute, dass die Amerikaner damals einen
verhängnisvollen Fehler begingen: Sie schlossen radikale Dschihadisten
und Militärs und Geheimdienstoffiziere des Baath-Regimes wegen ihres
gemeinsamen sunnitischen Glaubens in gemeinsame Zellenblöcke. Die
Dschihadisten übernahmen in diesen Zellenblocks bald das Kommando,
richteten Koran-Klassen ein und zwangen ihre säkularen Zellengenos-
sen aus den Reihen der Armeeoffiziere, fanatischen Predigern zuzuhören.
Viele von ihnen konnten sie für den Dschihad anwerben. In den US-In-
ternierungslagern des Südirak entstand also eine weitere Säule jener töd-
lichen Waffenbruderschaft, die den »Islamischen Staat« heute so erfolgreich macht. Erfahrene professionelle Militärs der irakischen Armee, die
in diesen Lagern angeworben wurden, kämpfen heute gemeinsam mit
früheren Al-Qaida-Anhängern.

Für die Umfunktionierung der US-Internierungslager zu Brutstätten
des Dschihadismus und zu Kaderrekrutierungsschmieden des späteren
IS haben Vertreter der irakischen Regierung einen treffenden Ausdruck
gefunden: Akademie Bucca. Beispielhaft dafür ist die Karriere von Ad-
nan Ismail Nadschm, der später unter dem Kampfnamen Abdel Rahman
al-Bilawi Kriegsminister des ISI wurde. Bilawi, ursprünglich ein säkular-nationalistischer Baathist und Offizier der regulären Armee, saß seit
2005 für vier Jahre in dem mit 24.000 Insassen heillos überfüllten Camp
Bucca ein, in dem er sich in einen glühenden Dschihadisten verwandel-

te. Nach seiner Freilassung tauchte er in den Untergrund ab, schloss sich dem ISI an, wurde enger Vertrauter Abu Bakr al-Baghdadis und diente ihm später mit seiner militärischen Expertise als Kriegsminister. Bilawi wurde am 5. Juni 2014 in Mossul getötet, als ein Spezialkommando des irakischen Innenministeriums seine getarnte Residenz stürmte und dabei große Mengen interner Akten und Dokumente des IS erbeutete. Auch die beiden derzeitigen Stellvertreter Baghdadis, al-Anbari und al-Turkmani, sollen »Absolventen der Bucca-Akademie« sein. Ehemalige Baathisten und professionelle Militärs wie Bilawi bilden das Rückgrat des Militärrats des IS und sie sind es auch, die die militärischen Operationen in den irakischen und syrischen IS-Provinzen leiten. Die Kombination von Guerilla-Taktik mit klassischer Kriegführung, die sie von den ehemaligen Baath-Offizieren gelernt haben, ist ein Grund für die militärische Stärke der Miliz. Verbittert über ihre Marginalisierung unter dem schiitischen Premierminister Maliki, entschlossen sich viele dieser vormaligen säkularen Baathisten zum Schulterschluss mit dem IS.

Baghdadi, auf den die US-Administration mittlerweile ein Kopfgeld von zehn Millionen US-Dollar auslobt, ist bis dahin öffentlich kaum als Theoretiker des Dschihadismus in Erscheinung getreten. Daraus schließen die meisten Experten, dass er wohl eher in den ausgetretenen ideologischen Fußstapfen Zarqawis wandelt, das Wirken im Hintergrund vorzieht und sich vornehmlich dem personellen und administrativen Aufbau der Organisation widmet. Der einmalige Auftritt Baghdadis in der Zentralmoschee von Mossul im Juli 2014 resultierte wohl vor allem aus dem Bemühen der IS-Führer, Angriffe gegen seine Legitimität durch Bildpropaganda zu entkräften. An Angriffen mangelt es nicht, auch nicht von Seiten rivalisierender dschihadistischer Gruppen. Seit Beginn der Ausrufung des staatlichen Vorläufers des heutigen »Islamischen Staates« im Oktober 2006 werfen sie den jeweiligen Führern der Organisation vor, dass sie laut islamischer Herrschaftstradition keinen Treueeid aller Muslime einfordern können. Denn ein Führer, der als Person unbekannt und unsichtbar bliebe, physisch nicht in Erscheinung träte und nur durch Audiobotschaften mit der Masse seiner Anhänger kommuniziere, habe keine Legitimität. Die Einwände wogen offenbar so schwer, dass sich der IS-Führer gezwungen sah, Zweifel an der Existenz des IS durch seinen Auftritt auszuräumen.

Anfang November 2014 soll Baghdadi bei einem amerikanischen Luftangriff im Irak verletzt oder getötet worden sein. Um diesen Spekulationen ein Ende zu setzen, veröffentlichte der IS am 13. November 2014 eine 17-minütige Ansprache Baghdadis, deren Echtheit jedoch nicht zweifelsfrei festzustellen ist. Hauptthema der Rede Baghdadis war der erneute Aufruf zum Dschihad gegen die USA und deren muslimische Verbündete, wobei er erstmals die Herrscher Saudi-Arabiens und deren regimetreue wahhabitische Geistliche kritisierte. Ihnen warf er vor, die Gotteskrieger zu verleumden und die Lehren der »Juden und Kreuzfahrer« zu verbreiten. Zugleich kündigte er an, seinen Staat auf die Arabische Halbinsel, Ägypten, Libyen und Algerien auszudehnen. Er rief die Saudis auf, »das Schwert zu ziehen« und gegen Schiiten und das eigene Königshaus Saud zu kämpfen. Die Botschaft, in der Syrien und der Irak nicht einmal erwähnt werden, richtet sich vor allem an die Dschihadisten der arabischen Welt, die aufgefordert werden, »überall Vulkane des Dschihad« zum Ausbruch zu bringen.

Obgleich unklar blieb, ob Baghdadi selbst oder ein anderer sprach, war die Rede insofern zweifellos authentisch, als sie die Botschaft und die Strategie des IS getreulich abbildet: Die Rede sollte Gerüchte über den Tod des IS-Chefs dementieren. Denn »Kalif Ibrahim«, so sein offizieller Name, ist nicht so sehr als Person, sondern als symbolhafte Verkörperung des »Islamischen Staates« von großer Bedeutung. Die öffentliche Sichtbarkeit des IS-Kalifen und der Nutzen der daraus abgeleiteten Symbolkraft verlangen daher stets eine sorgsame Abwägung gegenüber der Frage der Sicherheit von Baghdadi. Doch abgesehen von seiner propagandistischen Rolle weiß man über Baghdadi recht wenig. Und so stellt sich die Frage: Ist Baghdadi wirklich der Chef der Organisation? Tatsache ist, dass die Dschihadisten über den Aufbau und die Strukturen ihres Staates kaum belastbare Informationen weitergeben. Deshalb kennt man zwar einige Namen der Anführer, aber von vielen anderen sind weder Namen noch Zuständigkeiten bekannt, beispielsweise von den Provinzgouverneuren des IS.

Unklar bleibt deshalb auch, wie im Falle des Ablebens des Kalifen dessen Nachfolger bestimmt wird und wer dabei das Sagen hat. Eine Theorie besagt, die Machtbasis des IS bestünde mittlerweile primär aus einer Gruppe ehemaliger Offiziere der irakischen Armee, die zu Dschihadisten geworden sind. Dabei handelt es sich um jene Leute, die den Sicherheits-

und Militärapparat des IS geprägt haben und denen die Dschihadisten ihre Erfolge auf den Schlachtfeldern verdanken. Im Gegensatz dazu ist Baghdadi ein Mann der Religion, der im Gegensatz zu anderen bekannten Dschihadisten-Führern wie Usama Bin Ladin oder Zarqawi eine abgeschlossene religiöse Ausbildung hat. Zum mächtigsten Dschihadisten wurde Baghdadi aber nicht wegen seiner theologischen Studien, sondern wegen seiner Erfolge auf dem Feld der Militärstrategie, die darauf zielt, territoriale Gewinne so rasch wie möglich in eine staatliche Form zu gießen. Und genau das ist es, was die Anziehungskraft des IS auf die Dschihadisten der Welt ausmacht: die tatkräftige Verwirklichung der Utopie des »Islamischen Staates« hier und jetzt. Verantwortlich für die Schaffung des »Islamischen Staates« und dessen Überleben sind deshalb vor allem deren militärische Anführer. Und sie dürften es wohl auch sein, die das letzte Wort bei der Auswahl eines neuen Kalifen und der Formulierung der künftigen Politik des IS haben werden.

Die Anhänger und Kämpfer des »Islamischen Staates«

Die Erfolge im Irak und in Syrien machten den IS zu einer ernsthaften Konkurrenz der Kern-Al-Qaida. Abzulesen ist diese Entwicklung an der großen Zahl der nach Syrien gezogenen ausländischen Dschihadisten, die sich von anderen Gruppen abgewendet und dem IS angeschlossen haben. Das größte Kontingent der Dschihadisten im IS stellen die Saudi-Araber (41 Prozent), gefolgt von Tunesiern, Marokkanern, Libyern, Jordaniern und Türken. Außerdem gibt es unter ihnen auch zahlreiche Tschetschenen, Aserbaidschaner und Europäer. Für sie ist Baghdadis kompromisslose Feindschaft zu Schiiten und allen nicht IS-loyalen Gruppen offenbar attraktiver als der politische Pragmatismus der Kern-Al-Qaida unter Zawahiri.

Unumkehrbar wurde der Bruch zwischen dem IS und Kern-Al-Qaida spätestens mit der Deklaration des Kalifats am 29. Juni 2014. Dass beide Organisationen aber bereits vorher zu Todfeinden geworden waren, verdeutlicht eine spektakuläre Stellungnahme Abu Ibrahim al-Mousellis, eines bekannten IS-Offiziers, auf einer IS-Internetplattform vom 10. April 2014. In ihr erklärte Mouselli, Zawahiri habe seine Legitimität als Führer des Dschihad verloren und sei zum Verräter geworden. Damit war die bislang höchste Eskalationsstufe im Bruderkrieg zwischen den beiden einflussreichsten Organisationen der Dschihadisten erreicht. Derweil führt der IS sowohl in Syrien als auch im Irak seine Liquidierungskriege gegen rivalisierende islamistische Gruppen und gegnerische sunnitische Stämme fort.

Über die genaue Zahl der IS-Kämpfer in Syrien und im Irak gibt es nur Schätzungen, die je nach Quelle sehr unterschiedlich ausfallen. Nachprüfbare Berichte über die IS-Truppenstärke existieren nicht. Der britische *Economist* geht von 6.000 Kämpfern im Irak und 5.000 Kämpfern in Syrien aus, wobei in beiden Ländern zusammen 3.000 von ihnen aus dem Ausland stammen sollen, darunter allein 1.000 aus Tschetschenien. Im September 2014 berichtete die CIA, der IS habe eine Gesamtstärke von 20.000 bis 31.000 Kämpfern. Unklar ist auch die Größe der ausländischen Kontingente der Dschihadisten. Die meisten Quellen gehen davon aus, dass sich dem IS bis September 2014 etwa 1.000 Türken, 2.000 Europäer und 100 Amerikaner angeschlossen haben, wobei der Zustrom aus diesen Regionen ungebrochen ist. Genaue Angaben über die Herkunft der IS-Kämpfer aus arabischen Ländern außerhalb Syriens und des Irak liegen nicht vor. Man weiß nur, dass der größte Teil von ihnen aus Saudi-Arabien stammt. Die tunesische Regierung ging im Oktober 2014 von 2.400 bis 3.000 Tunesiern beim IS aus. Die Zahl der in Syrien und im Irak kämpfenden Dschihadisten aus Deutschland, wo der IS seit dem 12. September 2014 als Terrororganisation verboten ist, lag Ende Dezember 2014 bei 550. Die Dunkelziffer wird jedoch auf 1.800 Personen geschätzt. Ein UNO-Untersuchungsbericht vom 29. Oktober 2014 berichtet von insgesamt 15.000 Dschihadisten aus 80 Ländern, die für den IS in Syrien und im Irak kämpfen.

NEUN

Quo vadis?
Der Nahe Osten, die USA und Europa heute

Die USA und das Dilemma ihrer Irak-Politik

Am Beginn des Jahres 2015 stand die Obama-Administration vor den Trümmern ihrer Irak-Politik. Seit dem Abzug der letzten US-Truppen im Dezember 2011 hatte sich die politische Krise kontinuierlich verschärft. Mit der Eroberung von Mossul durch den IS im Juni 2014 erreichte sie ihren dramatischen Höhepunkt. Die daraufhin folgenden weiteren Landgewinne des IS und die religiösen Säuberungskampagnen, die Hunderttausende in die Flucht trieben, haben die territoriale Einheit des Landes vollends zerstört. Die Etablierung des transnationalen IS-Kalifatstaates auf irakischem Boden schuf kaum mehr revidierbare Fakten. Neben dem sunnitischen Proto-Staat des IS, dessen Expansionsdrang trotz kleinerer Rückschläge ungebrochen ist, gibt es die *de facto* unabhängige Kurdenregion in Erbil und den von schiitisch-islamistischen Parteien und Milizen dominierten irakischen Rumpfstaat mit der Hauptstadt Bagdad. Die Aussicht, dass sich diese drei Teilstaaten in Zukunft wieder unter einer Führung vereinen, schwindet von Monat zu Monat.

Wie konnte es dazu kommen? Und warum ließ Washington Premierminister Maliki jahrelang gewähren, als dieser den Irak mit seiner Ausgrenzung der Sunniten an die Grenze des Staatsverfalls trieb? Über die Gründe für dieses Versagen von Obamas Administration wird man wohl erst Jahre und Jahrzehnte nach dem Ende seiner Präsidentschaft Aufschluss erhalten – wenn Obama oder einige seiner Mitarbeiter in mehr oder weniger aufrichtigen Memoiren der Nachwelt politisches Zeugnis über ihr Wirken und ihre Rechtfertigungen dafür ablegen oder wenn die Archive nach Ablauf der Sperrfrist geöffnet werden. Sicher ist nur eines:

Obama hat Maliki und dessen Absichten und Fähigkeiten vollkommen falsch eingeschätzt. Zugegeben: Er hatte von George W. Bush ein kaum funktionsfähiges Demokratieprojekt namens Irak geerbt. Und ebenso wahr ist, dass er durch das von seinem Vorgänger mit Maliki vereinbarte und auf Dezember 2011 terminierte Truppenabzugsabkommen nur noch eine ständig schrumpfende Gestaltungsmacht im Irak besaß. Doch den folgenreichsten Fehler beging Obama nach den Parlamentswahlen im März 2010, die einen knappen Vorsprung der säkularen *Iraqiya*-Koalition vor Malikis Parteienkoalition ergeben hatten. Damals nutzte Obama den verbliebenen Einfluss der USA nicht entschlossen genug, um eine zweite Amtszeit Malikis zu verhindern. Eine reale Chance dazu gab es, selbst wenn Ayad Allawi, der erratische und autoritäre Führer der *Iraqiya*, nicht der ideale Partner der USA für eine demokratische Erneuerung war. Öffentlich auf Neutralität bedacht, unterstützten die USA damals hinter den Kulissen unverkennbar Allawi. Allerdings gaben die USA in dem neunmonatigen, nervenzehrenden Machtpoker mit Maliki ihren Favoriten zu schnell verloren.[1] Der Härte und Unbeirrbarkeit Premierminister Malikis waren Allawi und seine amerikanischen Unterstützer nicht gewachsen. Verschlagen und rücksichtslos hatte Maliki tief in seine Trickkiste gegriffen, um das Lager seiner Gegner auseinander zu dividieren. Da es ab April 2010 keinem anderen parlamentarischen Block gelang, eine Mehrheit für die Wahl eines neuen Premierministers zu organisieren, verschanzte Maliki sich in seinem mit reichlichen Ressourcen ausgestatteten Amt. Von dort aus blockierte er jeden politischen Fortschritt und vertraute darauf, dass die Zeit und insbesondere der Druck Teherans auf die Schiiten und Kurden für ihn arbeiteten. Seine Zähigkeit zahlte sich aus: Als Allawis *Iraqiya*-Koalition auseinanderzufallen drohte, wechselte Washington widerwillig das Pferd und setzte mangels Alternative erneut auf Maliki, der so im Januar 2011 seine zweite Regierung bildete.

Washingtons Neuengagement wider Willen

Nach dem Abzug der US-Truppen war das Verhältnis zwischen Obama und Maliki gereizt und gespannt. Obama hegte einen tiefen Widerwillen, das ungeliebte Kapitel »Irak« abermals zu öffnen. Eine ernsthafte Nachsorge für das von seinem Amtsvorgänger ins Leben gerufene irakische Demokratieprojekt unterblieb deshalb. Lieber wandte er sich anderen Themen auf seiner Prioritätenliste zu, sodass die US-Regierung seit 2012 ihre Kontakte in den Irak sträflich vernachlässigte. Da die USA Malikis innen- und außenpolitischen Kurs missbilligten, stellten sie die Anti-Terror-Hilfe für Bagdad ein, kürzten die vereinbarten Finanzmittel für die politische und wirtschaftliche Zusammenarbeit und verschleppten die Auslieferung von schon bezahlten US-Kampfflugzeugen. An einer Stärkung der im Wiederaufbau befindlichen irakischen Luftwaffe war Washington nicht interessiert. Zu groß war die Befürchtung, dass sich Maliki, gestützt auf eine totale Luftüberlegenheit Bagdads, erdreisten könnte, den ewigen Streit mit der Kurdenregion durch einen Blitzkrieg für sich zu entscheiden. Aber während die USA fortfuhren, dem Irak die kalte Schulter zu zeigen, gewann der Iran politisch mehr und mehr an Boden.

Washingtons Neigung, sich im Irak allenfalls minimal zu engagieren, hielt bis Mitte Juni 2014 an. Erst als der Siegeszug des IS schon im vollen Gange war, sahen sich die USA bemüßigt, allmählich zu reagieren. Selbst nach dem Fall Mossul wies Außenminister Kerry zu diesem Zeitpunkt noch Bagdads Bitten nach Luftangriffen entschieden zurück. Der Iran hingegen sprang sofort in die Bresche und bot Hilfe an, sogar mit der Entsendung von Truppen, wie Iraks Ex-Außenminister Hoshyar Zebari später bestätigte. Nur wenige Tage nachdem IS-Truppen Tikrit erobert und sich gefährlich nah an Bagdad herangekämpft hatten, begannen iranische Transportflugzeuge zweimal täglich rund 70 Tonnen Waffen und Hilfsgüter ins bedrohte Bagdad zu fliegen. Erst Anfang August 2014 vollzogen auch die USA eine Kehrtwende. Denn mittlerweile war durch den IS-Vormarsch nicht nur ein Genozid an Yeziden und Christen, sondern auch der Sturz der Kurdenregierung in Erbil zu befürchten. Rasch änderte Obama seine Strategie und befahl Luftschläge gegen IS-Stellungen im Irak. Am 10. September 2014 verkündete er öffentlich, den IS »zerstören« und zu diesem Zweck eine internationale Anti-IS-Koalition aufbauen zu wollen. Gleichzeitig erwirkte er die Zustimmung des Kongresses für ein Budget von 300 Millionen Dollar, um damit die gemäßigte säkular-demokratische syrische Opposition mittels Waffen und Ausbildungshilfe zu unterstützen. Ende Dezember 2014 beantragte Obamas Regierung für das Jahr 2015 vom Kongress die Freigabe weiterer Mittel in Höhe von 5,6 Milliarden US-Dollar für den Kampf gegen den IS. Diese Bitte war nichts weiter als ein Eingeständnis der Obama-Administration, dass sie sich auf einen langen und kostspieligen Krieg eingelassen hatte.

Als ursprünglicher Empfänger eines Großteils der Hilfe waren die FSA und ihr politischer Arm vorgesehen, die einzigen ernstzunehmenden säkular-demokratischen Kräfte im syrischen Bürgerkrieg. Die USA planten, eine von US-Beratern geleitete Ausbildungsmission von 5.000 FSA-Soldaten in Saudi-Arabien durchzuführen. Gestützt auf die gestärkte Schlagkraft der FSA, die sie zur dominanten Kraft innerhalb der breiten Opposition gegen Assad machen sollte, wollte die Obama-Administration das Assad-Regime durch Erfolge auf dem Schlachtfeld dazu zwingen, Verhandlungen mit den Rebellen und einer schrittweisen friedlichen Machtübergabe zuzustimmen. Doch die sich schnell verändernden Realitäten machten diesen Plan zur Makulatur. Mitte November 2014 verlor die FSA ihre letzten Militärbasen in der nordsyrischen Provinz Idlib gegen die vorrückenden Einheiten der Nusra-Front, der Al-Qaida-Filiale in Syrien. Fortan verblieben der FSA lediglich noch kleine territoriale Enklaven in Südsyrien zwischen Damaskus und der Grenze zum pro-amerikanischen Jordanien. Die Schrumpfung der FSA zu einem politisch und militärisch bedeutungslosen Zwerg raubte den USA jede realistische Perspektive, mit einem demokratisch glaubwürdigen, effektiven Partner im syrischen Bürgerkrieg zusammenarbeiten zu können. Damit fehlt der US-Strategie jede Grundlage für einen konstruktiven demokratischen Wiederaufbau Syriens nach einem angestrebten Sieg über den IS in einer Post-Assad-Ära.

Das Versagen der USA beim Aufbau einer Partnerschaft mit der syrischen FSA bewies erneut die Schwäche der US-Nachrichtendienste. Immer wieder erweisen sie sich als unfähig, gute Informationen zu sammeln, sie objektiv auszuwerten und daraus ein realistisches Lagebild zu erstellen, das als Grundlage für ein erfolgversprechendes politisch-strategisches Gesamtkonzept der Entscheidungsträger in Washington dienen kann. Bis heute hält sich speziell in Deutschland hartnäckig die Mär von den fast allmächtigen, weil nahezu allwissenden US-Geheimdiensten. Sie könnten, so heißt es, dank digitaltechnischer Möglichkeiten des Abhörens von Telefonaten und des Abfangens von E-Mails aus dem Internet relevante Informationen erhalten und codierte Botschaften entschlüsseln. Doch was nützt es? Wieder und wieder zeigt es sich, dass all diese gehorteten Riesenmengen an Informationen, gesammelt und aus-

gewertet in vielen Dutzend mit dem Nahen Osten befassten Regierungsstellen, Geheimdienstbüros und Think-Tanks, den USA letztlich nicht
helfen. Und so konnten die US-Geheimdienste den »11. September« weder vorhersagen noch verhindern. Das Gleiche gilt für die Blitzoffensive
des IS im Juni 2014 in Mossul. Von beiden Ereignissen wurden die USA
kalt überrascht. Washingtons Politiker und Militärs waren erstaunt, als
im Juni 2014 bei Mossul 50.000 irakische Soldaten die Flucht ergriffen.
Damit hatte sich binnen weniger Tage ein Viertel der irakischen Armee
aufgelöst, einer Armee, für deren Ausbildung und Bewaffnung die USA
seit 2004 mehr als 41 Milliarden US-Dollar aufgewendet haben. Waren
also der US-Präsident und die wichtigsten Akteure seiner Administration
über den inneren Zustand der Streitkräfte und die Motivation ihrer Soldaten nicht informiert?

Das Dilemma, vor dem Obama seit Mitte 2014 steht, ist unverkennbar. Eine aus den Erfahrungen der Okkupationszeit abgeleitete Politik
des Minimalengagements, wie zwischen 2012 und Juli 2014, können sich
die USA nicht mehr leisten. Es sei denn, sie riskieren, dass die Irak-Krise sich unkontrolliert auswächst und die gesamte Region destabilisiert.
Andererseits birgt eine entschlossene Strategie der Kriseneindämmung,
die über Luftschläge hinausgeht und schrittweise letztlich in den Einsatz
von Bodentruppen münden würde, eine noch größere Gefahr. Denn so
könnten die USA erneut im politischen und militärischen Morast des
Irak versumpfen und dort auf unabsehbare Zeit gebunden zu sein. Obama hat mehrfach wiederholt, dass er keinen Einsatz von Bodentruppen
im Irak befehlen wird. Dafür hat er gute innen-, außen- und finanzpoliti-
sche Gründe. Außerdem würde auch im Irak eine erneute Militärpräsenz
der USA auf heftigen Widerstand stoßen. Mehrfach haben die Führer der
großen schiitischen Milizen des Irak, wie etwa der Führer der »Friedens-
brigade«, Muqtada al-Sadr, öffentlich bekräftigt, dass sie zurückkehrende
US-amerikanische Truppen als Besatzungsarmee betrachten und mit aller
Macht bekämpfen werden.

Ungeachtet der Risiken erhöhte Obama dennoch seit Juni 2014 stufenweise die Zahl der in den Irak entsandten Militärberater und Siche-
rungskräfte für die US-Botschaft in Bagdad, das US-Konsulat in Erbil
und den Bagdader Internationalen Flughafen. Deren Zahl stieg von 450
im Juni über 900 im August und 1.600 im Oktober auf 3.100 Anfang
Dezember 2014. Wird daraus ein Erdrutscheffekt mit einer sich verselb-

ständigenden Eigendynamik? Eine noch nicht näher abzusehende, aber gewiss nicht ausgeschlossene Entwicklung.

Iraks neue sunnitische Nationalgarde: ein totgeborener Plan

Was haben die USA unternommen, um die Lage im Irak zu stabilisieren? Obama entsandte den pensionierten Armeegeneral John Allen als seinen Irak-Sonderbevollmächtigten im Juli 2014 mit einem Spezialauftrag nach Bagdad. Allen war mit dem Irak vertraut, denn er hatte unter General Petraeus von 2007 bis 2009 den Aufbau der sunnitischen Erweckungsräte geplant und koordiniert. An diese Erfahrungen sollte er anknüpfen und Verbindungen zu den Führern der sunnitischen Stämme und Milizen aufnehmen. Seine Aufgabe lautete, sie für die Idee einer aus sunnitischen Stammeskämpfern rekrutierten Nationalgarde in den sunnitischen Provinzen des westlichen und nördlichen Irak mit einer Mannschaftsstärke von 150.000 Mann zu gewinnen. Die Nationalgarde sollte unter einem eigenen Kommando, aber nach Absprache und in Koordination mit der Zentralregierung in Bagdad den IS bekämpfen. Anfang Januar 2015, sechs Monate nachdem er seinen Auftrag erhalten hatte, traten Allen und sein Mitarbeiterstab immer noch auf der Stelle. Ihre Kontaktaufnahme zu 20 sunnitischen Führern im Irak und auch im angrenzenden Ausland, in Jordanien, Libanon und Kuwait (wohin viele nach dem Beginn der Repressalien durch Maliki geflohen waren), endete stets gleich. Überall erhielten sie Absagen. Kein einziger sunnitischer Führer eines Stammesclans oder Miliz war zu einer Zusammenarbeit mit Bagdad bereit. Ihr Misstrauen gegenüber den irakischen Sicherheitskräften, die vollkommen von schiitischen Milizen beherrscht sind, war abgrundtief.

Zwar beteuerte die Zentralregierung in Bagdad ihre Bereitschaft, den Aufbau einer Nationalgarde unterstützen wollen, tat aber in Wahrheit nichts, um den Plan Washingtons zu verwirklichen. Die schiitischen Politiker in Bagdad befürchten, in Gestalt der Nationalgarde eine Giftnatter an ihrer Brust zu nähren, die sie nach einem Sieg über den IS anschließend beißen könnte.

An der Scheinheiligkeit Bagdads hatte auch die Ablösung von Premierminister Maliki durch Haidar al-Abadi nichts geändert. Kaum im Amt, begann Abadi sich mit verbalen Gesten des Entgegenkommens und der Beschwichtigung an die Sunniten zu wenden. Doch blieben diese Gesten nicht mehr als schöne leere Worte. Weder Abadi noch die anderen schiitischen Führer in Bagdad unternahmen etwas Konkretes, um die Sunniten auf faire Weise an der Macht zu beteiligen. Das wurde auch beim Abschluss der Regierungsbildung im Oktober 2014 deutlich. So hatte Abadi einem erfahrenen sunnitischen General, Khalid al-Obaidi, das Verteidigungsministerium übertragen, der offenkundig als Feigenblatt fungierte. Denn diese Geste des Entgegenkommens an die Adresse der Sunniten und der USA wurde durch die Vergabe des Innenministeriums an einen Schiiten, Mohammad al-Ghadban, doppelt und dreifach wieder aufgewogen. Ghadban war zuvor einer der führenden Kommandeure der Badr-Brigaden gewesen, eben jener schiitischen Miliz, die, nachdem sie 2005 ins Innenministerium eingesickert war, dort Todesschwadronen gebildet hatte, die Sunniten und Baathisten verfolgten. Anders als das noch leidlich funktionsfähige Innenministerium war das Verteidigungsministerium ein schwaches Ressort. Es war zwar mit enormen finanziellen Ressourcen ausgestattet, aber durch Misswirtschaft und Korruption so sehr ausgehöhlt, dass es weitgehend funktionsunfähig geworden war. Angesichts dessen war das Vertrauen der Sunniten in Bagdads gute Absichten denkbar gering. Was es noch mehr erschütterte, waren die Berichte über Greueltaten der schiitischen Milizen an der sunnitischen Zivilbevölkerung nach der Einnahme von Jurf al-Sakhr. Diese rein sunnitische Kleinstadt, die etwa 60 Kilometer südlich von Bagdad nahe der schiitischen Pilgermetropole Kerbela liegt, war eine Hochburg des IS. Die von schiitischen Milizen beherrschten und durch iranische Militärberater logistisch unterstützten irakischen Armeestreitkräfte hatten die Stadt Ende Oktober 2014 nach heftigen Kämpfen eingenommen. Nach dem die schiitischen Milizen sämtliche 80.000 Bewohner der Stadt evakuiert hatten, töteten sie mehrere hundert von ihnen aus Rache für deren Unterstützung des IS. In Berichten von internationalen Menschenrechtsorganisationen über diese Greueltaten, wie etwa von Amnesty International, ist mehrfach von Kriegsverbrechen gesprochen worden.[2]

Die sunnitischen Stammes- und Milizführer hatten Angst, dass sich solche Greueltaten nach der Rückeroberung sunnitischer Städte und Gebiete wiederholen könnten. Deshalb weigerten sie sich (wie von US-General Allen vorgeschlagen), mit Bagdads Sicherheitskräften zusammenzuarbeiten. Zudem befürchteten sie, dass sich die von iranischen

Militärberatern unterstützten und angeleiteten Schiitenmilizen nach der Rückeroberung sunnitischer Gebiete dort als »Besatzungsmacht« dauerhaft festsetzen würden. Auf der anderen Seite will die große Mehrheit der von den USA zur Kooperation aufgeforderten sunnitischen Stammes- und Milizführer aber auch nicht mehr gemeinsam mit dem IS kämpfen. So standen die meisten sunnitischen Stämme vor der Wahl zwischen Skylla und Charybdis: Weder mochten sie mit der verhassten schiitischen Regierung in Bagdad paktieren, noch wollten sie sich durch Treueeid für seinen Kalifen dem IS unterwerfen und ihn bei seinem mörderischen Treiben unterstützen. Heute sind die sunnitischen Stämme des Irak in vier Lager aufgeteilt, die in ständigem Fluss sind. Die Stämme des ersten Lagers paktieren auf Gedeih und Verderb mit dem IS, die des zweiten Lagers kollaborieren mit der Regierung in Bagdad. Die Stämme des dritten Lagers, die die Mehrheit stellen, versuchen einen Kurs der beiderseitigen Neutralität durchzuhalten. Die Stämme des vierten Lagers sind verschworene Feinde des IS und bekämpfen ihn bis aufs Blut. Zum vierten Lager gehört auch der Bu-Nimr-Stamm, der zwischen Bagdad und Tikrit ansässig ist. Er allein hat zwischen Juni und Dezember 2014 mehr als 800 seiner Mitglieder im Kampf gegen den IS verloren und seine Führer beklagten wiederholt öffentlich, dass die Regierung in Bagdad sie weder militärisch noch logistisch im Kampf gegen den IS unterstütze. Irakischen Zeitungsberichten zufolge beläuft sich der Blutzoll, den die IS-feindlichen Sunnitenstämme des Irak seit Mitte 2014 entrichten mussten, auf schätzungsweise 5.000 getötete Kämpfer.

Dachten die USA womöglich noch an eine Neuauflage des erfolgreichen Konzepts der Zusammenarbeit mit den sunnitischen Erweckungsräten von 2006–2009, so haben sich diese Hoffnungen mittlerweile zerschlagen. Dafür haben sich die politischen Rahmenbedingungen und Machtkonstellationen zu sehr verschoben. Hinter dem Übertritt zahlreicher sunnitischer Clans auf die Seite der US-Truppen standen zwei Motive: Das erste war Widerstand gegen den totalen religiösen und politischen Machtanspruch von AQI und der Abscheu vor deren Greueltaten an schiitischen Zivilisten und abtrünnigen Sunniten. Das zweite (und weitaus wichtigere) Motiv war jenes, durch ein Bündnis mit den US-Truppen finanzielle Vorteile zu erlangen. Die lokalen US-Kommandeure wählten einen Stammesscheich oder Clanführer aus, den sie zur unumschränkten Autorität in einem bestimmten, von ihnen klar abgegrenzten Territorium ernannten. Dafür, dass er und seine Kämpfer das Gebiet frei von Attacken des AQI hielten, bekamen sie im Austausch nicht nur Soldzahlungen, Trainingseinheiten, Waffen, Munition, Informationen und politische und notfalls auch militärische Rückendeckung aus der Luft. Die US-Generäle drückten auch bei allerlei wirtschaftlichen Gaunereien der Chefs dieser Erweckungsräte ein Auge zu. Ignoriert wurde beispielsweise, wenn sie illegale Wegezölle erhoben, Öl, Nahrungsmittel und andere Waren schmuggelten und in ihren kleinen, tribalen »Mafia-Staaten« staatliche Mittel aus Bagdad für Aufbauprojekte und Administration vornehmlich ihren eigenen Leuten zukommen ließen.[3] Die Zusammenarbeit war für beide Seiten gedeihlich. Die Amerikaner drängten AQI aus vielen Gebieten zurück, ohne den Tod zu vieler eigener Soldaten zu riskieren, und die Chefs dieser Erweckungsräte erhielten Macht und Ressourcen.

Als die US-Truppen endgültig abgezogen waren, brach diese Zusammenarbeit zusammen. Die meisten Erweckungsrats-Milizionäre, die in die irakischen Streitkräfte integriert worden waren, erhielten keinen Sold mehr, ihre Führer wurden politisch entmachtet, vor Gericht gestellt oder mussten ins Ausland fliehen. Heute, 2015, können die USA das alte Konzept der Zusammenarbeit mit den sunnitischen Erweckungsräten nicht mehr wiederbeleben. Ihr politischer Einfluss in Bagdad ist seit 2011 massiv geschrumpft, und sie verfügen heute nur noch über einen Bruchteil der damals für die Erweckungsräte vorhandenen finanziellen Mittel. Und sie haben, was am schwersten wiegt, keine ausreichende Zahl an Bodentruppen mehr, mit denen sie pro-amerikanischen Sunniten in der Not militärisch beispringen und Bagdads Regierung zwingen könnten, den sunnitischen Erweckungsräten gegebene Garantien auch einzuhalten. Wegen aller dieser Gründe ist der US-Plan für die Aufstellung einer sunnitischen Nationalgarde eine Totgeburt. Vizepräsident Maliki, der immer noch sehr einflussreich ist, hat den Plan bereits öffentlich abgelehnt und verurteilt. Hinzu kommt, dass ausgerechnet Iraks neuer Innenminister Ghadban die Auswahl der Freiwilligen für die neue sunnitische Nationalgarde übernehmen soll.[4] Es sind gruselige Gerüchte um Ghadbans früheres Wirken in den Todesschwadronen im Umlauf. Angesichts dessen muss vielen potentiellen sunnitischen Freiwilligen der Beitritt zur Nationalgarde so vorkommen, als betteten sie von selbst und schicksalsergeben ihr Haupt auf den Richtblock des Scharfrichters.

Obamas Anti-Terror-Koalition und ihre Offensive gegen den »Islamischen Staat«

Ebenso erfolglos wie innerhalb des Irak agierte Washington auch auf internationaler Ebene, als es um die Koordinierung der von den USA angeführten Anti-IS-Koalition ging. Bis Ende November 2014 verzeichnete das US-Außenministerium 60 Staaten als Mitglieder der Anti-IS-Koalition, von denen 58 schließlich am 3. Dezember Vertreter zu einer internationalen Konferenz nach Brüssel entsandten. Allerdings wurde auch bei dieser Konferenz keine in sich schlüssige Gesamtstrategie entwickelt. Zu unterschiedlich waren die Ziele der versammelten Teilnehmer. Deshalb konnte bis heute auch kein konkretes Kriegsziel benannt werden. Unklar blieb außerdem, ob der »Islamische Staat« wirklich völlig zerstört werden soll oder man sich lediglich damit begnügt, ihn vorläufig zu schwächen, weil die Mittel für mehr nicht ausreichen. Ferner gab es keine Einigung, ob der IS nur im Irak oder nur in Syrien oder in beiden Ländern gleichermaßen intensiv bekämpft werden soll. Größte Uneinigkeit herrschte bei der Frage des anzustrebenden politischen Endzustands in Syrien und im Irak, insbesondere zwischen den USA und ihren westlichen demokratischen Verbündeten auf der einen Seite und den arabisch-islamischen Verbündeten auf der anderen Seite. Die sunnitisch-arabischen Staaten Saudi-Arabien, Jordanien, Bahrain und die Vereinigten Arabischen Emirate beschränkten ihre Beteiligung an den seit September von der US-Luftwaffe geplanten und angeführten Luftschlägen auf Syrien.[5] Dahinter stand die Rücksicht auf die Meinung ihrer jeweiligen Bevölkerung, die Luftschläge auf den IS im Irak als Unterstützung ihrer Regierungen für eine Machtkonsolidierung der ungeliebten Schiiten im Irak angesehen hätten. Diejenigen westlichen Staaten, die sich an den US-Luftschlägen gegen den IS beteiligen (wie Frankreich, Großbritannien und Australien), beschränken ihr militärisches Engagement konsequent auf den Irak. Zu groß wiegt hier die Furcht, sich durch ein Militärengagement im unentwirrbaren Gestrüpp des Bürgerkriegs in Syrien zu verfangen.[6]

Im Irak führen die USA einen anderen (weil breiter angelegten) Krieg als in Syrien. Mit der von den USA geführten Operation im Irak sollen nämlich militärisch ausgebildete irakische Sicherheitskräfte und kurdische Peschmerga-Kämpfer (begleitet von amerikanischen Militärberatern) so weit ertüchtigt werden, dass sie sich gegen den IS verteidigen und seinen Vormarsch aufhalten können. Dabei konzentriert sich diese Form der Operationsführung darauf, den Bewegungsspielraum der IS-Kämpfer im Irak einzuschränken. Das wesentliche Mittel dazu sind vor allem Angriffe auf Kommandobunker, Rückzugsräume, Nachschublinien und Führer des IS im gesamten Operationsgebiet. Anders dagegen ist das Vorgehen in Syrien, wo sich die USA auf Luftnahunterstützung von Bodentruppen in Gefechten und den Abwurf von Versorgungsgütern konzentrierten.

Die Türkei ist entgegen aller anderslautenden Rhetorik bisher nicht bereit, sich an der Zerstörung des IS zu beteiligen. Dies gehört nicht zu Ankaras vorrangigen Zielen. Priorität genießt für Präsident Erdogan vor allem der Sturz des alawitischen Baath-Regimes und die Schwächung der Kurden in der Türkei und in Syrien. 2012 entstanden im Norden und Nordosten Syriens drei autonome Kurden-Kantone, Afrin, Kobane und Zirce (*dschazira*). Dort herrscht die *Partiya Yekitîya Demokrat* (PYD, »Partei der Demokratischen Union«), ein syrischer Ableger der stramm marxistisch-leninistischen *Partiya Karkeren Kurdistan* (PKK, »Arbeiterpartei Kurdistans«) in der Türkei. Ankara befürchtet, dass eine politische Stärkung der syrischen Kurden unter Führung der PYD auch die PKK in der Türkei, die seit Jahrzehnten für Autonomie kämpft, stärken würde. Die PKK hatte in den 1980er und 1990er Jahren einen blutigen Guerillakrieg gegen Ankara geführt und lange Zeit massive Unterstützung durch das alawitische Baath-Regime in Syrien erhalten. Eine Stärkung der Kurden will Ankara mit allen Mitteln verhindern, weshalb die Türkei den IS im Vergleich zu Assad und den Kurden als kleineres Übel erachtet. Hinzu kommt, dass sich seit Anfang 2014 Berichte darüber mehren, dass türkische Militärs und Geheimdienste wenigstens zeitweise den IS unterstützt haben sollen. So sollen sie ihn mit Waffen und Munition versorgt und seinen Truppeneinheiten Transportkorridore über türkisches Territorium geöffnet haben. Zudem soll Ankara IS-Kämpfern erlauben, die Türkei als Ruheraum und Rekrutierungsbasis zu nutzen, und auch verletzten IS-Kämpfern die medizinische Versorgung in der Türkei ermöglichen. Der Wahrheitsgehalt dieser Informationen wurde auch Mitte Januar 2015 durch einen Bericht der angesehenen national-laizistischen türkischen Tageszeitung *Hürriyet* untermauert, die sich auf Quellen aus türkischen

Sicherheitskreisen beruft: Demnach gab es Anfang 2015 schon 3.000 Mitglieder des IS in der Türkei.

Deutlich wurde Ankaras janusköpfige Haltung im September 2014, als die IS-Truppen auf den von der PYD beherrschten Kurden-Kanton von Kobane vorrückten. Die Türkei erlaubte zwar zahlreichen kurdischen Zivilisten die Flucht auf türkisches Territorium und konzentrierte zudem schwerbewaffnete Armeeeinheiten direkt in Sichtweite der vom IS belagerten Stadt Kobane. Außerdem gestattete sie 150 irakischen Peschmerga aus der KRG die Anreise über türkisches Gebiet, damit sie ihren bedrängten kurdischen Freunden zu Hilfe kommen konnten. Doch griff die türkische Armee nicht in das Kampfgeschehen ein, selbst dann nicht, als bereits drei Viertel von Kobane in die Hände des IS gefallen waren. Vor und hinter den diplomatischen Kulissen übten die USA und ihre westlichen Verbündeten Druck auf Präsident Erdogan aus, um ihn zu einem begrenzten militärischen Eingreifen gegen den IS zu bewegen. Erdogan hielt diesem Druck stand und stellte seinerzeit Bedingungen für eine türkische Militärintervention in Syrien. Erdogan verlangt die Einrichtung einer mit Flugverbot bewehrten territorialen Pufferzone im Norden Syriens, wohl in der Hoffnung, Damaskus dadurch provozieren zu können, seine Souveränität gewaltsam zu verteidigen. Das birgt die Gefahr einer unkontrollierbaren Eskalation der Kämpfe zwischen den Streitkräften der Türkei und Syriens, die letztlich zum Sturz des Assad-Regimes durch Ankara führen könnte. Daran ist dem Westen zumindest derzeit nicht gelegen. Solange der Westen seine Bedingungen nicht akzeptiert, bleibt Ankara politisch und militärisch passiv, ganz gleich, wie sehr sich die humanitäre Krise in Syrien noch verschlimmern wird. Derweil haben sich nach Angaben Ankaras bis Anfang Dezember 2014 etwa 1,5 Millionen syrische Bürgerkriegsflüchtlinge auf türkischem Boden in Sicherheit gebracht.

Am 8. August begannen die USA mit Luftschlägen gegen den IS im Irak. Seit der Gründung der internationalen Anti-IS-Koalition im September 2014 werden die USA dabei auch von anderen Staaten unterstützt. Allerdings fliegt die US-Luftwaffe weiterhin den allergrößten Teil der Angriffe. Die minimale Beteiligung der arabischen Staaten dient dagegen eher symbolischen Zwecken. Die seit September täglich geflogenen Luftangriffe der Koalition gegen den IS in Syrien und im Irak waren teilweise recht wirksam, insbesondere die Angriffe auf Kommandozentralen,

Nachschublinien, Rückzugsräume und Führer des IS. Sie trugen dazu bei, den IS-Truppen den Zugang zu bestimmten Gebieten zu verwehren oder zu erschweren und bestimmte Ziele zu halten oder für sich zu nutzen. Außerdem konnten die Koalitionskräfte wichtige Militärbasen des IS und von ihm kontrollierte industrielle Anlagen (etwa Ölfördereinrichtungen) zerstören. Zudem verlangsamten sie an mehreren Frontabschnitten den Vormarsch der IS-Truppen und verschafften so den irakischen Sicherheitskräften, Schiitenmilizen und kurdischen Peschmerga-Kämpfern in Syrien und im Irak Zeit, um ihre militärischen Kräfte und Fähigkeiten weiter zu schulen. Mit Hilfe der Luftschläge konnten sie den IS-Truppen einige taktische Schläge versetzen. Im September wurde der IS-Vormarsch auf die Kurdenhauptstadt Erbil gestoppt und die Einkesselung von Hunderttausenden yezidischer Flüchtlinge am Sinjar-Gebirge gebrochen; auch konnte der Mossul-Staudamm zurückerobert werden. Und dank der Luftunterstützung konnte im November ebenso die bereits fast abgeschlossene Eroberung der kurdischen Stadt Kobane an der türkischen Grenze aufgehalten werden.

Bis Ende Dezember 2014 hatten die USA über 1.600 Luftangriffe und täglich etwa 60 Aufklärungsflüge über Irak und Syrien durchgeführt. Die Gesamtkosten der Luftoperationen zwischen August und Ende Dezember 2014 beliefen sich auf eine Milliarde US-Dollar (was Ausgaben von täglich acht Millionen bzw. 330.000 US-Dollar stündlich gleichkommt).[7] Zum Vergleich: Deutschland hat für sein militärisches Engagement in Afghanistan zwischen Januar 2002 und Dezember 2014 auch insgesamt eine Milliarde Euro ausgegeben. Doch war der Erfolg der US-Luftschläge bestenfalls gemischt, was von einer anderen Zahl treffend veranschaulicht wird: Seit September 2014 hatten die USA insgesamt 420 der 1.600 Luftschläge auf IS-Stellungen in und um Kobane gerichtet und dabei nach eigenen Angaben 1.000 IS-Kämpfer getötet. Dennoch wehte die Flagge des IS Anfang Januar 2015 weiterhin über Teilen von Kobane.

Das (Zwischen-)Fazit lautet: Trotz einiger operativ-taktischer Erfolge blieb die Wirksamkeit der Luftkriegsoperationen begrenzt. Sie reichten nicht, um den Großteil des vom IS kontrollierten Territoriums zu erobern. Dafür benötigte man Bodentruppen: Ohne Bodentruppen kann der IS nicht aus Städten wie Mossul und Raqqa vertrieben, ohne Bodentruppen können vom IS besetzte Landstriche nicht zurückerobert und gehalten und ohne Bodentruppen kann der Krieg gegen den IS nicht gewonnen werden. Doch die Bereitschaft, Bodentruppen zu stellen, bleibt bei allen Koalitionären sehr gering. Klar ist nur eines: Bodentruppen werden nicht aus Amerika kommen. An einer Fortsetzung des Kriegs von 2003 bis 2011, als sich die Amerikaner viel zu früh aus dem nicht befriedeten Land zurückgezogen haben, hat Washington kein Interesse. Heute herrscht in der Bevölkerung und der politischen Klasse der USA ein tiefer Widerwille, an die Bush-Ära der Irak-Politik anzuknüpfen und für andere Kriegsparteien die »heißen« Kastanien aus dem Feuer zu holen. Die Hauptlast der Kämpfe gegen den IS in Syrien und im Irak tragen daher weiterhin andere, zumeist paramilitärische und quasi-staatliche Akteure. Im Norden der Front sind es die kurdischen Peschmerga-Kämpfer. Bislang sind sie relativ erfolgreich, aber um gegen den schwerbewaffneten Feind zu bestehen, brauchen sie mehr und bessere Waffen. Von Südirak her greifen unter Anleitung iranischer Militärberater schiitische Milizen den IS an, wobei deren Augenmerk vor allem darauf liegt, ihre schiitischen Provinzen und speziell Bagdad zu verteidigen. Die von Korruption zerfressene irakische Armee dagegen ist heute nicht mehr als eine leere Hülle.

Weiterhin herrscht in der Koalition Uneinigkeit und Ratlosigkeit über das weitere Vorgehen und die gemeinsamen Kriegsziele. Syrien macht dies anschaulich. Bis Mitte 2014 lautete das ursprüngliche Ziel des Westens, in Damaskus einen Regimewechsel anzustreben. Schließlich, so die politisch-moralische Argumentation des Westens, habe das diktatorische Regime Assads Teile seiner Bevölkerung grausam unterdrückt und so seine Legitimität verloren. Doch nach dem Siegeszug des IS im Irak sind zumindest die USA und ihre westlichen Verbündeten von dieser Position stillschweigend abgerückt. Die fortgesetzten, fast täglichen Kriegsverbrechen des Assad-Regimes an seiner Bevölkerung, etwa durch Fassbombenabwürfe auf zivile Wohnviertel, werden von westlichen Staaten seit Juni 2014 weitaus seltener öffentlich angeprangert und verurteilt als zuvor. Für diese Zurückhaltung gibt es einen triftigen Grund. Ein Sturz des Assad-Regimes würde innerhalb des Flickenteppichs aus hybriden, quasi-staatlichen Gebilden den letzten großen, berechenbaren Ordnungsfaktor beseitigen. Während also die Obama-Administration im Kampf gegen den IS die Priorität auf den Irak legt, betrachten die sunnitischen Golfstaaten und die Türkei weiterhin den Sturz von Assad als vorrangig.

Zugleich wollen sie sich aber weder in Syrien noch im Irak mit Bodentruppen am Kampf gegen den IS beteiligen. Die Divergenzen zu Syrien zwischen den USA hie und seinen arabischen und türkischen Verbündeten dort sind auch anderswo zu spüren. So unterstützt Saudi-Arabien im syrischen Bürgerkrieg ausschließlich die salafistische Islamische Front, die ihr Hauptoperationsgebiet im Norden bei Aleppo hat. Die Islamische Front wiederum verkündet offen, dass sie demokratische Wahlen ablehnt und nach dem Sturz Assads ein Scharia-Regime errichten will. Das wirft die Frage auf: Wäre ein von Saudi-Arabien protegiertes Salafisten-Regime in Damaskus mit der von den USA angestrebten Errichtung einer Demokratie in Syrien nach Assad vereinbar?

Eine weitere Reibungsfläche ist die Frage, ob die stärksten Verbündeten des Assad-Regimes, der Iran und Russland, an der Koalition beteiligt und welche Rollen ihnen zuteil werden sollen. Die Golfstaaten lehnen deren Beteiligung kategorisch ab, vor allem die des schiitischen Iran. Saudi-Arabien als Führungsmacht der sunnitisch-arabischen Staaten ringt mit dem schiitischen Iran um die Vorherrschaft im Nahen Osten. Riad fürchtet, dass eine Eingliederung des Iran in die Koalition Teheran helfen würde, seine Einflusszonen in der Region zu festigen, was es allerdings um jeden Preis verhindern will. Und selbst die USA nehmen in dieser Frage eine zwiespältige Haltung ein. Auf der einen Seite lehnen sie offiziell eine Beteiligung des Iran in der Anti-IS-Koalition ab – um andererseits ganz pragmatisch zu akzeptieren, dass der Iran dem Irak beim Kampf gegen den IS mit militärischen, logistischen und finanziellen Maßnahmen inklusive Militärberatern unter die Arme greift. Obgleich Washington sich offiziell zu keiner Partnerschaft mit dem Iran bereiterklärt, sind der Iran und die USA *de facto* bereits stillschweigende Alliierte im Kampf gegen den IS. Unausgesprochen kommt Teherans Hilfe an Bagdad Washingtons Interessen entgegen. Denn Washington muss anerkennen, dass der Iran den Irak wirksamer stabilisieren kann, als es die USA tun könnten. Darüber hinaus fehlt weiterhin jedes UN-Mandat für den Einsatz von US-Bodentruppen; auch besteht die Gefahr, dass amerikanische Truppen ins Visier irakischer oder iranischer Kämpfer geraten könnten. Das alles macht es für Obama schwierig, wenn nicht gar unmöglich, den Irak selbst mit Bodentruppen militärisch zu stabilisieren – wenn Washington es denn wirklich wollte. Zu groß wäre die Gefahr, dass die US-Truppen in einen Zweifrontenkrieg gegen den IS und die Schia-Milizen gerieten. Die implizite Partnerschaft der USA mit dem Iran im Irak bindet Washington aber wiederum in Syrien die Hände, wenn es Stellungen des Assad-Regimes, dem engen Verbündeten Teherans, bombardieren will. Außerdem gibt es aus Obamas Sicht noch einen Grund zur Zurückhaltung. Ein Vorgehen gegen iranische Interessen in Syrien oder Irak würde eine friedliche Einigung über Teherans Atomprogramm gefährden, über das bis Mitte 2015 weiterverhandelt wird. Und so kann Assad sich ins Fäustchen lachen: Er geht gestärkt aus dem Anti-IS-Krieg hervor, weil die Inkongruenz der US-Strategie im Irak es ihm erlaubt, seine Macht zu festigen und sich vermutlich dauerhaft in einem Großteil des Landes zu halten.

Auch Deutschland beteiligt sich im Rahmen der Anti-IS-Koalition am Kampf gegen den IS, beschränkt seine militärische Unterstützung aber auf den Irak. Berlin begann im Juli 2014 damit, die KRG in Erbil mit begrenzten Lieferungen von leichten Waffen und anderem Militärgerät zu unterstützen. In einem zweiten Schritt entschloss sich die Regierungskoalition in Berlin im Dezember 2014 zur Entsendung von 100 Ausbildern, die die kurdischen Peschmerga-Soldaten schulen und an den von Berlin gelieferten Waffen ausbilden sollen.

Die Zerstrittenheit in der Koalition gegen den IS hält an, was die Koalition als Ganzes schwächt. Daraus wiederum kann der IS Nutzen ziehen, um sein Überleben zu sichern – allerdings unter der Voraussetzung, dass er militärisch geschlossen auftritt und seine Legitimität als Schutzmacht für den Großteil der irakischen Sunniten, die von Bagdad verprellt und entrechtet wurden, aufrechterhalten kann. Und so dürfte selbst eine Fortsetzung der seit Dezember 2014 häufiger gewordenen kleineren militärisch-taktischen Erfolge der Koalition für den Ausgang des Krieges folgenlos bleiben, es sei denn, es folgt ein strategischer Sieg. Wiederholt hat der IS bewiesen, dass er sich nach einer Niederlage auf dem Schlachtfeld und nach der Liquidierung ihres Führers rasch wieder erholen und neu und noch brutaler formieren und zurückschlagen kann. In Anbetracht dieser Fähigkeit des IS und der Zerstrittenheit der Koalition wird der Krieg gegen den IS noch viele Jahre andauern und womöglich zum Projekt einer ganzen Generation werden.

Irans langer Schatten am Tigris

Der Iran ist nach dem US-Truppenabzug im Dezember 2011 mittlerweile zum einflussreichsten externen Akteur im Irak aufgestiegen. Kennzeichen seiner Operationen ist dabei ein auf langfristigen Nutzen ausgerichtetes strategisches Denken. Fuß gefasst hatte Teheran schon unmittelbar nach der US-Invasion im April 2003, als die exilierten schiitischen Islamistenparteien, allen voran ISCI und sein bewaffneter Arm, die Badr-Brigade, in den Irak zurückkehrten und nach und nach die politische Landschaft zu dominieren begannen. Solange aber die USA militärisch und politisch im Irak das Sagen hatten, hielt sich Teheran beim Ausspielen seiner politischen Trumpfkarten zurück und agierte zumeist im Hintergrund. Doch spätestens seit Mai 2005, als schiitische Islamistenparteien die Regierung übernahmen, ließ der Iran seine Muskeln immer stärker spielen – sehr zum Verdruss der Amerikaner, die fortan sukzessive ins Hintertreffen gerieten und heute, im Jahr 2015, im Irak nur noch die zweite Geige spielen.

Bagdad und Teheran pflegen seit 2005 gute und freundschaftliche politische Beziehungen und sind auch wirtschaftlich eng miteinander verflochten. Nach dem Abschluss mehrerer Abkommen über wirtschaftliche, kommerzielle und infrastrukturelle Zusammenarbeit bezieht der Irak heute einen großen Teil seines Stroms mit Hilfe grenzüberschreitender Stromnetze aus dem Iran. Hauptnutznießer sind die grenznahen Regionen des Süd- und Zentralirak. Zahlreiche iranische Bau- und Infrastrukturunternehmen aus dem Iran, sei es aus der Privatwirtschaft, sei es aus dem riesigen halb-staatlichen Firmenkonglomerat der iranischen Revolutionsgarden, operieren heute im Irak. Sie sind damit beschäftigt, Straßen zu reparieren, Energienetze auszubauen und Flughäfen zu errichten, wie etwa beim Neubau des großen Flughafens von Nadschaf. In Nadschaf verschränkt sich auch Irans Wirtschaftsinteresse mit der Religion. Iraner bilden den Löwenanteil der vier Millionen Pilger, die alljährlich die schiitischen Imamgräber in Nadschaf, Kerbela, Kazimiya und Samara besuchen, und sie sind wiederum die Haupteinnahmequelle für die irakische Tourismusindustrie.

Bei der Ausweitung seines Einflusses im Irak verfolgt der Iran eine Politik des langen Atems und der Diversifizierung seiner Partnerbeziehungen. Teheran unterhält nicht nur Kontakte zu den schiitischen Kräften des Irak, sondern auch zu den meisten anderen politischen Akteuren. Großen Einfluss hat der Iran auf die beiden Kurdenparteien KDP und PUK. Das ermöglicht es Teheran, je nach Umständen oder Bedürfnissen mal den einen, mal den anderen Verbündeten einzusetzen, um den iranischen Einfluss zu wahren oder zu mehren. Zug um Zug hat es der Iran seit 2003 geschafft, die Büros der wichtigsten politischen Parteien, Milizen, Parlamentsfraktionen und Hauptquartiere der Streitkräfte und Nachrichtendienste des Irak mit verdeckten Mitarbeitern zu infiltrieren. Das betrifft auch die Büros der vier Großayatollahs in Nadschaf, einschließlich des Büros von Sistani. Zur Wahrung und Ausdehnung seiner Interessen im Irak setzt Teheran eine Vielzahl von mal subtileren, mal gröberen Mitteln ein. Sie reichen je nach Zielperson, Kontext und angestrebter Wirkung von finanzieller Bestechung über Appelle an schiitische Solidarität bis hin zur Androhung und Anwendung von Gewalt.[8]

Bei der verdeckten Einflussnahme des Iran im Irak spielt seit 2003 vor allem eine Person die Hauptrolle: Qasem Soleimani. In seinen Händen laufen die meisten Fäden zusammen. Soleimani ist der Kommandeur der Qods-Einheit der iranischen Revolutionsgarden und genießt das uneingeschränkte Vertrauen des iranischen Revolutionsführers Ali Khamenei. Die Qods-Einheit existiert seit Mitte der 1980er Jahre und ist neben Heer, Marine, Luftwaffe und der Volksfreiwilligenarmee der Basidsch eine der fünf Teilstreitkräfte der *pasdaran*, der iranischen Revolutionsgarden.[9] Die Qods-Einheit ist eines der Instrumente der revolutionären Außenpolitik des Iran und läuft parallel und synchron zu der offiziellen diplomatischen Außenpolitik. Das Hauptoperationsgebiet der Qods-Einheit ist die dem Iran besonders wichtige eigene Kulturzone (sprich: die islamische Welt) und in dieser vor allem die arabisch- und persischsprachigen Staaten. Das erklärt auch den Namen Qods, der sich vom arabischen Wort für Jerusalem herleitet. Neben Afghanistan, Syrien und dem Libanon, wo die Qods-Einheit von Anfang an beim Aufbau der pro-iranischen Hizbullah mitgewirkt hat, war der Irak stets ein besonders wichtiger Aktionsraum. Die Qods-Einheit will unter den Schiiten dieser Länder vor allem effiziente, ideologisch sich eng an den Iran anlehnende bewaffnete Zellen und Milizen aufbauen. Qods will jedoch weder allzu offenkundig die Souveränität dieser Staaten aushebeln, noch durch politischen Umsturz ein pro-iranisches Marionettenregime an die Macht bringen. Vielmehr ist es die Aufgabe der Qods-Einheit, mit geringen Mitteln maximalen Nutzen zu erzielen. Zu diesem Zweck versucht sie in der politischen und militärischen Szenerie der Nachbarländer des Iran langfristig ideologisch-militärische Verbündete Teherans aufzubauen und zu stärken.

Seit 2003 ist Qasem Soleimani Architekt der iranischen Sicherheitspolitik im Irak. Er agiert vorzugsweise als graue Eminenz im Hintergrund und wird von vielen Politikern des Irak wegen seines Einflusses umworben und zugleich gefürchtet. Soleimani trainiert schiitische Milizen und rüstet sie mit Waffen aus. Außerdem vermittelte er viele Male im Hintergrund bei der Lösung politischer Streitfragen oder beim Aufbau politischer Allianzen zwischen den zerstrittenen schiitischen Parteien und den Kurden. Er verfügt nicht nur über beträchtliche Machtressourcen und Repressionsmittel, sondern auch über weitverzweigte persönliche Netzwerke, die bis in die Kreise des höheren schiitischen Klerus in Nadschaf und Kerbela reichen. Das sicherte Soleimani mehrere Male eine Schlüsselposition in der irakischen Innenpolitik.

Spürbar wurde Soleimanis Einfluss auch während des Machtvakuums, das nach dem Auseinanderfallen der irakischen Streitkräfte in Mossul Mitte Juni 2014 entstand. Schnell schaltete sich Soleimani in die Neuformierung der geschlagenen irakischen Streitkräfte ein, als es darum ging, schiitische Freiwilligenverbände zu mobilisieren und zu koordinieren, um den Vormarsch des IS auf Bagdad abzuwehren. Darüber hinaus leitete Soleimani als wichtigster Repräsentant des Iran auch Verhandlungen über den Aufbau einer neuen Regierung ohne Maliki. Es steht zu vermuten, dass Soleimani bei der Bildung des Kabinetts durch den neuen Premierminister Haidar al-Abadi und der Zuteilung von zwei der wichtigsten Ressorts an Parteigänger des Iran aus dem ISCI ein gewichtiges Wort mitsprach. So ging die Leitung des Innenministeriums an Mohammad al-Ghadban und die des Ölministeriums an Adil Abd al-Mahdi. Das entschlossene Eingreifen Soleimanis wurde auch vom neuen Premierminister Abadi mit öffentlichen Worten der Dankbarkeit goutiert. Abadi verwies ausdrücklich darauf, dass die Iraner dem Irak ohne Zögern geholfen hatten, als Bagdad bedroht und die Kurden durch den Ansturm des IS in Not waren.

Was sind die Interessen des Iran? Um diese Frage zu beantworten, muss man sich die geografische Lage und die jüngste Geschichte des Landes veranschaulichen. Der Iran teilt eine über 2.000 Kilometer lange gemeinsame Grenze mit dem Irak, die schiitische Mehrheitsbevölkerung des Iran ist mit dem Irak kulturell, historisch und religiös verbunden, und viele der ethnisch-religiösen Minderheiten des Iran haben über die Grenze hinweg »Stammesverwandte« im Nachbarland Irak. Das macht politische, aber auch ethnisch-konfessionelle Konflikte im Irak stets auch zu Problemen der iranischen Innenpolitik. Hinzu kommt das Erbe des achtjährigen Iran-Irak-Krieges, der zum Tode von Hunderttausenden von Iranern führte. Der Krieg zerstörte auch einen großen Teil der Industrieinfrastruktur. Die traumatischen Folgen des Krieges wirken im Volk und in der Führung Irans bis heute nach.

Angesichts der Erfahrungen mit Saddam Hussein verfolgt Teheran im Irak vitale Sicherheitsinteressen. Das Hauptziel ist es zu verhindern, dass im Irak erneut eine Teheran feindlich gesonnene säkular-nationalistische und von der sunnitischen Minderheit getragene Regierung an die Macht kommt. Das wichtigste Mittel, um dies zu verhindern, ist Teherans Einflussnahme auf die verschiedenen schiitisch-islamistischen Kräfte des Irak, die in ihrer Gesamtheit seit 2005 die politische Szenerie des Landes bestimmen. Der Iran unterhält zu allen diesen Kräften partnerschaftliche Beziehungen, die aber aufgrund der nationalistisch-arabischen Orientierung einiger ihrer Partner häufig ambivalent sind. Phasen intensiver Kooperation wechseln sich ab mit Zeiten voll spannungsgeladener Friktionen. Spannungsfrei sind allein Teherans Beziehungen zum ISCI, die am ehesten einer Interessensymbiose gleichen. Um am besten seine langfristigen Interessen im Irak zu wahren, fächert Teheran dabei seinen Einfluss auf und vermeidet, wie das warnende englische Sprichwort »don't put all your eggs in one basket« so schön sagt, die Fixierung auf einen Partner. Das wichtigste Ziel Teherans ist es, die schiitisch-islamistischen Kräfte an der Regierung in Bagdad zu halten. Nur das garantiert, dass vom Irak keine militärische Gefahr mehr ausgeht und die engen bilateralen politischen und wirtschaftlichen Beziehungen, die beiden Ländern nutzen, aufrechterhalten bleiben.

Das Hauptvermächtnis der USA, das sie dem Irak hinterlassen haben, also die demokratisch-parlamentarische Staatsordnung mit regelmäßigen freien demokratischen Wahlen, kommt dem Iran zugute. Doch nutzen die schiitischen Kräfte Teheran hauptsächlich dann, wenn sie geschlossen in einer Koalition in die Wahlen gehen. Dann, und nur dann, erringen sie aufgrund ihres demografischen Vorteils und der größeren Mobilisierungskraft schiitischer Parteien immer die absolute Mehrheit und damit die Regierungsmacht. Der Ausgang der Parlamentswahlen von 2005, 2010 und 2014 beweist dies. Der Iran bemühte sich daher seit 2005 stets mit Erfolg darum, die Einigkeit der schiitischen Koalition zu wahren. Vor allem geht es darum, das interne Machtgleichgewicht der Koalition auszutarieren und Streit zwischen den Koalitionären so weit zu schlichten und zu entschärfen, dass er nicht (wie schon Mitte 2008 in der UIA geschehen) die Koalition zerreißen kann. Erst Ende 2010 gelang es Teheran erneut, die zwei getrennt arbeitenden Koalitionshälften, Malikis »State of Law«-Koalition (SoL) und die NIA (»National Iraqi Alliance«) von ISCI und Sadristen, wieder zu vereinen. Diese Einheit zu wahren, ist für Teheran nicht einfach, denn die Schiitenkoalition wird auch weiterhin von heftigen Intrigen und Zänkereien zwischen ihren Führern geschüttelt. Obendrein eint sie nur ein brüchiger Minimalkonsens: der Machterhalt um jeden Preis. Doch wenn die schiitischen Kräfte es bei den künftigen Parlamentswahlen vermögen, ihre Reihen geschlossen zu halten, werden sie in Bagdad an der Regierung bleiben. Und Teheran wird auch künftig alles tun, damit es so bleibt.

Der Einfluss des Iran im Irak ist nach der IS-Offensive vom Juni 2014 massiv gewachsen. Offenkundig konnte Teheran aus dem anfänglichen Zögern der USA, den Irak zu unterstützen, kräftig Honig saugen. Fortan trat der bis dahin öffentlichkeitsscheue Soleimani wiederholt ins Rampenlicht, und irakische und iranische Zeitungen veröffentlichten nun regelmäßig ausführliche Artikel mit Fotos über ihn – etwa wie er an verschiedenen Frontabschnitten schiitische Milizen im Kampf gegen den IS anleitet und unterstützt. Teheran betreibt ganz offensichtlich eine Image-Offensive, bei der sich Soleimani vom »Krieger im Schatten« zu einer bei einem Teil der Schiiten des Irak durchaus populären iranischen Version des deutschen »Wüstenfuchs«-Generals Erwin Rommel wandelt. Dies veranschaulicht, dass sich Teheran nun auch öffentlich zu seinem politischen und militärischen Engagement im Irak bekennt und selbstbewusst die frühere Rolle der USA am Tigris auszufüllen gedenkt. Genaue Angaben zur zahlenmäßigen Stärke des iranischen Expeditionskorps im Irak liegen nicht vor. Die meisten Experten vermuten, dass es nur wenige hundert Mann umfasst. Allerdings sind schon mehrere iranische Soldaten getötet worden. Seit Anfang Dezember fliegt die iranische Luftwaffe auch regelmäßig Luftangriffe auf IS-Stellungen im Irak. Am 29. Dezember

2014 berichteten irakische Zeitungen davon, dass ein IS-Scharfschütze einen iranischen Qods-General getötet hat, der in der schiitischen Pilgerstadt Samara schiitische Milizen trainiert hatte.

Teherans langfristiges Interessenkalkül im Irak zeigt sich auch in seinen Vorkehrungen für die Zeit nach dem Tode des mittlerweile 84-jährigen Großayatollah Sistani. Unverkennbar will Teheran möglichst wenig dem Zufall überlassen. Ab Juni 2014 ließ Teheran in verschiedenen irakischen Zeitungen Berichte über die angekündigte Rückkehr von Ayatollah Hashimi-Shahrudi nach Nadschaf streuen. Dort hatte Shahrudi, der nach Lesart des revolutionären schiitischen Staatsklerus mittlerweile den theologischen Rang eines Großayatollah besitzt, bereits 2003 ein Vertretungsbüro eingerichtet, das seither stetig an Größe und Mitarbeiterzahl wuchs. Die Botschaft zwischen den Zeilen der Zeitungsartikel war klar: Hashimi-Shahrudi, der einstige Mitbegründer und erste Führer des proiranischen ISCI, soll im Falle des Todes von Sistani günstig positioniert werden, um dessen Nachfolge als führender schiitischer Geistlicher des Irak anzutreten.

Anfang Januar 2015 unterzeichneten der irakische Verteidigungsminister, Khalid al-Obaidi, und sein iranischer Amtskollege in Teheran ein gemeinsames Verteidigungsabkommen zwischen dem Irak und dem Iran zur Abwehr des IS. Das Abkommen zwischen den ehemaligen Kriegsgegnern, dessen Einzelheiten bislang geheim gehalten werden, ist das erste seiner Art seit Gründung des Irak im Jahre 1921 und gilt als ein Meilenstein in der bilateralen Zusammenarbeit. Es zeigt, wie sehr sich Bagdad Teheran angenähert und sich Washington und damit dem Westen entfremdet hat. Zwar steht nicht zu befürchten, dass der Iran ganz offen den Irak zum Vasallen degradiert, doch wird Bagdad wohl dauerhaft zu einem festen politischen Bündnispartner Teherans werden.

Deutschland und die Dschihadisten

Die Gewalt des IS wirkt sich auf vielfältige Weise bereits auf die Sicherheit Europas und damit auf Deutschland aus. Unter den in den Reihen des IS versammelten europäischen Dschihadisten sind auch zahlreiche Deutsche. Einige von ihnen endeten schon als Selbstmordattentäter. Der

IS gilt seit September 2014 in Deutschland als verbotenene ausländische terroristische Vereinigung und die Mitgliedschaft in ihr als strafwürdiges Vergehen. Die von den deutschen Sicherheitsbehörden bis Anfang Dezember 2014 herausgegebenen Berichte sprechen von insgesamt rund 550 Menschen aus Deutschland, die sich gen Syrien und Irak aufgemacht hätten. Allerdings wird auf eine Dunkelziffer hingewiesen, die bei etwa 1.800 Personen liegt.

Eine nicht genau zu beziffernde Anzahl weiterer Dschihad-Reisender kommt jede Woche hinzu. Laut den Behörden soll deren Zahl jedoch von Monat zu Monat stark angestiegen sein. Dazu heißt es, dass von denjenigen Deutschen, die beim IS gekämpft hätten, inzwischen wohl rund 180 wieder zurück in Deutschland seien. Nach Angaben des Verfassungsschutzes sind beim Kampf an der Seite islamischer Extremisten bisher rund 60 deutsche Staatsbürger getötet worden. Mindestens neun von ihnen hätten sich bei Selbstmordanschlägen getötet, sagte Verfassungsschutz-Präsident Hans-Georg Maaßen. Er betonte, dass eine gewisse Gefahr bestehe, dass auch Deutschland ein Angriffsziel für den IS sei, und hob hervor, dass es unter den deutschen Anhängern der Extremisten eine große Rivalität zwischen dem IS und Al-Qaida gebe. Doch stünde eine deutliche Mehrheit auf Seiten des IS, der wegen seines brutalen Vorgehens als eine Art Erfolgsmodell angesehen werde.

Welche Möglichkeiten bietet das deutsche Strafrecht, gegen reisende Dschihadisten vorzugehen? Primär stützen sich die deutschen Behörden bei der Verfolgung von Dschihad-Rückkehrern aus Syrien und dem Irak auf zwei Gesetze: erstens die Mitgliedschaft in einer ausländischen terroristischen Vereinigung und zweitens die Vorbereitung einer schweren staatsgefährdenden Gewalttat. Die Mitgliedschaft in einer ausländischen terroristischen Vereinigung wurde 2002 als Erweiterung des alten Paragrafen 129a des Strafgesetzbuches aufgenommen, weil die deutsche Justiz kaum eine Handhabe gegen Al-Qaida in Deutschland hatte. Bis dahin war nur die die Mitgliedschaft in inländischen Terrororganisationen strafbar. Mit dem Gesetz müssen die Ermittler beweisen, dass die Rückkehrer aus dem Irak oder Syrien Mitglieder einer Gruppe waren, die sich dem offenen Kampf verschrieben hat, und dass sie in dieser Gruppe irgendwie – selbst durch kleinere Hilfsdienste – mitgewirkt haben. Waren die Männer beispielsweise in einem Trainingscamp des IS (und kann das vor Gericht nachgewiesen werden), genügt dies, um sie zu bis zu zehn

Jahren Haft zu verurteilen. Und auch Unterstützer des IS kann die deutsche Justiz mittels der Paragrafen 129a und 129b des Strafgesetzbuchs verfolgen, wenn sie Geld spenden, Material nach Syrien schaffen oder Mitglieder anwerben.

In der Praxis haben die Ermittler (neben der ungenügenden rechtlichen Handhabe) allerdings oft das Problem, dass sie die jungen Dschihadisten nicht zweifelsfrei einer konkreten Gruppe zuordnen können. Dazu kommen sie nur schwer und häufig zu spät an die entscheidenden Informationen heran. All das erschwert es, radikalisierte Islamisten daran zu hindern, von Deutschland aus über die Türkei nach Syrien und in den Irak zu reisen und gegebenenfalls mit Plänen für einen Terroranschlag in Deutschland zurückzukehren. Zwar können die Behörden bereits heute jedem Staatsbürger den Pass entziehen, der die innere oder äußere Sicherheit oder »sonstige erhebliche Belange der Bundesrepublik Deutschland« gefährdet. Aber die dafür notwendige Absicherung durch gerichtsfeste Informationen erweist sich bisher oft noch als unüberwindliches Problem. Eine rechtliche Überarbeitung, um diesen Missstand zu beheben, hat Bundesjustizminister Heiko Maas für Anfang 2015 angekündigt. Künftig soll das Strafrecht so verbessert werden, dass derjenige strafbar handelt, der Deutschland verlassen will, um sich an schweren Gewalttaten im Ausland zu beteiligen oder um sich für die Teilnahme an schweren Gewalttaten ausbilden zu lassen. Eine weitere geplante Gesetzesänderung betrifft die Verschärfung des Straftatbestands der Terrorismusfinanzierung, um damit die Finanzquellen des IS und von Al-Qaida weiter zu verstopfen. Beide Vorhaben sind Folgen jener Resolution, die der UNO-Sicherheitsrat im September 2014 zum verbesserten Kampf gegen Dschihadisten beschlossen hatte. In ihr verpflichten sich die Unterzeichner nicht nur, Reisen zu verhindern, die zur Vorbereitung terroristischer Handlungen stattfinden. Sie haben auch beschlossen, in ihrer nationalen Gesetzgebung das Sammeln von Geldern für solche Reisen oder die Vorbereitung auf Terrorakte zu verbieten.

Anfang 2015 konnten die deutschen Behörden die stetig wachsende Ausreisewelle von Dschihad-Reisenden wegen fehlenden Personals kaum mehr angemessen bewältigen. Für die Rund-um-die Uhr-Überwachung eines einzigen als Hochgefährder eingestuften Dschihadisten brauchen die Sicherheitsbehörden zwischen 20 und 60 Mitarbeiter. Wenn also, was nicht zutrifft, alle der mittlerweile zurückgekehrten 260 deutschen

Dschihadisten in diese »Hochgefährder«-Kategorie fielen, bräuchten die Behörden für sie – niedrig geschätzt – 5.200 Mitarbeiter. Der Verfassungsschutz-Präsident Hans-Georg Maaßen bestätigte eine rasante Ausdehnung der gewaltbereiten radikal-islamischen Salafisten-Szene in Deutschland, die sich von 2.800 im Jahre 2010 inzwischen auf schätzungsweise über 7.000 Menschen Ende 2014 vergrößert haben soll. Vor allem junge Leute im Alter zwischen 18 und 30 Jahren fühlten sich vom Salafismus angezogen. Der Salafismus ist für Menschen in einer Umbruchsituation attraktiv, da er eine klare Vorgabe macht, wie man zu leben hat und was gut und böse ist. Einer Salafisten-Gruppe beizutreten, heißt für viele, das Bewusstsein zu erlangen, Teil einer zu Großem berufenen Avantgarde zu sein. Angezogen vom Salafismus sind vor allem junge Menschen, die gescheitert und orientierungslos sind. Sie fielen, so Maaßen, auf die salafistische Propaganda herein und gewönnen den Eindruck, »vom Underdog zum Topdog« zu werden. Nach Aussage von Maaßen kann der überwiegende Teil dieser Personen mit vier »M's« beschrieben werden: männlich, muslimischer Glaube, Migrationshintergrund und Misserfolge in der Pubertät, in der Schule oder in der sozialen Gruppe. Alarmierend sei, dass es in der Szene bereits als »Jugendkultur« angesehen werde, nach Syrien oder in den Irak in den Dschihad zu ziehen: »Dass es cool ist, dorthin zu gehen; dass es cool ist, morgens einen Twitter zu empfangen aus Aleppo; dass es cool ist, Freunde zu haben bei Facebook, die dort tätig sind.« Insbesondere die Rückkehrer stellen eine Gefahr für Deutschland dar, weil die meisten nicht abgeschreckt zurückkommen, sondern im Gegenteil brutalisiert wurden. Das sagt zumindest Maaßen, dem zufolge die meisten in ihr bisheriges Umfeld zurückkehren und dieses Umfeld häufig für die Rekrutierung und Radikalisierung von weiteren Personen nutzen. Zugute käme den Rückkehrern, dass die Rückkehrer mit Kampferfahrung hohes Ansehen in der Szene genießen würden.

Der Verfassungsschutz befürchtet ab 2015 mehr und härtere Auseinandersetzungen zwischen Islamisten und Rechtsradikalen in Deutschland, da er sowohl ein rasantes Anwachsen der Zahl an Salafisten als auch ein besorgniserregendes Erstarken fremdenfeindlicher Aktivitäten beobachtet. Das Aufeinandertreffen von radikalisierten Rückkehrern aus islamistischen Kampfgebieten und antiislamischen Demonstranten vor allem aus dem Umfeld gewaltbereiter Hooligans berge erheblichen Zündstoff, sagte Maaßen. Ende Oktober 2014 war es in Köln während eines Protests von etwa 4.500 Hooligans und Rechtsextremen, die gegen Salafisten demonstrierten, zu gewaltsamen Zusammenstößen mit der Polizei gekommen. Die Gruppe nennt sich selbst »Hooligans gegen Salafisten« (HoGeSa). Hinzu kommt die wachsende Gefahr von nahöstlichen Stellvertreterkriegen auf deutschem Boden. Die Gegner dabei sind deutsche Salafisten, die die Militäraktionen des IS in Syrien und im Irak befürworten, und in Deutschland lebende Kurden, Yeziden und Christen aus dem Krisengebiet des Nahen Ostens, die selbst oder deren Verwandte Opfer der Kriegshandlungen des IS geworden sind. Gewaltsame Auseinandersetzungen zwischen den beiden verfeindeten Gruppen hat es in Deutschland bereits gegeben, etwa im August 2014 im westfälischen Herford zwischen Salafisten und Yeziden und im Oktober zwischen Kurden und Salafisten in Hamburg. Zusammenstöße dieser Art dürften sich in den kommenden Jahren häufen. Im Hinblick auf künftige Terroranschläge von Dschihadisten auf Ziele in Deutschland ist die einhellige Meinung der Sicherheitsbehörden, dass deren Wahrscheinlichkeit in jüngster Zeit gestiegen ist und deren erhöhte Wachsamkeit erfordert.

Zwischen Expansion und Implosion: Die Zukunft des »Islamischen Staates«

Wie sieht für den IS Anfang Januar 2015 in Syrien und im Irak die militärisch-politische Lage aus? An der östlichen Front im Irak hat der IS schätzungsweise 40 Prozent des irakischen Staatsgebiets in seine Gewalt gebracht. Das IS-Kalifat umfasst die weitaus größten Teile der beiden Provinzen Anbar und Ninawa und Teile der Provinzen Salah al-Din und Diyala. Anbar hat eine sehr große Fläche, ist aber nur sehr dünn besiedelt. Der Irak hatte 2014 etwa 33 Millionen Einwohner, von denen etwa 17 Prozent Sunniten waren, umgerechnet also 5,6 Millionen. Eine Million Sunniten leben in der sieben Millionen Einwohner zählenden Hauptstadt Bagdad (knapp 15 Prozent), während sich die restlichen 4,6 Millionen Sunniten auf die oben genannten sunnitischen Provinzen unter IS-Kontrolle verteilen. Das schweizerische »Internal Displacement Monitoring Center« (IDMC) beziffert die Anzahl der irakischen Inlandsflüchtlinge, die von November 2013 bis November 2014 durch Kämpfe aus dem Nord- und Westirak in andere Landesteile getrieben wurden, auf knapp zwei Millionen Menschen. Weitere 1,1 Millionen wurden im Bürgerkrieg von 2006–2008 vertrieben und konnten bislang nicht zurückkehren.[10] Wenn man die zwei Millionen Flüchtlinge, von denen die meisten Sunniten sind, von den 4,6 Millionen Einwohnern des irakischen Teils des IS-Kalifats abzieht, herrschte der IS Anfang 2015 nur über etwa 2,6 Millionen Sunniten. Die Regierung in Bagdad hat zwar weiterhin das Sagen über 20 Millionen Schiiten in Bagdad sowie im Zentral- und Südirak (60 Prozent). Doch hat Bagdad sowohl die Kontrolle über die Sunniten des IS-Kalifats als auch über die sieben Millionen Menschen in der KRG (20 Prozent der Gesamtbevölkerung, bestehend aus 5,5 Millionen Kurden und 1,5 Millionen Flüchtlingen) verloren.[11]

Irakisch-Kurdistans schleichende Sezession

Das Verhältnis zwischen Bagdad und Erbil hat sich seit Oktober 2014 vorübergehend entspannt. Grund war eine Einigung über die von Erbil gegen Bagdads Willen getätigten Ölverkäufe aus kurdischen Ölfeldern in die Türkei. Die Kurden-Region gab nach und lenkte einen Teil der kurdischen Ölexportlieferungen in zentralstaatliche Ölpipelines um. Im Gegenzug machte Bagdad Zusagen, Erbil die im Januar 2014 unter Maliki eingestellten Zahlungen der Finanzmittel für die KRG (die immerhin 17 Prozent des staatlichen Gesamtbudgets ausmachen) wieder aufzunehmen. Wie lange diese Einigung hält, weiß niemand zu sagen. Zumindest hat KRG-Präsident Barzani unter massivem Druck des US-Präsidenten Obama darauf verzichtet, das im Juli 2014 angekündigte einseitige Referendum über die Unabhängigkeit Kurdistans abzuhalten. Eine Unabhängigkeitserklärung hätte zu einem offenen Krieg zwischen Bagdad und Erbil geführt, und das zu einer Zeit, in der beide Seiten sich im Kampf gegen den IS befinden. Vermutlich kam Obama damit dem Wunsch der Nachbarländer des Irak nach, allen voran der Türkei, die sich vor einem expandierenden Kurdistan fürchten. Dass die KRG sich territorial seit Juni 2014 ausdehnte, war unübersehbar. So hatten, nachdem die Truppen Bagdads vor dem IS aus Mossul und aus Kirkuk geflüchtet waren, die Peschmerga im Juni nicht nur die Kontrolle über die lange umstrittene Ölprovinz Kirkuk übernommen. Auch im Dezember 2014 machten die Peschmerga dank der US-Luftbombardements beträchtliche Geländegewinne in den Siedlungsgebieten der Yeziden im Sinjar-Gebirge im Norden und Westen von Ninawa. Dass die KRG diese Gebiete jemals wieder freiwillig an Bagdad abtreten wird, scheint ausgeschlossen. Aber solange Bagdad und Erbil noch gleichermaßen durch den wichtigeren Kampf gegen ihren gemeinsamen Hauptfeind, den IS, in Beschlag genommen sind, wird der Streit um Kirkuk und Sinjar ruhen – zumindest vorerst. Ganz gleich wie der Krieg gegen den IS ausgehen wird, war 2014 für die Kurden ein Wendejahr, das die staatlich-territoriale Einheit des Irak endgültig zur Fiktion machte. Auch wenn der Kurdenregion Barzanis noch die nominelle internationale Anerkennung als unabhängiger Staat fehlt, ist die KRG *de facto* bereits ein Staat und wird es bleiben. Die KRG hat ein eigenes demokratisch und frei gewähltes Parlament, eine eigene Verfassung, eigene Streitkräfte und eigene Schulen, in denen die Kinder fast nur noch Kurdisch lernen und sich nicht mehr mit dem arabischen Irak identifizieren. Die schleichende Sezession der KRG vom Gesamtstaat dürfte spätestens mit der IS-Offensive vom Juni 2014 und der Einnahme der reichen Ölstadt Kirkuk durch die Peschmerga unumkehrbar geworden sein.

Chancen und Risiken einer Rückeroberung von Mossul

Im Irak könnte der IS den Zenit seiner Macht überschritten haben. Sein Vormarsch sowohl auf Kirkuk als auch auf Bagdad ist gestoppt. Eine Eroberung Bagdads, das zu 85 Prozent schiitisch ist, war von vornherein ein wenig aussichtsreiches Unterfangen. Bagdads Armee und Schia-Milizen glückten im Dezember 2014 die Rückeroberung von einigen Teilen der strategisch wichtigen Stadt Baidschi mitsamt dem Areal der größten Ölraffinerie des Irak. Zwar kämpfen noch weiterhin IS-Einheiten und Bagdads Truppen in Anbar um verbliebene Außenposten der Zentralregierung, doch scheinen die Zeiten der großen Gebietsgewinne des IS vorbei. Ob der IS seine Herrschaft bewahren und sich auf Dauer in seinem Territorium wird halten können, entscheidet sich 2015. Für das Frühjahr 2015 planen die USA und Bagdad eine Offensive gegen die IS-Hochburg Mossul. Die Herausforderungen für Obama werden vielfältiger Natur sein. Es geht erstens darum, den IS aus der Millionenmetropole zu vertreiben, ohne durch mörderischen Häuserkampf die Stadt in Schutt und Asche zu legen und Zehntausende von Zivilisten zu töten. Zweitens geht es darum, die Stadt vor allem mit Hilfe eines Bündnisses sunnitisch-arabischer Kräfte zu befreien, etwa in Gestalt einer sunnitischen Nationalgarde. Die dritte Aufgabe wird lauten, nach erfolgreicher Befreiung vom IS die beteiligten Einheiten der schiitischen irakischen Armee bzw. der schiitischen Milizen und kurdischen Peschmerga-Kämpfer zu mäßigen. Sollten sie sich im Rausch des Triumphs als arrogante Besatzer gebärden, wäre das kontraproduktiv. Da die Sunniten Mossuls diese Gruppen ohnehin allesamt als Feinde betrachten, könnte es dazu führen, dass die Stadt abermals an den IS fällt. Da aber weder der Aufbau der sunnitischen Nationalgarde noch die Koordination zwischen Bagdad und Washington Fortschritte macht, bleiben die Pläne für die Rückeroberung Mossuls vorerst noch in den Kinderschuhen stecken.

Die Lage in Syrien

Wie sieht die Lage an der westlichen Front des IS-Kalifats in Syrien aus? Das Bild, das die Syrische Beobachtungsstelle für Menschenrechte und die Vereinten Nationen zeichnen, ist schockierend: 2014 starben in Syrien mehr als 76.000 Menschen durch den Krieg, davon waren 33.000 Zivilisten; 90 Prozent der Syrer leben unterhalb der Armutsgrenze. Und auch 2015 ist eine Besserung nicht Sicht, eher im Gegenteil. So schreitet der Zerfall des Landes, seine »Somalisierung«, weiter voran. Gleichzeitig nimmt die Verarmung stetig zu, da mittlerweile immer mehr Syrer in fast vier Jahren Konflikt und Krieg ihre Ersparnisse weitgehend aufgebraucht haben.

Ein Blick auf die unübersichtlich gewordene Landkarte Syriens zeigt, dass das Kriegsgeschehen selbst im Wesentlichen von vier Lagern oder Teilstaaten beherrscht wird. Sie kämpfen in unterschiedlichen Intensitätsabstufungen alle gegeneinander, bilden dabei aber keineswegs einheitliche Herrschaftsbereiche. Zunächst ist das Assad-Regime mit seinen externen schiitischen Verbündeten zu nennen, wie den iranischen Expeditionskorps der *pasdaran*, den Freiwilligen-Bataillonen der iranischen Hizbullah sowie den Freiwilligeneinheiten der irakischen Schiitenmilizen. Einen Großteil seiner Waffen und finanziellen Hilfe erhält Assad weiterhin aus Russland und vor allem dem Iran. Das Assad-Regime soll 2014 etwa 23.000 Mann, vor allem aus den Reihen der alawitischen Milizen, dem militärischen Rückgrat des Regimes, verloren haben. Deshalb zeigt seine Armee erste Anzeichen der Zermürbung. Zum Ausgleich der Verluste setzt das Damaszener Regime verstärkt auf lokale »Nationale Verteidigungseinheiten«. Da sie keinem zentralen Kommando unterstehen und ihre lokalen Kriegsherren auch eigene Ziele verfolgen, sind sie nicht immer leicht zu lenken. Größere Sorge muss dem Regime der Umstand bereiten, dass sich unter seiner alawitischen Klientel erste Äußerungen von Kriegsmüdigkeit und Widerstand gezeigt haben. Auf sie reagierte das Assad-Regime mit Verhaftungen von Beschwerdeführern und verstärkter Zwangsrekrutierung. Gleichwohl hat das Regime bis Ende 2014 die Kontrolle über seine territoriale Basis behaupten und erweitern können, und zwar im Westen Syriens entlang einer Nord-Süd-Achse großer Städte von Damaskus über Homs und Hama bis nach Latakia am Mittelmeer. Zudem hält es noch Teile von Aleppo. Damit herrscht Assad über etwa 45 Prozent des Landes inklusive der großen urbanen Zentren und über etwa 55 Prozent der Gesamtbevölkerung, was schätzungsweise zehn Millionen Syrer (einschließlich ca. drei Millionen Inlandsflüchtlinge) ausmacht.

Als zweite Kriegspartei agiert der IS. Er hat sich entlang der Grenze zur Türkei im Norden festgesetzt, ebenso wie im Osten entlang der dünn besiedelten Gebiete entlang des Euphrats. Er herrscht über etwa 35 Prozent der Fläche des Landes, aber wohl nur über weniger als drei Millionen der Einwohner. Als dritter Akteur sind die Kurden im Norden zu nennen: Dabei kontrollieren die Einheiten der von der PYD (*Partiya Yekitiya Demokrat* = Partei der Demokratischen Union) geführten syrischen Kurden einige Städte und Regionen an der türkischen Grenze, nämlich die sogenannten Kurden-Kantone von Afrin, Kobane und Sirce. Die drei mehrheitlich kurdisch besiedelten Kantone riefen Anfang 2014 die Autonomie aus und schlossen sich unter dem kurdischen Namen *Rojava* (deutsch: »Westen«) zu einem *de facto* unabhängigen Teilstaat zusammen. Sie kontrollieren etwa neun Prozent der syrischen Landesfläche. An vierter Stelle steht der Al-Qaida-Ableger der Nusra-Front, der ca. fünf Prozent der Landesfläche südlich von Damaskus sowie nördlich und westlich von Aleppo beherrscht. Auf die Ausrufung des IS-Kalifats antwortete die Nusra-Front mit der Ausrufung eines »Islamischen Emirats«. Die restlichen fünf Prozent der Landesfläche Syriens teilen sich über 100 kleine und kleinste Gruppen und Milizen von oft nur sehr begrenztem lokalem Aktionsradius. Dazu gehört auch die pro-westliche demokratisch-säkulare FSA.[12] Die Mehrheit dieser Gruppen stellen aber offenbar religiöse militante Kräfte der Sunniten, unter denen wiederum die von Riad finanzierte salafistische Islamische Front die kampfstärkste Einzelkraft ist. Die weitgehend bedeutungslos gewordene FSA überlebt vor allem im Herrschaftsgebiet der Nusra-Front, der sie auf Gedeih und Verderb ausgeliefert ist. Die Nusra-Front duldet sie, weil sie dadurch eine indirekte Verbindung zum Westen behalten kann, die es der Nusra-Front ermöglicht, Teile der Hilfs- und Waffenlieferungen des Westens an die FSA für sich abzuzweigen.

Am stärksten unterstützt der Westen in Syrien den Kampf der Kurden, vor allem mit der Bombardierung von Stellungen des IS. Das soll den Druck auf die drei kurdischen Kantone, die der IS weitgehend eingekesselt hat, lindern. Alle diese Lager kämpfen unentwegt gegeneinander. Sie erhalten – mit Ausnahme des IS – von großen externen Akteuren genug Unterstützung, um nicht zu verlieren, aber nicht genug, um alle ihre Gegner ein für alle Male zu besiegen. Gleichzeitig ist keine ausländische Macht selbst bereit, massiv militärisch zu intervenieren, um das Gleichgewicht entscheidend zu verändern. Das heißt im Umkehrschluss: Niemand wird intervenieren, um Milizen und radikale Gruppen zu entwaffnen und so den Weg für friedliche Kompromisse und einen staatlichen Wiederaufbau zu ebnen. Aber auch die verschiedenen Lager der Opposition gegen Assad sind unfähig, sich zu einigen. Damit scheint die dauerhafte Spaltung Syriens in zahlreiche kleine und größere Teilstaaten, »Warlord«-Regime und Emirate nicht mehr umkehrbar. Angesichts dieser Konstellation wird der Krieg noch lange andauern. Zwei unausgesprochene Ziele leiten offenbar die amerikanische Politik in Syrien – erstens zu verhindern, dass der Krieg und die Gewalt auf Nachbarländer übergriffen, unter denen namentlich der Libanon und Jordanien am stärksten gefährdet sind; und zweitens das Assad'sche Alawiten-Regime als Bollwerk gegen den »Islamischen Staat« und die Nusra-Front intakt zu halten. Mit einer Eroberung von Damaskus hätten die Dschihadisten *de facto* die Kontrolle über ganz Syrien errungen – mit weitreichenden Folgen und massiven Flüchtlingsströmen, die die Region destabilisieren würden.

Der IS zwischen Expansion und Implosion

Das Jahr 2014 war das Jahr, in dem der IS in Syrien und im Irak scheinbar unaufhaltsam expandierte. Damit nicht genug: Er baute in den beherrschten Gebieten staatsähnliche Strukturen auf, kümmerte sich um die Infrastruktur und die Daseinsvorsorge der dortigen Bewohner und diversifizierte und verbesserte seine finanziellen Einnahmequellen. Im November 2014 propagierte der IS in seinem Werbemagazin *Dabiq* sogar die bevorstehende Einführung einer eigenen Währung. Mit geschätzten täglichen Einnahmen von einer Million US-Dollar und Finanzrücklagen von 1–2 Milliarden US-Dollar scheint das IS-Kalifat auf stabilen Pfeilern zu ruhen. Doch täuscht dies: Hinter der Propagandafassade eines aufstrebenden und expandierenden Gemeinwesens zeigen sich die ersten Haarrisse. Bei der Infrastruktur und der Versorgung der Bevölkerung mit Strom und Trinkwasser mehren sich seit Ende 2014 Anzeichen einer Versorgungskrise. In Mossul beispielsweise liefert die Zentralregierung in Bagdad immer weniger Strom, was bereits zum Ausfall von mindestens einem der Klärwerke der Stadt führte. Da die Trinkwasserqualität sinkt, droht der Ausbruch von Epidemien. Mangelnde Stromlieferungen sollen in einigen Krankenhäusern von Mossul bereits die Arbeit beeinträchtigen. Anzeichen einer Versorgungskrise werden auch aus der syrischen Provinz Raqqa gemeldet. Dort soll die Bevölkerung immer stärker unter dem massiven Preisanstieg für Treibstoff, Brot und anderen Waren sowie unter sporadischen Stromausfällen leiden.

Bis zur Eroberung großer Teile des Nord- und Westirak hat die irakische Zentralregierung durchschnittlich zwei Milliarden US-Dollar jährlich für die nun vom IS regierten Gebiete ausgegeben, um dort die Infrastruktur aufrecht zu erhalten und die Gehälter der öffentlichen Angestellten zu bezahlen. Selbst wenn die täglichen Einnahmen und die Finanzrücklagen des IS auf den ersten Blick beeindrucken, dürften die Mittel des IS es ihm kaum erlauben, auf Dauer in die Fußstapfen Bagdads zu treten. Der von ihm selbst verbreitete Mythos der finanziellen Autarkie ist eben nur ein Mythos. Grundsätzlich drängt sich eine Frage auf: Kann es einem auf Raub und Schmuggel von Öl sowie auf Schutzgelderpressung gegründeten Staat, der mit sämtlichen Nachbarn keine legalen wirtschaftlichen und kommerziellen Beziehungen unterhält, auf Dauer gelingen, eine produktive Wirtschaft am Leben zu erhalten? Vieles spricht dafür, dass die ökonomische Grundlage des IS auf einem Schneeballsystem beruht. Mit anderen Worten: Der IS ist eine nichts selbst produzierende, aber alles verzehrende Maschine, die nur existieren kann, wenn sie ständig expandiert. Daher ist der IS auf eine Strategie der Expansion ausgerichtet – derzeit primär in der westirakischen Provinz Anbar, wo es zwar wenig Ressourcen gibt, der IS jedoch auf wenig Widerstand im Volk stößt und den Vorteil der Nähe zu den syrischen IS-Gebieten genießt.

Die USA und die UNO denken daran, das IS-Kalifat verstärkt mit Maßnahmen eines Wirtschaftskriegs anzugreifen, etwa in Form von Sanktionen gegen die wichtigsten privaten Spender aus den arabischen Golfstaaten, allen voran Saudi-Arabien (die heute schon wesentlich weniger frei agieren können als noch vor zwei Jahren) und Öleinkäufer. Wie weit die Pläne schon gediehen und umgesetzt sind, ist allerdings noch unklar. Außerdem versuchen die USA und die UNO den IS gänzlich vom internationalen Bankensystem abzukoppeln und die Lösegeldzahlungen für westliche Geiseln noch weiter einzudämmen. Mittelfristig könnte es in Teilen des IS-Staates zu einer Implosion kommen, verursacht von Krisen der infrastrukturellen Daseinsversorgung oder schlichtweg durch Hungerrevolten. Ein Blick auf das »Public Distribution System« (PDS) macht klar, was gemeint ist. Das PDS ist ein System der Nahrungsmittelrationierung auf der Grundlage von Coupons, das die Saddam-Regierung während des UNO-Sanktionsregimes Mitte der 1990er Jahre eingeführt hatte. Aufgrund der mangelnden wirtschaftlichen Genesung nach 2003 setzten sowohl die amerikanische CPA als auch die folgenden irakischen Regierungen das PDS fort. Es verschlang durchschnittlich ein Fünftel des irakischen Gesamthaushaltes und war mit der regelmäßigen Ausgabe von Coupons an Bedürftige für subventionierte Nahrungsmittel wie Fleisch, Reis, Mehl, Zucker und vieles mehr verbunden. Nach Angaben des »World Food Program« (WFP) bezog 2008 etwa die Hälfte des irakischen Volks die meisten Grundnahrungsmittel durch PDS-Coupons. Ob die irakische Zentralregierung auch nach der Eroberung von Ninawa, Anbar und anderen Gebieten durch den IS dort das PDS aufrechterhalten konnte, ist unklar.[13] Hat der IS jedoch die finanziellen Reserven, um über längere Zeit den Wegfall der PDS-Coupons aus Bagdad durch eigene Lebensmittelsubventionen auszugleichen? Das erscheint zumindest fraglich. Wenn der IS aber das wirtschaftliche Wohlergehen eines Großteils der von ihm Beherrschten nicht zu sichern vermag, wird ihn das Rückhalt beim Volk kosten und womöglich zu Hungerrevolten führen. Eine Zeit lang kann eine Opposition angesichts von 30.000 IS-Männern unter Waffen noch eingeschüchtert werden. Aber ob nackte Gewalt allein genügt, das Terror-Kalifat in seinem jetzigen territorialen Umfang zusammenzuhalten, ist ungewiss. Allerdings hüte man sich vor vorschnellen, falschen Schlüssen. Selbst eine Implosion in Mossul oder dessen militärische Rückeroberung durch die IS-Gegner würde noch nicht den endgültigen Sieg über den IS bedeuten. Sie würde lediglich einen taktischen Rückzug des IS einleiten, sei es nach Syrien, sei es auf Enklaven in seinem geschrumpften Operationsgebiet im Irak. In die Enge getrieben könnte der IS wieder zu seiner Guerillataktik zurückfinden, ebenso wie zu Anschlägen – auch im Ausland. Viel wird davon abhängen, ob die Zentralregierung in Bagdad eine ernsthafte Aussöhnung und Machtteilung mit den Sunniten des Irak anstreben wird. Erst dadurch würde der Nährboden, auf dem der IS bis heute gedeiht, austrocknen.

Im Würgegriff von Korruption und Sektenhass: Der Irak

Der Vormarsch des IS, seine Greueltaten und die spektakuläre Kalifat-Gründung, die den Westen in den Bann zogen, haben weitgehend verdeckt, dass der Staatszerfall im schiitischen Rumpfstaat Irak im vollen Gange ist. Dass der IS überhaupt aufsteigen konnte, verdankt er neben der Repressionspolitik von Maliki vor allem diesem schleichenden Zerfall. Ohne ihn hätte der IS niemals die an den Rand gedrängten sunnitischen Eliten aus der Ära Saddam Husseins einbinden und so zur stärksten nichtstaatlichen Kraft im Irak werden können. Der Irak ist sowohl politisch wie auch sozial und wirtschaftlich in einer Abwärtsspirale gefangen, wie das Krebsgeschwür der Korruption, das ungehindert wuchert, gut zeigt.

Nach dem Beginn einer internen Revision musste Premierminister Abadi Anfang Dezember 2014 öffentlich eingestehen, dass es unter den 190.000 Soldaten der Armee mehr als 50.000 sogenannte »Geistersoldaten« gibt. Diese in amtlichen Soldlisten eingetragenen Soldaten erhielten zwar Sold, waren aber seit Jahren nicht mehr in den Kasernen erschienen oder existierten nur auf dem Papier. Hinter diesem Missstand

steckte ein ausgeklügeltes und seit Malikis Amtszeit zum Standard gewordenen System der Bestechung in der Armee. Zuerst angelockt durch
den guten Monatssold von umgerechnet 600 US-Dollar, bestachen dann
die neuen Soldaten ihre Kommandeure, indem sie ihnen die Hälfte des
Monatssoldes abtraten und in Wirklichkeit anderen Tätigkeiten nach-
gingen. Neben den materiellen Verlusten für den Staat, die sich jährlich
auf mindestens eine halbe Milliarde Dollar beliefen, zerstörte diese einge-
wurzelte und allen Soldaten bekannte Praxis auch die Moral und Kampf-
bereitschaft der Truppe insgesamt. Dass im Juni 2014 den irakischen Soldaten in Mossul die Motivation fehlte, gegen den IS beherzt zu kämpfen,
und sie stattdessen lieber flohen, entspringt auch der Korruption in den
Streitkräften.

Ein höherrangiger Kommandeursposten in der Armee gilt als Gold-
mine. Bis in die höchste Armeespitze wird ein solcher Posten in den meisten Fällen nicht durch Qualifikation erworben, sondern erkauft. Der Posten eines Divisionskommandeurs kostete bis vor kurzem zwei Millionen
US-Dollar, eine Summe, die man in Monatsraten von 50.000 US-Dollar zurückzahlen konnte.[14] Da ein solcher Posten durch die Kommandogewalt über bestimmte Einheiten eine sichere und lukrative Einnahmequelle bot, gestaltete sich die Rückzahlung stets kinderleicht. So können
die Offiziere durch das Aufstellen von Kontrollpunkten und Straßensper-
ren von Geschäftsleuten und Lastwagenfahrern illegale Zölle kassieren.
Ebenso weit verbreitet ist aber auch die Unterschlagung von Geldern,
die für Lebensmittelrationen für die Soldaten bestimmt sind, wie auch
die Konfiszierung von Waffen und Kraftstoffbeständen der Armee, die
die Offiziere dann an lokale Schwarzhändler verkaufen. Die verbreitete Korruption zwingt die Soldaten nicht nur dazu, sich selbst mit Nah-
rung zu versorgen, sondern raubt ihnen auch ihre Würde. Dass die irakische Armee und Polizei sich heute in Sachen Motivation, Training und
Kampfgeist auf niedrigstem Niveau befinden, hat viel mit dem System
der Selbstbereicherung der Offiziere zu tun. Premierminister Abadi hat
nach seinem Amtsantritt drei Dutzend Maliki nahestehende hohe Generäle aus Polizei und Militär wegen Inkompetenz und Korruption entlassen. Allerdings gilt es als sicher, dass er damit allenfalls die Spitze des
Eisberges abgetragen hat.

Die Korruption ist das große Krebsgeschwür, das in der Politik,
Verwaltung und Wirtschaft unkontrolliert wuchert und die Entwick-

lung des Landes hemmt. Dabei ist der Irak dank seiner großen Erdölvorkommen sehr reich. Die Erlöse aus den Ölförderungen machen etwa 90 Prozent des Staatshaushaltes aus. Der Irak hat zwischen 2010 und 2013 durchschnittlich 100 bis 110 Milliarden US-Dollar pro Jahr eingenommen. Allerdings hat dieser große Ölreichtum dem Land bei seiner wirtschaftlichen Entwicklung nicht genützt. Und auch zum Ausbau der Energieversorgungsnetze oder der Infrastruktur hat er nicht nennenswert beigetragen. Im Jahre 2013 hatten in der Hauptstadt Bagdad die meisten Haushalte nur an acht bis zehn Stunden des Tages Strom, und 25 Prozent der Haushalte verfügten immer noch nicht über eine gesicherte Trinkwasserversorgung. Im Dezember 2014 kam es im Südirak um Basra zu überdurchschnittlich starken Regenfällen. Ganze Stadtviertel der Zweimillionenstadt blieben über eine Woche lang überflutet, weil die Kanalisation die Fluten nicht fassen konnte – und das, obwohl die Zentralregierung erst in den letzten Jahren gewaltige Finanzmittel in die Erneuerung und Erweiterung der veralteten Kanalisationssysteme von Basra investiert hatte. Daraufhin schrieb die irakische Presse über den Inhalt eines jüngsten Untersuchungsberichts der dem Parlament unterstellten Anti-Korruptionsbehörde IC (Inspector General). Dem Bericht zufolge fließen jährlich bis zu 80 Prozent der Auftragsmittel, die die öffentliche Hand an Privatfirmen aus dem Bau- und Infrastruktursektor vergibt, an »Geisterfirmen«, die nur auf dem Papier existieren und hinter denen einflussreiche Politiker stehen.

Laut der Weltbank ist der Irak das drittkorrupteste Land innerhalb der arabischen Welt nach dem Jemen und Libyen. Nach den Untersuchungen von »Transparency International« (TI) mit Sitz in Berlin rangiert der Irak im Jahre 2014 auf Platz 170 von insgesamt 175 Ländern der Erde. Im Rahmen der Untersuchungsberichte der Weltbank über die Transparenz des öffentlichen Sektors in 18 arabischen Staaten von Marokko bis Bahrain für 2014 kommt der Irak auf den letzten Platz. Laut Berichten der Weltbank von 2013 über die Effektivität des Rechtsstaates rangierte Malikis Irak sogar unter dem Niveau der letzten Jahre der Saddam-Diktatur. Ebenso schlecht sind die Ergebnisse des Irak bei den Bewertungen, die anhand des »Human Development Index« und anderer Entwicklungsparameter vorgenommen werden. Kurzum: Der Irak hat die Maliki-Jahre nach dem Bürgerkrieg von 2008 trotz gigantischer Erdöleinnahmen nicht genutzt, sondern bestenfalls ein Niveau der wirtschaftlichen und sozialen Stagnation erreicht. Umso härter wird 2015 der wirtschaftliche Absturz werden. Durch den rapide gefallenen Ölpreis von 100 US-Dollar pro Barrel Anfang 2014 auf knapp 50 US-Dollar pro Barrel Anfang 2015 warf er bereits seinen Schatten voraus. Laut offiziellen Angaben des irakischen Planungsministeriums lag die Arbeitslosigkeit 2014 bei 23 Prozent, inoffizielle Quellen gehen jedoch vom Doppelten aus. Wenn die Ölpreiskrise anhält oder sich sogar noch verschärft, könnte die Situation auf dem Arbeitsmarkt explosiv werden. Denn der Staat ist der größte Arbeitgeber im Irak und sichert direkt oder indirekt etwa 40 Prozent der arbeitsfähigen Bevölkerung ein Auskommen. Angesichts der ernsten Finanzkrise 2014 kürzte der Staat bereits ab dem 1. Dezember 2014 das Monatsgehalt aller staatlichen Angestellten um 100 US-Dollar. Weitere harte Sparmaßnahmen im gesamten öffentlichen Sektor sind angekündigt.

Abadi als Gefangener in Malikis Schatten

Während sich die Wirtschafts- und Finanzkrise gefährlich zuspitzt, zeigt die politische Klasse des Irak keine Bereitschaft, durchgreifende Reformen von Staat und Regierung vorzubereiten. Ohne sie kann es aber nicht die vom westlichen Ausland stets beschworene politische Lösung des Problems mit dem IS geben. Premierminister Abadi hat seit seiner Amtsübernahme wiederholt in öffentlichen Reden bekräftigt, unnachgiebig gegen die Korruption und ihre Unterstützer kämpfen zu wollen, selbst dann (und dieser stets beigefügte Nachsatz Abadis lässt aufhorchen), wenn es ihn sein eigenes Leben kosten sollte. Sollte es Abadi damit tatsächlich ernst sein, geht er ein lebensgefährliches Risiko ein. Denn der auf Korruption gebaute Schatten-Staat seines Vorgängers im Amt des Premierministers, Nuri al-Maliki, ist noch weitgehend intakt. Maliki und Abadi waren Jahrzehnte lang in der Daawa-Partei Weggefährten und Freunde. Von Hybris besessen, hatte sich Maliki im August 2014 bis zuletzt – und dies auch mit militärischen Einschüchterungsgesten gegenüber seinen Gegnern – an der Macht gehalten. Doch schließlich wurde er aus dem Amt gedrängt. Zu stark war der Druck seiner zahlreichen Gegner, zu denen nicht nur die irakischen Kurden und US-Präsident Obama zählten. Dazu gehörte auch die *mardschaiya*, der Rat der vier höchsten schiitischen Geistlichen in Nadschaf mit Großayatollah Sistani an der Spitze.

Das jedenfalls behauptet Scheich Nasih Muhyiddin, der Berater und inoffizielle Sprecher der *mardschaiya* in Nadschaf. Ihm zufolge habe Malikis zerstörerisches Wirken die *mardschaiya* bewogen, ihre unpolitische Grundhaltung aufzugeben. Sie befürchtete, dass ohne Malikis Rücktritt ein Zerfall des Landes und der Ausbruch eines offenen Bürgerkriegs unvermeidbar seien. Daher habe sie, so Muhyiddin, eine Delegation nach Teheran geschickt, die erwirkte, dass der Iran Maliki fallen ließ.[15]

Der Machtverlust eines Amtsinhabers im Irak bringt gewöhnlich auch Gefahren für sein physisches Überleben mit sich. Deshalb wollte Abadi auch Maliki nicht schutzlos den Wölfen zum Fraß vorwerfen. So ermöglichte er ihm, bei der Regierungsbildung Anfang September 2014 einen der beiden Vizepräsidentenposten zu übernehmen – ein schwerer, aus Sentimentalität und Rücksicht geborener Fehler, den er gewiss bereut. Denn binnen kurzer Zeit baute Maliki das Amt zu einem neuen Bollwerk seiner Macht aus. Von dort aus hintertreibt Maliki seither systematisch die Maßnahmen Abadis zur Erneuerung von Staat und Regierung. Auch wenn Maliki nicht mehr Premierminister ist, bleibt er doch der Generalsekretär und damit Chef der Daawa-Partei. In der Partei ist Abadi zwar Mitglied des Zentralkomitees, kann aber nicht deren Richtung vorgeben. Die Daawa-Partei ist und bleibt das organisatorische Rückgrat der regierenden Schiitenkoalition. Aller öffentlich zelebrierten Eintracht zum Trotz haben sich Maliki und sein Nachfolger mittlerweile zutiefst entzweit. Der Richtungsstreit zwischen den beiden hat schon die Daawa-Partei in zwei Lager gespalten.[16] Machtbewusst wie eh und je und entgegen dem Zeremoniencharakter des Vizepräsidentenamts fährt Maliki fort, nach einer öffentlichen Rolle zu trachten und politisch zu agieren. Jüngste Reisen in den Iran, wo er Präsident Rohani und Revolutionsführer Khamenei traf, oder in den Libanon, wo er mit Hizbullah-Chef Nasrallah zusammenkam, belegen dies. Offenbar will Maliki – ganz im Sinne des Iran – die regionale Außenpolitik des Irak in Richtung einer panschiitischen Achse von Iran über Irak und Syrien bis Libanon lenken.

Ähnlich umtriebig zeigt sich Maliki auch auf den Fluren der Macht in Bagdads Exekutive und Legislative. Dort hat der große innere Malikisten-Zirkel aus Verwandten, engen Weggefährten und Verbündeten Malikis bislang kaum an Einfluss verloren. Alle Maliki ergebenen Staatssekretäre, die durch extrakonstitutionelle Dekrete des früheren Premierministers ernannt wurden, haben noch ihre Ämter in den verschiedensten Ministerien. Als Abadi im Oktober 2014 befahl, den Kommandeur von Malikis Prätorianergarde und inoffiziellen Sicherheitschef der Grünen Zone, Malikis Sohn Ahmad, samt 84 anderer Malikisten aus der Grünen Zone zu verbannen, hob Maliki dies faktisch wieder auf, indem er alle Betroffenen zu unantastbaren Mitarbeitern des Präsidialbüros ernannte. Auch Malikis Macht über die Justiz und deren Chef Midhat al-Mahmud ist ungebrochen. Dies zeigte sich an dem im November 2014 verhängten Todesurteil über den sunnitischen Parlamentsabgeordneten und einflussreichen Stammesclanchef Ahmad al-Alwani. Alwani, ein Intimfeind Malikis, hat lange Zeit trotzig gegen die politische Ausgrenzung der Sunniten opponiert und dagegen Proteste innerhalb und außerhalb der Legislative organisiert. Er war im November 2013 aufgrund fadenscheiniger und offenkundig politisch motivierter Anklagen in Haft gekommen. Das Todesurteil gegen Alwani, das noch seiner Vollstreckung harrt, war eine schallende Ohrfeige für Abadi. Maliki schürte damit abermals den Zorn der sunnitischen Stammesführer, deren Vertrauen in Abadis Versöhnungsinitiativen erschüttert wurde. Als böser Geist aus dem Hintergrund wird Maliki weiterhin einen großen Teil der Regierung lenken, ganz gleich wie sehr Abadi sich auch auf öffentlicher Bühne müht, aus dem Schatten Malikis hervorzutreten.

Vor dem Hintergrund eigener Erfahrungen aus über einem halben Jahrzehnt der Beobachtung von irakischen Spitzenpolitikern verwundert mich Malikis Verhalten nicht. Während meiner Jahre bei UNAMI war ich bei über 300 Gesprächen und Verhandlungsrunden mit dabei. So traf ich in der Treibhaus-Welt von Bagdads »Green Zone« viele Male sämtliche Akteure, die Rang und Namen in der Politik hatten, darunter auch Präsident Talabani, die wichtigsten Vorsitzenden der Parlamentsfraktionen und Ausschüsse sowie die Ex-Premierminister Ayad Allawi, Ibrahim al-Jaafari, Nuri al-Maliki und ebenso – damals allerdings noch ein Hinterbänkler im Parlament – Haidar al-Abadi. Regelmäßige Gespräche mit anderen Politikern in der Roten Zone von Bagdad und Reisen mit Hubschraubern nach Nadschaf für Treffen mit Schia-Geistlichen wie Sistani oder Muqtada al-Sadr rundeten diesen Erfahrungsschatz noch ab. Das Fazit aus meinen Eindrücken aus allen diesen Gesprächen war sehr ernüchternd. Abgesehen von wenigen Ausnahmen, namentlich Sistani und eine Handvoll Parlamentsabgeordnete aus Parteien der Kurden oder der christlichen oder yezidischen Minderheiten, war ich von den sunnitischen und schiitischen Gesprächspartnern zutiefst enttäuscht. Und das betraf sowohl ihre politische Weitsicht als auch ihre menschlichen Charakterzüge. Keiner bewies Warmherzigkeit und menschliche Größe, bei keinem fand ich auch nur einen Hauch von Verantwortungsbewusstsein für den Irak als Ganzes, keiner zeigte echte, ungeheuchelte menschliche Anteilnahme für das Leid aller Iraker ungeachtet ihrer konfessionellen Herkunft. Nirgendwo sah ich eine glaubhafte konstruktive Haltung für einen demokratischen Wiederaufbau. Nirgendwo gab es Bereitschaft für eine echte Versöhnung zwischen den verfeindeten Konfessionen. Nirgendwo spürte ich so etwas wie einen sich aus der Tiefe des Gewissens speisenden Gerechtigkeitssinn, der sie die Grenzen der Parteilichkeit für ihre eigene konfessionelle, ethnische oder ideologische Gemeinschaft überschreiten ließ. Reflexhaft unterschlugen oder beschönigten sie aus Gesinnungsgründen die Realität, wenn es darum ging, ihre Gruppe als alleinige Opfer von Ungerechtigkeiten und Greueltaten darzustellen und dagegen die von ihrer Gruppe begangenen Untaten zu ignorieren oder herunterzuspielen.

Nach der Invasion hatten die Amerikaner mit neuen Institutionen das neue politische, demokratische Spielfeld abgesteckt. Sie gaben die Spielregeln vor, an die sich die ehemals exilierten Mitglieder der neuen politischen Elite zumindest formell halten mussten. Mit Worten taten sie dies auch.

Anhand der Mentalität der zurückgekehrten schiitischen Exilpolitiker, die am stärksten durch Exil, Flucht und Gewalt geprägt wurden, lässt sich das gut zeigen. Sie waren Opfer von Gewalt geworden, weil sie sie nicht nur in den verschiedensten Formen erlitten, sondern im Exil um des Überlebens willens häufig selbst praktiziert hatten. Das hat ihre Mentalität, ihr Denken, Handeln und Fühlen am allertiefsten geprägt, viel tiefer, als man auf den ersten Blick sah. Und das gilt selbst für jene, die (wie Abadi und Jaafari) die Jahrzehnte des Exils unter dem Einfluss der offenen demokratisch-pluralistischen Gesellschaften des Westens verbrachten. Zurückgekehrt in ihr Land und durch eine Laune des Schicksals von Sternenbannerträgern an die Macht gehoben, gingen sie rasch dazu über, ohne Bedenken Gewalt anzuwenden. Sie taten es obendrein zumeist nicht in ihrer konstruktiven Variante der ordnenden, kontrollierten und wohldosierten Gewalt, die die Grundlagen für Ruhe und Frieden schaffen soll, sondern in ihrer destruktiven Spielart. Immer ging es darum, das Unrecht Jahrhunderte langer Unterdrückung zu sühnen, Rache zu nehmen, Gegner zu demütigen, sie zu verfolgen oder gar auszulöschen, ganz gleich welche Folgen es für die langfristige Stabilität des Irak haben würde. Wichtig war nur, die einmal errungene Macht um jeden Preis zu verteidigen.

Die Bindung der Schiiten an ihre Konfession war und ist ihnen die wichtigste Machtressource, die sie rücksichtslos nutzten, um Bedrohungsängste immer wieder aufs Neue anzufachen. Angesichts permanenter blutiger Gewaltakte sunnitischer Extremisten war und ist das nicht schwierig. Das Schlüsselwort und die Allzweckwaffe heißt Angst, denn sie bildet das eigentliche Fundament der Macht der schiitischen Islamistenparteien des Irak. Die Angst der Schiiten richtet sich auf gleich mehrere Szenarien – erstens erneut Unrecht zu erleiden; und zweitens durch eine offene Konterrevolution der Sunniten oder durch einen im Verborgenen geplanten Militärputsch sunnitischer Armeeoffiziere entmachtet zu werden. Angst ist es, was schiitische Politiker tagaus und tagein unermüdlich beschwören, und ebenso das Fluidum, mit dem die Politiker alten Feindbildern neues Leben einhauchen. Botschaften der Versöhnung und Vergebung, des Strebens nach Einheit und Zusammenhalt hörte man von ihnen dagegen nie.

Die wenigen Male, bei denen ich diese Botschaft vernahm, geschahen in Nadschaf, als ich als Mitglied von UNAMI-Delegationen Großayatollah Sistani besuchte. Dann, und nur bei diesem in asketischer Weltabgeschiedenheit lebenden Geistlichen, der im Souterrain eines ärmlichen alten Hauses in der Altstadt lebt, in unmöblierten Zimmern, von deren schmucklosen weißgekalkten Wänden der Putz abblättert und die trotz 50 Grad Hitze im Sommer ohne elektrische Klimaanlagen sind, der auf einem uralten dünnen, verblichenen grau-blauen Teppich sitzt, umgeben von kleinen Stapeln theologischer Handbücher und Haufen von Bittschriften, und dessen einziger Luxus eine Handvoll flacher Sitzkissen ist, nur dann hörte ich eine authentische Botschaft der Versöhnung, des Zusammenstehens und der Nächstenliebe. Dieser ganz unprätentiöse Mann, der sich von seinen Mitarbeitern und durch diverse Quellen erstaunlich gut über den Zustand des Landes und über den Gang der Weltpolitik unterrichten lässt, ist einzigartig im Irak. Er hat eine menschliche Größe, eine Weisheit und einen politischen Weitblick, die ich in diesem Format im Irak auch ansatzweise nicht mehr antraf. Die Tragik dieses Mannes, der seine Mitbürger beschützen möchte wie ein gütiger Hirte seine Schafe, liegt darin, dass seine Botschaften, wenn sie über die Schwelle seiner Residenz hinausdringen, oft rasch an Kraft verlieren und kaum mehr das Alltagsgeschäft der schiitischen Politiker in Bagdad beeinflussen. Zwar hatte Sistani bis Ende 2005 die Schiitenparteien protegiert und ihnen geholfen, eine Parteienkoalition aufzubauen, die ihnen den Wahlsieg und die Regierungsübernahme ermöglichten. Doch danach zog er sich angesichts des kläglichen Versagens der regierenden Schiitenparteien, Gesetzlosigkeit, Korruption und Misswirtschaft zu bekämpfen, frustriert von ihnen zurück. Vielmehr nahm er ab 2006 wieder eine strikt unpolitische, von vielen frommen Schiiten als stumme Ablehnung der Regierung gedeutete Haltung ein.[17] Diese Position durchbrach er seither nur einmal, als im Juni 2014 die IS-Krise es erzwang, seine von allen Schiiten als große Reservemacht anerkannte Autorität zu nutzen, um mit einer *fatwa* eine Massenmobilisierung schiitischer Milizionäre gegen den IS zu ermöglichen.

Die meisten schiitischen Politiker, die ich traf, waren sehr unreflektiert und sahen sich stets moralisch im Recht. Sie klagten unentwegt über das zerstörerische Chaos im Land, machten dafür aber hauptsächlich die Gegenseite der Sunniten verantwortlich und leugneten eine Mitschuld. Wie in einem Spiegelbild war die Einschätzung der meisten sunnitischen Politiker ganz ähnlich, sodass auch sie sich meistens nur als Opfer und nie als Täter sahen. Der Unterschied war nur, dass die Sunniten große Schwierigkeiten hatten, die neue demokratische Ordnung zu akzeptieren, zumal sie ihnen den dauerhaften Verlust ihrer dominanten Machtstellung, die vielen als unveräußerliches Geburtsrecht gilt, einbrachte. Diesen Machtverlust haben die meisten Sunniten bis heute nicht verwunden. Realistische Konzepte dafür, sich auf konstruktive Weise in die neue Ordnung einzufügen, entwickelten sie kaum. Stattdessen herrschte bei den meisten sunnitischen Politikern eine vergangenheitsorientierte Haltung des politischen Maximalismus vor, nach der Devise: die ganze Macht oder nichts.

Die Konsensunfähigkeit der meisten schiitischen und sunnitischen Politiker förderte – und fördert – das Entstehen eines Teufelskreises aus Misstrauen, Hass, Gewalt und Gegengewalt. Im heutigen Irak gibt es kaum Politiker, die fähig, willens und mutig genug sind, diesen Teufelskreis zu durchbrechen. Dafür steht zu viel für sie auf dem Spiel: ihre

Machtbasis. Denn in Zeiten gemeinsam erlittener tödlicher Gefahr schließen sich die Reihen ethnischer und konfessioneller Gemeinschaften, Unterschiede verschwinden, und die Bereitschaft, sich unter einem Führer gegen einen gemeinsamen Feind zusammenzuschließen, wächst beträchtlich. Die Bereitschaft einer konfessionellen Gruppe, sich in Notzeiten von anderen Gruppen abzugrenzen, sie zu dämonisieren und zu bekämpfen, ist eine Machtressource dieser Politiker, von der sie nicht lassen wollen. So zynisch es auch klingen mag: Mein Eindruck war, dass viele führende Politiker des Irak heute kein ernsthaftes Interesse am Ende der Gewalt zwischen Schiiten und Sunniten haben. So verlören sie doch durch Frieden und eine Normalisierung des politischen und gesellschaftlichen Lebens diese Machtressource und damit auch ihre eigene Macht. Könnte die Mehrheit des Volkes, animiert etwa durch organisierte Proteste der Gruppen der Zivilgesellschaft, die Machtelite davon abbringen, nur partikulare, egoistische Interessen zu verfolgen? Wie steht es mit dem Mittel des Steuerboykotts? Dieser Weg ist nicht gangbar, da der Irak ein Ölrentenstaat ist – ebenso wie mehrere arabische Golfstaaten. Seine Machtelite ist auch ohne staatliche Steuereinnahmen, die es *de facto* nicht gibt, finanziell autark. Das westliche demokratische Prinzip der Volkssouveränität, in der der Souverän, das Volk, die Herrscher unter anderem auch durch Steuerverweigerung (nach dem Muster »no taxation without representation«) zu einem Politikwechsel zwingen kann, gilt im Irak nicht. Denn Iraks wirtschaftliche Grundlage sind die Öleinnahmen des Staates, die in verschiedenste staatliche Ministerien und Behörden fließen und die die Parteien der Machtelite auf die eine oder andere Art anzapfen und gemäß den Prinzipien der *muhassasa* verteilen. Die Zeche zahlt die Allgemeinheit des Volkes, die wenig bis gar nichts an den Verhältnissen ändern kann.

Der Terrorismus erreicht die Mitte Europas: Die Anschläge in Paris vom 7. Januar 2015

Am 7. Januar 2015 verübten Said und Chérif Kouachi, zwei in Frankreich geborene Brüder algerischer Abstammung, einen islamistisch motivierten Terroranschlag auf die Redaktion der Satirezeitschrift »Charlie

Hebdo« in Paris. Die Zeitschrift war bereits in den Jahren zuvor ins Visier radikaler Islamisten geraten. Der Grund war die Veröffentlichung von Mohammed-Karikaturen durch diese Zeitschrift. Diese Karikaturen erachten radikale Islamisten als Beleidigung ihrer Religion und der Muslime; sie beziehen sich dabei auf ein von vielen Muslimen anerkanntes, auf bestimmten islamischen Traditionen fußendes, aber nicht explizit im Koran festgelegtes Bilderverbot. Radikale Islamisten drohten deshalb den Herausgebern und Zeichnern des Blattes bereits mehrfach zuvor mit blutiger Rache für die Entehrung des Propheten und des Islam insgesamt. Aufgrund dieser Drohungen hatten die Pariser Behörden bereits zwei Jahre zuvor damit begonnen, der Redaktion Schutz durch Polizisten zu gewähren, die vor dem Redaktionsgebäude postiert waren.

Allen Vorkehrungen zum Trotz glückte es den zwei maskierten Tätern, die sich später zum Regionalzweig der Al-Qaida im Jemen (AQAP) bekannten, in die Redaktionsräume der Zeitschrift einzudringen. Sie erschossen elf Personen, darunter etliche ihnen bekannte Karikaturisten, die sie vor der Hinrichtung namentlich aufriefen, und verletzten mehrere Anwesende. Als sie sich zur Flucht wandten, töteten sie vor dem Redaktionsgebäude einen weiteren Polizisten. Ganz Frankreich stand unter Schock. Die staatlichen Sicherheitsbehörden versetzten das Land in höchste Alarmbereitschaft und mobilisierten 80.000 Polizisten und Mitarbeiter anderer Sicherheitsorgane für eine großangelegte Fahndung nach den Tätern in und im Großraum Paris. Am 9. Januar konnten sie die beiden Täter aufspüren. Sie hatten sie sich in Dammartin-en-Goële, einem Vorort von Paris, verschanzt. Nach einer kurzen Belagerung erschossen die Sicherheitskräfte die beiden Täter.

Während die Fahndung noch lief, am 8. Januar, wurde im Süden von Paris eine Polizistin von einem weiteren schwerbewaffneten Täter erschossen. Dieser überfiel am Tag darauf einen jüdischen Supermarkt für koschere Waren im Pariser Osten. Dort tötete der Mann vier jüdische Kunden und nahm weitere als Geiseln. Der Täter, Amedy Coulibaly, polizeibekannt als Mitglied einer Gruppe von Dschihadisten, erklärte in einem Telefongespräch mit der Polizei, dass er zum »Islamischen Staat« gehöre. Außerdem erklärte er, sein Vorgehen stehe in Verbindung mit dem Anschlag auf »Charlie Hebdo«. Coulibaly wurde bei der Erstürmung des Supermarktes durch die Sicherheitskräfte erschossen. Seit den frühen

1960er Jahren hatte es in Frankreich keinen Anschlag mehr gegeben, der so viele Opfer kostete wie der auf die Redaktion von »Charlie Hebdo«.

Die Brüder Kouachi, beide französische Staatsbürger, waren Vollwaisen, durchlebten eine schwierige Jugend in einem Heim und hatten sich ab 2000 schrittweise religiös-radikalen Strömungen des Islam angeschlossen. Chérif Kouachi war bereits 2005 verhaftet und zu einer Gefängnisstrafe verurteilt worden, weil er versuchte hatte, am Dschihad gegen die US-Besatzung im Irak teilzunehmen. 2011 reisten beide Brüder gemeinsam in den Jemen, wo sie eine Militärausbildung durch den AQAP erhielten. Beide Täter waren den Sicherheitsbehörden in Frankreich und Deutschland bereits bekannt. Ihre Namen standen auf einer Flugverbotsliste in die USA und auch auf der Schengen-Liste zur Einreise für Personen, die einer verdeckten Beobachtung unterliegen. Auch Amedy Coulibaly, dessen Familie aus Mali stammte, war französischer Staatsbürger. Er wuchs in einem vorwiegend von verarmten Muslimen bewohnten Vorort von Paris auf, geriet in der Jugend auf die schiefe Bahn und wurde mehrfach verhaftet. Wegen mehreren bewaffneten Raubüberfällen und Drogenhandels verbüßte er zwischen 2004 und 2014 eine Reihe von Haftstrafen. Im Gefängnis radikalisierte er sich und lernte auch einen der Attentäter des Charlie-Hebdo-Anschlags, Chérif Kouachi, kennen. Wenige Tage nach dem Anschlag auf die Satirezeitschrift bekannte sich einer der Anführer von AQAP in einer Videobotschaft dazu, dass das Attentat der Kouachi-Brüder von seiner Organisation geplant, finanziert und auf Anweisung des Chefs der Kern-Al-Qaida verübt worden sei.

Die beiden Anschläge lösten in Deutschland, im Rest von Europa und teilweise auch weltweit Betroffenheit und Anteilnahme aus. In Frankreich organisierte die Regierung am 11. Januar eine zentrale Gedenkkundgebung, den »Republikanischen Marsch«. An ihm beteiligten sich in Paris etwa 1,5 Millionen Menschen, landesweit wurden mindestens 3,7 Millionen Demonstranten gezählt. Anwesend beim Trauermarsch in Paris waren die französische Regierung und Vertreter aller Parteien außer der Front National sowie über 50 hochrangige Politiker, darunter 44 Staats- und Regierungschefs, aus dem Ausland.

Unter den Trauergästen befand sich auch die deutsche Bundeskanzlerin Angela Merkel. Sie verurteilte die Tat als einen Angriff auf das Leben der französischen Bürger und die innere Sicherheit Frankreichs. Sie betonte außerdem, dass dieser Anschlag einen Angriff auf die Meinungs-

und Pressefreiheit darstelle und damit ein Kernelement der westlichen freiheitlich-demokratischen Kultur bedrohe. Unmittelbar nach den Anschlägen warnte Bundesinnenminister Thomas de Maizière vor Populismus und der Gleichsetzung von Terror und Islam. Er ordnete vom 8. bis 10. Januar Trauerbeflaggung an (»als Zeichen der Anteilnahme und Solidarität mit dem französischen Volk«) und rief die Sicherheitsbehörden zu noch größerer Wachsamkeit auf.

Eine Woche nach den Pariser Anschlägen hoben die belgischen Sicherheitskräfte eine dschihadistische Terrorzelle im Osten Belgiens aus, nur 25 km von der deutschen Grenze bei Aachen entfernt. Der Zugriff erfolgte, um einen kurz bevorstehenden, schon länger geplanten Terroranschlag zu verhindern. Bei der Erstürmung des Unterschlupfs wurden zwei Dschihadisten getötet und zahlreiche weitere Personen in Untersuchungshaft genommen.

Die Redakteure der Zeitschrift »Charlie Hebdo«, die den Anschlag überlebten, gaben eine Woche später eine neue Ausgabe unter dem Titel *Le Journal des Survivants* (»Das Journal der Überlebenden«) mit einem Umfang von acht Seiten und einer Druckauflage von drei Millionen Exemplaren in 16 Sprachen heraus – zuvor hatte das Magazin lediglich eine Auflage von 60.000 Stück aufgewiesen. Das Cover zeigte die Karikatur eines weinenden Mohammed, der ein Schild mit der Aufschrift »Je suis Charlie« in den Händen hält. Die Überschrift lautet »Tout est pardonné« (»Alles ist vergeben«). Vom Titelbild abgesehen, wurde Mohammed im Magazin nicht mehr thematisiert. Die Karikaturen der ersten Ausgabe nach dem Anschlag beschäftigten sich u. a. mit Islamisten und den Attentätern, ohne dabei ihre Namen zu nennen. Zudem wurden auch Witze über Politiker und Jesus am Kreuz gemacht. Als die neue Ausgabe am 14. Januar 2015 in Frankreich veröffentlicht wurde, war die Erstauslieferung binnen kürzester Zeit vergriffen. Um die Nachfrage im In- und auch im Ausland decken zu können, steigerte man die Auflage auf sieben Millionen.

Wie es dazu kam, dass fast zeitgleich mit dem Anschlag der Brüder Kouachi der Anschlag von Amedy Coulibaly stattfand, ist bislang noch Gegenstand von Spekulationen. Journalisten sagte Coulibaly kurz vor der Erstürmung des Supermarktes, dass er der Terrorgruppe »Islamischer Staat« (IS) die Treue halte und in ihrem Namen handle. In einem nach seinem Tode entdeckten Bekennervideo wiederholte er diesen Satz. Der IS reklamierte die Tat bisher nicht für sich, pries sie aber vom Irak aus.

Ob es sich bei den zwei separaten Anschlägen um einen Wettstreit der beiden Dschihadisten-Organisationen IS und Kern-Al-Qaida handelt, ist ungeklärt. Bekannt ist nur eines: Beide Organisationen sind bestrebt, ihr eigenes Renommee und damit ihre Attraktivität für potentielle Sympathisanten und Anhänger zu verbessern. Deshalb wetteifern beide schon längere Zeit miteinander darum, wer die brutalsten, am meisten Aufsehen erregenden Anschläge gegen Ziele im Westen zu verüben vermag.

Der Widerwille vieler Muslime, westliche Meinungsfreiheit in westlichen Staaten auch beim Thema der Mohammed-Karikaturen zuzulassen, spielte den Dschihadisten offenbar bei ihrem Streben in die Hände, dschihadistische Gewalt zu entgrenzen. Im Gefolge der Anschläge vom 11. September 2001 hatte der Gründer und Führer von Al-Qaida, Usama Bin Ladin, in Videobotschaften ja schon erklärt: »Wenn es keine Grenzen für eure Redefreiheit gibt, seid bereit für die Grenzenlosigkeit unserer Taten«. Nach den Anschlägen von Paris verbreitete der Regionalzweig von Al-Qaida auf der Arabischen Halbinsel (AQAP) via Twitter erneut diese Botschaft des mittlerweile getöteten ehemaligen Al-Qaida-Chefs. Klar machen wollte AQAP damit, dass Bin Ladin zwar tot ist, seine Botschaft und seine Drohung an den Westen aber weiterleben.

Auch der zweite Anschlag von Paris fügt sich in ein bestimmtes Muster, allerdings in ein anderes. Der »Islamische Staat« operiert anders als Kern-al-Qaida, was die Tat von Amedy Coulibaly gut veranschaulicht. Der »Islamische Staat« möchte ebenso wie Kern-al-Qaida und ihre regionalen Töchter Anschläge im Westen ausführen, wenngleich er seinen Schwerpunkt weiterhin darauf setzt, seinen Protostaat in Syrien und im Irak zu konsolidieren und zu erweitern. Aber im Hinblick auf den Krieg gegen den Westen setzt er vorzugsweise darauf, dass Freiwillige aus eigenem Antrieb in seinem Namen zur Tat schreiten – und das auch ohne jemals mit dem IS Kontakt gehabt zu haben. Jedenfalls scheint dies im Falle von Coulibaly so gewesen zu sein, glaubt man den bisherigen Erkenntnissen der Sicherheitsbehörden über die Hintergründe seiner Tat und ihrer Motive. Mit anderen Worten: Der »Islamische Staat« stachelt seine sich selbst rekrutierenden Selbstmordattentäter ausdrücklich zu kruden, wenig ausgefeilten Anschlägen an. Dem können sie nachkommen, indem sie Häuser in Brand stecken oder Ungläubige (*kafirun*) mit

Steinen erschlagen. Was allein zählt: Die Opfer müssen aus jenen Staaten stammen, die den IS militärisch bekämpfen. Frankreich gehörte dazu – und so rechtfertigte Coulibaly auch die Ermordung der Polizistin.

Die Terroranschläge von Paris waren aufschlussreich. Sie zeigen zum einen, wie langfristig Kern-al-Qaida denkt. Zudem verdeutlichen sie, dass die Bedrohung des Westens durch Kern-al-Qaida weder dauerhaft abgewendet noch durch den IS abgelöst oder gänzlich in den Hintergrund gedrängt wurde. Außerdem demonstrieren die Anschläge in Frankreich, dass die Terrorgefahr komplexer geworden ist. Die globale Dschihadisten-Szene ist im Begriff, sich immer weiter regional aufzufächern und zu diversifizieren, ohne aber an Gefährlichkeit zu verlieren. Konfrontiert ist der Westen nicht mehr nur mit der Kern-al-Qaida in Pakistan, sondern auch mit ihren regionalen Zweigen, etwa der Organisation Al-Qaida des Islamischen Maghreb (AQMI) und AQAP. Auch der IS kann darauf verweisen, dass verschiedene dschihadistische Organisationen in anderen Ländern sich mittlerweile ihm offiziell angeschlossen und dem IS-Kalifen Ibrahim den Treueeid geschworen haben. Dazu zählt die ägyptische Gruppe Ansar Bait al-Maqdis (»Anhänger des Heiligen Hauses«, gemeint ist Jerusalem), der zahlreiche Terroranschläge insbesondere auf dem Sinai, ihrem Hauptoperationsgebiet, angelastet werden. Ebenfalls dazu gehört auch die libysche Ansar al-Scharia (»Anhänger der Scharia«), die vor allem im Osten Libyens um Benghazi operiert.

Schafft die Rivalität zwischen Kern-al-Qaida und dem IS dem Westen Erleichterung und Luft? Das ist nicht auszuschließen, ist aber womöglich eher ein Produkt des Wunschdenkens. Zumindest scheint sich die Rivalität der beiden zu vertiefen, wie die jüngste Audio-Botschaft von Abu Mohammed al-Adnani, dem offiziellen Sprecher des »Islamischen Staates«, vom 27. Januar 2015 verrät. Er verkündete, dass der IS in Khorasan eine neue Provinz (oder Verwaltungseinheit) ins Leben gerufen habe. Khorasan ist eine Provinz im Osten der Islamischen Republik Iran, aber zugleich die Bezeichnung einer in der islamischen Geschichte des 8. bis 19. Jahrhunderts als viel größer gefassten Region. Sie umschließt Gebiete, die sowohl zum heutigen Afghanistan und dem Iran, aber auch zu Turkmenistan und Usbekistan gehören. Unausgesprochen dürfte der IS auch noch Pakistan hinzurechnen. Doch welche Bedeutung hat dies? Es ist relevant, weil die Kern-al-Qaida in genau dieser Region seit vielen Jahren ihre Hauptoperationsbasis hat. Für Kern-al-Qaida muss diese Mitteilung des IS einer inoffiziellen Kriegserklärung gleichen. Der IS macht sich nun offensiv anheischig, Strukturen in der Region aufzubauen, in der Kern-al-Qaida lange Zeit ein unangefochtenes Monopol für den international ausgerichteten Dschihadismus genoss. Von einer gütlichen »Arbeitsteilung« der beiden Terrorgruppen scheinen beide Seiten weit entfernt.

Der Kampf des Westens gegen den Dschihadismus im Allgemeinen und den IS im Besonderen gleicht dem Kampf des Herakles gegen die Hydra, gegen das vielköpfige schlangenähnliche Ungeheuer der griechischen Mythologie. Wenn es einen Kopf verlor, wuchsen an dessen Stelle zwei neue, zudem war der Kopf in der Mitte unsterblich. Selbst wenn es gelänge, dem IS und der Kern-al-Qaida den Kopf abzuschlagen, bliebe doch der Kopf in der Mitte, das Wahhabiten-Regime in Saudi-Arabien, erhalten. Das Saudi-Regime ist die geistige Heimat und der größte Förderer des weltweiten islamistischen Terrors. Es ist kein Zufall, dass 16 der 19 dschihadistischen Attentäter des 11. September Saudis waren. Wie der Westen mit dieser Herausforderug umgehen wird, ist allerdings noch vollkommen unklar. Dass er trotz diplomatischer Zurückhaltung nicht umhin kommt, sich diesem immer drängender werdenden Problem zu stellen, beweist unter anderem eine 2013 vom Außenpolitischen Generaldirektorat des Europaparlaments veröffentlichte Studie. Sie belegt eindeutig, dass Saudi-Arabien von 1980 bis 2013 mehr als zehn Milliarden US-Dollar ausgegeben hat, um die Verbreitung des Wahhabismus zu fördern, was wiederum zu einem gewaltigen zahlenmäßigen Anstieg der Dschihadisten weltweit beitrug.[18]

Europa und der Staatszerfall im Irak und in Syrien

Europa steht heute der Auflösung der Staatenordnung im Nahen Osten ratlos und weitgehend machtlos gegenüber. Die Nationalstaaten Syrien und Irak, aber auch Libyen und der Jemen zerfallen unaufhaltsam, und auf ihren Territorien entstehen neue, staatsähnliche Gebilde. Das untermauert die These, dass sie nie echte Nationalstaaten waren. Stand der Zerfall Syriens und Libyens im Zusammenhang mit dem sogenannten »Arabischen Frühling« von 2011, geht der Zerfall des Irak in erster Linie auf die US-Invasion und den gescheiterten Demokratieaufbau im

Zweistromland zurück. Allerdings (und das zeigt dieses Buch ja auch) liegen viele der tieferen Ursachen des irakischen Staatszerfalls in der Ära der Baath-Diktatur Saddams und seiner Vorgänger. Damals war die innere Stabilität sehr fragil geworden und wurzelte ja zu einem großen Teil in der Anerkennung seiner Bürger, also seiner Legitimität, die nach und nach erodierte. Die institutionelle Leistungsfähigkeit des Irak nahm nach Beginn des Iran-Irak-Krieges erst langsam ab und verfiel dann nach dem Kuwait-Krieg und der Dekade des UNO-Sanktionsregimes immer schneller. Innerstaatliche Stabilität beruht in aller Regel auf der Fähigkeit des Staates, Rechtssicherheit und Ordnung herzustellen, Korruption zu bekämpfen, die Entwicklung verschiedener gesellschaftlicher Schichten und Landesteile auszugleichen, die wirtschaftliche Leistungskraft herzustellen und die Daseinsvorsorge zu sichern. Diese strukturelle innerstaatliche Stabilität war im Irak am Vorabend der US-Invasion bereits stark geschwunden. Immerhin: Die stets schon existenten latenten konfessionellen Gegensätze zwischen Schiiten und Sunniten wurden durch Saddams Sicherheitsapparate eingehegt und unterdrückt.

Dann kam 2003 die Irak-Invasion der USA. Sie zerschlug die letzten nationalen Institutionen und Strukturen wie die Armee, ohne an ihre Stelle funktionsfähige neue setzen und aufbauen zu können. Außerdem schuf sie Leerräume der Macht, die von zahlreichen Milizen schiitischer, sunnitischer und kurdischer Gruppen gefüllt wurden. Die US-Besatzer konnten oder wollten diese Milizen nie auflösen, ihr strafloses Agieren unterhöhlte das Gewaltmonopol des Staates und damit dessen Legitimität. Zugleich ersetzten die USA die auf Repression gegründete Diktatur einer sunnitischen Minderheit durch die auf demokratischen Wahlen beruhende Diktatur einer schiitischen Mehrheit, die nach langer Unterdrückung ihre Macht partout nicht teilen will. So brach der Konfessionskrieg in einer bis dahin nie gekannten Schärfe aus und hält bis heute an. Unbestritten haben die USA mit ihrer Invasion eine Büchse der Pandora geöffnet, und die daraus entsprungenen Übel des Sektenhaders und der Gewalt verbreiteten sich erst im Irak und befallen nun nach dem Erstarken des IS auch Syrien und andere Nachbarländer. Die amerikanische Invasion von 2003 ist ein Lehrstück dafür, dass Interventionen ausländischer Akteure keine funktionierenden Staaten hervorbringen können. Ohne Anstöße von innen und ohne fest im Volk verwurzelte demokratische Partnerparteien, sind solche Interventionen zum Scheitern verurteilt und verschlimmern bestehende Übel.

Der Irak im Jahre 2015 ist ein wie von Potemkin als Demokratiefassade getarnter Staat im Zerfall. Hinter den Fassaden scheinbar fest verankerter moderner demokratischer Institutionen herrschen Rechtlosigkeit, Parteienwillkür und Korruption, die größtenteils mit dem 2003 eingeführten *muhassasa*, dem konfessionell-ethnischen Proporzsystem zur Machtverteilung, zu tun haben. Die gesamte staatstragende Elite in Bagdads Regierung und Parlament partizipiert und profitiert vom *muhassasa*. Das erklärt, warum Premierminister Abadi, als bei der Aufstellung seines Kabinetts im September 2014 die Frage aufkam, ob man die *muhassasa* nicht besser aufheben sollte, sich ohne großen Widerstand mit der Ansicht durchsetzen konnte, sie lieber beizubehalten. Es erklärt aber auch, warum einen Monat zuvor die irakische Presse von ruchbar gewordenen Versuchen bestimmter Personen berichtete, sich durch Zahlungen von zwei Millionen US-Dollar bestimmte Ministerämter zu kaufen. Der Irak wird von einer egoistischen und amoralischen Staatselite regiert, der es vor allem um persönliche Bereicherung und Machterhalt geht und die sich nur um die Versorgung ihrer Klientel kümmert. Abadi persönlich steht nicht im Ruf der Korruption, doch ist er qua Persönlichkeit ein vorsichtiger und blasser Bürokrat, dem es an Charisma und Entschlusskraft mangelt. Deshalb wird er es sehr schwer haben, den von Maliki geerbten Krisenmodus der Regierungspolitik zu überwinden. Noch schwerer wird es für ihn sein, aus dem Schatten Malikis, der im Hintergrund noch die Fäden zieht, herauszutreten und gegen dessen Willen ernsthafte Reformen zu erwirken.

Der Staat ist seit 2003 auch nicht mehr ansatzweise fähig, seine Kernaufgaben zu erfüllen, nämlich gesellschaftlichen Frieden zu stiften, das materielle Wohlergehen seiner Bürger zu sichern und sich um die Daseinsvorsorge zu kümmern. Da der irakische Staat keine Solidargemeinschaft mehr ist, die allen ihren Bewohnern Schutz und rechtsstaatliche Sicherheit bietet, organisieren sich viele Iraker hauptsächlich in ihren sozialen Milieus, die vor allem von Konfessionen bestimmt sind. Diese Milieus, die sich durch ihr religiöses Bekenntnis definieren und in denen über die wichtigsten Fragen Einigkeit herrscht, bieten ihren Mitgliedern Schutz, Sicherheit und oft auch materiellen Halt, und sei es durch einen Job als Milizionär für 200 Dollar im Monat. Wenn der Staat auseinanderbricht und er damit als ausgleichende Instanz ausfällt oder sich wie im Falle Malikis durch repressive Politik selbst diskreditiert, gibt es nichts und niemanden mehr, der den Konflikt zwischen den schiitischen und sunnitischen Volksgruppen entschärfen geschweige denn lösen kann. 2015 ist die 1932 von Iraks erstem Monarch, König Faisal I., erhobene Klage immer noch gültig und kann als wahr gewordene Prophezeiung des heutigen Zustands gelten – nämlich dass es gar kein irakisches Volk gäbe, da seinen unterschiedlichen Gruppen alles fehlte, was eine politische Einheit ausmache, nämlich einheitliche Ziele und Visionen und ein Gemeinschaftsgefühl.

Die Lage im Irak ist verfahren. Die große Mehrheit der knapp sechs Millionen Sunniten hadert mit der schiitischen Regierung in Bagdad und viele unter ihnen sehen in ihr nur einen Feind, unter deren Joch sie sich nicht beugen wollen. Das ist es, was viele Sunniten dazu veranlasst, entweder mit dem IS zusammenzuarbeiten oder sich ihm zumindest passiv zu fügen. Bagdad bietet ihnen keine Alternative, und so kann sich der IS auch in Zukunft auf beträchtlichen Rückhalt unter den Sunniten des Irak stützen. Realistisch betrachtet sind auch keine Anzeichen einer Änderung der Haltung der schiitischen Islamistenparteien gegenüber den Sunniten zu erkennen. Dagegen sprechen sowohl die Mentalitäten ihrer maßgeblichen Führer als auch die innerschiitischen Machtkonstellationen und womöglich ein mächtiges Veto des Iran. Keiner der schiitischen politischen Führer wird die Kühnheit haben, den innerschiitischen Konsens aufzukündigen, um einen substantiellen Schritt auf die Sunniten zuzugehen und glaubhaft für deren faire Machtbeteiligung zu streiten. Jeder, der einen solchen Schritt riskierte, müsste mit seinem Ausschluss von der politischen Bühne, womöglich auch mit seiner Ermordung rechnen. Angesichts dieser verhärteten Fronten sind die Überlebenschancen des IS-Kalifats im Irak relativ gut. Es ist recht wahrscheinlich, dass der IS weitere taktisch-militärische Rückschläge und auch Verluste an Gebieten und Städten inklusive Mossul hinnehmen muss. Es ist auch möglich, dass US-Spezialeinheiten oder US-Kampfbomber einen Gutteil seiner jetzigen Führungskader in der nächsten Zeit töten werden. Aber würde das das IS-Kalifat gänzlich auslöschen? Mit großer Wahrscheinlichkeit nicht.

Der Siegeszug des IS beschleunigte die Auflösung der syrischen und irakischen Staatsgrenzen und die Bildung neuer kleinerer Proto-Staaten, deren Konturen noch nicht endgültig abzusehen sind. Zugleich schuf er aber für die Sicherheit der Region und die des Westens erhebliche Gefahren. Erstens wird die fortwährende Staatenlosigkeit die Proliferation, also die unkontrollierte freie Zirkulation von Waffen vermehren. Das betrifft vor allem jene Waffen, die von den USA oder den konservativen sunnitischen Golfstaaten wie Saudi-Arabien und Katar an die militanten Gruppen der sunnitischen Opposition gegen Assad geliefert worden waren. Viele davon sind schon in den Händen der Dschihadisten aus der Nusra-Front oder des IS gelandet. Bekanntlich ist die Fluktuation zwischen den sunnitischen Islamisten sehr groß. Übertritte ganzer anfänglich mit dem IS rivalisierender Islamisten-Bataillone mitsamt ihren Waffen auf die Seite des IS sind 2013 und 2014 oft vorgekommen. Diese Waffen bedrohen jeden Staat, auch Staaten des Westens, in die manche westliche Dschihadisten, nachdem sie kampferprobt und brutalisiert wurden, zurückkehren, um den Dschihad nach Europa zu tragen.

Zweitens birgt der Staatszerfall in Syrien und im Irak die Gefahr, dass immer größere Flüchtlingsströme entstehen, die auch die politische, soziale und wirtschaftliche Stabilität der Nachbarstaaten untergraben. So hat die Türkei bereits über 1,5 Millionen Flüchtlinge aufgenommen. Noch weitaus dramatischer ist die Lage im Libanon (mit vier Millionen Einwohnern), der schon eine Million Flüchtlinge aufnahm. Ebenso prekär ist die Lage in Jordanien, das knapp fünf Millionen Einwohner zählt und bereits mehr als eine Million Flüchtlinge aufgenommen hat. Hunderttausende anderer Flüchtlinge sind nach Ägypten oder in andere nordafrikanische Staaten geflohen. Der Bürgerkrieg in Syrien seit 2011, der sich mit dem 2014 durch den Aufstieg des IS neu entbrannten Bürgerkrieg im Irak verband, hat eine in dieser Größenordnung bis dato unbekannte humanitäre Krise ausgelöst, die sich von Monat zu Monat weiter verschärft. Innerhalb Syriens waren im November 2014 nach Angaben von UNOCHA (»United Nations Office for the Coordination of Humanitarian Affairs«) mehr als 7,6 Millionen Binnenflüchtlinge unterwegs. Mehr als 3,2 Millionen Syrer sind außer Landes geflohen – was zusammen insgesamt 10,8 Millionen Flüchtlinge macht, also knapp die Hälfte der 2011 auf 22 Millionen Einwohner geschätzten Gesamtbevölkerung Syriens. Seit Ausbruch der Kämpfe im Irak 2014 wurden 2,1 Millionen Iraker zu Binnenflüchtlingen im eigenen Land, und 200.000 Iraker wurden als Flüchtlinge außer Landes getrieben. Angesichts der gewaltigen Dimension von insgesamt über 13 Millionen gewaltsam vertriebenen Flüchtlingen in diesen beiden Ländern muss von einer Völkerwanderung gesprochen werden.

Die Bundesregierung unterstützt die an Syrien und Irak grenzenden Nachbarländer Jordanien, Libanon und die Türkei finanziell, um das humanitäre Elend in den großen Flüchtlingslagern zu lindern. Dennoch wird das bei weitem nicht ausreichen. Europa muss damit rechnen, dass sich eine von Jahr zu Jahr steigende Zahl von Flüchtlingen auf den Weg nach Europa, dem sprichwörtlich »gelobten Land«, machen wird. Das wird die Kriminalität in den aktuellen Flüchtlingsaufnahmeländern fördern, insbesondere die Aktivität organisierter Menschenschmugglerbanden. Doch solange in der Nachbarschaft Europas Kriege toben und religiöse und ethnische Minderheiten verfolgt werden, wird der Menschenschmuggel Konjunktur haben. Europa ist so attraktiv, dass Tausende und Abertausende sich den skrupellosen Schleppern anvertrauen und sich auch nicht von Nachrichten über das grausige Geschehen auf hoher See abschrecken lassen. Die EU steht diesem Anschwellen des Flüchtlingsstroms weitgehend hilf- und ratlos gegenüber. Weder sind die Gesetze und Bestimmungen der EU-Flüchtlings- und Asylpolitik richtig ausgearbeitet und koordiniert, noch sind die personellen und finanziellen Kapazitäten auf einen solchen Flüchtlingsansturm eingerichtet. Außerdem gibt es keine wirkliche gemeinsame Außen- und Sicherheitspolitik der EU für die Nahostregion. Das macht es unmöglich, den großen Flüchtlingsstrom wenigstens einzudämmen, was ja zuerst einmal an der Quelle beginnen muss, sprich in Syrien und dem Irak, und mit einer gemeinsamen EU-Politik gegenüber diesen Ländern.

Regionale Trends und Szenarien für den Irak

Aller Voraussicht nach lässt sich der Gegensatz zwischen Sunniten und Schiiten, der den Irak zerreißt und auch im syrischen Bürgerkrieg eine Rolle spielt, in den kommenden Dekaden nicht überwinden. Auch die innersunnitischen Machtkämpfe werden weitergehen, also die zwischen den konkurrierenden dschihadistischen Organisationen oder jene zwischen dem IS und Saudi-Arabien. Nicht zu vergessen ist, dass der IS seinen Blick fest auf Saudi-Arabien gerichtet und offen angekündigt hat, die saudische Monarchie stürzen und die zwei heiligen Stätten des Islam, Mekka und Medina, in Besitz nehmen zu wollen. Der IS-Staat und die extrem konservative wahhabitische Monarchie Saudi-Arabiens konkurrieren miteinander um den Führungsanspruch über alle Muslime der Welt. Indes: In ihren grundlegenden religiösen Anschauungen und Prinzipien, in ihrer religiösen Sittenstrenge und in der Rigorosität, mit der sie die Gebote des Islam im Alltagsleben durchsetzen, sind sich der IS und die saudische Monarchie sehr ähnlich. Beide lehnen Religion als gelebte, mit volksislamischen oder sufischen Bräuchen angereicherte Tradition strikt ab, da sie sich nicht auf den Koran zurückführen lassen. Beide verdammen die Verehrung von Heiligengräbern und Reliquien als Ausdruck eines Abfalls von Gott und als reiner Götzendienst, den sie mit härtester Gewalt bekämpfen. Schließlich sind beide extrem unduldsam gegenüber Angehörigen anderer Religionen, deren Glaubenspraktiken sie auf ihrem Territorium nicht dulden, und beide betrachten die Schiiten als Ketzer. Das IS-Kalifat und Saudi-Arabien sind die einzigen Länder der Welt, in denen Glaubensabweichler und Verbrecher öffentlich enthauptet werden: In Saudi-Arabien finden jährlich zwischen 80 und 100 öffentliche Exekutionen statt, allein im Jahre 2014 gab es 87 öffentliche Enthauptungen. Angesichts dieser Übereinstimmungen und Ähnlichkeiten verwundert es nicht, wenn der IS in Saudi-Arabien viele Sympathisanten und Anhänger insbesondere unter der Jugend hat. Viele opponieren offen oder heimlich gegen das Königshaus, dem sie religiöse Heuchelei, moralische Verderbtheit und politische Liebedienerei gegenüber den USA vorwerfen. In den Reihen des IS stellen weiterhin arabische Kämpfer aus dem Irak und Syrien die Mehrheit. Allerdings sind die meisten der zugereisten arabischen Dschihadisten Saudis (ca. 40 Prozent), unter ihnen auch viele, die hohe und höchste Führungsaufgaben erfüllen. So sind beispielsweise alle zwölf Scharia-Richter in Raqqa (der inoffiziellen IS-Hauptstadt) Saudis. Seit März 2014 stuft auch Saudi-Arabien den IS als Terrororganisation ein und bestraft Saudis, die dort Mitglied sind. Laut dem saudischen Innenministerium beläuft sich deren Zahl auf etwa 1.800. Seit dem Sommer 2014 haben die saudischen Sicherheitsbehörden die Grenzbefestigungen zum Irak mehrfach ausgebaut und verbessert. Ob dies allein ausreicht, um die Bewegungen saudischer Dschihadisten in den Irak hinein und zurück dauerhaft zu unterbinden, ist mehr als fraglich. 2014 haben die saudischen Sicherheitsbehörden bereits mehrfach militante Untergrundzellen des IS in verschiedenen saudischen Städten ausgehoben. Die Gefahr ist groß, dass es früher oder später zu großen Terroranschlägen des IS in Saudi-Arabien kommt. Ebenfalls denkbar ist, dass aus dem Irak geflüchtete IS-Führungskader das Königreich in Zukunft verstärkt als Rückzugsraum und Rekrutierungsbasis nutzen werden.

Im regionalen Wettstreit um die Führungsrolle im Nahen Osten wurde deutlich, dass Saudi-Arabien dem Einfluss Irans wenig entgegensetzen kann. Ebenso schwach wie Saudi-Arabien sind auch alle von ihm dominierten regionalpolitischen oder islamisch-supranationalen Organisationen, sei es die Arabische Liga, sei es die Organisation für Islamische Zusammenarbeit (OIC) oder sei es der Golfkooperationsrat (GCC). Der seit 1981 bestehende, kulturell und ethnisch homogene GCC hat es aufgrund interner Zwistigkeiten unter den Mitgliedsstaaten nicht vermocht, die Zollschranken untereinander zu beseitigen, eine gemeinsame Währung einzuführen oder eine gemeinsame Armee aufzubauen. Es gibt keine Ansätze für den Aufbau einer alle Staaten der Region umfassenden regionalpolitischen Sicherheitsorganisation in Nahost, die Konflikte untereinander durch Verhandlungen und Abkommen friedlich lösen könnte. Ein Pendant etwa zur europäischen Konferenz zur Sicherheit und Zusammenarbeit in Europa (KSZE) gibt es nicht. Dieses Vakuum fördert die Rivalität zwischen starken Einzelstaaten und Staatenbündnissen. Derzeit werden die Konturen eines vom Iran dominierten schiitischen Staatenbündnisses deutlicher. Bereits heute zeichnet sich ab, dass das schiitische Regime in Teheran künftig nicht nur die Hauptlinien der Politik in Damaskus und Beirut kontrollieren wird, sondern wohl auch in Bagdad. Wenn es in diesem blutigen kriegerischen Chaos überhaupt einen Gewinner gibt, dann ist es der Iran. Der Iran ist zwar auch ein multikonfessioneller und multiethnischer Staat, aber die große Mehrheit seiner Bewohner teilt eine gemeinsame nationale Identität. Deren Quelle ist – neben dem Bekenntnis zur Schia – das Bewusstsein und der Stolz auf eine 2500 Jahre alte Geschichte und Kultur. Diese gefestigte nationale Identität, die im Nahen Osten nur noch drei Staaten, die Türkei, Marokko und Ägypten, haben, verleiht dem Iran eine vergleichsweise hohe politische Stabilität.

Zu der Einsicht, dass der Iran angesichts sich auflösender Grenzen in Nahost ein Faktor der Stabilität ist, scheint, wenngleich nicht offen eingestanden, auch die Obama-Administration gelangt zu sein. Sie gibt durch ihr pragmatisches Taktieren gegenüber Teheran zu erkennen, dass die USA die großen Probleme im Nahen Osten nicht gegen den Iran lösen kann, sondern nur mit ihm. Das unaufhaltsame Erstarken des Iran im Irak bestätigt bestimmte, seit Jahren erkennbare Trends. Es zeichnet sich ab, dass der Einfluss Europas und der USA auf die Region abnehmen, während der Einfluss einwohnerstarker und im Inneren relativ stabiler Regionalmächte – allen voran der Iran und die Türkei – zunehmen wird. Zudem sind in der arabischen Welt die Zeiten vorbei, in der das allmächtige Militär im jeweiligen Lande selbst und in der angrenzenden Region als alleiniger Garant für politische Ordnung und Stabilität fungieren kann. Die Beispiele Irak, Syrien, Libyen und Jemen beweisen dies. Daran ändert auch Ägyptens Rückfall in die Militärdiktatur nichts. Sisis autoritäre Militärherrschaft wirkt wie ein Fossil aus grauer Vorzeit, und sein Versuch, dem Land auf diesem Weg politische und wirtschaftliche Stabilität zu sichern, ist zum Scheitern verurteilt. Auch der Ölreichtum wird die Golfdespoten nicht vor der neuen Zeit retten. Dass im Kampf gegen den IS schon jetzt neue Bündnisse entstanden sind – sei es mit der kurdischen PKK, die nun als Bollwerk gegen den IS gefeiert wird, aber immer noch auf der europäischen Terrorliste steht; sei es mit dem Iran, der sich rasant vom internationalen Paria zum Bündnispartner gegen die Dschihadisten wandeln wird – zeigt: Alles befindet sich im Fluss.

Die Entwicklung der Region in den nächsten Jahren hängt von vielen politischen Unwägbarkeiten ab. Wie werden etwa die Verhandlungen zwischen Washington und Teheran über das Atomprogramm des Iran ausgehen? Sollten sie scheitern, wird das den bisherigen Trend zu verstärkter Deeskalation und Annäherung zwischen den beiden Seiten wohl nicht nur abbrechen lassen, sondern womöglich sogar umkehren. Sollten aber die USA und der Iran erneut einen Kurs der gegenseitigen Konfrontation einschlagen, würde in diesem Szenario der IS der große Gewinner sein und die Instabilität in der Region noch zunehmen.

Eine andere Unwägbarkeit im Hinblick auf die künftige Entwicklung des Irak betrifft die nicht präzise vorhersagbaren politischen Folgen der US-Luftschläge gegen den IS. Die Luftschläge im Norden und Nordwesten des Irak verschaffen den Kurdenkämpfern militärisch Luft, ermöglichen ihnen aber auch zugleich Offensiven und damit einen Landraub auf Kosten der arabischen Bevölkerung. Der Verlust dieser Territorien wird früher oder später zu bösem Blut zwischen Kurden und Arabern führen.

Wieder einmal zeigt sich, dass die Amerikaner zwischen allen Stühlen stehen und aufgrund des Fehlens verlässlicher Partner und einer durchdachten, konsistenten Gesamtstrategie für den Kampf gegen den IS vor unlösbaren Dilemmata stehen. Aus gutem Grund vermeiden es die USA, Bodentruppen zu entsenden, die hohe eigene Verluste erleiden könnten – sie lassen lieber die kurdischen Peschmerga kämpfen. Zugleich bereiten die USA damit aber ungewollt den Boden für neue territoriale Konflikte zwischen Kurden einerseits und sunnitischen wie schiitischen Arabern andererseits, wenn der IS zukünftig einmal besiegt oder zumindest dauerhaft auf kleine Rückzugsgebiete zurückgedrängt sein sollte.

Eine weitere große Unwägbarkeit betrifft die innere Stabilität des schiitischen Rumpfstaates in Bagdad und im Südirak. Im Gefolge des Aufrufs von Großayatollah Sistani im Juni 2014 kam es zu einer breiten militärischen Volksmobilisierung von schiitischen Milizionären. Deren Zahl wurde im Januar 2015 auf etwa 90.000 Mann geschätzt. Sie sind in sechs große und mehr als zehn kleinere Milizen aufgeteilt, die mal Seite an Seite mit den regulären und auch zumeist schiitischen Regierungstruppen, mal auf eigene Faust die feindlichen Truppen des IS bekämpfen. Aufgrund der Hilfe ihrer Unterstützer in der schiitischen Regierungskoalition und in diversen Ministerien erhalten sie nicht nur einen sehr auskömmlichen Monatslohn von 600 US-Dollar, sondern auch bessere Waffen als die reguläre Armee. Sie auf eine militärisch-operationelle Gesamtstrategie einzuschwören, in die Regierungsarmee zu integrieren und zu disziplinieren, ist eine Herkulesaufgabe. Ob ihr Premierminister Haidar al-Abadi gewachsen sein und ausreichend Autorität gewinnen wird, ist fraglich. Insbesondere die Disziplinierung der Milizionäre droht sich zum großen Problem auszuwachsen. Es häufen sich die Nachrichten, die von gewaltsamen Übergriffen der Schiitenmilizen gegen die sunnitische Zivilbevölkerung in den wiedereroberten Gebieten sprechen. Wiederholt hat Sistani seit Juli 2014 die Schiitenmilizen öffentlich dazu aufgerufen, die sunnitische Bevölkerung zu schützen und sie als ihre Brüder und Mitbürger anzusehen. Das hat – bislang jedenfalls – noch schlimmste Gewaltexzesse auf breiter Ebene abgewendet. Aber wenn es der Bagdader Zentralregierung nicht glückt, ihre Autorität zu festigen und den schiitischen Milizen Einhalt zu gebieten, werden auch Sistanis Appelle den Sunniten nicht auf Dauer helfen. Diese Situation spielt natürlich dem IS in die Hände.

Die IS-Kämpfer haben zwar Ende Januar 2015 die Schlacht um die syrische Grenzstadt Kobane verloren. Doch dieser taktische Verlust bedeutet keineswegs, dass der IS auch den Krieg verlieren wird. Wenige Tage nach dem Rückzug aus Kobane unternahm der IS eine überraschende Offensive gegen die Stadt Kirkuk, bei der IS-Kämpfer auch den obersten kurdischen General der Provinz Kirkuk töten konnten. Damit bewies der IS erneut, dass mit ihm zu rechnen und dass er militärisch und politisch noch lange nicht besiegt ist. Der Kampf gegen den IS wird also aller Voraussicht nach noch lange weitergehen …

Nachwort

Jeder, der beim Lesen dieses Buches bis zu dieser Stelle gelangt ist, wird sich vielleicht gewundert haben über die zumeist recht nüchterne, objektive und analytische Erzählweise meiner Darstellung. Da ich als direkter Zeitzeuge vieler politischer Ereignisse in Bagdad gelebt habe, hätte ich in diesem Buch ja über zahlreiche »spannende« Geschehnisse berichten können. Und in der Tat ließe sich über meine individuellen Erfahrungen als Augenzeuge und Mensch in den fünf Jahren von 2005 bis 2010 vortrefflich ein ganzes »Bagdad-Tagebuch« füllen. Warum ich diese Dinge dennoch nicht einbrachte und stattdessen die Erzählperspektive des eher zurückgenommenen, professionellen politischen Analysten von UNAMI wählte, rührt von mehreren Gründen, die ich hier nicht alle behandeln möchte. Doch so viel sei verraten: Einiges hat mit dem Beruf und Dingen zu tun, die ich gesehen und erfahren habe, die ich aus Gründen des Anstands und des professionellen Ethos als ehemaliger UNO-Mitarbeiter aber lieber für mich behalten möchte. Anderes wiederum liegt an mangelnder Extrovertiertheit – ich bin nicht der Typ, der sich gern in den Mittelpunkt spielt und um jeden Preis darauf erpicht ist, Ruhm und Ansehen zu gewinnen, indem er seine eigenen Erlebnisse vermarktet. Das stünde auch im Widerspruch zum Ziel dieses Buches, das für mich Vorrang hat.

Dieses Buch zielt darauf, interessierten Lesern, die hinter die Kulisse blicken möchten, auf authentische Erfahrung gegründetes Wissen über den Irak vor, während und nach der US-Besatzung an die Hand zu geben. Außerdem möchte ich dem Leser größere politische Zusammenhänge und komplexe Wirkungsgefüge verständlich machen. Es soll ihm helfen, viele der Info-Puzzlestücke und Nachrichtenfragmente, die er aus den öffentlichen Medien, aus Zeitungen und dem Internet schon kennt, zu einem sinnvollen und wirklichkeitsnahen Gesamtbild zusammenzufügen. Das Buch fußt natürlich auf den Erfahrungen aus meiner Arbeit im Irak selbst. Damit meine ich die Kontakte, Begegnungen und Hunderte von Gesprächen mit politischen und religiösen Führern aller konfessionellen und ethnischen Gruppen. Aber all das bildet eher ein Stützgerüst im Schatten, das Authentizität garantiert – diese wiederum möchte ich nicht ständig unter Beweis stellen, indem ich penetrant durch unzählige Fußnoten darauf verwies, wen ich wann, wo und warum traf.

Das Buch profitiert aber genau so sehr von meinem professionellen Hintergrund. Ich bin promovierter Islamwissenschaftler und Diplomübersetzer für Arabisch und Persisch, zwei Sprachen, die ich fließend sprechen und lesen kann. Bevor ich 2005 in den Irak ging, hatte ich schon acht Jahre in Ländern der islamischen Welt gelebt und gearbeitet, in Ländern, die politisch, kulturell, sprachlich und konfessionell-religiös sehr unterschiedlich sind. So hatte ich 1990 zwei Jahre in Ägypten geforscht und Stoff für meine Diplomarbeit zusammengetragen – just zu jener Zeit, als die Kuwait-Krise ausbrach und mich ein Filmteam des Schweizer Fernsehens (DRS) engagierte, um es als Arabisch-Übersetzer und Nahostberater durch politische und kulturelle Untiefen zu manövrieren. Verführt von der Aussicht auf Abenteuer, ließ ich mich gern aus meinen trockenen Forschungen herausreißen und wurde vom Schweizer Team auch umstandslos und herzlich als Mitglied akzeptiert. Vom 1. Januar 1991 an reisten wir für fünf Monate in einer atemlosen Tour de force durch fast alle Länder, die direkt oder indirekt von der Kuwait-Krise betroffen waren – von Ägypten über Jordanien, Syrien, Saudi-Arabien, Kuwait bis in den Irak. Von diesen großartigen und intensiven Erfahrungen, die auch Gefahren mit sich brachten, zehre ich noch heute.

Zurückgekehrt zu meinen Studien an der Universität Bonn, hielt es mich aber nicht lange dort. 1993/94 war ich für ein Jahr in der Islamischen Republik Iran, um Feldforschungen für meine Dissertation durchzuführen – ein riskantes Unterfangen, zumal auch fünf Jahre nach dem Tod des Ayatollah Khomeini der revolutionäre Furor noch nicht erkaltet war. Wie die blutige Rache des iranischen Auslandsgeheimdienstes an seinen Gegnern aussieht, hatte Deutschland knapp ein Jahr zuvor, 1992, erfahren. Iranische Agenten hatten Führer einer iranisch-kurdischen Oppositionspartei im Berliner Mykonos-Restaurant kaltblütig ermordet, ein Vorfall mit Folgen in Politik und Medien, der noch ein halbes Jahrzehnt danach den deutschen Blätterwald fast wöchentlich zum Rauschen brachte. Dennoch: Die Amtsführung des als Pragmatiker bekannten neuen iranischen Staatspräsidenten, Ali-Akbar Hashemi Rafsanjani, machte mir Mut. Rafsanjani kämpfte mit Zähigkeit und Geschick darum, seinen Kurs einer vorsichtigen politischen Öffnung nach außen und einer behutsamen Liberalisierung nach innen gegen die Hardliner durchzusetzen. Manche Schlacht gewann er sogar. Und so keimte bei mir Hoffnung auf, dass mein Forschungsaufenthalt glatt verlaufen würde. Damals war ich der erste deutsche Student, der für eine derart lange Zeit in den Iran ging. Die Professoren der Iranistik in Deutschland, die ich vor meiner Reise aufsuchte und um Rat und Unterstützung bat, schüttelten nur den Kopf. Ihnen erschien mein Forschungsvorhaben wie ein Himmelfahrtskommando. Sie verbargen nicht ihre Zweifel, mich jemals wiederzusehen. Zu wahrscheinlich war ihnen, dass ich als vermeintlicher westlicher Agent in einer feuchten, kalten Zelle des berüchtigten Teheraner Foltergefängnisses von Evin landen und dort mein Leben aushauchen oder zumindest meine Gesundheit verlieren würde. Doch sie irrten. Ich kam – trotz einiger gefährlicher Situationen – nicht nur heil und gesund aus dem Iran zurück, sondern hatte dort auch viele Freunde gefunden. Obendrein hatte ich noch wertvolle politische Kontakte geknüpft, darunter auch zu Regimereformern, wie etwa dem späteren iranischen Präsidenten Mohammad Khatami. Das sollte mir bei meinen späteren Reisen größeren Schutz und mehr Sicherheit geben. Und so war ich von 1995 bis 2005 fast jedes Jahr für einen Monat im Iran, um die Freundschaften und Kontakte zu pflegen.

Nach einem kurzen Intermezzo als Leiter des Arabischen Dienstes bei der Deutschen Welle in Köln (1995/96) promovierte ich 1997 in Bonn über die Panislam-Politik des revolutionären Iran. Ein Jahr später, 1998, nahm ich eine Stelle als Landesbeauftragter der Konrad-Adenauer-Stiftung (KAS) in Rabat (Marokko) an und leitete dort vier Jahre lang Projekte der Demokratieförderung. Von Ende 2001 bis Ende 2002 war ich in Amman (Jordanien) Direktor des Nahost-Regionalbüros von International Crisis Group (ICG), einem supranationalem Think-Tank mit Sitz in Brüssel. Danach zog es mich und meine Familie wieder nach Deutschland.

Wie ich 2005 nach Irak kam? Geplant hatte ich es nicht und auch nie ernsthaft erwogen, dort zu arbeiten. An eine Karriere im Dienste der

UNO hatte ich auch nie gedacht. Alles begann an einem lauen Frühlingstag im Mai 2005, als ich in meiner frischbezogenen Wohnung in Berlin einen unerwarteten Anruf von Michael von der Schulenburg bekam, einem alten Freund, der seit Jahrzehnten bei der UNO arbeitete, meist an den härtesten und gefährlichsten Einsatzorten der Welt. Erfreut über einen der seltenen Anrufe von Michael, wusste ich damals noch nicht, dass das folgende Gespräch meinem Leben eine Wendung geben sollte, die es für das nächste halbe Jahrzehnt bestimmte. Ich hatte Michael im Frühjahr 1993 im Iran kennengelernt. Dort hatte er für acht Jahre als UNDP-Beauftragter in Teheran als protokollarisch höchstrangiger Vertreter der UNO gearbeitet. Damals, 1993, war ich für ein Jahr in Iran auf Forschungsreise unterwegs und hatte in Teheran einen schwarzen US-amerikanischen sunnitischen Muslim, Hassan Abdolrahman, kennengelernt. Hassan hatte sich in den 1970er Jahren in Washington bei der Black-Muslim-Bewegung politisch aktiv engagiert und war mehrfach mit dem FBI aneinandergeraten. Nach dem Sieg der Islamischen Revolution im Iran hatte er sich von den panislamischen Sirenengesängen der Machthaber in Teheran betören lassen. 1980, mitten auf dem Höhepunkt des iranisch-amerikanischen Politdramas um die nach der US-Botschaftsbesetzung als Geiseln genommenen US-Diplomaten, ging er in den Iran und blieb dort. Eine Rückkehr in die USA, wo er seitdem als »Landesverräter« gilt und ihn diverse Probleme erwarten, kam für ihn nicht mehr in Frage. Hassan und ich freundeten uns schnell an; nach einiger Zeit machte er mich auch mit seinem Freund Michael von der Schulenburg bekannt.

Michael ließ bei seinem Anruf bei mir schnell die Katze aus dem Sack. Der UNO-Generalsekretär Kofi Annan hatte ihn einige Tage zuvor zum stellvertretenden Chef der UNO-Mission im Irak (UNAMI) ernannt. Nun suchte er nach geeigneten Mitarbeitern. Schnell dachte er an mich, da er wusste, dass ich ein international anerkannter Experte für die Themen »Iran« und »Schiiten« war, Nahosterfahrung hatte und zudem noch Arabisch und Persisch sprach. Er bot mir einen sowohl finanziell und auch in der Jobhierarchie der UNO attraktiven Job als Senior Political Affairs Officer (etwa: leitender politischer Analyst) an. Gleichzeitig war er auch ehrlich genug, nicht die Risiken und Belastungen des Jobs zu verschweigen oder herunterzuspielen. Schließlich war Bagdad nach UNO-Kategorien eine combat zone (»Kriegszone«) und galt als der gefährlichste UNO-Einsatzposten der Welt. Verlockt von seinem Jobangebot, aber zugleich auch voller Furcht und Sorgen, erbat ich mir eine Woche Bedenkzeit. Die Zeit brauchte ich auch. Ich war in einer schwierigen Umbruchphase meines Lebens. Ich hatte mich wenige Monate zuvor von meiner Frau getrennt, die Scheidung lief gerade an, und ich litt unter der Trennung von meinen zwei Kindern. Finanziell kam aber das Angebot gerade recht, weil meine befristete Anstellung bei einem deutschen Forschungsinstitut bald auslief und eine neue Stelle weit und breit nicht in Sicht war. Die Anstellung bot mir trotz aller Gefahren und Härten einen Ausweg aus meiner damaligen Zwickmühle. Und so nahm ich die Stelle bei UNAMI an und stürzte mich im Juli 2005 ins Abenteuer.

Ende Juli, nach einem zweiwöchigen Sicherheitstraining bei der UNAMI-Außenstelle in Amman (Jordanien), war es soweit. Ich kam an Bord eines mit US-Soldaten und Munition vollgepackten US-Militärtransportflugzeugs auf dem Bagdader Militärflughafen an. Es lag ein Hauch von Staub in der Luft und es war so glutheiß, dass ich glaubte, der Asphalt auf dem Rollfeld würde zerfließen. Der Himmel war klar, wolkenlos und von einem so tiefen Kornblumenblau, dass einem fast die Augen wehtaten, wenn man länger hineinschaute. Die Landschaft um den Flughafen herum war eine knochentrockene Wüstensteppe in gelblichen und graubraunen Tönen: rundherum nur getarnte Flugzeughangars, Betonbunker, Sandsackstellungen mit Stacheldrahtverhauen, riesige Zeltlagerstätten für die ein- und ausfliegenden US-Soldaten und Zivilverwalter und irgendwo verstreut ein paar improvisierte Verwaltungsbaracken und angerostete trostlose Wohncontainer. Bei meiner Ankunft am nächsten Morgen in Bagdads Green Zone war die Backofenhitze des Sommers im Irak mit 49 Grad auf dem vorläufigen Höhepunkt angelangt – die Temperaturen zwischen Mai und Oktober, so sollte ich lernen, pendelten immer zwischen 45 und 50 Grad, bisweilen sogar leicht darüber. Und nicht nur klimatisch kochte die Luft, auch politisch ging es heiß her. Die Verhandlungen über die neue Verfassung, die die USA mit aller Kraft vorantrieben, drohten zu scheitern. Es lag eine große Anspannung in der Luft, und ich spürte körperlich von Anfang an so etwas wie lauernde Gefahr. Fast täglich fielen Mörsergranaten und Raketen auf die Green Zone, manchmal mehrmals täglich. Da sie zumeist nur von hastig improvisierten Unterständen oder von den Ladeflächen von schnell wei-

terrasenden Pick-Up-Vans abgeschossen wurden, war die Zielgenauigkeit
der Geschosse gering. Doch das beruhigte nicht wirklich …

UNAMI in der Green Zone ist eine 2003 eingerichtete UNO-Frie-
densmission mit knapp 100 internationalen Mitarbeitern aus fast 30 Nationen. Ihr Leiter war von November 2004 bis Ende 2007 der pakistanische Karrierediplomat Ashraf Qazi. Qazi war wiederum ein enger
Vertrauter von General Parviz Musharraf, dem pro-amerikanischen Präsidenten Pakistans, der durch einen Armeeputsch an die Macht gekommen war. Die Mission war in mehrere große Abteilungen aufgeteilt, mit
jeweils ein bis zwei Dutzend Mitarbeitern. Die wichtigsten waren das
Büro für politische Angelegenheiten (»Political Affairs Office«, PAO),
das Büro für Verfassungsfragen, das Büro für Wahlangelegenheiten, das
Büro für Menschenrechte, das Flüchtlingshilfebüro, die Generalverwal-
tung und das Sicherheitsbüro, das für unsere Sicherheit sorgte. Fragen
der Sicherheit wurden sehr groß geschrieben. Kein Wunder: Schließlich
war das Fiasko des Lastwagenbombenanschlags von AQI vom August
2003, der 21 UNAMI-Mitarbeiter aus dem Leben riss, eine unvergessen
bleibende Mahnung.

Untergebracht waren wir UNAMI-Leute an zwei Orten, an einem
zum Schlafen und an einem zum Arbeiten. Das Arbeits-Camp, der »Diwan-Compound«, befand sich auf dem Gelände der ehemaligen Militär-
akademie des irakischen Verteidigungsministeriums. Dort waren wir in
festen, gemauerten Steinhäusern untergebracht. Das gewährleistete rela-
tive Sicherheit, wenn Granaten auf die Dächer oder neben den Gebäuden niedergingen. Als Schlafunterkunft diente UNAMI in den ersten
zwei Jahren das Al-Rashid-Hotel, ein heruntergekommenes Luxusho-
tel, in dem die gestürzte Baath-Staatselite ihre ausländischen Gäste un-
terzubringen und auch gelegentlich wüst zu feiern pflegte. Nur einen
Steinwurf weit entfernt, direkt gegenüber dem Al-Rashid-Hotel, lagen
das irakische Parlament und die Büros des Premierministers und der Ministerien – günstig gelegen also für mich und viele meiner Kollegen, die
täglich immer mit Parlamentariern und Vertretern und Mitarbeitern der
Kabinettsverwaltung zu tun hatten. Mehrere hundert Parlamentarier und
Politiker der Exekutive sowie Richter wohnten zusammen mit ihren Familien aus Furcht um ihr Leben nicht mehr in ihren Wohnungen in Bagdads Red Zone, sondern im Al-Rashid-Hotel. In den Fluren, Speisesälen

und Restaurants des Hotels trafen wir daher viele unserer Gesprächspartner auch nach der Arbeit wieder.

Morgens in den Speisesälen bildeten sich nach dem Frühstück immer informelle Fahrgemeinschaften der UNAMI-Leute. In kleinen Trossen von fünf bis sechs Personen fuhren wir dann in gepanzerten Toyota-Jeeps die vier Kilometer bis zum Diwan-Camp, immer wieder unterbrochen durch Kontrollen an einem halben Dutzend Check-Points. Sowohl das Al-Rashid-Hotel als auch der Diwan-Compound waren durch drei Verteidigungsringe gesichert, besetzt (von außen nach innen) von Einheiten aus US-Marines, georgischen Soldaten der »Koalition der Willigen« (MNF-I) und melanesischen Soldaten aus einem Bataillon, das der Fidschi-Inselstaat der UNO für gutes Entgelt zur Verfügung stellte. Wir alle trugen täglich außerhalb der Büros die obligatorischen durchschnittlich zehn Kilogramm schweren Panzerwesten und einen blauen zwei Kilogramm schweren UNO-Stahlhelm, Kleidung, die beschwerlich ist, überall drückt und viele Schweißflecken verursacht.

Nachteilig an der Unterkunft im Al-Rashid-Hotel waren vor allem zwei Dinge. Das Hotel lag an zwei Seiten nur 50 Meter von der Sprengschutzmauer zur Red Zone entfernt. Das bot Heckenschützen der Aufständischen Gelegenheit, von nahegelegenen Hochhäusern aus regelmäßig in die Fenster des Hotels zu schießen. Um kein Ziel zu bieten, hielten wir unsere Zimmer zumeist mit Vorhängen verschlossen, was diese auch tagsüber oftmals in düstere, muffige Grüfte verwandelte. Auf dem Dach des 14-stöckigen Hotels war immer eine acht Mann starke Einheit von Scharfschützen der US-Armee postiert. Sie hielten die gegnerischen Scharfschützen in Schach und wurden alle acht Stunden abgelöst. Ein anderer Nachteil ergab sich aus dem Umstand, dass ein Großteil der Strom- und Wasserversorgung des Hotels auch mit dem System der Red Zone verbunden war. Und wenn dort, was sehr oft vorkam, Strom und Wasser ausfielen oder wieder einmal strengen Rationierungszyklen unterworfen waren, spürten wir das ebenfalls. Mindestens einmal die Woche hatten auch die UNAMI-Leute im Hotel für 24 Stunden oder länger kein Strom und kein Wasser. Das stimmte einen nicht immer frohgemut, abends ohne Aussicht auf Toilettenspülung, Dusche und Trinkwasser nach einem langen Arbeitstag im Diwan-Camp wieder zurück in sein verstaubtes Hotelzimmer zu trotten.

Nach knapp zwei Jahren tauschten die UNO-Angestellten das Al-Rashid-Hotel gegen ein anderes Schlafquartier ein. Dieser Aufenthaltsort war zu gefährlich geworden. Unter die irakischen Dauerhotelgäste aus Parlament und Regierung und ihre irakischen Besucher, die in nie abreißenden Strömen täglich ins Hotel fluteten, hatten sich immer öfter suspekte Gestalten gemischt. Unsere UNAMI-Sicherheitsleute glaubten unter ihnen etliche Kundschafter oder getarnte Kämpfer von AQI ausgemacht zu haben. Mit 100 internationalen UNO-Mitarbeitern war das Hotel ein sehr prestigeträchtiges Ziel für Aufständische – wir befanden uns auf einem Präsentierteller. Die Gefahr wurde immer greifbarer, nachdem der schwelende Bürgerkrieg im Februar 2006 offen und in aller Grausamkeit ausbrach. Bis dahin war auch schon in näherer oder weiterer Entfernung Kampflärm von Maschinengewehrfeuer, Bombenexplosionen oder Granateneinschlägen zu hören. Aber dies waren Ausnahmen. Ab Februar kehrte sich für Jahre alles um. Fortan waren Stunden der Ruhe ohne Gefechtslärm die rare Ausnahme.

Die Green Zone war Kerngebiet des früheren Regierungsviertels von Saddam Hussein gewesen, ihr Untergrund glich einem Schweizer Käse. Dort verbarg sich ein weitverzweigtes Tunnelsystem von hunderten unterirdischer geheimer Gänge und Stollen, die Saddams Präsidentenpalast mit allen anderen Machtzentralen verbanden und bis weit in das Gebiet reichten, das nach 2003 zur Red Zone wurde. Allein in dem großen Heizungs- und Belüftungskellergeschoss des Al-Rashid-Hotels gab es 40 Tunneleingänge, die in alle Richtungen führten und notdürftig verriegelt oder vermauert waren. Bewacht wurden sie rund um die Uhr von bewaffneten Wächtern der MNF-I, zumeist Peruaner, die wie schlichte Anden-Bauern aussahen und kein Wort Englisch verstanden. Wenn ich, was ein bis zwei Mal die Woche vorkam, zum Sporttraining in den Gymnastiksaal im Keller des Hotels ging, musste ich an einem dieser grimmig dreinblickenden Wächter vor den Tunneleingängen vorbei – er kam mir vor, als sei er ein der griechischen Sage entsprungener Zerberus, ein Höllenhund, der den Eingang zur Unterwelt bewacht.

Im Herbst 2006 zogen wir in ein anderes Schlafcamp in der Green Zone. Es war der »Tamimi-Compound«, eine Containercamp-Siedlung, die bis dahin vom US-Ingenieurkorps des Pentagon genutzt worden war. Da wir nahe der US-Botschaft waren, hatten wir eine gute Infrastruktur und gesicherten Zugang zu Strom und Wasser. Jeder UNAMI-Mitarbeiter bekam einen 4 mal 3 Meter großen Wellblechcontainer, der gegen Granatsplittereinschläge von allen vier Seiten durch 1,50 Meter hohe Sandsackwälle notdürftig gesichert war. Der Nachteil war, dass es keinen effektiven Schutz gegen Granaten- und Raketenbeschuss von oben gab. Zwar wurden im Verlauf eines Jahres noch nachträglich auf Stahlträgern angebrachte zusätzliche Schutzbleche auf die Dächer der Container gelegt – doch wusste jeder, dass sie im Ernstfall nicht schützen würden. Die Anwesenheit des Todes war uns allen daher immer bewusst, auch wenn wir sie zu verdrängen suchten. Ich machte es mir zur Regel, diesen Gefahrenmomenten für mich selbst mit professioneller Distanz zu begegnen und sie – wenn möglich – nicht an mich heranzulassen. Das Büro für politische Angelegenheiten (»Political Affairs Office«, PAO), in dem ich damals arbeitete, hatte zwölf internationale Mitarbeiter. Sie stammten aus Indien, Russland, Deutschland, Japan, Kanada, Südkorea, Frankreich, Sudan, USA und Großbritannien. Sie arbeiteten in drei Unterabteilungen, die sich jeweils mit den politischen Hauptthemen der großen Volksgruppen der Schiiten, Sunniten und Kurden befassten. Ich leitete die PAO-Unterabteilung für Schiiten und war für die Beobachtung der schiitischen Regierungsparteien und Oppositionsparteien sowie der irakisch-iranischen Beziehungen zuständig. Im PAO hatten wir auch sechs lokale irakische Mitarbeiter, die aus den großen Volksgruppen der arabischen Schiiten, der arabischen Sunniten und der Kurden stammten. Verstärkt wurde unser Team noch durch drei Sekretärinnen, eine irakische Christin mit griechischen Wurzeln, eine Kurdin und eine sunnitische Araberin. Trotz des Bürgerkriegs, der um uns und die Green Zone herum für Jahre tobte, kamen alle unsere Mitarbeiter gut miteinander aus. Von den scharfen Spannungen, der hasserfüllten Barbarei und den Gewaltexzessen, die das Land zerrissen, war unter ihnen wenig zu spüren.

Die Hauptaufgabe der lokalen irakischen Mitarbeiter war es, uns als Kontaktvermittler und Übersetzer zu dienen. Durch sie konnten wir unsere Verbindungen zu Politikern des breiten irakischen Parteienspektrums mit seinen diffizilen ideologischen und konfessionell-ethnischen Untergliederungen aufbauen und am Leben halten. Dabei war es von enormem Vorteil, lokale UNO-Mitarbeiter zu beschäftigen, die entweder der schiitisch-arabischen, der sunnitisch-arabischen oder der kurdischen Volksgruppe angehörten. Denn aufgrund ihrer Zugehörigkeit zu einer bestimmten Ethnie oder Konfession schafften sie es, mit konfessionell oder ethnisch gleichgerichteten Politikern schneller und besser als jeder Internationale von UNAMI ein Vertrauensverhältnis aufzubauen.

Unsere irakischen Mitarbeiter verdienten mit einem Monatsgehalt von 1.000 US-Dollar ungewöhnlich gut im Vergleich zu der großen Mehrheit der übrigen Iraker. Bei UNAMI zu arbeiten, brachte aber auch Härten und Gefahren mit sich. Alle von ihnen mussten sich möglichst unerkannt jeden Morgen durch einen der zwölf Check-Points in die Green Zone hineinschleichen – eine mühsame und nervenzehrende Prozedur. Bevor sie am Sprengschutzwall anlangten, wechselten sie mehrfach den Bus oder das Taxi, um mögliche Verfolger oder Spione abzuschütteln. Ständig mussten sie damit rechnen, dass Feinde der US-Besatzungsmacht, die UNAMI mit den USA gleichsetzten, ihnen auf die Schliche kamen, wo und für wen sie arbeiteten. Die Aufständischen töteten solche »Kollaborateure des Feindes« gnadenlos, manchmal obendrein auch die gesamte Familie. Ebenso große Furcht mussten sie vor den vielen hochprofessionellen Entführerbanden in Bagdad haben, von denen es schätzungsweise 150 gab. Die Tageszeitungen waren voll von Nachrichten über zahlreiche tägliche Entführungsfälle. Die Banden entführten keinesfalls nur offensichtlich wohlhabende Bank- oder Fabrikdirektoren, sondern auch Kleinunternehmer, Ladenbesitzer, Inhaber von Tankstellen, Friseurläden, Fleischereien und Buchläden. Jeder Selbstständige oder höhere Verwaltungsangestellte, von dem sie glaubten, eine Lösegeldsumme von 50.000 bis 60.000 US-Dollar erpressen zu können, geriet ins Visier dieser Banden. Da irakische Familien in der Regel groß und mit vielen verwandten Stammesclans verbunden sind, konnten sie oft die Summe aufbringen, wenngleich die dabei gemachten Schulden sie ebenso oft ruinierten. Meistens gingen die Entführungen gut aus, das Lösegeld wurde für die Geisel eingetauscht. Aber es gab auch häufig tragische Ausnahmen, bei denen die Angehörigen der Geisel das Geld übergaben und im Gegenzug nur einen Leichnam erhielten – oder, was auch gelegentlich vorkam, selbst entführt oder getötet wurden. Es gab weder Gewissheiten noch verlässliche Regeln, es herrschte absolute Anarchie.

Mit einigen unserer irakischen Mitarbeiter habe ich Freundschaft geschlossen. Ein guter Freund war der Sunnit Nihad al-Samarai, ein früherer Geschäftsmann und Inhaber einer kleinen Fabrik für Haushaltswaren. Sein Bruder, Ayad al-Samarai, ein Führungskader der gemäßigt islamistischen Sunnitenpartei der IIP, wurde 2009 sogar für ein Jahr Parlamentspräsident. Nihad war zwar fromm, aber auf eine milde, ganz und gar unaufdringliche Weise, er war dabei sehr weltoffen, tolerant und wissbegierig. In der Ära von Saddam war er kein Mitglied der Baath-Partei gewesen. Das schwächte seine Position in den harten Kämpfen, die er mit konkurrierenden Firmenchefs, die dem Saddam-Regime nahestanden, auszufechten hatte. Um ihn auszuschalten, griffen seine Rivalen letzten Endes sogar auf die Hilfe der Geheimdienste zurück. Ende 1999 hatten sie für ihn einen Autounfall mitten in Bagdad »arrangiert«, den Nihad nur schwerverletzt überlebte.

Gut befreundet war ich auch mit Christina Karakyla, unserer immer fröhlichen Sekretärin. Christina stammte ursprünglich aus Athen. Zwanzig Jahre zuvor hatte ihre geliebte, jüngere Schwester einen Ingenieur aus dem Irak kennengelernt, ihn geheiratet und war mit ihm nach Bagdad gezogen. Christina und ihre Mutter zogen mit in diesen fernen, aber damals wirtschaftlich stabilen Ölstaat. Im Sommer 2006 wurde eine von Christinas Stieftöchtern auf dem Schulweg entführt. Die Kidnapper verlangten 60.000 US-Dollar Lösegeld binnen einer Woche, ansonsten würden sie das Mädchen töten. Christina war fassungslos, verzweifelt und am Boden zerstört. Woher sollte sie das Geld nehmen? Schließlich war sie unverheiratet, hatte keinen irakischen Großfamilienclan im Rücken und besaß nur ein kleines Gehalt. Auch wir, die Internationalen im PAO, waren tief betroffen und litten mit. Wir versuchten zu helfen, indem wir einen Teil unseres Monatsgehaltes spendeten. Irgendwie schaffte Christina es dann doch, das Lösegeld aufzutreiben, indem sie ihre gesamte Wohnungseinrichtung verkaufte und gewaltige Schulden aufnahm. Eine Woche später konnte sie das Geld den Entführern geben. Tatsächlich: Sie erhielt ihre Stieftochter lebend zurück, wenngleich bis auf die Knochen abgemagert und fast verdurstet. Sie war eine Woche in einem dunklen, kleinen Kofferraum eingesperrt gewesen. Wenige Monate nach diesem Vorfall flüchtete Christina, die alle ihre Fröhlichkeit und alle Finanzreserven verloren hatte, mit ihren beiden Stieftöchtern und ihrer alten Mutter nach Jordanien. Zwei Jahre später, 2008, traf ich sie in Amman, wo sie in der UNAMI-Außenstelle einen Job gefunden hatte. Sie selbst hatte sich wieder seelisch gefangen. Doch leider hatte ihre Stieftochter durch die Entführung ein schweres psychisches Trauma davongetragen, litt unter wiederkehrenden nervlich bedingten Lähmungen und anderen körperlichen Folgen.

Das Leiden meiner Freunde und Kollegen ging mir persönlich immer sehr unter die Haut. So erging es mir auch im Fall meines guten alten Freundes Fleih al-Suwaidi. Aber wer ist Fleih, wie lernte ich ihn kennen? Fleih, im Zivilberuf Bauingenieur, war nach 23-jährigem Exil im Iran 2004 nach Bagdad zurückgekehrt und gehörte seit 2005 zu den lokalen irakischen Mitarbeitern, die wir im »Political Affairs Office« in Bagdad beschäftigten. Fleih ist Schiit – das war einer der Hauptgründe, warum ich mich zu Beginn meines UNAMI-Jobs sehr stark dafür eingesetzt hatte, ihn einzustellen. Erstaunlicherweise gab es bis dahin im PAO keinen einzigen Schiiten unter den lokalen Mitarbeitern, obwohl die schiitischen Araber bekanntlich zwischen 60 und 65 Prozent der Bevölkerung stellen.

2002 hatte ich Fleih in Teheran durch Vermittlung meines Freundes Hassan Abdolrahman kennengelernt. Bisweilen sprach ich Fleih mit Abu Hassan (»Vater von Hassan«) an, gemäß dem arabischen Brauch, eine Person nach dem ältesten Sohn zu benennen. Fleih mochte diese Geste, die er stets mit einem breiten zufriedenen Lächeln quittierte und mich darauf »Abu Kiyan«, nach meinem ältesten Sohn, nannte. Fleih, ein kleiner, stämmiger Mann, Mitte fünfzig, mit graumeliertem dünnem Bart, ist ein Mensch, der stets ein freundliches und offenes Lächeln auf den Lippen trägt. Er hatte in den 1970er Jahren in Mossul Bauingenieurwesen studiert. In Mossul hatte er sich dann mit einigen anderen schiitischen Kommilitonen, darunter dem späteren irakischen Premierminister Ibrahim al-Jaafari, zusammengetan. Sie alle wurden Mitglieder der verbotenen oppositionellen Daawa-Partei von Ayatollah Baqir al-Sadr. Zwischen Mitte und Ende der 1970er Jahre hatten die Geheimdienstschergen von Saddam Fleih und einige andere Männer aus seiner Familie wiederholt verhaftet, weil sie sie der Daawa-Parteimitgliedschaft verdächtigten. Fleihs Bruder wurde in der Haft getötet, und auch Fleih erlitt bei seiner letzten Inhaftierung schwerste Folter. Die Folterknechte Saddam Husseins hatten ihm Teile der Kopfhaut abgeschnitten, ihn wochenlang mit Knüppeln geschlagen, Elektroschocks verabreicht und ihn tagelang mit hinter dem Rücken gebundenen Armen an die Decke seiner Zelle gehängt. Damit nicht genug: Zum Schluss hatten sie ihm lange Eisenbahnschwellennägel durch die Kniegelenke gehämmert. Insbesondere die Folgen der letzteren Folter machten Fleih auch 25 Jahre danach im

Alltag noch zu schaffen. Er hinkte sichtlich und konnte auch nur langsam gehen.

Fleih, so bemerkte ich im Laufe der Jahre immer wieder, verkörperte auf typische Weise die Widersprüche und Ambivalenzen der irakischen Schiiten. Den meisten Westlern war (und ist) nicht bekannt, dass es Brüche und Spannungen in der kollektiven Psyche der Schiiten des Irak gab. In vielen von ihnen lebten zwei Seelen in einer Brust. Der eine Pol war ihr ausgeprägter irakisch-arabischer Patriotismus und ihr Stolz, Araber im Irak zu sein, dem historischen Herzland der Schiiten, in dem die Schia ihren Ausgang nahm und dessen Erde die Gräber der meisten der schiitischen Imame barg. Der andere Pol war ihre sich aus der Historie und gemeinsamen Konfessionszugehörigkeit speisende Nähe und Freundschaft zu den Persisch sprechenden Schiiten im Nachbarland Iran, in dem die Schia schon seit einem halben Jahrtausend Staatsreligion war. Doch war ihr Verhältnis zu den iranischen Schiiten nie frei von Spannungen. Immer spielte auch Rivalität eine Rolle, zumal die iranischen Herrscher und theologischen Autoritäten immer versucht hatten, ihren »kleinen irakischen Brüdern« unter dem Vorwand selbstloser brüderlicher Hilfe ihren Willen aufzuzwingen.

Keiner verkörperte dieses ambivalente Verhältnis besser als Fleih. Im Frühjahr 1980 hatte Saddam Hussein Ayatollah Baqir al-Sadr und dessen Schwester, Bint al-Huda, verhaften und nach grausamen Foltern schließlich hinrichten lassen. Und zugleich setzte eine erbarmungslose Hetzjagd auf alle Führer und Mitglieder der Daawa-Partei ein. Wer konnte, floh ins politische Exil ins Ausland, die meisten davon in den Iran. Mit knapper Not gelang auch Fleih die Flucht in den Iran. Fortan lebte er mit seiner Familie in Teheran und verdiente seinen Lebensunterhalt als Bauingenieur für iranische und westliche Firmen. Als ich ihn 2002 kennenlernte, arbeitete er für eine österreichische Firma, die Aufzüge in Zentralschächten des gewaltigen Bauprojekts der U-Bahn von Teheran installierte. Nebenbei engagierte er sich auch als Vorstand eines mehrere hundert Mitglieder zählenden Verbands von irakischen Ingenieuren im Iran, deren Interessen und Klagen er sowohl den iranischen Verwaltungsbehörden als auch westlichen Botschaften vortrug.

Vermutlich bildete das Gefühl, von den Iranern diskriminiert zu werden, das einigende Band zwischen Fleih und Hassan Abdolrahman, meinem amerikanischen Freund im Iran. Das also machte sie, wie mir in

Teheran vorkam, zu mit Pech und Schwefel verschworenen Brüdern. Hassan hatte mir gelegentlich geklagt, dass ihn die Iraner manchmal offen, meistens aber durch die Blume als Sunniten und Schwarzen diskriminierten. Fleih hingegen sprach in Teheran wenig von der Diskriminierung durch die iranischen Gastgeber. Aber dennoch spürte ich öfters, dass auch er darunter litt. Umgekehrt erfuhr ich auch zum ersten Mal durch ihn, dass das Verhältnis zwischen iranischen Revolutionsgeistlichen und den irakischen schiitischen Oppositionellen bereits vor der Revolution von 1979 getrübt war. Eine der seltenen von ihm verratenen Anekdoten über das Verhalten von Ayatollah Khomeini während des Exils im irakischen Nadschaf bebildert dies sehr gut. Glaubt man der iranischen Regierungspropaganda nach 1979, war das Verhältnis zwischen dem vom Schah ins irakische Exil getriebenen Khomeini und Ayatollah Baqir al-Sadr von Freundschaft und Kooperation geprägt, wobei nach iranischer Lesart der jüngere al-Sadr sich dem älteren Khomeini unterworfen haben soll. Fleih, der Verwandte in Nadschaf hat, erzählte, dass er während Khomeinis Exil in den 1970er Jahren oft dort weilte und er und seine Freunde von der Daawa-Partei sich gelegentlich zum Freitagsgebet in Khomeinis bevorzugter Moschee einfanden, um hinter ihm das Gemeinschaftsgebet zu verrichten. Von einem Tag auf den anderen blieben aber er und seine Freunde fort. Was war geschehen? Fleih erzählte mir, dass er und seine Daawa-Parteigenossen eines Tages direkt hinter Khomeinis Rücken in der zweiten Reihe gebetet hatten. Dabei vernahmen er und seine Freunde etwas, was sie zutiefst verstörte. Sie hörten, dass Khomeini die jedes Gebet einleitende *fatiha,* das arabische »Vaterunser« des Islam, das als erste Sure den Koran einleitet, nicht auf Arabisch, sondern auf Persisch rezitierte. Das empfanden sie als schiere Blasphemie. Und so verzichteten sie fortan in stillem Protest auf jede weitere Teilnahme an einem von Khomeini geleiteten Freitagsgebet.

Im Oktober 2008 kam Fleih für eine Woche nicht zur Arbeit. Sein Schwager war mit dem Bus unterwegs gewesen, um Verwandten in Nadschaf zu besuchen. Reisen dorthin sind immer riskant, weil man südlich von Bagdad eine Reihe von sunnitischen Kleinstädten passiert, die als Hochburgen der Aufständischen gelten. Mitten auf dem Weg wurde der Bus, in dem Fleihs Schwager saß, von uniformierten Soldaten angehalten, die das Gepäck und die Identität der Buspassagiere kontrollierten. Rasch stellte sich heraus, dass es keine Regierungssoldaten, sondern verkleidete AQI-Kämpfer waren. Nachdem sie durch Kontrolle der Ausweispapiere und das Abfragen der Vornamen der Passagiere herausgefunden hatten, wer Sunnit und wer Schiit war, wurden die Schiiten vom Rest abgesondert. Dann schnitten sie den Schiiten die Köpfe ab. Dieser Mord nahm Fleih sehr mit und ließ auch mich nicht unberührt.

Auffällig oft rezitierte Fleih im Büro in den Arbeitspausen begeistert aus dem Buch Nahj al-Balagha, einer dem ersten Imam Ali zugeschriebenen Sprüche- und Redensammlung, die auf die Morallehre der Schia seit 1000 Jahren großen Einfluss hat. Viele dieser Aphorismen und Sentenzen zeugen von einer tiefen philosophischen Weisheit und einer Idee von Humanität, die Staunen macht. Der Imam Ali, wie er in diesem Buch erscheint, ist ein Anführer, der seine Anhänger aufruft, wilde innere Instinkte, etwa Grausamkeit und Rachsucht, zu überwinden. Er fordert er sie vielmehr auf, Vergebung, Mitmenschlichkeit und Nächstenliebe zu praktizieren. Irgendwann begriff ich, dass Fleihs Verhalten – und auch sein Entschluss, auf blinde Rache an seinen früheren sunnitischen Folterknechten zu verzichten – aus dieser Quelle herrührte. Offenbar war dies für ihn eine unerschöpfliche Quelle, aus der er innere Festigkeit und Seelenfrieden gewann – eine Quelle, um die ich ihn beneidete.

Die geschilderten Ereignisse aus dem Leben einiger meiner Mitarbeiter bebildern, wie das Leben vieler Iraker seit 2003 aussieht. Die Gewalt und die Grausamkeit, die im Irak herrschen, sind für die meisten Deutschen undenkbar, die nur das Leben in einer vergleichsweise beruhigten, vor Staatswillkür, religiösem Bombenterror und Brutalität geschützten Gesellschaft kennen. Und doch: Viele meiner Mitarbeiter schafften es, trotz widrigster Umstände weder ihre moralischen Grundsätze noch ihre Hoffnung aufzugeben. Es waren Menschen, die wie Nihad, Fleih und viele andere, die ich kennen und schätzen gelernt habe, unbeirrt ihrem inneren Kompass folgten und nicht aufgaben, für ein besseres und menschlicheres Morgen zu kämpfen. Ich bin dankbar, dass ich diesen Menschen begegnen durfte, Menschen, die keine großen Helden sind, die aber durch ihre bescheidenen Worte und Taten daran mitarbeiten, die Hoffnung im Irak nicht sterben zu lassen.

Dank

Da der Text an diesem Buch nun endlich fertiggestellt ist, möchte ich zuerst Jürgen Hotz, Lektor im Campus Verlag, für seine Geduld und manche hilfreiche Anregung danken. Bedanken möchte ich mich auch bei Christoph Roolf, der das Manuskript sorgfältig durchgesehen und korrigiert hat. Ferner bin ich noch einer Reihe von Freunden verbunden, die mir bei der Entstehung des Manuskripts mit Rat und Verbesserungsvorschlägen zur Seite standen. Mein Dank gebührt Dr. Hilmar Kaht, Reinhard Schlagintweit, Dr. Marlis Salazar und nicht zuletzt meinem Freund und Nachbarn Albrecht Kemmann, mit dem ich seit 2010 viele nächtliche Gespräche zu den Themen Irak, Religionskriege im Nahen Osten und Dschihadismus geführt habe. Diese Gespräche waren ein weiterer Anstoß für mich, meine Expertise zu nutzen und meine eigenen Erfahrungen und Erkenntnisse aus meiner Zeit im Irak zu Papier zu bringen. Danken möchte ich auch meinen beiden geliebten Kindern, Kiyan und Parvin, die ihren Vater – aufgrund seiner Arbeit an dem Buch – an so manchen Wochenenden nicht sehen konnten. Allen Genannten gilt mein herzlicher Dank.

Selbstverständlich bin ich für alle Fehler und Unzulänglichkeiten, die sich eventuell in das Buch hineingeschlichen haben, allein verantwortlich.

Berlin, den 15. Februar 2015   *Dr. Wilfried Buchta*

Abkürzungen

AEI	American Enterprise Institut	neokonservativer US-amerikanischer Think-Tank
AQI	Al-Qaida in Iraq	eine von Abu Musab al-Zarqawi 2004 gegründete Vorläuferorganisation des heutigen »Islamischen Staates«
BSA	Board of Supreme Audit	irakische Korruptionsbekämpfungsbehörde
CENTCOM	United States Central Command	Regionalkommando der US-Streitkräfte, das für den Nahen Osten, Ost-Afrika und Zentral-Asien zuständig ist
CIA	Central Intelligence Agency	Hauptnachrichtendienst der USA
CPA	Coalition Provisional Administration	Zivilverwaltungsbehörde der US-Besatzungsmacht im Irak (Mai 2003 bis Juni 2004)
COI	Comminssion of Integrity	irakische Korruptionsbekämpfungsbehörde unter Aufsicht des Parlaments
DIA	Defense Intelligence Agency	Nachrichtendienst des US-Pentagon
FSA	Free Syrian Army	Organisation bewaffneter säkular-nationaler Oppositionskräfte in Syrien
IAEA	International Atomic Energy Agency	Internationale Atomenergiebehörde in Wien
IDP	Internally Displaced Person	obdachlose Binnenvertriebene
IED	Improvised Explosive Device	eine Sprengfalle, die seit 2003 (Irak-Krieg) verwendet wird und die es in über einem Dutzend Varianten gibt
IFND	Iraqi Front of National Dialogue	2005 gegründetes Bündnis säkular-nationalistischer Parteien unter der Führung des Ex-Baathisten Salih al-Mutlaq

IG	Inspector General	irakische Korruptionsbekämpfungsbehörde
IGC	Iraqi Governing Council	irakischer Regierungsrat (Juli 2003 bis Juni 2004)
IHEC	Iraqi High Electoral Commission	eine 2005 gegründete unabhängige staatliche Wahlkontrollbehörde, die seit 2011 dem Büro des Premierministers untersteht. Ihr ursprünglicher Name lautete »Independent Electoral Commission of Iraq« (IECI).
IIP	Iraqi Islamic Party	sunnitische islamistische Partei unter Führung von Tariq al-Hashimi
INA	Iraqi National Accord	1990 von Ayad Allawi gegründetes Parteienbündnis säkularer Kräfte, Auffangbecken für Baath-Dissidenten, Ex-Militärs und sunnitische Exiliraker; die INA benannte sich 2005 in Iraqiya um.
INC	Iraqi National Congress	Oppositionsbündnis säkularer Kräfte, gegründet von Ahmad Chalabi 1992 in Wien
IS	»Islamischer Staat« (englisch: Islamic State)	seit 2003 agierende dschihadistisch-salafistische Terrororganisation (seit Juni 2014 unter der Bezeichnung IS)
ISCI	Islamic Supreme Council of Iraq	Irakische, schiitisch-islamistische Partei unter Führung des al-Hakim-Familienclans, bis 2007 bekannt als SCIRI
ISI	Islamic State of Iraq	Name der Vorläuferorganisation des »Islamischen Staates« (2006 bis 2013)
ISIS	Islamic State of IRA and Sham (»Großsyrien«)	Name der Vorläuferorganisation des »Islamischen Staates« (2013 bis Juni 2014)
KA	Kurdistan Alliance	festes Wahlbündnis der zwei irakischen Kurdenparteien KDP und PUK in den Wahlen von 2005, 2010 und 2014
KDP	Kurdistan Democratic Party	irakisch-kurdische Partei unter Führung von Massoud Barzani
KRG	Kurdistan Regional Government	kurdische Regionalregierung im Norden des Irak
MNF-I	Multi National Forces-Iraq	von US-Truppen geführtes Bündnis der internationalen Besatzungsstreitmacht im Irak
NIA	National Iraqi Alliance	schiitisches Koalitionsbündnis der Anti-Maliki-Kräfte, 2008 hervorgegangen aus der zerfallenden UIA
NSA	National Security Agency	größter US-Auslandsgeheimdienst

NSC	National Security Council	Nationaler Sicherheitsrat der USA
ORHA	Office for Reconstruction and Humanitarian Assistance	2003 gegründete amerikanische Besatzungsbehörde im Irak
PDS	Public Distribution System	1991 gegründetes staatliches Verteilungssystem für subventionierte Nahrungsmittel auf Coupon-Basis im Irak
PKK	Partiya Karkerên Kurdistan (»Arbeiterpartei Kurdistans«)	kurdisch, marxistisch ausgerichtete Untergrundorganisation mit Ursprung in den kurdischen Siedlungsgebieten innerhalb der Türkei
PUK	Patriotic Union of Kurdistan	irakisch-kurdische Partei unter Führung von Jalal Talabani
PYD	Partiya Yekitîya Demokrat (»Partei der Demokratischen Union«)	syrischer Ableger der marxistisch-leninistischen Kurdischen Arbeiterpartei (PKK)
SCIRI	Supreme Council for the Islamic Revolution in Iraq	Name des Vorläufers von ISCI
SOFA	Status of Forces Agreement	2008 zwischen Bagdad und Washington geschlossenes Truppenabzugsabkommen über den Abzug der US-Truppen
SoL	State of Law	schiitisches Koalitionsbündnis von Ex-Premierminister Nuri al-Maliki
TAL	Transitional Administration Law	von Paul Bremer und der CPA geschaffene Übergangsverfassung des Irak für die Jahre 2004 und 2005
UIA	United Iraqi Alliance	großes schiitisches Koalitionsbündnis fast aller Schiitenkräfte (2005 bis 2008)
UNAMI	United Nations Assistance Mission Iraq	Vertretung der Vereinten Nationen im Irak
UNEAD	United Nations Electoral Advisory Division	Wahlbeobachtungsbehörde der UNO
UNMOVIC	United Nations Monitoring, Verification and Inspection Commission	Waffenkontrollkommission der UNO für den Irak (1999 bis 2003), Nachfolger der UNSCOM
UNSCOM	United Nations Special Commission	Waffeninspektionskommission der UNO für den Irak (1991 bis 1999), Vorgänger der UNMOVIC

Literatur

al-Ali, Zaid, *The Struggle for Iraq's Future. How Corruption, Incompetence and Sectarianism Undermined Democracy*, New Haven 2014.

al-Khalil, Samir, *Republic of Fear*, London 1989.

al-Ruhaimi, Abdul-Halim, »The Da'wa Islamic Party. Origins, Actors, and Ideology«, in: Faleh Abdul-Jabar (Hg.), *Ayatollahs, Sufis and Ideologues*, London 2002, S. 149–161.

Allawi, Ali A., *The Occupation of Iraq. Winning the War, Losing the Peace*, New Haven/London 2007.

Amnesty International, *Absolute Impunity: Militia Rule in IRA*, Oktober 2014.

Baram, Amatzia, *From Militant Secularism to Islamism. The Iraqi Baath-Regime 1968–2003*, Washington 2011.

Baram, Amatzia, *Building Toward Crisis. Saddam Husayn's Strategy for Survival*, Washington 1998.

Batatu, Hanna, *The Old Social Classes and the Revolutionary Movement of Iraq*, Princeton 1978.

Bierling, Stephan, *Geschichte des Irakkriegs. Der Sturz Saddams und Amerikas Albtraum im Mittleren Osten*, München 2010.

Bilger, Alex, »ISIS Annual Reports Reveal a Metrics-Driven Military Command«, in: *ISW (Institute for the Study of War) Backgrounder*, 22.5.2014.

Bonin Richard, *Arrows of the Night. Ahmad Chalabi's Long Journey to Triumph in Iraq*, New York 2011.

Bremer, Paul, *My Year in Iraq. The Struggle to Build a Future of Hope*, New York 2006.

Buchta, Wilfried, *Schiiten*, München 2004.

Buchta, Wilfried, »Großayatollah Sayyid Ali al-Husaini al Sistani«, in: *ORIENT* 45, 3 (2004), S. 343–355.

Buchta, Wilfried, *Who Rules Iran? The Structure of Power in the Islamic Republic*, Washington 2000.

Cockburn, Patrick, *The Jihadis Return. ISIS and The New Uprising*, New York 2014.

Cockburn, Patrick, *Muqtada Al-Sadr and the Battle for the Future of Iraq*, New York 2008.

Congressional Research Service Report, *The Islamic State Crisis and U.S. Policy*, 8.12.2014, CRS-Report R43612.

Decks, Ashley S./Burton, Matthew D., »Iraq's Constitution: A Drafting History«, in: *Cornell International Law Journal* 40, 1 (2007), S. 1–40.

Department of Defense Quarterly Report to Congress (Hg.), *Measuring stability and security in Iraq*, November 2006.

Dobins, James et al., *Occupying Iraq. A History of the Coalition Provisional Authority*, RAND, National Security Research Division, New York 2009.

Dodge, Toby, *Iraq from War To A New Authoritarianism*, London 2012.

Farouk-Sluglet, Marion / Sluget, Peter, *Iraq since 1958. From Revolution to Dictatorship*, New York 2001.

Feickert, Hauke, *Westliche Interventionen im Irak. Die britische Irakpolitik (1914–1922) und die amerikanische Irakpolitik (2003–2009) im Vergleich*, Wiesbaden 2012.

Fürtig, Henner, *Kleine Geschichte des Irak*, München 2004.

Göbel, Karl-Heinz, *Moderne schiitische Politik und Staatsidee*, Opladen 1984.

Gordon, Michael/Trainor, Bernard E., *The Endgame. The Inside Story of the Struggle For Iraq, from George W. Bush to Barack Obama*, New York 2012.

Green, Daniel/Mullen, William, *Fallujah Redux: The Anbar Awakening and the Struggle with al-Qaida*, Annapolis 2014.

Günther, Christoph, *Ein zweiter Staat im Zweistromland? Genese und Ideologie des »Islamischen Staates Irak«*, Würzburg 2014.

International Crisis Group (Hg.), *Iraq's Civil War, the Sadrists and the surge*, Middle East Report Nr. 72, 7.2.2008.

Jabar, Faleh Abdul, *The Shi'ite Movement in Iraq*, London 2003.

Jabar, Faleh Abdul, »The Genesis and Development of Marja'ism versus the State«, in: Faleh Abdul-Jabar (Hg.), *Ayatollahs, Sufis and Ideologues. State, Religion and Social Movements in Iraq*, London 2002.

Jawad, Saad N., »The Iraqi Constitution. Structural Flaws and Political Implications«, LSE Middle East Paper Series, Nr. 1, November 2013.

Kohlberg, Ethan, »The Development of the Imâmî Shî'î Doctrine of Jihad«, in: *Zeitschrift der Deutsch-Morgenländischen Gesellllschaft*, Nr. 126 (1976), S. 64–86.

Majd, Hooman, *The Ayatollah Begs to Differ. The Paradox of Modern Iran*, New York 2008.

Marr, Phebe, *The Modern History of Iraq*, Boulder 2012.

Montazeri, Hosein-Ali, *Khaterat-e Ayatollah Montazeri (Memoiren von Ayatollah Montazeri)*, o. O. 2001 (auf Persisch).

Morrow, Jonathan, »Iraq's Constitutional Process II. An Opportunity Lost«, in: *USIP*, Nr. 155, November 2005.

Mottahede, Roy, »The Quanderies of Emulation: The Theory and Practise of Shi'i Manuals of Practise«, in: *The Farhat J. Ziadeh Distinguished Lecture in Arab and Islamic Studies*, University of Washington, 2.5.2011, S. 1–28.

Nakkash, Yitzhak, »The Nature of Shi'ism«, in: Faleh Abdul-Jabar (Hg.), *Ayatollahs, Sufis and Ideologues. State, Religion and Social Movements in Iraq,* London 2002, S. 23–35.

Nakash, Yitzhak, *The Shi'is of Iraq,* Princeton 1994.

Newton, Michael E. / Scharf, Michael P., *Enemy of the State. The Trial and Execution of Saddam Hussein,* New York 2008.

Parker, Ned / Salman, Raheem, »Notes from the Underground: The Rise of Nouri al-Maliki and the New Islamists«, in: *World Policy Journal,* Nr. 30 (März 2013), S. 63–76.

Patel, David Siddhartha, »ISIS in IRA. What We Get Wrong and Why 2015 Is Not 2007 Redux«, in: *Middle East Brief,* Brandeis University, Januar 2015, Nr. 87, S. 1–8.

Rahe, Jens-Uwe, *Irakische Schiiten im Londoner Exil,* Würzburg 1996.

Rayburn, Joel, *Iraq after America. Strongmen, Sectarians, Resistance,* Stanford 2014.

Rick, Thomas, *Fiasco. The American Military Adventure,* New York 2006.

Risen, James, *Pay any Price. Greed, Power, and Endless War,* New York 2014.

Rothschild, Lawrence, *The Rape of Mesopotamia. Behind the Looting of Iraq's Museum,* Chicago 2009.

Rumsfeld, Donald, *Known and Unknown. A Memoir,* New York 2011.

Said, Behnam T., *Islamischer Staat, IS-Miliz, al-Qaida und die deutschen Brigaden,* München 2014.

Sanchez, Ricardo, *Wiser in Battle,* New York 2008.

Sandrasekran, Rajiv, *Imperial Life in the Emerald City. Inside Iraq's Green Zone,* New York 2006.

Steinberg, Guido, »Der Islamische Staat im Irak und in Syrien«, in: *Aus Politik und Zeitgeschichte,* 26.8.2014, URL: by-nc-nd/3.0/de/Autor: für bpd.de.

Steward, Devin J., »The Portrayal of an Academic Rivalry: Najaf and Qom in the Writings and Declarations of Khomeini 1964–1978«, in: Linda S. Walbridge (Hg.), *The Most Learned of the Shi'a. The Institution of the Marja' Taqlid,* New York 2001, S. 216–229.

Woertz, Eckart, »How Long Will ISIS Last Economically?«, in: *CIDOB* 98, Oktober 2014, S. 1–12.

Anmerkungen

Wie Phönix aus der Asche: Die Rückkehr des »Islamischen Staates«

1 http://www.hrw.org/news/2014/10/30/iraq-isis-executed-hundreds-prison-inmates.
2 http://www.hrw.org/news/2014/09/02/iraq-islamic-state-executions-tikrit.
3 Siehe dazu Rainer Hermann, »Islamischer Staat macht die Universität zur Kaserne«, in: *FAZ*, 28.10.2014.

Vergangenheit, die nicht vergehen will: Glaubensspaltungen im Islam

1 Wenn im vorliegenden Werk allgemein von Schiiten die Rede ist, sind damit stets die Zwölferschiiten gemeint. Sie sind die wichtigste und größte Gruppe der Schiiten, die eine genealogische Linie von zwölf Imamen anerkennen, also religiös-politischen Führern, die aus der direkten Blutslinie des Propheten Mohammed stammen.
2 Über Geschichte und religiöse Grundlagen der Schia siehe beispielsweise Wilfried Buchta, *Schiiten*, München 2004, S. 13–72.
3 Behnam T. Said, *Islamischer Staat, IS-Miliz, al-Qaida und die deutschen Brigaden*, München 2014, S. 93f.
4 Als klassische Studie zum Dschihad der Zwölferschia (vor Khomeini) gilt Eran Kohlberg (1976), *The Development of the Imâmî Shî'î Doctrine of Jihad*, in: ZDMG 126, S. 64–86.
5 Zu Khomeini siehe Karl-Heinz Göbel, *Moderne schiitische Politik und Staatsidee*, Opladen 1984, S. 176ff. und passim.

Von Monarchen, Diktatoren und Kriegen: Der Irak im 20. Jahrhundert

1 Zum ethno-konfessionellen Mosaik siehe Ali A. Allawi, *The Occupation of Iraq. Winning the War, Losing the Peace*, New Haven/London 2007, S. 18ff.
2 Yitzhak Nakash, *The Shi'is of Iraq*, Princeton 1994, S. 43–48.
3 Yitzhak Nakash, *The Shi'is of Iraq*, Princeton 1994, S. 75–84.
4 Marion Farouk-Sluglet/Peter Sluglet, *Iraq since 1958. From Revolution to Dictatorship*, New York 2001, S. 23–30.

5 Zitiert nach Ali A. Allawi, *The Occupation of Iraq*, S. 17ff.

6 Hanna Batatu: The Old Social Classes and the Revolutionary Movement of Iraq. Princeton 1978, S. 312–316.

7 Zur Ära von Qasim siehe S. Marion Farouk-Sluglet/Peter Sluglet, *Iraq since 1958*, New York 2001, S. 47–84.

8 Zu Aflaq und der Baath-ideologie sieh Samir al-Khalil, *Republic of Fear*, London 1989, S. 187–228.

9 Zitiert aus den persischen Memoiren von Großayatollah Hosein-Ali Montazeri, eines engen Gefolgsmanns Khomeinis, den Khomeini ursprünglich als seinen Nachfolger als Revolutionsführer vorgesehen hatte. Siehe Hosein-Ali Montazeri, *Khaterat-e Ayatollah Montazeri*, o. O. 2001, S. 490.

10 Siehe Devin J. Steward, »The Portrayal of an Academic Rivalry: Najaf and Qom in the Writings and Declarations of Khomeini 1964–1978«, in: Linda S. Walbridge (Hg.): *The Most Learned of the Shi'a. The Institution of the Marja' Taqlid*, New York 2001, S. 216–229.

11 Faleh Abdul Jabar, *The Shi'ite Movement in Iraq*, London 2003, S. 225–234.

12 Siehe Yitzhak Nakkash, »The Nature of Shi'ism«, in: Faleh Abdul-Jabar (Hg.), *Ayatollahs, Sufis and Ideologues. State, Religion and Social Movements in Iraq*, London 2002, S. 23–35.

13 Siehe dazu die Ausführungen des iranischen Publizisten Hooman Majd: *The Ayatollah Begs to Differ. The Paradox of Modern Iran*, New York 2008, S. 164–167.

14 Siehe Abdul-Halim al-Ruhaimi, »The Da'wa Islamic Party. Origins, Actors, and Ideology«, in: Faleh Abdul-Jabar (Hg.), *Ayatollahs, Sufis and Ideologues*, London 2002, S. 149–161.

15 Zu Hashimi-Shahrudi siehe Wilfried Buchta, *Who Rules Iran? The Structure of Power in the Islamic Republic*, Washington 2000, S. 191ff.

16 Siehe Jens-Uwe Rahe: *Irakische Schiiten im Londoner Exil*, Würzburg 1996, S. 33f.

17 Phebe Marr, *The Modern History of Iraq*, Boulder 2012, S. 244–248.

18 Amatzia Baram, *From Militant Secularism to Islamism. The Iraqi Baath-Regime 1968–2003*, Washington 2011, S. 12f.

19 Joel Rayburn, *Iraq after America. Strongmen, Sectarians, Resistance*, Stanford 2014, S. 101–104.

20 Ali A. Allawi, *The Occupation of Iraq*, New Haven/London 2007, S. 56.

21 Ali A. Allawi, *The Occupation of Iraq*, New Haven/London 2007, S. 58.

22 Siehe Roy Mottahede: »The Quanderies of Emulation: The Theory and Practise of Shi'i Manuals of Practise«, in: *The Farhat J. Ziadeh Distinguished Lecture in Arab and Islamic Studies*, University of Washington, 2.5.2011, S. 1–28, hier S. 18

23 Siehe Ali A. Allawi, S. 60.

24 Patrick Cockburn, *Muqtada Al-Sadr and the Battle for the Future of Iraq*, New York 2008, S. 93.

25 Amatzia Baram, *Building Toward Crisis. Saddam Husayn's Strategy for Survival*, Washington 1998, S. 7–31.

Von Clinton über George W. Bush bis zur US-Invasion: Washingtons Irak-Politik

1 Henner Fürtig, *Kleine Geschichte des Irak*, München 2004, S. 149.

2 Ich beziehe mich auf die umfassendste Biografie über Chalabi von Richard Bonin, *Arrows of the Night. Ahmad Chalabi's Long Journey to Triumph in Iraq*, New York 2011. Der Jour-

nalist Bonin ist Direktor von *60 Minutes,* eines angesehenen Politik-Interviewmagazins, das vom Kabelsender CBS wöchentlich produziert wird und das auch Chalabi mehrfach zu Gast hatte. Bonin hat im Verlauf von 20 Jahren Chalabis Weg in den USA, London, Amman und Bagdad begleitet und sowohl ihn als auch seine Freunde und Gegner oft befragt. Als Ergebnis von 100 Stunden Interviewaufnahmen mit ihm schrieb Bonin dieses Buch, das wegen seiner zahllosen und langen Chalabi-Zitate stark autobiografische Züge trägt.

3 Bonin, S. 7f.

4 Bonin, S. 11–27.

5 Bonin, S. 28–44.

6 Hauke Feickert, *Westliche Interventionen im Irak. Die britische Irakpolitik (1914–1922) und die amerikanische Irakpolitik (2003–2009) im Vergleich,* Wiesbaden 2012, S. 208f.

7 Zit. nach Feickert, S. 210.

8 Bonin, S. 169ff.

9 Bonin, S. 187f.

10 Bonin, S. 196–208.

11 Bonin, S. 82f.

12 Bonin, S. 210f.

13 Bonin, S. 170f.

14 Bob Woodward, *The War Within. A Secret White House History 2006–2008,* New York 2009, S. 437.

15 Selbst Rumsfeld, der Bush stets in Treue verbunden war, übt in seinen Memoiren leise Kritik am Präsidenten. Er verweist auf zahlreiche Auseinandersetzungen im NSC, bei denen der Präsident keine klare Entscheidung traf, ob ein Konzept des Außenministeriums oder des Pentagon zur verbindlichen politischen Leitlinie erklärt wurde. Siehe Donald Rumsfeld, *Known and Unknown. A Memoir,* New York, 2011, S. 517.

16 Stephan Bierling, *Geschichte des Irakkriegs. Der Sturz Saddams und Amerikas Albtraum im Mittleren Osten,* München 2010, S. 45.

17 Bierling, S. 45.

18 Bierling, S. 86–91.

19 Thomas Rick, *Fiasco. The American Military Adventure,* New York 2006, S. 110.

20 Feickert, S. 231ff.

21 Feickert, S. 240.

22 Bonin, S. 216f.

23 Bierling, S. 119f.

24 Bierling, S. 129.

25 Ausführlich dazu Lawrence Rothschild, *The Rape of Mesopotamia. Behind the Looting of Iraq's Museum,* Chicago 2009, S 81ff.

26 Rick, S. 135.

27 Rick, S. 145f.

Washington öffnet die Büchse der Pandora: Die US-Zivilverwaltung im Irak

1 Rajiv Sandrasekran, *Imperial Life in the Emerald City. Inside Iraq's Green Zone*, New York 2006, S. 72.
2 Paul Bremer: *My Year in Iraq. The Struggle to Build a Future of Hope*. New York 2006, S. 11f.
3 Sandrasekran, S. 81.
4 James Dobins et al., *Occupying Iraq. A History of the Coalition Provisional Authority*, RAND. National Security Research Division, New York 2009, S. 58f.
5 Paul Bremer, *My Year in Iraq. The Struggle to Build a Future of Hope*, New York 2006, S. 57.
6 Donald Rumsfeld, *Known and Unknown. A Memoir*, New York 2011, S. 515–519.
7 James Dobins et al., *Occupying Iraq. A History of the Coalition Provisional Authority*, RAND. National Security Research Division, New York 2009, S. 112f.
8 Bonin, S. 224f.
9 Miranda Sissons et al., *A Bitter Legacy: Lessons of De-Baathification in Iraq*, International Center for Transitional Justice, New York 2013, S. 12f.
10 Ricardo Sanchez, *Wiser in Battle*, New York 2008, S. 154.
11 Zu den korrupten Machenschaften der Catering-Firma KBR, einer Halliburton-Tochter, im Irak siehe James Risen, *Pay any Price. Greed, Power, and Endless War*, New York 2014, S. 142–161.
12 Ali A. Allawi, *The Occupation of Iraq*, New York 2007, S. 153ff.
13 Bonin, S. 235ff.
14 Für eine ausführliche Kurzbiografie siehe Wilfried Buchta, »Großayatollah Sayyid Ali al-Husaini al-Sistani«, in: *ORIENT* 45, 3 (2004), S. 343–355.
15 Faleh Abdul-Jabar, »The Genesis and Development of Marja'ism versus the State«, in: Faleh Abdul-Jabar (Hg.), *Ayatollahs, Sufis and Ideologues. State, Religion and Social Movements in Iraq*, London 2002, S. 86.
16 Angaben nach der Internetseite des Büros von Sistani, URL: www.sistani.org.
17 Allawi, S. 91ff.

Wahlen, eine totgeborene Verfassung und Bürgerkrieg: Machttransfer im Irak

1 Allawi, S. 290f.
2 Ebenda, S. 329–333.
3 Ebenda, S. 362ff.
4 Richard Bonin, *Arrows of the Night. Ahmad Chalabi's Long Journey to Triumph in Iraq*, New York 2011, S. 248.
5 *Measuring stability and security in Iraq*. Department of Defense Quarterly Report to Congress, November 2006, S. 6ff.
6 Jonathan Morrow, »Iraq's Constitutional Process II. An Opportunity Lost«, USIP, Nr. 155, November 2005, S. 9 und 14.
7 Ashley S. Decks/Matthew D. Burton, »Iraq's Constitution: A Drafting History«, in: *Cornell International Law Journal* 40, 1 (2007), S. 4f.

8 Siehe dazu auch im Überblick Phebe Marr, *The Modern History of Iraq*, Boulder 2012, S. 294ff.

9 Es gibt verschiedene Versionen des endgültigen Textes der irakischen Verfassung mit Abweichungen bei der Nummerierung der Artikel. Das bei den Verfassungsberatungen beteiligte »Constitutional Affairs Office« von UNAMI in Bagdad hat Ende September 2005 eine arabische und englische Ausgabe der irakischen Verfassung herausgegeben. Beim Verweis auf die jeweiligen Verfassungsartikel bezieht sich der Autor auf die Nummerierung der Artikel in dieser Ausgabe. Diese Ausgabe gilt bis heute bei der UNO und den Regierungen von Großbritannien und der USA als die autoritative Version.

10 Siehe Saad N. Jawad, »The Iraqi Constitution. Structural Flaws and Political Implications«, LSE Middle East Paper Series, Nr. 1, November 2013, S. 21.

11 Ebenda, S. 14.

12 Joel Rayburn, *Iraq after America. Strongmen, Sectarians, Resistance*, Stanford 2014, S. 80.

13 Für das englische Original des Textes von Zarqawis Brief siehe www.global.security.org.

14 Michael Gordon/Bernard E. Trainor, *The Endgame. The Inside Story of the Struggle For Iraq, from George W. Bush to Barack Obama*, New York 2012, S. 196ff.

15 Zu diesem Krieg um Bagdad siehe *Iraq's Civil War, the Sadrists and the surge*, International Crisis Group, Middle East Report Nr. 72, 7.2.2008, S. 2ff.

16 Toby Dodge, *Iraq from War To A New Authoritarianism*, London 2012, S. 68f.

17 Ausführlich zu den Umständen der Exekution siehe Michael E. Newton/Michael P. Scharf, *Enemy of the State. The Trial and Execution of Saddam Hussein*, New York 2008, S. 200–206.

Malikis Comeback, der US-Truppenabzug und die Ausgrenzung der Sunniten: Die Regierung Nuri al-Malikis

1 Rayburn, S. 39.

2 Feikert, S. 305ff.

3 Zaid al-Ali, *The Struggle for Iraq's Future. How Corruption, Incompetence and Sectarianism Undermined Democracy*, New Haven 2014, S. 130.

4 Ned Parker/Raheem Salman, »Notes from the Underground: The Rise of Nouri al-Maliki and the New Islamists«, in: *World Policy Journal*, Nr. 30 (März 2013), S. 63–76, hier S. 67.

5 Rayburn, S. 60f.

6 Zaid al-Ali, S. 133f.

7 Rayburn, S. 64f.

8 Zaid al-Ali, S. 190–193.

Wie Iraks Hydra des Terrors entstand: Die Geschichte des »Islamischen Staates«

1 Christoph Günther, *Ein zweiter Staat im Zweistromland? Genese und Ideologie des »Islamischen Staates Irak«*, Würzburg 2014, S. 72–77.

2 Günther, S. 133.

3 Günther, S. 169.

4 Guido Steinberg, »Der Islamische Staat im Irak und in Syrien«, in: *Aus Politik und Zeit-geschichte*, 26.8.2014, URL: http://www.bpb.de/politik/extremismus/islamismus/190499/der-islamische-staat-im-irak-und-syrien-isis.
5 Behnam Said, *Islamischer Staat. IS-Miliz, Al-Qaida und die deutschen Brigaden*, München 2014, S. 67.
6 Vgl. Steinberg.
7 Siehe dazu Martin Chulov, »Isis. The inside story«, in: *The Guardian*, 11.12.2014.
8 Alex Bilger, »ISIS Annual Reports Reveal a A Metrics-Driven Military Command«, in: *ISW (Institute for the Study of War) Backgrounder*, 22.5.2014.

Quo vadis? Der Nahe Osten, die USA und Europa heute

1 Ich spreche aus eigener Erfahrung als einer der politischen Chefanalytiker von UNAMI. 2010 war ich nicht nur Wahlbeobachter bei den Parlamentswahlen, sondern auch Zeuge vieler Diskussionen in Bagdads Exekutive und Legislative in diesen Monaten. Dabei erlebte ich das erbitterte politische Tauziehen vor und hinter den Kulissen hautnah mit.
2 Siehe Amnesty International, *Absolute Impunity: Militia Rule in IRA*, Oktober 2014.
3 Siehe dazu Daniel Green/William Mullen, *Fallujah Redux: The Anbar Awakening and the Struggle with al-Qaida*, Annapolis 2014, S. 28–31.
4 David Siddhartha Patel, »ISIS in IRA. What We Get Wrong and Why 2015 Is Not 2007 Redux«, in: *Middle East Brief*, Brandeis University, Januar 2015, Nr. 87, S. 1–8, hier S. 6.
5 Allein Jordanien ist ab Anfang Februar 2015 davon abgewichen und bombardiert seither auch Stellungen des IS im Irak. Damit nimmt Ammans Königshaus Rache für den Mord an einem abgestürzten jordanische Kampfpiloten, den der IS wenige Tage zuvor öffentlich bei lebendigem Leib verbrannt hatte.
6 Siehe dazu Congressional Research Service Report, *The Islamic State Crisis and U.S. Policy*, 8.12.2014, CRS-Report R43612, S. 22.
7 Siehe Robin Wright, »The numbers say a lot about the U.S.-led operations in Syria«, in: *Wall Street Journal*, 31.12.2014.
8 Als einer der politischen Chefanalytiker bei UNAMI in Bagdad traf ich mehrmals auf Parlamentsabgeordnete verschiedener schiitischer, sunnitischer, kurdischer und christlicher Parteien, die mir glaubhaft berichteten, dass der iranische Botschafter in Bagdad, Hassan Kazemi-Qomi, sie persönlich aufgesucht und sie zu bestechen versucht habe. So soll er ihnen eine Million US-Dollar im Gegenzug für politisches Wohlverhalten gegenüber dem Iran und bei Abstimmungen zugunsten von Gesetzesvorhaben der schiitischen UIA-Koalition angeboten haben. Im April 2006 war ich Mitglied der UNAMI-Gesprächsdelegation, die Muqtada al-Sadr, den Führer der anti-amerikanischen Sadr-Bewegung, in seinem Büro in Nadschaf aufsuchte. Nach unseren offiziellen Gesprächen mit ihm führte ich noch eine lange Unterredung mit seinem Büroleiter und Schwager Riyadh al-Nuri. Nuri berichtete mir, dass Muqtada und seine engsten Mitarbeiter alles andere als Schachfiguren des Iran seien. Vielmehr führe ihr Beharren auf nationale Eigenständigkeit zu ständigen Streitereien mit ihren iranischen Verbündeten, deren Hilfe sie aber im Widerstand gegen die US-Okkupation bräuchten. Ein Jahr später, im Mai 2007, war Riyadh al-Nuri tot. Er starb durch die Hand eines unbekannten schiitischen Attentäters in Nadschaf. Hartnäckig behaupteten einige führende Sadristen, dass sein Mörder zur *Asaib al-Haqq* (Liga

der Rechtschaffenen) gehört habe. Sie ist eine radikale Renegaten-Gruppe der Sadristen, die seit 2005 vom Iran finanziert und ausgebildet wird. Offenkundig war die Ermordung seines Schwagers ein iranischer Warnschuss vor den Bug, der Muqtada verdeutlichte, dass nationalistische Widerborstigkeit einen hohen Preis haben kann.

9 Zu Entstehung, Strukturen und Funktionen der *pasdaran* siehe: Wilfried Buchta, *Who Rules Iran? The Structure of Power in the Islamic Republic*, Washington 2000, S. 65–71.

10 http://www.internal-displacement.org/middle-east-and-north-africa/iraq/figures-analysis.

11 Siehe dazu Juan Cole, *Informed Comment. Thoughts on the Middle East, History and Religion*, URL: http://www.juancole.com/2014/12/ceased-exist-again.html.

12 Siehe zu den Zahlenangaben Joshua Landis und sein von der US-amerikanischen University of Oklahoma unterstützter und als seriös erachteter Blog: Syria Comment http://www.joshualandis.com/blog/, 28.12.2014.

13 Siehe Eckart Woertz, »How Long Will ISIS Last Economically?«, in: *CIDOB* 98, Oktober 2014, S. 1–5.

14 Patrick Cockburn, *The Jihadis Return. ISIS And The New Uprising*, New York, 2014, S. 50f.

15 Siehe die Irak-Reisereportage von Navid Kermani, »Im Herzen der Schia«, in: *Der SPIEGEL*, 39/2014, S. 115.

16 Renad Mansour, »Can Abadi Move Out of Maliki's Shadow«, in: *Syria in Crisis-Carnegie Endowment for International Peace*, 8.12.2014.

17 Bei verschiedenen UNAMI-Treffen, an denen ich zwischen 2005 und 2009 teilnahm, machte Sistani keinen Hehl aus seiner Enttäuschung über die Schwäche der Regierung Malikis und ebenso darüber, wie wenig sie tat, um den Bürgerkrieg und die Korruption einzudämmen und den Ausgleich mit den Sunniten zu fördern. Gleichwohl zog er es vor, diese Kritik diplomatisch zu verbrämen und sie nicht publik zu machen, um die Regierung nicht noch weiter zu schwächen.

18 Siehe Patrick Cockburn, *The Jihadis Return. ISIS And The New Uprising*, New York 2014, S. 85.

Zeitgeschichte

Wilfried Loth
Europas Einigung
Eine unvollendete Geschichte
2014. 512 Seiten
ISBN 978-3-593-50077-5

Heidi Rosenbaum
»Und trotzdem war's 'ne schöne Zeit«
Kinderalltag im Nationalsozialismus
2014. 681 Seiten
ISBN 978-3-593-50098-0

Richter, Maren
Leben im Ausnahmezustand
Terrorismus und Personenschutz in der
Bundesrepublik Deutschland (1970–1993)
2014. Ca. 400 Seiten. Gebunden
ISBN 978-3-593-50085-0

Frankfurt. New York

Globalgeschichte

Serge Gruzinski
Drache und Federschlange
Europas Griff nach Amerika und China 1519/20
2014. Ca. 380 Seiten. Gebunden. ISBN 978-3-593-50080-5

John Darwin
Das unvollendete Weltreich
Aufstieg und Niedergang des Britischen Empire 1600–1997
2013. 482 Seiten. Gebunden. ISBN 978-3-593-39808-2

Jane Burbank, Frederick Cooper
Imperien der Weltgeschichte
Das Repertoire der Macht vom alten Rom und China bis heute
2012. 612 Seiten. Gebunden. ISBN 978-3-593-39670-5

John Darwin
Der imperiale Traum
Die Globalgeschichte großer Reiche 1400–2000
Sonderausgabe 2012. 544 Seiten. ISBN 978-3-593-39785-6

Ian Morris
Wer regiert die Welt?
Warum Zivilisationen herrschen oder beherrscht werden
Sonderausgabe 2012. 656 Seiten. ISBN 978-3-593-39710-8

Christopher A. Bayly
Die Geburt der modernen Welt
Eine Globalgeschichte 1780–1914
Studienausgabe 2008. 650 Seiten. ISBN 978-3-593-38724-6

campus
Frankfurt. New York

Moderne 96 h